12·12

정승화, 장태완 등 관련자 100인의 증언과
사진으로 재구성한 12·12 그날의 진실

이계성 지음

폴리티쿠스

다시 돌아본 12·12 그날의 진실과 사실

12·12 사건의 두 주역 전두환·노태우의 연이은 군사정권이 끝나고 김영삼 문민정부로 들어섰던 1993년, 한국일보 정치부 기자로서 1년에 걸쳐 12·12 사건을 심층 추적해 신문에 연재한 뒤 단행본으로 출간했다. 그로부터 30년이 지난 시점에서 12·12 군사반란을 다룬 영화 〈서울의 봄〉의 흥행과 관람 열기에서 내가 느낀 감회는 남다르다.

이 책을 준비하며 30년 전에 쓴 초판 후기를 읽어보니 새삼스럽게 아득한 느낌이 들었다. 아직 군사정권의 권위적 분위기가 팽배해 있던 시절이라 취재의 어려움과 막막함이 사무쳤다. 하지만 그때 어렵게 취재해 기사화했던 내용들이 12·12 군사반란 검찰 수사와 사법적 판단의 토대가 되었다는 점에서 큰 보람과 자부심을 느낀다.

김영삼 문민정부 출범 후 12·12 군사반란의 핵심 세력이었던 군 내부 사조직 '하나회'를 척결한 데 이어 '5·18민주화운동 등에 관한 특별법'에 의해 12·12 및 5·18 광주 학살 사건에 대해 수사가 재개됐다. 마침내 전두환·노태우 두 전직 대통령을 비롯해 핵심 관련자들에게 중형이 선고됨으로써 사법적 심판과 단죄가 매듭지어졌다. 그럼에도 일부 보수 세력을 중심으로 '12·12는 구국의 결단이었으며 5·18 광주민주화운동에 북한군의 개입이 있었다'는 등 사실을 왜곡하고 사법적 심판을 뒤집으려는 반동적 움직임이 일어 우려를 자아내고 있다.

이런 상황에서 12·12가 전두환 신군부 세력의 군사반란임을 분명하게 보여준 〈서울의 봄〉 영화가 큰 반향을 일으켰다는 사실은 시사하는 바가 크다. 그 의미는 분명하다. 생존해 있는 12·12 군사반란 관련자들과 편향된 역사 인식을 갖고 있는 세력이 아무리 역사를 거스르려고 해봐야 국민이 용납하지 않는다는 사실이다. 또한 영화 관객의 절반 이상이 12·12 사건 이후에 태어난 젊은 세대였다는 점은 매우 흥미롭다. 이들은 영화 관람 후 12·12 사건을 더 깊이 알아보고자 자료를 찾아보고 SNS 모임방을 만들어 지식과 정보를 공유하고 토론도 한다고 한다. 필자가 12·12 진상을 집중적으로 다룬 이 책을 새롭게 다듬어 출간한 것은 이런 열기와 분위기에 부응하기 위해서다. 영화 〈서울의 봄〉은 픽션이므로 어디까지가 실제 상황인지 궁금해하는 관람자들이 많다. 상영 시간의 제약상 생략된 부분도 있다. 이 책은 그런 궁금증과 사실에 대한 갈증을 상당 부분 해소해줄 것이다.

무엇보다도 취재 과정에서 100명에 가까운 관계자들을 만나 생생한 증언을 직접 전해 들었다. 이 증언들을 토대로 당시 상황을 사실에 입각해 재현함으로써 현장감과 긴박감을 더했다. 수차례 만나 거듭 증언을 들었던 이들도 있다. 12·12 당시 육군참모총장 겸 계엄사령관이었던 정승화, 수도경비사령관 장태완, 김진기 육군본부 헌병감, 이건영 3군사령관, 보병학교장이었던 김윤호

5

전 합참의장, 보안사 수사관 H 등이다. 지금은 거의 다 고인이 되었지만 그들의 증언은 이 책의 중요한 뼈대를 이룬다. 가해자, 즉 군사반란 측에서 섰고, 5공과 6공 시절 고위직에 있었던 당사자들이 대부분 인터뷰를 거부하고 유명을 달리해 그들의 목소리를 담지 못한 것은 매우 아쉽다. 그럼에도 이 책이 12·12 관련자들의 목소리를 가장 많이 담아냄으로써 사건 당일의 진실에 가장 가까이 다가갔다는 점은 오늘날까지도 변함없는 사실이다.

이 책은 1993년의 연재 기사와 단행본을 저본으로 하지만 30년이란 세월이 흐른 만큼 많은 변화를 주었다. 12·12 군사반란과 그 앞서 일어난 10·26 사건, 다음 해의 5·17 전국계엄확대와 5·18 광주민주화운동을 역사적 맥락 속에서 파악하기 위해서는 박정희 유신 독재체제와 내부 권력 암투에 대해서 살펴볼 필요가 있다. 따라서 이번 책《12·12》에서는 프롤로그와 에필로그를 새로 집필해 12·12 군사반란의 역사적 맥락을 좀 더 자세히 짚었다. 한국 현대사를 잘 모르는 젊은 세대들에게 유용한 글이 될 것이다. 또 각주를 추가해 본문의 내용을 보완함으로써 독자의 이해를 돕고자 했다. 30년 전 기사 연재 당시 일반적으로 사용하던 용어와 표현이 현 시점에서는 독자들에게 매우 생경할 수밖에 없기에 문장 표현과 용어를 지금 독자에 맞게 바꾸었다. 목차 구성과 장의 제목 또한 12·12 사건의 전체적인 흐름의 이해를 돕기 위해 대폭 수정했다. 더불어 12·12 군사반란 전후의 사진을 풍부히 실어 현장감을 살리고자 했다. 이러한 노력이 독자들에게도 가닿을 수 있기를 바란다. 12·12 군사반란은 광주 5·18 비극의 출발점이었다는 점에서 5·18 42주기에 즈음하여 이 책을 출간하게 된 것도 의미 있는 일이라고 생각된다.

마지막으로, 어려운 출판 환경에서도 흔쾌히 이 책의 출판을 맡아준 김현종 대표와 원고를 꼼꼼하게 읽고 세심하게 진행해준 메디치미디어 편집팀에게도 감사드린다. 이 책에 수록된 사진은 대부분 한국일보가 제공했고, 일부 사진은 국가기록원의 도움을 받았다. 오래된 사진 자료들을 일일이 챙겨준 한국일보와 국가기록원 관계자들의 노고에도 감사드린다. 이처럼 여러 손길이 함께 모아져 세상에 나오게 된 이 책이 12·12 군사반란의 역사적 맥락을 더욱 깊이 이해하고, 나아가 우리 군이 다시는 정치에 직접 개입하는 일 없이 본연의 역할을 다함으로써 국민으로부터 사랑받는 국민의 군대로 거듭나도록 하는 데 도움이 되기를 바라마지 않는다.

2024년 5월
이계성

책을 펴내며

초판 후기
역사적 사실과 진실에 대한 허기짐

이 글을 《한국일보》 매주 월요일 자에 연재하는 동안 노태우 대통령의 6공 정부가 김영삼 대통령의 문민정부로 바뀌었다. 5, 6공 정권 탄생의 직접적인 계기가 됐던 12·12 사건을 그 정권이 끝나가는 시점에서 취재하고 다니는 기분은 묘했다.

30년 만의 문민정부 출범을 반기는 환호 물결을 거슬러 1979년 12월로 되돌아가야 할 때 까닭 모를 외로움이 엄습하기도 했다.

수많은 별들이 떨어지고, 더 많은 별들이 떠올랐던 그날의 사건은 지금 우리에게 무엇인가. 그리고 그 후 13년은 역사 발전에 있어 공백이었는가 아니면 불가피한 단계였는가. 이런 물음을 곱씹으면서 과거의 거리를 헤맬 때 역사적 사실과 진실에 대한 허기짐이 뼛속까지 스며드는 듯했다.

12·12 사건으로 명멸을 거듭한 군 장성들의 이야기 〈지는 별 뜨는 별〉의 첫 회 연재는 1993년 1월 4일이었지만 취재는 1992년 10월부터 시작했다. 12·12의 실상에 접근하는 것이 쉬운 일이 아니라는 것은 처음부터 각오했다. 그러나 막상 부딪쳐보니 어려움은 예상을 훨씬 넘는 것이었다.

취재원들의 반응은 냉담하기 그지없었다. 노태우 대통령을 비롯해 그때까지 현직에 있는 인사들은 직책 때문에 어쩔 수 없다고 치더라도 이미 공직에서 물러나 있는 사람들 역시 입을 여는 데 지극히 인색했다. 아직 때가 아니라는 것이었다. 아예 다 잊어버렸고 기억이 희미해 증언할 것이 없다는 인사들도 많았다. 어떤 이들은 시간이 좀 더 흐른 뒤에 회고록을 통해 진실을 밝히겠다며 증언을 거부하기도 했다.

12·12 사건의 피해자들 역시 증언을 꺼리기는 마찬가지였다. 12·12 주도 세력들이 권력 핵심에 시퍼렇게 버티고 있는데, 진실을 말해봐야 소용없다는 이유에서였다. 용건을 채 설명하기도 전에 전화를 끊어버리는 인사도 있었고, 주소를 수소문해 찾아갔다가 문전박대를 당하기도 했다.

그들의 말대로 12·12가 객관적인 역사로 기록되기에는 너무 가까운 과거인지도 모른다. 어떤 면에서 12·12는 아직 계속되고 있는 사건인데 이를 객관적으로 기록하겠다고 나선 것 자체가 무모한 일이었을 수도 있다. 그러나 당사자들의 생생한 증언이 사건의 진상 규명에 필수적 요소의 하나인 것만은 분명하다. 그러한 증언은 빠르면 빠를수록 가치가 있다. 기억은 생선처럼 시간과 함께 선도가 급속히 떨어지기 때문이다.

취재의 과정은 이 같은 측면을 이해시키고 설득하는 작업의 연속이었다. 연재가 시작된 뒤에는 스스로 증언을 자청해오는 경우도 있었고, 익명의 제보도 들어왔다. 이렇게 해서 하나둘씩 증언이 쌓여갔고 그것들은 이 연재의 중요한 골격이 되었다. 진지하게 증언을 해준 분들께 진심으로 고마움을 느낀다.

취재 과정에서 운 좋게 손에 넣을 수 있었던 몇 가지 생생한 자

초판 후기

료는 정말 큰 도움이 되었다. 그것은 12·12 사건 당사자들의 증언이 안고 있는 한계를 상당 부분 보완해주었다. 취재의 방법으로 익명 보장의 약속이 필요한 경우도 적지 않았다. 신분을 밝히지 않는다는 조건으로 증언을 들었기 때문에 불가피하게 증언자의 신원을 밝히지 못한 점에 대해 독자들의 양해를 구한다.

연재를 마치면서 마음에 걸리는 아쉬움이 한두 가지가 아니다. 더 많은 사람들을 만나고 더 철저히 추적했어야 할 곳이 적지 않다는 점을 솔직히 인정하지 않을 수 없다. 특히 전두환·노태우 두 전직 대통령에 대해서는 국회 등에서의 공식적인 증언이나 언론과의 인터뷰 내용, 측근들을 통한 간접적인 접근 외에는 직접 만나 대면 취재를 하지 못한 것이 못내 아쉬움으로 남는다.

이런 한계에도 이 연재가 나름대로 12·12의 진상 규명 및 성격 규정에 도움되기를 바란다. 김영삼 대통령은 12·12를 '하극상에 의한 쿠데타적 사건'이라고 규정하고 정확한 평가는 역사의 심판에 맡길 것을 제의했다. 그러나 정승화 등 12·12 사건의 주요 피해 당사자들은 검찰에 12·12에 대한 사법적 판단을 제기했다. 또 국회에서는 이 사건의 실체 규명을 위해 국정조사를 벌였으나 전두환·노태우 두 전직 대통령의 증인 채택 문제로 진통을 겪었다.

기자가 연재를 마치고 국회 출입을 시작했을 때 마침 '12·12 쿠데타적 사건'에 대한 국회 국정조사가 진행 중이었다. 방청석에 앉아 증인들의 증언을 메모하면서 우리 사회가 12·12의 실체에 대한 명확한 결론에 도달하기까지는 아직도 상당한 시간과 진통이 필요하다는 것을 새삼 깨달았다.

1992년 10월 이 연재를 담당하라는 지시가 떨어졌을 때 막막했던 기분은 아직도 뇌리에 생생하다. 그 막막함의 바다를 헤엄쳐 나갈 수 있었던 것은 선배 언론인들의 노고 덕분이었다. 그들이 살벌한 시대에 치열한 프로 정신으로 남긴 기록과 자료들은 취재의 단초와 글의 방향을 잡아나가는 데 귀중한 길잡이였다.

윤국병 편집국장을 위시한 편집국 선배들은 그동안 연재에 깊은 관심을 갖고 격려와 지도를 해주었다. 그분들의 독려는 연재를 계속 이끌어나갈 수 있게 한 원동력이었다. 진심으로 감사를 드린다. 12·12 연재 시작 당시 정치부장이었던 이성준 편집국장은 연재의 전반적인 틀을 잡아주었고 뒤이어 이이춘 정치부장은 노련한 감각으로 취재 및 기사 작성을 지도해주었다. 기사를 꼼꼼히 읽고 잘못을 지적해준 정치부 최규식 차장과 이병규 선배의 도움도 컸다.

핵심을 집어낸 제목과 탁월한 지면 구성으로 기사를 빛내준 이영의 국차장과 김봉천 기자 등 편집부 선배·동료, 매번 장문의 기사를 교열·교정하느라 눈이 한층 더 나빠졌을 이홍주 부장 이하 교정부원들께도 감사를 드린다. 이 기사가 책으로 나오기까지 힘써준 도서출판부 이호일 부장 등의 노고도 잊을 수가 없다. 그리고 무엇보다도 연재가 계속되는 동안 뜨거운 성원과 함께 애정 어린 질타를 보내준 독자들에게 고마움을 느낀다. 더욱 정진해 그분들의 은혜에 보답할 것을 약속드린다.

1993년 12월
이계성

차례

프롤로그

제1부 전초전

1 계엄사 합동수사본부의 위세

2 정승화와 전두환, 서로 헤어질 결심을 하다

3 군사반란 암호 '생일집 잔치'

제2부 12월 12일 밤, 그날의 기록

프롤로그

1979년 3월 5일 국군보안사령부(보안사) 사령관에 전두환 1사단
장이 임명되었다. 전임 진종채★ 중장이 2군사령관으로 갑작스럽
게 전보됨에 따라 이루어진 인사였다. 고참 소장 혹은 중장 계급
이 보직됐던 보안사령관 자리에 소장 진급 2년이자 보병 1사단장
에 임명된 지 1년 2개월 만에 발탁된 파격 인사이기도 했다.

　전두환 소장의 보안사령관 발탁은 당시에는 크게 주목받지 못
했다. 하지만 그해 10·26 사건과 12·12 사건으로 이어지는 과정
에서 그의 역할을 감안할 때 매우 중요한 의미를 갖는 인사였다.
전두환 소장이 바로 그 자리에 있었기 때문에 박정희 대통령 시
해사건 합동수사본부장(합수부장)을 맡게 되었고, 권력의 공백기
에서 새로운 권력의 핵으로 부상할 수 있었다. 4년제 정규 육군
사관학교 1기이자 통합 육사 11기인 그는 군 내 사조직인 하나회
를 기반으로 12·12 군사반란을 일으켜 군권을 장악하고, 1980년
5·17 전국계엄확대와 5·18 광주민주화운동 유혈 진압을 통해 마
침내 대통령 자리를 거머쥐게 되었다. 보안사령관으로 임명된 지

★ 진종채(1923~1998)는 육사 8기이며, 2군사령관으로 5·18 광주민주화운동 진압
계엄군의 지휘계통에 있었으나 불기소 처분을 받았다. 1981년 예비역 대장으로 전
역 후 진해화학(1987년 한일합섬에 인수됨) 사장을 지냈다.

1년 5개월 만이었다. 이런 점에서 1979년 3월 전두환 소장의 보안사령관 발탁은 우리 현대사의 흐름에 지대한 영향을 초래한 전환점이었다고 할 수 있다.

전두환 보안사령관 임명의 역사적 의미

당시 박정희 대통령은 왜 전두환 소장을 보안사령관으로 파격적 발탁을 했던 것일까? 여기에는 박정희 유신 독재체제 내부의 권력 다툼 등 복잡한 내막이 얽혀 있다.

우선 차지철* 청와대 경호실장과 진종채 보안사령관 간 갈등의 산물이었다. 1974년 8월 15일 광복 29주년 경축식장에 잠입한 재일교포 청년 문세광의 저격 사건으로 영부인 육영수 여사가 숨졌다. 경호 실패 책임을 지고 박종규 경호실장이 물러나고 후임으로 차지철 경호실장이 임명되었는데, 그는 안하무인격 거친 언행을 일삼으며 사실상 '부통령'처럼 행세했다. 진종채 보안사령관과의 관계에서도 예외가 아니었다. 육사 8기인 진종채 보안사령관은 차지철 경호실장보다 한참 군 선배였고 나이는 아홉 살이나 많았다. 그런데도 차지철은 진종채 보안사령관의 대통령 면담과 보고를 자신을 거쳐서 하도록 했고, 호칭도 '님' 자를 안 붙이고 "진 사령관"이라고 부르며 마치 아랫사람 대하듯 했다. 박정

★ 차지철(1934~1979)은 육사 12기 입학시험에 낙방 후 포병간부시험에 합격하여 포병 소위로 임관했으며, 대위 계급으로 공수특전단 근무 당시 5·16 군사쿠데타에 적극 참여했고, 박정희 국가재건최고회의의장 경호차장을 지낸 뒤 중령으로 예편하였으며, 제6·7·8·9대 국회의원을 역임한 뒤 박종규 후임으로 청와대 경호실장에 임명되었다.

희 대통령의 대구사범학교 후배로 박정희 대통령의 신임을 받은 진종채의 반발도 커졌다.

　두 사람의 갈등이 깊어지자 차지철은 진종채의 과거 약점을 끄집어내 낙마시키려고 했다. 1977년 10월 전방부대인 20사단에서 유운학 대대장이 무전병과 함께 월북해버린 대형 사건이 있었다.★ 이때 진종채 보안사령관은 파장을 우려해 1차로 청와대에 "북괴에 납치된 것 같다"고 보고했다. 청와대는 중앙정보부와 육군본부(육본)로부터 유운학 대대장이 자진 월북했다는 보고를 받고도 쉬쉬하고 주한 유엔군사령부에 납치됐다고 알렸다. 유엔군사령부는 이를 그대로 믿고 판문점 군사정전위 비서장회의를 소집해 납치 장병들을 즉각 송환하라고 강력히 요구하고 나섰다.

_____

★ 1980년 5·18 광주민주화운동 진압을 위해 투입된 20사단은 1977년 당시에는 경기 연천 지역 DMZ 경계 임무를 담당하던 전방 사단이었다. 1977년 10월 20일 이 사단 60연대 3대대장 유운학 중령이 관할 경계지역을 순찰한다고 무전병과 함께 지프를 타고 나갔다가 무전병 오봉주 일병과 함께 월북해버렸다. 동행을 거부한 운전병은 발을 권총으로 쏴 움직이지 못하게 한 뒤 역곡천을 따라 북측 지역으로 넘어갔다고 한다. 보병학교 대대공격 교관 시절 우수 교관으로 뽑혔던 유운학 중령은 사단의 대대 전투력측정(ATT) 평가에서 꼴찌를 해 보직 해임 위기에 몰렸는데, 평가 과정 등에서 보안부대의 횡포에 대한 불만이 월북의 주된 동기였던 것으로 알려졌다. 이 사건은 6·25 이후 월북한 장병 중 최고 계급 장교의 월북이어서 큰 파장을 몰고 왔다. 군단장과 사단장, 사단 보안부대장이 보직 해임을 당했다. 군의 전방 경계작전에 관한 내용과 지침이 모두 교체됐고, 군의 암호체계, 전술교범, 훈련체계 등도 전면 수정됐다. 보고를 받고 격노한 박정희 대통령이 20사단을 후방으로 빼라고 지시해, 경기 양평에 주둔하고 있던 5사단과 임무를 교대했다. 그로 인해 20사단은 후방 예비사단으로 양평에 주둔하게 되었고, 시위 진압 임무를 띤 충정부대로도 지정돼 광주민주화운동 진압에 동원되었던 것이다. 이 사건의 파장은 훗날 전두환 소장이 1979년 3월 보안사령관에 임명되는 계기로 작용함으로써 우리 현대사의 물줄기를 바꿔놓았다. 일종의 나비효과였다.

그렇게 넘어갔던 사건을 차지철 경호실장이 1년 4개월이나 지난 시점에서 진종채 보안사령관의 허위 보고 사실을 들춰내 박 대통령에게 보고하고 그를 구속시키려 했던 것이다.

차지철의 이런 움직임을 귀띔받은 진종채 사령관은 다음 날 새벽 시간에 청와대로 박정희 대통령을 찾아가 "각하와 일반 국민들의 충격을 감안해 일단 그렇게 보고한 뒤 시간을 갖고 종합적인 보고를 하려고 했던 것"이라고 해명하고 보안사령관직에서 물러나겠다고 했다. 박정희 대통령은 "1975년부터 4년이나 보안사령관을 맡아 수고했으니 자리를 옮길 때가 됐다"며 2군사령관으로 옮겨가게 했다. 대구사범학교 후배로 신임을 해오던 그를 내치지 않고 배려한 것이다.* 그리고 그 후임으로 전두환 1사단장을 앉혔다.

전두환 보안사령관 발탁 배경을 놓고는 이외에도 여러 설이 있다. 당시 보안사는 김재규 중앙정보부장과 차지철 경호실장의 견제 및 전방 대대장 월북 사건 여파로 위상이 많이 위축돼 있었다. 이렇게 약화된 보안사의 위상을 높이기 위해 노재현 국방부장관이 차지철과 관계가 좋은 전두환을 추천했다는 설이 그럴듯하다. 노재현 장관은 자신을 잘 따르는 전두환을 자기 사람으로 생각하고 있었고, 훗날 12·12 사건 당일 밤 합동수사본부(합수부)와 육본 측의 대치 상황에서 뒤늦게 나타나 육본 측의 진압 병력 동원을 막고 전두환 합수부장의 손을 들어주게 된다.

★ 진종채 보안사령관 전격 교체 배경에 대해서는 김충립, 《짓밟힌 서울의 봄》(도서출판 혜민기획) 참조.

차지철 경호실장이 전두환 발탁을 선호했다는 주장도 만만치 않다. 그는 경호실 차장에 차관급인 중장을 보임하고 그 밑에 전두환 준장, 노태우 준장, 김복동 준장 등 육사 11기 선두 그룹으로 하나회 소속이었던 장군들을 작전차장보나 행정차장보로 기용해 장관 이상 가는 위세를 부렸다. 그런 차지철이 정규 육사 출신들을 자기 기반으로 삼기 위해 작전차장보 시절 경호실의 국기 하강식 제병지휘관*을 맡아 "경호실장님을 향해 받들어 총"을 외치는 등 자신에게 충성 다하던 전두환을 보안사령관으로 적극 추천했다는 주장이다. 그러나 박정희 대통령과의 신임을 다투는 데는 차지철의 견제가 철저해 전두환 보안사령관은 취임 후부터 10·26 사건 때까지 박정희 대통령을 한 번도 독대하지 못했다고 한다.

1973년 윤필용 사건의 본질

더 거슬러 올라가 전두환 보안사령관의 발탁 배경을 살펴보면 1972년 10월 유신체제 구축 이후 그 공신들 간 권력 다툼의 산물인 윤필용(육사 8기) 사건에 가닿는다. 박정희 대통령은 1972년 10월 17일 계엄령을 선포해 국회를 해산하고 야당 의원들을 연금한 가운데 자신의 종신 집권을 가능케 하는 유신헌법을 제정, 공포했다.

유신이 마무리된 뒤 유신 공신들인 이후락 중앙정보부장과 박종규 경호실장, 강창성 보안사령관(민주당 의원 역임), 윤필용 수도경비사령관(수경사령관) 등은 박정희 대통령 신임을 놓고 파워

★ 제병지휘관은 군 행사에서 각 부대를 지휘하는 지휘관을 일컫는다.

게임을 벌였다.★ 박종규 경호실장은 이후락을 밀어내고 중앙정보부장이 되고 싶어 했고, 강창성 보안사령관은 육사 8기 동기인 윤필용 수경사령관을 견제했다. 이후락 중앙정보부장과 윤필용 수경사령관은 호형호제하며 세력을 과시했다. 원래 사이가 좋지 않았던 두 실세가 유신을 거치면서 가까워진 배경에는 울산 출신

★ 1972년 10월 유신 전후 박정희 대통령 주변 권력은 이후락 중앙정보부장, 박종규 경호실장, 윤필용 수경사령관, 강창성 보안사령관 등이 떠받치고 있었다. 이들은 모두 군 출신으로 박정희와 깊은 인연을 맺어온 사람들이다.

　울산 출신으로 울산 농고를 나온 이후락은 일본 육군 하사관을 거쳐 해방 후 군 사영어학교 1기생으로 군에 들어가 국방경비대 소위로 임관, 1961년 소장 계급으로 예편했다. 5·16 후 박정희 국가재건최고회의 공보실장을 거쳐 1963년부터 1969년까지 박정희 대통령의 비서실장을 지냈다. 한때 주일대사로 밀려나기도 했지만 1971년 제7대 대선을 앞두고 제5대 중앙정보부장 김계원 후임으로 제6대 중앙정보부장으로 영전해 제7대 대선과 10월 유신 과정에서 중요한 역할을 담당했다.

　박종규 경호실장은 육군종합학교 제5기로 입교해 소위로 임관했으며 5·16 쿠데타 주도 세력으로 참여해 박정희 경호 책임자가 됐다. 1964년 5월부터 청와대 경호실장을 맡아 박정희를 지근거리에서 보좌했다.

　육사 8기인 윤필용은 박정희가 5사단장으로 부임했을 때 대대장이었으나 군수 참모로 발탁돼 인연을 맺었다. 이후 박정희는 다른 보직으로 이동할 때 대부분 윤필용을 데리고 다니며 참모로 썼을 만큼 총애했다. 윤필용은 육군방첩부대장을 거쳐 베트남에 맹호부대 사단장으로 참전했다가 1970년 수경사령관으로 발탁돼 박정희의 군 주요 인사에 조언을 하는 등 막강한 권한을 누렸다. 중구 필동에 위치한 수경사가 '필동 육군본부'로 불릴 정도였다. 당시 김재규 보안사령관이 그에 대한 불법감청을 하는 등 견제하고 나서자 정면으로 맞서 승리했다. 이때 밀려난 김재규 후임으로 보안사령관에 발탁된 사람이 윤필용과 육사 8기 동기인 강창성이었다.

　강창성은 박정희와 깊은 인연은 없었으나 보안사령관을 맡아 유신 성공에 기여하면서 새로운 실세로 부상해 박정희 측근 실세들 간 파워게임에 뛰어들었다. 박정희는 이들 측근 실세들을 적당히 경쟁시키고 서로 견제하도록 하면서 절대 권력을 관리했다. 한홍구, 《유신: 오직 한 사람을 위한 시대》(한겨레출판, 2014) 관련 부분 참고.

으로 이후락 중앙정보부장의 울산농업고등학교 후배인 손영길(육사 11기) 수도경비사령부(수경사)★ 참모장의 역할이 있었다고 한다.

이후락과 윤필용의 밀착에 박종규 경호실장은 위기감을 느꼈다. 이후락 중앙정보부장과 윤필용 수경사령관, 신범식 서울신문 사장(청와대 공보수석 및 문화공보부장 역임 후 부임)이 유신 성공 자축연을 벌이다 사달이 났다. 윤필용 수경사령관은 이 자리에서 이후락 중앙정보부장을 향해 "각하(박정희 대통령)의 종신 집권 길이 열렸지만 노쇠하였으니 다음은 형님 차례"라며 민감한 후계 문제를 언급했다고 한다. 이 발언을 신범식 사장이 박종규 경호실장에게 전했고, 결국 박정희 대통령에게까지 보고됐다. 박정희 대통령은 총애했던 윤필용이 자신의 후계 문제를 거론한 것에 크게 분노해 강창성 보안사령관에게 철저한 조사를 지시했다.

이 일로 인해 강창성 보안사령관, 윤필용 수경사령관과 손영길 수경사 참모장 등 그의 계보 장교들이 대거 쿠데타 모의 혐의로 구속됐다. 윤필용 소장 15년, 손영길 준장 12년 등 고위 장교 10명은 15년에서 2년의 징역형을 선고받았고, 강제 전역을 당한 장교도 30여 명에 이르렀다. 대부분 윤필용계로 분류된 장교들이다.

그러나 이 사건의 본질은 쿠데타 모의가 아니었다. 조사 결과 쿠데타 모의는 드러나지 않았고 결국 공금횡령, 부정축재 등 파렴치한 범죄로 처벌을 받았다. 윤필용 사건의 본질은 박정희 유

★ 청와대 경비 및 쿠데타 방지 임무를 띤 수도경비사령부(수경사)는 전두환 5공화국 시절인 1984년 군단급(사령관 계급 중장)으로 격상되면서 수도방위사령부(수방사)로 개칭되었다.

신체제를 떠받들고 있었던 측근들 간의 권력투쟁과 시기질투, 모함과 음모였던 것이다.

윤필용 수경사령관의 '불경발언', 즉 '각하가 노쇠하였으니 다음은 형님 차례'라는 발언이 있었던 유신 자축 모임은 1972년 10월 말에서 11월 초순쯤이었는데, 윤필용이 구속된 것은 다음 해 3월이었다. 상당한 시간차가 있다. 박종규 경호실장이 문제 발언을 전해 듣고 윤필용 수경사령관에게 경고만 하고 불문에 붙이고 있었기 때문이다. 그런데 더 두고 볼 수 없는 일이 벌어졌다. 이후락 중앙정보부장이 윤필용 수경사령관에게 손영길 수경사 참모장을 정보부 2국장으로 달라고 했다. 윤필용 사령관은 이 사안을 박정희 대통령에게 보고했는데 박정희 대통령은 "손영길은 장차 참모총장을 해야 할 인물이니 윤필용 장군이 계속 데리고 있으면서 잘 지도하라"고 한 것이다.

그런데 이번에도 윤필용의 가벼운 언행이 문제가 되었다. '하나회'의 대부 중 한 사람으로 꼽히는 그는 당시 1공수여단장이던 전두환, 전방부대 연대장이던 노태우 등이 찾아왔을 때 "각하가 손영길을 참모총장 시키신다는데, 너희들은 뭐하냐, 분발해야겠다"는 말을 농담 반 진담 반으로 했다고 한다. 이 가벼운 입놀림이 전두환과 노태우의 시기심을 자극했다. 두 사람은 박종규 경호실장에게 이 말을 전했고, 박종규는 이를 윤필용의 또 하나의 불경언동으로 받아들였다. 중요한 군 인사 문제에 대한 박정희 대통령의 내심을 함부로 발설하는 것도 불경이라고 본 것이다. 손영길 수경사 참모장의 보직 이동 문제라면 경호실장으로서 유사시 수경사 지휘 권한이 있는 자신과 상의하지 않은 것도 문제이고, 육사 11기 선두 주자 손영길의 보직을 매개로 이후락과 윤필용이 한층 더 가까워지는 모양새에 화가 났던 것이다.★

박종규 경호실장은 1972년 3월 초 서울 근교 골프장에서 박정희 대통령과 골프를 치는 도중 신범식 서울신문 사장으로 하여금 윤필용 수경사령관의 후계자 관련 불경언동을 보고하게 했다. 앞에서도 언급했듯이, 박정희 대통령은 격노하여 강창성 보안사령관에게 즉각 윤필용과 그의 계보 장교들에 대한 철저한 조사를 지시했다. 윤필용의 쿠데타 모의 사건 조사는 이렇게 해서 시작됐다.

강창성 보안사령관은 이 사건을 조사하면서 육사 11기 이하 영남 출신 장교 중심으로 하나회라는 비밀 조직이 있음을 알아냈다. 강창성은 혹독한 조사를 통해 하나회 소속 장교 30명가량을 강제 전역시켰다. 한직으로 밀려난 숫자도 많았다(하나회 핵심 중의 한 사람인 허화평도 서울지구 보안부대 대공과장을 하다가 이때 부산

★ 육사 11기 선두 주자인 손영길은 중위 시절 박정희 7사단장 밑에서 중대장으로 근무하면서 그의 눈에 들었다. 당시 군부대는 사병들에 대한 처우가 열악하고 괴롭힘이 심해 한 해에 1개 사단에서 1개 중대 병력 이상이 탈영할 정도로 엉망이었는데 손영길 중대에서는 탈영병이 한 명도 없어 박정희 사단장에게 좋은 인상을 심어 주었다고 한다. 박정희 소장은 부산군수기지 사령관 시절 손영길 대위를 군수기지 경비중대장으로 불러 근무케 하였고, 5·16 쿠데타 직후에는 전속부관으로 썼다. 이후 청와대 30대대(차지철 경호실장 시절 여단급인 경비단으로 격상됨) 대대장으로 3년이나 근무하며 박정희 육영수 부부로부터 총애를 받았다. 손영길은 30대대장 자리를 육사 11기 동기인 전두환에게 물려주고 육군대학, 연대장, 월남전 참전을 거쳐 윤필용 수경사령관 밑에서 참모장으로 근무 중이었다. 손영길은 후일 박 대통령을 보필하는 핵심 측근인 중앙정보부장(이후락)과 수경사령관(윤필용)의 사이가 좋지 않은 것은 바람직하지 않다고 보고 두 사람의 화해를 주선했다고 밝혔다.

피복창으로 좌천됐다). 강창성 보안사령관은 당시 군 내 이북 출신
들의 대부 노릇을 했던 만큼 군 내 라이벌 세력인 영남 인맥을 약
화시키려는 속셈이었는지도 모른다. 전두환, 노태우까지도 위태
로운 지경이 되었다. 그들을 구해준 것은 박종규 경호실장과 서
종철 국방부장관 등 영남 출신 실세들이었다. 그들은 "경상도 장
교의 씨가 마르겠다"며 박정희 대통령에게 탄원을 했다고 한다.

전두환과 노태우는 같은 육사 11기 동기 선두 주자로 앞서가며
자신들의 앞길을 막는 손영길을 제거하기 위해 모함도 서슴지 않
았다고 한다.★ 하지만 강창성 보안사령관의 야심에 찬 하나회 수
사로 위기에 몰렸다가 박종규 등 영남 출신 실세들의 적극적인
구원 활동으로 겨우 살아났다. 강창성 보안사령관은 곧 영남 세
력의 반격을 받아 윤필용 사건을 수사한 지 2개월도 안 돼 3관구
사령관으로 좌천되었다 전역했다.

위기에서 벗어나자 윤필용 사건은 전두환·노태우 등에게는 오
히려 기회가 됐다. 전두환은 노태우와 함께 하나회 조직의 중심
적 지위를 굳혔고, 최대 경쟁자 손영길이 제거된 마당에 승진 등

★ 유신 직후인 1973년 1월 청와대 경내에 '통일정사'라는 20평 규모의 작은 암자
가 지어졌다. 당시 신범식 서울신문 사장이 잘 아는 지관 손석우로부터 "청와대 내
에 절을 지어 기도하면 각하 임기 내에 남북통일이 이뤄진다"는 얘기를 듣고 청와
대 경호실의 허가와 수경사의 협조를 얻어 지었다고 한다. 그런데 엉뚱하게 윤필
용과 손영길이 이후락을 위해 지었다는 내용으로 둔갑해 박정희의 귀에 들어갔다.
이후락이 대통령이 되도록 기도하기 위해 지었다는 모함이었다. 이것 또한 윤필용
과 손영길이 쿠데타 모의 혐의로 조사받고 제거되는 주요한 배경이 되었다고 한
다. 통일정사를 짓다 남은 고철을 팔아 부대 운영 경비에 보태 쓴 경위에 대한 모
함도 있었다. 수경사와 특전사 보안반장을 지냈던 김충립은 이것이 박종규·전두
환·노태우 측의 음모라고 주장한다. 김충립, 《짓밟힌 서울의 봄》 89~94쪽 참조.

프롤로그

에서 거칠 것이 없었다.

종신 집권을 가능케 한 10월 유신 성공으로 박정희 대통령의 권력 기반은 더할 나위 없이 탄탄해진 듯했다. 그러나 윤필용 사건으로 이 기반이 크게 흔들리게 됐다. 핵심 측근들이 제거되거나 소용돌이에 휘말렸다. 7사단장 시절부터 박정희의 믿음직한 측근이었던 윤필용은 감옥에 갇혔고, 유신 과정에서 역할이 컸던 강창성은 윤필용 세력을 제거하는 악역을 담당했다가 토사구팽당한 꼴이 됐다. 후계자 문제로 궁지에 몰린 이후락 중앙정보부장은 이를 만회하기 위해 도쿄에 머물며 반유신 투쟁에 나선 김대중을 납치하는 무리수를 두었다가 책임을 지고 1973년 말에 중앙정보부장에서 물러났다.

이후락의 중앙정보부가 저지른 김대중 납치 사건은 재일동포 사회에 격한 반 박정희 정서를 불러일으켰다. 이런 정서에 휩싸인 재일교포 청년 문세광은 다음 해인 1974년 8·15 경축식장에 권총을 소지하고 잠입해 박정희 대통령을 저격하려다 육영수 여사를 숨지게 했다. 윤필용 사건에 정신이 팔렸던 박종규 경호실장은 경호 업무를 소홀히함으로써 문세광의 잠입을 막지 못한 책임을 지고 즉각 물러났다. 그 후임에는 차지철이 발탁되었다. 이후락 중앙정보부장의 후임은 신직수를 거쳐 1976년 말 김재규한테로 넘어갔다. 박정희의 비극적 최후 10·26 사건의 주요 등장인물들이 이렇게 포진한 것이다. 그사이 전두환은 차지철 경호실장 밑에서 작전차장보로 충성을 다했고, 소장으로 진급해 1사단장을 거쳐 1979년 3월 향후 정국에서 핵심적 역할을 담당할 보안사령관에 임명됐다.

이런 흐름으로 볼 때 1973년 3월의 윤필용 사건은 한국 현대 정치사의 흐름에 매우 중요한 분수령이었다.* 박정희 유신 독재 체제가 성립과 동시에 그 기반에서부터 허물어지고 있었던 것이다. 1975년 5월 선포된 '대통령 긴급조치 9호'라는 강력한 조치로 근근이 버티고 있었으나 야당의 공세와 대학가, 노동 현장의 저항은 날로 거세지기 시작했다.

전두환 보안사령관 취임 이후의 정국

이렇게 국민적 저항이 한층 가열되던 1979년 초 보안사령관에 취임한 전두환은 보안사 기능 회복에 심혈을 기울였다. 당시 보안사의 위상은 최악이었다. 차지철 경호실장의 견제로 사령관의 대통령 독대가 막혔고, 전방 20사단 대대장의 월북 사건을 빌미로 김재규 중앙정보부장에 의해 보안사 정보처가 폐지되고 대공업무가 중앙정보부의 통제 아래 놓이게 되었다.

전두환 사령관은 취임과 함께 하나회 소속인 허화평 대령을 자신의 비서실장에, 허삼수 대령을 인사처장으로 기용하여 참모 진용을 강화했다. 두 사람은 1963년 3월 손영길, 전두환 등 육사 11기 선두 그룹이 정규 육사 기수 가운데 영남 인맥들을 중심으로 비밀 조직 하나회를 창립할 때 발기인으로 참여했다고 한다. 그밖에도 보안사령부 주요 직책에 정규 육사 출신 하나회 회원들을

★ 한홍구는 《유신》에서 윤필용 사건이 트리거가 되어 이어서 굵직한 사건이 연쇄적으로 일어나면서 대한민국의 권력구도가 크게 변화했다면서 박정희의 죽음을 가져온 구도가 윤필용 사건에서부터 짜여진 것이라 보았다.

포진시켰다.★

　전두환 사령관은 또 국가비상사태나 비상계엄하에서 보안사령
부가 주도적 역할을 할 수 있도록 하라는 지침을 내리고 1979년
6월 실시된 을지훈련에 적극 임하라고 지시했다. 보안사 법무관
박준광 소령에게는 계엄관련법에 규정된 보안사의 역할에 대해
연구를 지시했다. 박 소령은 관련 규정을 면밀히 검토하다 국방
부의 국가비상사태 시 시행계획인 '충무계획 1200'에 '합동수사
본부를 설치할 수 있다'는 단 한 줄의 규정이 있음을 찾아서 보고
했다. 전두환 사령관은 박 소령에게 이 규정을 근거로 보안사가
주도하는 합동수사본부 구성과 기능에 대한 안을 만들도록 지시
했다. 유신체제에 대한 국민적 저항이 고조되는 등 시국의 흐름
이 심상치 않게 흘러가자 비상계엄 선포 등을 염두에 두고 암암
리에 대비를 한 것이다.

　전두환이 보안사령관으로 부임한 후 정국은 긴박하게 돌아갔
다. 신민당은 5월 전당대회에서 유신 반대 강경노선 입장을 취하
고 있는 김영삼을 총재로 선출했다. 8월 초 가발 수출회사인 'YH
무역'의 여성 노동자들이 서울 마포구에 있는 신민당 당사에 찾
아와 농성에 돌입했다가 경찰의 강제 연행 과정에서 여성노동자
1명이 추락 사망했다. 상도동 자택에 강제로 끌려가 연금당한 신
민당 김영삼 총재는 미국 뉴욕타임스와의 회견에서 미국 정부에

★ 이와 관련해 허화평은 "전두환 사령관은 부임 직후 제대할 날만 기다리면서 일
을 하지 않던 대령·중령급 장교들을 내보내고 전방에서 중대장을 마친 육사 출신
의 빳빳한 인력들을 보안사로 데려왔다"고 말했다. 배진영 월간조선 기자, '기무사
비록, 김재규와 보안사와 10·26', 《월간조선》 2016년 10월호 참조.

박정희 대통령을 시해해 내란 목적 살인 혐의 등으로 법정에 선 김재규 전
중앙정보부장. 그는 법정 최후 진술에서 "민주화를 위해 야수의 심정으로
유신의 심장을 쏘았다"며 10·26 사건의 정당성을 주장했다. 김재규는 사형을
선고받았으며, 1980년 5월 24일 교수형에 처해졌다.

박정희 정권에 대한 지지 철회를 요구했다.

여당인 공화당과 유신정우회(維新政友會)*는 김영삼 총재의 회견 내용을 헌정 부정 및 사대주의라고 규정하고 정기국회 회기 중인 10월 4일 경호권을 발동해 야당 의원 출석을 차단하고 본회의를 열어 김영삼 총재의 의원직 제명을 의결해버렸다. 이에 크게 반발한 부산과 마산 지역의 시민·학생들이 대규모 유신 철폐 시위를 벌였다. 부마항쟁이라고 불리는 격렬한 유신 반대 시위였다. 그러나 박정희 정권은 10월 18일 이 지역에 계엄령을 선포하고 3개 공수여단을 파견해 무자비하게 진압했다.

부마항쟁 대처 방안 등 정국 해법을 놓고 차지철 경호실장이 온건 대응 입장을 취한 김재규 정보부장을 심하게 몰아붙였고, 이에 격분한 김재규는 10월 26일 궁정동 안가 만찬 도중 일을 저지르고 말았다.

이날 밤 긴박한 상황에서 전두환 보안사령관은 박준광 소령을 긴급 호출해 합동수사본부 구성의 구체적 안을 만들도록 했다. 전두환 사령관은 이 안을 27일 아침 정승화 계엄사령관에게 보고해 결재를 받았다. 그가 합동수사본부장이 되는 등 합동수사본부 설치 내용이 담긴 계엄공고 5호가 이날 발표됐다. 이로써 전두환 보안사령관은 김재규 수사 등 박정희 사후 정국을 주도할 수 있는 핵심 지위를 장악하게 됐다.

★ 유신정우회는 1973년 유신헌법에 따라 대통령의 추천으로 통일주체국민회의에서 선출된 전국구 국회의원들이 구성한 원내 교섭단체로 '유정회'라고도 부른다. 임기는 3년으로, 1979년까지 존속되다가 1979년 10월 26일 박정희 대통령의 사망으로 존재 의미를 상실했으며, 1980년 10월 제5공화국 헌법이 발효되면서 해체되었다.

제1부
전초전

1   계엄사 합동수사본부의 위세

1979년 10·26 직후 박정희 대통령 시해사건 수사를 위해 설치된 계엄사 합동수사본부(합수부)는 국내의 모든 수사 및 정보기관을 감독·조정하는 막강한 권력기관이었다.

합수부는 절대 권력자의 사망으로 초래된 권력의 공백기에 새로운 힘의 실체로 빠르게 부상해갔다. 전두환 보안사령관 겸 합동수사본부장(합수부장)은 새롭게 부상하는 힘의 중심이었다. 그는 합수부를 통해 국내의 수사·정보기관을 완전히 장악하고 있었으며, 군부 내 정규 육사 출신과 하나회★의 리더로서 막강한 영

★ 하나회는 육사 11기 선두 주자 손영길 소령이 박정희 국가재건최고회의의장 전속부관으로 근무할 때 주도해 결성했다. 1963년 3월 1일 손영길·전두환·김복동·노태우·정호용·권익현·박갑용·노정기·최성택 등 11기생 9명, 12기 박희도, 14기 배명국·이종구, 15기 김상구, 17기 김진영·허화평·허삼수 등 16명의 발기인이 김복동 소령 집에 모여 결성했다고 한다. 회장에는 전두환 소령, 총무에는 이종구 대위를 선출했다. 후배 회원은 각 기별로 우등생 출신 모범적인 장교를 10명 내로 선발하여 전 회원의 만장일치 동의를 얻어 회원으로 가입시켰다. 원래는 정규 육사 각 기수 중 엘리트들을 회원으로 해서 친목을 도모하고 군과 국가를 위해 충성을 다하자는 취지로 결성되었다. 그러나 1967년 청와대를 경비하는 수경사 30대대장 손영길 중령이 대령으로 진급해 육군대학에 가면서 전두환 중령에게 자리를 물려준 뒤 전두환 중령이 중심이 되어 하나회 조직을 확대해 자신의 세력 기반으로 삼았다. 1973년 3월 윤필용 사건 때 강창성 보안사령관의 조사로 처음 조직이 드러나 하나회 소속 장교 30여 명이 구속되거나 강제로 전역당했으나 전두환·노태우 등 영남

향력을 형성해가고 있었다.

합수부에는 정치 지향성이 강한 군부 내 사조직인 하나회 멤버들이 핵심 부서에 포진함으로써 그들의 정치 지향성이 계엄정국에 반영되기 시작했다. 수도권의 주요 부대에 집중 배치되어 있던 하나회 장교들도 정치 상황 변화에 민감한 반응을 보이며 군 수뇌부의 움직임을 주시하고 있었다. 전두환 장군을 정점으로 한 이들 하나회 정치장교 집단은 절대 권력자 박정희 대통령의 사망을 기득체제의 중대한 위기로 파악했다. 그들은 군이 10·26으로 초래된 혼란 수습과 권력의 재편성 과정에서 주도적인 역할을 해야 한다고 생각했다. 그것은 절대 권력체제하에서 자신들이 누려왔던 기득권의 보호를 위해서도 필요한 일이기도 했다.

전두환과 정승화, 군의 역할에 대한 인식 차이

그러나 계엄사령관인 정승화 육군참모총장은 과도기에서의 군의 역할을 달리 규정하고 있었다. 그는 대통령 유고에 따른 국내 혼란을 예방하고 새 정부가 자리를 잡을 때까지 치안 유지에 만전을 기하는 데 계엄의 목표를 두고 있었다. 그는 온건한 원칙주의자였고 군의 정치적 중립과 군 본연의 임무를 강조한 비정치적 야전 군인이었다.

군의 정치적 중립을 강조하는 정승화 계엄사령관과 과도기에서 군의 사회정치 분야에서 정치적 역할 증대를 주장하는 전두환

출신들은 박종규 경호실장 등의 구명운동으로 살아남아 세력을 키웠고, 12·12 군사반란 당시 전두환의 합수부 측에 가담해 핵심 역할을 담당했다.

보안사령관 사이에 시국 인식과 군의 역할에 대해서 메우기 어려운 간격이 존재하고 있었다. 정치군인 전두환이 정치적 야심을 드러내기 시작했던 것이다.

정승화 총장은 1979년 11월 6일 3군사령부 방문을 시작으로 예하 부대 순시에 나섰다. 그는 1, 2, 3군과 군수사령부를 돌면서 대령 이상의 지휘관과 참모들을 모아놓고 특별 훈시를 했다. 10·26 후 예상되는 정치발전에 대한 설명과 함께 군의 정치적 중립과 국토방위라는 군 본연의 임무에 충실해야 한다는 것이 주요 내용이었다. 다음은 정승화가 회고한 내용이다.

박정희 대통령 장례도 끝나고 정치발전에 대한 사회의 관심이 드높았지만 사회의 분위기는 일단 안정을 유지하고 있었다. 나는 정치발전에 대한 군의 견해가 조속히 일치되고 군은 다른 잡념 없이 오직 국토방위 임무에만 힘과 노력을 쏟게 되는 것이 무엇보다 중요한 과제라고 생각했다. 장병들에게 이 점을 강조하기 위해 예하 부대 순시에 나섰다. 나는 대령급 이상 지휘관과 참모들을 모아놓고 훈시를 통해 "10·26 이후의 상황은 혁명도 변혁도 아니다. 단지 대통령 유고라는 불상사가 생겨서 국민이 새 대통령을 뽑을 때까지 치안 유지를 위한 계엄이 실시되고 있는 상태"라고 먼저 규정하고 다음과 같이 말했던 것으로 기억한다.

"지금은 군이 사회 혼란을 수습한다는 명분을 내걸고 정치에 개입할 수 있었던 5·16 때와는 상황이 다르다. 국민들은 민주주의를 할 수 있는 수준으로 성숙해 있고 군보다 민간 부문

1979년 11월 6일 10·26 사건 1차 수사결과를 발표하는 전두환 계엄사
합동수사본부장. 그는 발표에서 시해사건이 김재규의 단독 우발 범행이며
정승화 참모총장은 관련이 없다고 밝혔다. 그러나 한 달여 뒤 이를 뒤집고
김재규 조사에서 새롭게 드러난 정 총장의 관련 혐의를 조사하겠다며 최규하
대통령의 사전 재가 없이 정 총장을 강제 연행하도록 지시했다. 이 과정에서
총격전이 벌어졌고 육본 지휘부와 합수부 사이에 대규모 무력 충돌로 치달을
뻔한 심각한 상황이 빚어졌다.

이 훨씬 더 발전해 있다. 군의 능력이 가장 뒤떨어져 있다. 경제도 발전하여 선진국의 문턱에 와 있다. 이런 때 또다시 군이 정치판에 뛰어들면 경제는 퇴보하고 정부는 국제적으로 고립될 것이다. 우리는 국방에만 전념해도 벅차다. 군이 국방 이외에 참견하면 군도, 나라도 그르친다. 어떤 경우에도 우리 군은 정치에 관여해서는 안 된다. 나 자신이 참모총장으로 있는 한 절대로 군의 정치 간여를 허용치 않을 것이다."

이런 요지의 훈시를 하고 나면 분위기가 아주 숙연했다. 훈시가 끝난 뒤 다과회를 갖고 장교들과 허심탄회한 대화를 나누었는데 그들도 나와 같은 의견이라는 것을 느낄 수 있었다.

권력의지가 강하고 야심에 찬 전두환 합수부장이 정승화 총장의 이 같은 입장을 그대로 수용할 리 없었다. 앞서 전두환 보안사령관은 부마사태 등으로 시국 혼란이 가중되고 권력 내부에서 차지철 경호실장과 김재규 정보부장의 시국 대처를 놓고 대립이 커지자 10월 27일쯤 박정희 대통령에게 은밀히 특단의 대책을 담은 보고를 할 예정이었다고 한다. 시국 수습에 대한 하나회 정치군인들의 생각이 결집된 이 중요보고서는 허화평 보안사령관 비서실장이 주도해 만든 것으로 알려지고 있다. 국민의 지탄을 받는 인물을 제거하고 부정부패를 척결해 국정을 쇄신한다는 내용을 골자로 하고 있었으며, 김재규 정보부장과 차지철 경호실장도 물러나게 해야 한다는 건의도 포함되었을 것으로 추정된다.[*]

★ 1979년 10월 18일 부산·마산 지역에 계엄령이 선포되자 전두환 보안사령관은

10·26 사건으로 이 시국 수습 대책안은 햇빛을 보지 못하고 말았지만 그 기본 구상은 전두환의 머릿속에 그대로 입력이 되어 10·26 후 그의 시국에 대한 인식과 대책에 그대로 반영되었을 것이다. 따라서 군의 정치 불개입을 고집하는 정승화 계엄사령관과 정치 지향적 사고를 하는 전두환 합수부장 사이에는 필연적으로 의견 대립이 잦아질 수밖에 없었다. 다시 정승화의 증언이다.

11월 하순 어느 날이었다. 합동수사본부장 전두환 장군이 내 집무실로 찾아와 "총장님, 이번 계엄 기간에 그동안 부정축재

현지에 헬기를 타고 내려가 상황을 파악하고 상경한 뒤 허화평 비서실장에게 시국 수습에 관한 '중요보고서'를 작성하라고 지시했던 것으로 알려지고 있다. 김재규 정보부장과 차지철 경호실장 교체 등을 포함한 국정 쇄신과 함께 반정부 시위 등을 보다 강력하게 봉쇄하기 위한 강경조치가 포함되었을 것으로 추정되며 박근혜 등 비공식 라인을 통해 10월 27일쯤 보고를 잡았다고 한다. 그러나 10·26 사건이 나는 바람에 무산됐고 보고서 내용도 폐기된 것으로 알려졌다. 허화평은 당시 자신 주도로 중요보고서를 작성한 사실이 없다고 부인했다. 그러나 5·16 후 군정 시기인 1963년 전두환·노태우 등 육사 11기 출신 소령, 대위들이 주도한 7·6 쿠데타 시도가 있었을 때 당시 허화평 중위도 관여된 것으로 알려져 있다. 7·6 쿠데타 모의는 5·16 군사쿠데타 세력이 군으로 복귀하지 않고 정치에 직접 나서려고 공화당을 창당하는 과정과 관련이 있었다. 김종필 등 육사 8기들이 창당자금을 마련을 위해 4대 의혹사건을 일으키는 등 국민적 지탄을 받자 박정희가 이끄는 국가재건최고회의와 중앙정보부 등에 포진해 있던 전두환·노태우 등 육사 11기 출신들이 1개 소대 병력을 동원해 이들을 제거하려고 했다가 사전에 탄로나 당시 육군방첩대에 체포되었다. 당시 정승화 방첩대장이 이들을 조사한 뒤 박정희 최고회의의장에게 보고하려는 과정에서 박종규 경호실장 및 육사 11기로 박정희 의장 전속부관인 손영길 소령의 적극적인 탄원으로 훈방조치됐다. 전두환과 허화평은 이미 이때부터 시국에 관한 인식을 공유하고 이집트, 터키 등의 군사쿠데타를 연구하며 훗날에 대비했던 게 아닌가 여겨진다. 김충립,《짓밟힌 서울의 봄》관련 부분 참조.

제1부 전초전

한 자들의 재산을 전부 몰수해서 국가에 귀속시키는 조치를 하시지요"라고 건의했다. 그는 수 명의 이름을 열거했는데 전·현직 고관과 정치인, 그리고 일부 경제인 등 세간에 축재했다고 소문이 자자한 사람들이었다. 전두환 장군은 "지금 부정축재자 수 명을 골라서 그 재산을 압수하고 공개하는 것쯤은 우리 수사관들을 동원하여 간단히 처리할 수 있습니다"면서 거듭 허락해줄 것을 요청했다.

나는 그러나 부정축재가 국민 원성의 대상이라는 것을 알고 있으며 그러한 자들을 용서하고 싶은 생각은 추호도 없지만 정당한 법적 절차를 밟아야 할 것이라면서 그의 제안을 받아들이지 않았다. 그로부터 수 일이 지난 뒤 전 장군이 다시 찾아와 "부정축재자 중 우선 몇몇 대표적인 인물을 골라서 본보기로 비밀리에 조사하면 어떻겠습니까?" 하고 또 건의해왔다. 그래서 법에 의한 조사를 다시 한번 더 강조한 뒤 우선 조사해야 할 대상자 명단을 은밀히 작성·보고하라고 지시했다.

부정축재자 처리는 군이 정치·사회 문제에 개입할 수 있는 좋은 명분거리였다. 전두환 그룹은 5·16 때 박정희가 쿠데타에 대한 국민의 지지를 끌어내기 위해서 부정축재자 처벌 및 재산 환수를 추진했던 것을 잘 알고 있었다.★

정승화 총장은 12월 6일 통일주체국민회의에서 대통령 선거가

★ 전두환 보안사령관은 10·26 당일 밤 허화평 비서실장과 한용원(예비역 대령, 한국 교원대 교수 역임) 정보2과장 등에게 5·16에 대한 연구를 지시했다고 한다. 한용원 회고록《1980년 바보들의 행진》참조.

끝난 뒤 전두환 합수부장에게 "이제 선거도 끝났고 했으니 부정축재자 명단이 작성됐으면 한번 보자고 했으나 전두환 합수부장은 "정보부와 경찰이 갖고 있는 정보들이 신통치 않아 시간이 걸린다"며 보고를 미루었다.

그러나 사실은 이때 전두환은 12·12 거사 계획으로 부정축재자 문제에 관심을 기울일 여유가 없었던 것 같다. 그리고 이미 정승화 총장과는 함께 갈 수 없다는 결론을 내리고 그를 제거하는 계획을 추진하고 있었던 것이다.

정승화 총장과 전두환 합수부장이 전 중앙정보부장 이후락의 출국 문제로 의견 대립이 있었던 것도 부정축재자 처리 문제와 관련이 있다. 전두환 합수부장은 부정축재자 재산몰수 문제를 정승화 총장에게 건의한 후 다시 정승화 총장을 찾아와서 "이후락 씨가 외무부에 여권 신청을 했는데 부정축재자 조사를 눈치 채고 해외로 도피하려는 것 같다"며 그의 여권 발급을 보류토록 했다고 보고했다.

당시 이후락은 인도에서 개최되는 세계불교신도대회에 한국 대표로 참석할 예정이었다. 정승화 총장은 이 문제를 노재현 국방부장관과 상의해서 결국 이후락이 출국할 수 있도록 했다. 정부의 구체적인 방침이 정해져 있지 않은 상태에서 부정축재자 조사 복안 때문에 출국을 허가하지 않는다면 이상하게 여겨 오히려 사전 계획이 누설되는 결과를 가져올 것 같다는 이유에서였다. 그런데 이후락은 출국해서 귀국을 미루면서 해외에 장기 체류했다. 정승화는 이후락이 처음부터 그럴 계획은 아니었고 12·12로 자신이 물러나게 되자 불안을 느껴 귀국을 미루었을 것이라고 말했다. 나중에 합수부 측은 이후락의 출국 문제가 10·26 당시 경호실 차장이었던 이재전* 중장의 처리 문제와 함께 12·12 때 정승화 총장을 연행하게 된 주요한 동기 중의 하나였다고 발표했다.

1979년 11월, 장태완 장군의 수경사령관 기용과 반발

정승화 총장은 11월 들어 군 인사를 일부 단행했다. 우선 공석 중인 중앙정보부장 자리에 최규하 대통령권한대행의 요구에 따라 이희성** 참모차장을 추천했다. 그리고 후임 참모차장에는 윤성민*** 3군단장을, 3군단장에는 수경사령관 전성각**** 장군을 중장으로 승진, 발령했다. 수경사령관에는 교육참모부차장 장태완*
**** 소장이 임명됐다.

　이 인사를 두고 다소 잡음이 발생했다. 중앙정보부장서리 물망에 올랐던 유학성 장군이 불만을 갖게 됐다. 또 인사 적체가 심한 상황에서 계급정년이 다 된 전성각 장군을 중장으로 승진시켜

★ 이재전(1927~2004)은 육사 8기로, 중장으로 예편한 뒤 대한성업공사(한국자산관리공사 전신) 사장, 한자교육진흥회 회장을 역임했다.

★★ 이희성(1924~2022)은 육사 8기로, 정승화 후임으로 계엄사령관 겸 육군참모총장을 거쳐 대장으로 예편한 뒤 교통부장관 주택공사 이사장 등을 역임했다. 5·18 재판에서 7년형을 선고받았다.

★★★ 윤성민(1926~2017)은 육사 9기로, 1군사령관, 합참의장을 거쳐 전역한 뒤 국방부장관, 석유개발공사 이사장 등을 지냈다.

★★★★ 전성각(1929~)은 육사 8기로, 중장으로 예편한 뒤 울산 석유화학 사장을 역임했다.

★★★★★ 장태완(1931~2010)은 종합학교 11기 출신으로, 12·12로 강제 예편되었으며, 한국증권전산 사장을 역임했다. 제16대 국회 때 새천년민주당 소속으로 비례대표 국회의원을 지냈다.

군단장에 기용한 것이 정규 육사 출신 장성들의 불만을 샀다. 당시 소장 계급은 육사 8기생 일부와 9기, 10기, 11기, 12기생 그리고 육군종합학교★ 출신 선임자 일부 등으로 복잡하게 구성되어 있었다. 소장으로 진급한 연도도 비슷비슷해 중장으로 승진할 수 있는 기회는 한두 번밖에 없었다. 고참 소장들이 그대로 중장으로 승진한다면 육사 11기 이하는 몇 사람을 빼고는 중장 승진이 지극히 어렵게 될 형편이었다.

장태완 소장을 수경사령관에 임명하는 것에는 전두환 보안사령관이 특히 반대했다. 정승화는 당시의 군 인사 배경에 대해서 다음과 같이 설명했다.

10·26 사건 3, 4일이 지난 뒤였다. 노재현 국방장관이 "대통령 권한대행께서 중앙정보부장으로 군에서 한 사람을 추천하라신다"며 나의 의견을 물었다. 장관과 나는 현역 중장급에서 중앙정보부장서리로 임명했다가 정부가 안정되면 군에 복귀시킨다는 원칙을 정하고 몇 사람을 검토했다. 내가 이범준 방산

★ 6·25 발발 후 보병학교는 육군사관학교와 통합해 육군종합학교로 명칭을 바꾸고 갑종(갑종간부후보생) 3기와 육사 1기를 함께 입교시켜 6주간 교육을 거친 뒤 육종(육군종합학교) 1기로 임관시켰다. 육군종합학교는 휴전협정이 개시되던 1951년 8월 18일까지 6주 내지 9주의 훈련을 받은 장교들인 육종들을 총 32기까지 배출했다. 이후 보병학교는 종합학교에서 다시 분리돼 1969년 8월 갑종 마지막 기수인 230기까지 모두 4만 5,424명에 이르는 초급장교를 배출해냈다. 육군종합학교 출신 장교들은 6·25 기간 전투에 뛰어들어 활약했으며 많은 숫자가 전사했다. 참고로 4년제 정규 육사 1기인 육사 11기는 1951년 입교했고, 1955년에 임관해 6·25에는 참전하지 않았다.

차관보와 문홍구(육사 9기, 예비역 중장) 합참본부장을 언급했더니 장관은 그들을 놓아주고 싶어 하지 않았다. 그래서 자연히 유학성 군수차관보와 이희성 참모차장을 놓고 고려하게 됐다. 유학성 장군이 어떻겠느냐고 했더니 장관은 그런 중책을 맡기기에 부적당한 사람이라고 반대했다. 나도 유학성 장군이 권력에 대단히 민감한 사람이라고 보았으나 이희성 차장을 놓치고 싶지 않아서 그를 거론했는데 장관 의견이 그래서 하는 수 없이 이희성 차장을 추천하게 되었다.

참모차장에는 지역 안배를 고려해 호남 출신인 3군단장 윤성민 중장을 기용했다. 그리고 그 후임에는 수도경비사령관 전성각 장군을 중장으로 승진시켜 임명했다. 계급정년이 다 되어가는 그에 대해서는 박정희 대통령이 생전에 특별히 군단장 기용을 부탁했었고 손색없는 야전 군인으로 생각되었기 때문이었다. 후임 수경사령관으로 장태완 소장을 발탁한 것은 그가 준장 시절 수경사 참모장직을 경험했으며 일선 사단장으로서 아주 훌륭하게 능력을 발휘했고 솔직담백하고 용기 있는 순수 군인으로 보았기 때문이다. 그러나 전두환 소장은 장태완 소장이 수경사령관으로서는 적합하지 않다며 재고해주도록 요청했다. 장태완 소장이 자신에게 만만치 않은 상대가 되어 반대하는 것이 아닌가 생각되었다. 그러나 나중에 전두환 장군은 "저는 더 좋은 적임자가 있을 것 같아 드린 말씀이었는데 특별히 나은 사람이 없습니다. 장태완 장군 임명은 잘된 것 같습니다"라고 말했다.

전두환은 장태완 소장의 수경사령관 기용에 대해서만 직접 정승화 총장에게 불만을 표시했지만 전두환을 비롯한 하나회 장교 그룹은 이 인사가 정승화 총장 자신의 지지기반을 강화시키기 위한 것이라고 인식했다.* 그것은 바로 자신들의 입지가 약화되는 것을 의미했다. 새로 발탁된 장군들은 하나같이 하나회 장교들과 같은 정치장교들에게 비타협적인 인물들이었고 유학성 장군 등 그들을 후원하는 장군들은 배제되었기 때문이다.

전두환 장군 그룹은 합수부가 10·26 사건과 관련, 직무유기로 구속한 이재전 중장을 정승화 총장이 징계위원회 절차도 거치지 않고 그냥 예편 조치만으로 풀어준 것도 같은 맥락으로 이해했

★ 장태완 수경사령관이 12·12 후 보안사 서빙고 분실에 끌려가 조사받을 때 정승화 총장이 그를 수경사령관으로 발탁한 이유를 집중 추궁받았다고 한다. 그러나 장태완 장군은 군 복무 중 정승화 총장과 특별한 인연이 없었고, 수경사령관 발탁 과정에서 군 내 신망이 높은 이병형(육사 4기, 제2야전군 사령관을 끝으로 전역. 전쟁기념관장 역임) 장군과 진종채(당시 2군사령관) 장군에게 적임자 추천을 부탁했는데 두 사람 모두 장태완 장군을 좋게 추천했다고 한다. 이병형 장군은 5군단장 시절 참모장으로 역량을 보인 장태완 장군을 좋게 본 것이고 진종채 장군은 수경사령관 시절 장태완 장군을 참모장으로 쓴 인연이 있다. 수경사 참모장 근무 경력은 정승화 총장이 장태완 장군을 수경사령관으로 발탁하게 된 주된 사유가 됐다. 장태완은 전두환과 악연이 있었다. 준장 시절 수경사 참모장으로 부임한 직후 수경사 방공포 진지 공사 현장을 둘러보다가 공사 태만에 대해 방공포 대대장 김상구 중령을 엄하게 질책했다. 이에 김상구 중령이 심하게 대들었다. 육사 15기로 하나회 핵심이었으며 전두환의 아랫동서이기도 한 그가 이런 배경을 믿었던지 선을 넘었던 것이다. 당시 진종채 수경사령관은 적당한 선에 무마하고 넘어가려 했는데 장태완 참모장이 자신과 김상구 중령 중 한 사람을 선택하라고 강력히 요구하는 바람에 결국 김상구 중령은 영창에 보내졌다가 전역 조치됐다. 이런 사연 때문에 전두환 보안사령관은 장태완 장군에 대해 감정이 좋을 리 없었다. 그가 장태완 수경사령관 발탁에 강하게 반대했던 이유의 하나였을 것이다.

제1부 전초전

다. 이재전 중장은 전두환 보안사령관과 사이가 좋지 않았다. 그는 일선 지휘관 시절 장군들의 모임에 보안사 요원들을 참석 못하도록 했고 보안사가 전투부대 위에 군림하지 않도록 보안사의 기구 축소 및 개편 건의를 박정희 대통령에게 올려 보안사 요원들로부터 미움을 사기도 했다고 한다.

10·26 사건 후 육군의 일반 장교들 사이에는 청와대 경호실과 중앙정보부 등 권력 주변에서 근무해온 장교들이 지나치게 정치지향적이고 군인으로서 순수성을 상실했다는 이유를 들어 이들에 대한 정리가 필요하다는 여론이 일고 있었다.

10·26 이후 부활된 보안사 정보처에서 정보과장을 했고 권정달 대령의 뒤를 이어 정보처장을 지냈던 한용원은 나중에 발간한 저서 《한국의 군부정치》에서 다음과 같이 기술했다.

> 당시 하나회 세력은 정승화 총장 측근 세력이 의도적으로 정치 장교 퇴진 여론을 조성하고 있고 정승화 총장과 그 측근 세력들이 자기들의 세력 기반을 강화시키고 하나회 세력을 분산·약화시키려 한다고 확신했다.

정승화 총장은 이에 대해 자신은 예하 부대를 순시하면서 "청와대나 중앙정보부에 파견된 장교들이라고 해서 모두 정치적인 운동을 해서 간 것이 아니고 오히려 능력이 뛰어나 발탁된 사람들도 있다. 그 가운데는 자기 직무에 충실하려고 노력한 장교들도 많다. 따라서 도매금으로 취급하는 것은 잘못이다"라며 정치장교 정리 여론을 오히려 무마했다고 말했다.

그러나 정치적 중립을 강조하는 정승화 총장의 입장을 잘 아는 군 관계자들은 어느 땐가 정승화 총장이 이들 정치장교들을 선별적으로 조치할 것으로 내다보고 있었다. 실제로 정승화 총장은 정국이 안정된 다음인 1980년 봄쯤에는 지탄받는 장교들을 처리할 생각이었다고 밝힌 바 있다.

정승화 총장은 이밖에도 김계원★ 청와대 비서실장 금고에서 발견된 비자금 9억 원의 처리 문제, 서울 명동 위장결혼식 사건 관련자 고문 문제, 합수부의 정보 독점 문제 등 많은 사안을 놓고 전두환 합수부장과 의견 차이를 보였다. 전두환은 직속상관인 정승화 계엄사령관의 의견을 따를 수밖에 없었지만, 자신을 옥죄어 오는 불리한 국면을 타개하기 위해 무언가 비상조치를 강구해야 한다는 결심을 굳혀가고 있었다.

★ 김계원(1923~2016)은 군사영어학교 1기로 1946년 포병 소위로 임관했다. 육군 참모총장, 중앙정보부장(김형욱 후임)을 역임했으며, 10·26 사건으로 김재규와 함께 사형선고를 받았으나 무기징역으로 감형되었다가 전두환 정권 때인 1982년 형집행정지로 석방되었다.

2 정승화와 전두환,
서로 헤어질 결심을 하다

12·12 군사반란 사건 3일 전의 골프 회동

12·12 군사반란 사건 3일 전인 1979년 12월 9일은 일요일이었다. 이날 오전 노재현★ 국방부장관과 계엄사령관인 정승화 육군참모총장은 태릉 육사 골프장에서 골프를 쳤다. 합참의장 김종환★★ 대장과 윤자중★★★ 공군참모총장, 김종곤★★★★ 해군참모총장 등도 이 골프 모임에 참가했다. 구름이 없는 맑은 날씨에 바람이 심하지 않았고 기온도 영상이어서 겨울 날씨치고는 골프 치기에 더없이 좋은 기상 조건이었다. 노재현 장관과 정승화 총장은 같은 조였다. 라운딩은 오전 10시쯤 시작됐다. 코스의 중간쯤에서 두 사람만 있게 되었을 때 정승화 총장이 조심스럽게 말을 꺼냈다.

★ 노재현(1926~2019) 당시 국방부장관은 육사 3기로, 12·12 직후 장관에서 물러난 뒤 한국종합화학공업 사장 등을 역임했다.
★★ 김종환(1923~2022) 대장은 육사 4기로 보안사령관, 제3 야전군사령관, 내무부장관 등을 지냈다.
★★★ 윤자중(1929~2017) 당시 공군참모총장은 공군사관학교 1기로, 제5공화국 때 교통부장관을 지냈다.
★★★★ 김종곤(1930~2022) 당시 해군참모총장은 해군사관학교 4기로, 1981년 전역 후 13대 국회의원(민정당 전국구)을 지냈다.

"합수부장의 월권이 너무 심해 타 부처와 마찰이 잦아서 문제입니다. 이번에 바꾸는 것 이 좋지 않습니까?"

노재현 장관의 얼굴에 좀 놀라는 표정이 스쳤다. 두 사람 사이에 짧은 침묵이 흘렀다. 이윽고 노재현 장관이 입을 열었다.

"나도 그의 월권행위가 지나치다는 것은 알고 있소. 전두환 장군은 원래 그런 사람 아닙니까. 다행히 당신과 내 말은 잘 듣는 편 아니요? 달래가며 더 지켜보다가 정 안되겠으면 바꿉시다."

"그럴까요."

전두환 장군의 경질 문제에 대한 화제는 더 계속되지 않았다. 계엄사 직속기관인 합수부장의 인사권은 계엄사령관에게 있다. 그러나 보안사령부는 국방부장관의 관할 아래 놓여 있는 만큼 보안사령관 인사는 장관의 소관, 따라서 정승화 총장은 보안사령관이 겸하고 있는 합수부장을 경질하기 위해 먼저 장관의 동의가 필요했다. 장관이 '면(勉) 보안사령관 부(附) 육군본부'라고 명령을 내주어야만 전두환 장군을 다른 곳으로 발령을 낼 수 있었다. 그래서 정승화 총장은 전두환 장군 경질 문제를 노재현 장관과 상의했지만 동의하지 않자 더 이상 이 문제를 거론하기가 어려웠던 것이다. 정승화의 증언을 살펴보자.

10·26 후 전두환 합동수사본부장이 하는 일을 지켜보니 월권이 심하고 모든 일에 좌충우돌했다. 몇 번 주의를 주고 나무라기도 했지만 그때뿐이었고 별로 나아지는 기미가 보이지 않았다. 자신과 직접 관련이 없는 직무에까지 간섭하고 나서 담당 부처와 마찰을 빚기도 했다. 그래서 그 자리에 오래 놔둬서는

안 되겠다고 생각했다. 김재규 재판이 진행 중이었지만 1심이 끝나면 바꿔야겠다고 마음먹고 장관과 골프장에서 만난 김에 상의를 했다(시해사건 1심 선고는 12월 15일로 예정돼 있었다). 그러나 장관은 더 두고 보자고 했다. 장관의 입장이 그러니 더 이상 보안사령관 경질을 요구하기가 어려웠다. 나도 전두환 장군을 당장 갈아야 한다고 부득부득 고집할 만큼 그와 특별히 원수진 일도 없고 해서 재판이나 끝나고 보기로 생각을 바꾸었다. 나는 당시 다음 해 봄쯤 군 내부에서 여론이 좋지 않은 정치 장교들을 포함해 숙군조치를 취해야겠다고 내심 결심하고 있었다. 합수부장 경질 문제가 늦어지면 그때 가서 함께 처리할 생각이었다.

정승화 총장이 이날 노재현 장관과 상의한 합수부장 경질 계획이 전두환 측에 새어나가 12·12 거사의 직접적인 동기가 되었다는 것이 정설로 알려져 있다. 즉 전두환 합수부장은 정승화 총장이 자신을 한직인 동해안경비사령관으로 좌천시켜 사실상 제거하려 한다는 정보를 누군가로부터 전해 듣고 먼저 선수를 쳐 12·12를 일으켰다는 것이다. 그러나 이 부분은 보다 면밀한 검토가 필요하다. 정승화는 이 문제와 관련, 다음과 같이 말했다.

나는 보안사령관 경질 문제를 노재현 장관 이외 그 누구에게도 말한 적이 없다. 더욱이 전두환 장군을 동해안경비사령관으로 보내려 했다는 설에 대해서는 전혀 아는 바가 없다. 전두환 장군의 보직을 바꾸어야겠다고 결심하고 12월 9일 태릉골프장에

12·12 사건 3일 전인 1979년 12월 9일 노재현 국방부장관과 정승화
계엄사령관이 함께 골프를 치던 중 월권이 심한 전두환 합수부장의 경질
문제를 논의했고, 이것이 전두환 측에 전해져 12·12 사건의 발단이 된
것으로 알려져 있다. 하지만 전두환 측은 그 이전에 이미 정승화 연행 계획을
진행하고 있었다. 사진은 노재현 국방부장관이 10·26 사건 다음 날 정승화
계엄사령관 등 군 수뇌부를 배석시킨 가운데 최규하 대통령권한대행을
중심으로 일치단결하여 국가보위의 대임을 다하겠다는 결의문을 발표하고
있는 모습이다.

서 노재현 장관에게 말을 꺼냈다가 그가 두고 보자며 받아들이지 않자 그대로 덮어두었을 뿐이다. 전두환 장군을 어디로 보낼 것인가는 장관이 경질 건의를 받아들인 후에나 생각할 문제여서 사전에 그의 차후 보직에 대해서는 전혀 검토하지 않았다.

정승화 총장이 전두환 합수부장의 경질 문제를 처음 거론한 것은 12월 9일이지만 국방부와 육군본부 주변에는 이미 12월 초부터 전두환을 동해안경비사령관으로 좌천시킨다는 소문이 파다하게 돌았다. 당시 합참본부장이었던 문홍구는 후일 "12·12 일주일 전쯤에 전두환 보안사령관이 동해안경비사령관으로 간다는 소문을 듣고 잘됐다고 생각했던 기억이 있다"고 밝혔다.

전두환 경질설은 어떻게 시작되었나

그렇다면 이러한 소문의 진원지는 어디였을까? 정승화 총장이 전두환 합동수사본부장 겸 보안사령관을 바꿔야겠다고 결심한 것은 10·26 이후 계엄 업무 수행 과정에서 두 사람 사이에 벌어진 마찰과 갈등의 귀결이었다. 두 사람은 10·26 당시 청와대 경호실 차장이었던 이재전 중장의 처리 문제, 부정축재와 관련해 조사 대상인 이후락 전 중앙정보부장의 출국 문제, 청와대 비서실장 금고에서 발견된 비자금 9억 원의 처리 문제 등을 놓고 의견 차이를 보였다. 또 합동수사본부가 수사 분야 외에 정보 보고 채널을 독점하려고 나서 유관 부서와 심각한 마찰을 빚었다.

정승화 계엄사령관은 이런 말썽이 발생할 때마다 관계 참모와 전두환 장군에게 업무 한계를 명확히 하고 월권을 해서는 안 된다고 주의를 주었다.

　이러한 과정을 잘 알고 있던 군부 내 관측통들은 정승화 총장이 월권과 독주가 심한 전두환 합수부장을 그 자리에 오래 두지 않을 것으로 판단했을 것이고 이것이 전두환 합수부장 경질설의 직접적인 배경이 되었을 가능성이 높다. 당시 합수부의 간부였던 한 인사는 나중에 "12월 초 정승화 계엄사령관을 방문했을 때 그가 전두환을 아주 안 좋게 보고 있다는 느낌을 받고 놀랐다"면서 "전두환 합수부장의 경질설이 나도는 것도 그럴 만하다고 생각했었다"고 회고했다.

　그러면 동해안경비사령관으로의 전보설은 어디서 나왔을까. 전두환 합수부장의 다음 보직을 전혀 생각해보지 않았다는 정승화 총장의 말이 사실이라면 이 역시 관측통들의 추측에서 나왔을 가능성이 크다. 당시 동해안경비사령부는 예하 병력이 1개 여단 규모에 불과하고 할 일도 별로 없어 한직 중에 한직으로 꼽히던 자리였다. 더욱이 서울에서 멀리 떨어져 있고 실권도 없어 정치적 야심이 있는 장성을 격리시키는 데 전역을 시키지 않는 다음에야 이곳만큼 적당한 자리도 없었다.

　당시는 정승화 총장이 정치장교들의 분산 처리계획을 검토하고 있다는 소문이 나돌 때이기도 했다. 실제로 동해안경비사령관 자리는 문책성 인사로 좌천시킬 때 종종 이용되어왔다고 한다. 전두환은 1988년 12월 31일 국회 청문회 증언에서 "본인에 대한 전보 발령설이 이 사건(12·12 사건)과 관련이 있지 않은가 하는 의문이 있는 모양이지만 본인은 그 당시에는 그와 같은 일은 들은 바가 없습니다" 하고 잘라 말했다.

그러나 전두환의 이 같은 해명을 액면 그대로 받아들이기는 어렵다. 당시 합수부에는 군 내부 및 일반 사회를 비롯해 국내의 모든 정보가 집중되고 있었다. 더욱이 권력의 흐름에 민감한 인사들이 합수부와 계엄사령부를 뻔질나게 들락거리며 권력자에게 갖가지 아부성 정보를 제공하고 다니던 때였다. 따라서 전두환이 이미 군 내외에 파다하게 퍼져 있던 자신의 경질설에 대한 보고를 받지 않았다고는 보기 어려우며, 전두환 합수부장의 경질설이 12·12 거사의 요인이 되었을 것으로 판단하는 것은 무리가 아닐 것이다.*

치밀하게 준비된 정승화 총장 연행 계획

여러 정황으로 미뤄볼 때 전두환 합수부장 측이 정승화 총장을 연행 조사하기로 결정한 것은 12월 5일 전후였던 것으로 보인다.

전두환 합수부장은 12월 1, 2일쯤 육군보병학교장 김윤호** 소장이 황영시(육사 10기) 1군단장과 상의해 정승화 총장을 국방부

★ 전두환 집권 후 국내 중견학자 8명을 동원해 12·12 관련자 300여 명을 인터뷰해 《제5공화국전(前)사》를 펴냈다. 이 책에는 전두환의 본심이 잘 드러나 있는데, 다음은 전두환이 개인적으로 친한 장성들을 은밀히 접촉해 12·12 거사에 참여를 종용하는 과정에서 한 이야기다. "항간에서는 정 총장이 10·26 시해사건에 깊숙이 관련되어 있다는 여론이 비등해 있기 때문에 군 단결에 영향을 줄 우려가 있다. 그래서 지금은 안보적 차원에서 비상한 결단을 내려야 할 시기인 것 같다. 그런데 정 총장이 오히려 나를 어떻게 하려고 그러는 것 같다." 이 가운데 정 총장이 자신을 어떻게 하려 한다는 대목은 전두환이 자신의 경질 움직임을 이미 인지하고 있었음을 뒷받침한다.
★★ 김윤호(1930~2013)는 육사 10기로, 합참의장을 지낸 뒤 전역해 석탄공사 및 가스공사 이사장을 역임했다.

10·26 직후인 1979년 11월 수경사령관에 임명된 장태완 장군(가운데 소장 계급)이 업무 파악차 인왕산 정상에 올라 수경사 33경비단장 김진영 대령(지휘봉으로 가리키는 사람)으로부터 부대 배치 현황 등을 보고받고 있다. 20여 일 후인 12월 12일 두 사람은 적대적 입장으로 갈라섰다.

장관으로 추대하는 등의 내용이 담긴 군 개혁안을 작성해 가져왔을 때만 해도 정승화 총장 부분에 대해 이의를 달지 않았다. 이는 적어도 전두환 합수부장이 이 시점까지는 정승화 총장을 연행 조사하겠다는 계획을 안 세우고 있었다는 정황 증거가 될 수 있다.

그러나 그 직후인 5일쯤 합수부의 한 핵심 수사관은 직속 상관인 이학봉(육사 18기, 하나회 회원, 13대 국회의원 역임) 중령으로부터 "이제부터는 술도 먹지 말고 몸을 잘 건사하라"는 말을 듣고 어떤 암시를 받았다고 말했다. 당시 보안사 대공처 수사과장 겸 합수부 수사국장대리를 겸하고 있던 이학봉 중령은 허화평 대령 등과 함께 12·12의 초기 단계부터 깊숙이 관여했던 인물이며 정승화 총장 연행 계획은 사실상 그의 지휘 아래 이루어졌다. 이학봉 중령이 자신의 직속 부하에게 그런 암시를 주었다면 바로 그때는 정승화 총장 연행 조사 계획이 결정된 직후였을 것이다.

전두환 측이 대략 12·12 일주일 전쯤부터 정승화 총장의 연행 계획을 세우고 치밀한 준비를 해오고 있었다는 흔적은 또 있다. 장태완 수경사령관이 보안사령관 비서실장인 허화평 대령의 방문을 받고 "김장에 보태 쓰시라"며 100만 원을 전달받은 것은 12월 5일이었다. 허화평 대령은 이때 "언제 전두환 사령관이 계엄 업무 수행으로 수고가 많은 장태완 사령관을 모시고 식사를 대접하고 싶어 한다"는 말을 전했다.

이는 거사 당일 밤 연희동 요정으로 장태완 수경사령관과 정병주 특전사령관, 김진기 육군본부 헌병감 등을 불러내기 위한 사전 포석이었던 것이다. 장태완 사령관은 연희동 식사 모임의 구체적 시간과 장소를 12일 아침에 통보받았던 것으로 기억했다.

전두환 합수부장은 또 9사단장 노태우 소장을 토요일인 12월 8일 서울로 외출 나오게 해 정승화 총장 연행 조사에 관한 의견을 나누었다. 20사단장 박준병 소장을 연희동 자신의 집으로 불러 만난 것은 일요일인 12월 9일 오전이었다. 1군단장 황영시 중장과는 11월 중순부터 자주 만나 시국 문제를 협의해왔으며 군수차관보 유학성 중장도 9일 이전에 만나 시국에 대한 인식을 공감하고 있는지를 타진했던 것 같다.

전두환 측은 정승화 총장과 노재현 장관이 골프를 치면서 합수부장의 경질을 논의했던 12월 9일 이전에 이미 상당한 정도로 정승화 총장의 연행 조사 계획을 치밀하게 진척시켜오고 있었던 것이다. 이렇게 볼 때 12월 9일 정승화 총장과 노재현 장관의 골프 회동 내용이 전두환 측에 누설된 것이 12·12 거사의 직접적인 계기였다고 단정하기는 어렵다고 하겠다. 다만 소문으로만 떠돌던 전두환 합수부장의 경질설이 12월 10일 비로소 확인되면서 거사 일정을 서두르게 하는 요인이 되었을 가능성은 있다.

12월 9일 정승화 총장과 노재현 국방부장관의 골프 회동에서 논의됐던 전두환 합수부장 경질 문제를 전두환 측에 누가 알려주었느냐는 그동안 비상한 관심사가 되어왔다. 가장 유력한 혐의를 받았던 사람은 당시 국방부차관이었던 김용휴였다. 노재현 장관은 월요일 국방부에 출근해 정승화 총장이 전두환 합수부장을 경질하고 싶어 한다는 말을 김용휴 차관에게 했고 김용휴 차관은 즉시 보안사령부로 전두환 합수부장을 찾아가 이 사실을 알려줬으며 그는 그 공로로 14일 단행된 개각에서 총무처 장관으로 전격 발탁되었다는 것이다. 의심받는 또 한 사람은 당시 육본 인사운영감 김홍한(종합 9기) 소장이다. 그는 12·12 직후 육본 인사참모부장으로 임명된 뒤 5공 시절 군단장, 2군사령관으로 수직 승진했다. 하나회는 물론 육사 출신도 아닌 그가 짧은 기간에 군사령관까지 승진했다는 것이 그의 제보설을 뒷받침하는 유력한 증거로 이야기되어왔다. 그는 1984년 7월 2군사령관 재직 시절 전두환 대통령이 참석하는 행사에 가기 위해 악천후를 무릅쓰고 헬기를 타고 나섰다가 사고로 숨졌다. 5공 시절 청와대 사정수석과 총무처 장관, 내무부장관 등을 지냈던 정관용도 유력한 제보자로 꼽힌다. 총무처 고위 공무원이었던 그는 육본으로부터 전두환 본부장의 인사 발령 통보가 오자 이를 곧바로 전두환 장군 측에 알려줬다는 것이다. 그러나 그는 당시 이미 총무처 인사국장을 그만둔 뒤 대전 공무원교육원부원장으로 내려가 있어 서울 사정을 잘 모르고 있었다고 말했다.

3   군사반란 암호 '생일집 잔치'

1979년 12월 12일 저녁 6시, 서울 보안사령부 정문. 3성장군의 별판을 단 지프가 들어와 멎었다. 수도군단장 차규헌 중장이었다. 정문에는 전두환 보안사령관의 수행부관 손삼수* 중위가 대기하고 있었다.

"오늘 모임 장소는 30경비단장실입니다. 그곳으로 바로 가십시오."

손삼수 중위는 차규헌 중장의 부관에게 경복궁 30경비단까지 가는 약도를 건넸다. 그는 보안사령관 비서실장 허화평 대령에게서 "정문에 나가 있다가 장군들이 들어오면 30경비단 위치를 알려주고 단장실로 모시라"는 지시를 받고 있었다. 허화평 대령이 그에게 안내를 지시한 장성은 차규헌 중장 외에 군수차관보 유학성 중장, 1군단장 황영시 중장 등이었다.

전두환 합수부장은 30경비단 모임 참석자를 두 갈래로 초청해

★ 손삼수(1952~)는 육사 33기로, 전두환 1사단장 시절 소대장으로 근무 중 사단장 부관으로 인연을 맺은 뒤 보안사령관 수행부관을 거쳐 전두환 대통령 수행비서, 부속실장을 지냈다. 전두환 대통령 퇴임과 함께 청와대를 나와 IT사업에 뛰어들었으며, 2001년 창업한 데이터베이스(DB) 보안 관련 소프트웨어 제품 개발·판매 회사 '웨어밸리'는 세계 7대 DB업체에 들 정도로 성장했다.

놓고 있었다. 차규헌 중장 등 자신보다 선배인 장성들은 일단 보안사령부로 오게 해 30경비단으로 안내하고 자신과 동기이거나 후배 장성들은 바로 경복궁 내 30경비단으로 들어오도록 했던 것이다.

전두환이 경복궁 30경비단 모임을 조직한 까닭

12·12의 진상을 규명하기 위해서는 소위 암호명 '생일집 잔치'로 알려진 경복궁 30경비단 모임의 경위 및 성격을 자세히 살펴볼 필요가 있다. 전두환 합수부장 측이 계엄사령관인 정승화 육군참모총장을 연행 조사하기로 최종 결정한 것은 대략 12월 5일 전후였다. 전두환 합수부장은 육군참모총장 겸 계엄사령관을 연행하기 위해서는 합동수사본부의 힘만으로는 부족하다고 보고 강력한 지원 세력을 조직할 필요성을 느꼈다. 그래서 마련한 것이 30경비단 모임이었다.

전두환은 이 모임을 성사시키기 위해 10·26 시해사건과 관련, 정승화 육군참모총장에게 쏠리고 있는 의혹의 시선을 적절히 활용했다. 정승화 총장은 10·26 당시 김재규 중앙정보부장의 식사 초대를 받아 사건 현장 부근에 있었다는 사실 하나만으로도 대통령 시해사건 관련 여부에 대해 강한 의혹을 받고 있었다.

물론 11월 6일 전두환 합수부장이 10·26 사건 전모를 발표한 뒤 기자들과의 일문일답을 통해 정승화 총장의 관련 혐의를 공식 부인함으로써 정승화 총장에 대한 의혹이 많이 가신 것은 사실이었다. 그러나 그러한 엄청난 사건이 김재규의 단독 범행이었을 리 없다는 의심은 좀처럼 사라지지 않았고, 정승화 총장에 대한 의혹도 여전히 남아 있었다.

　10·26 후 합동수사본부가 설치된 보안사령부에는 많은 장교가 들락거렸다. 그만큼 10·26 후 군 동요가 심했다는 증거이기도 했다. 당시 보안사의 한 관계자는 그때의 군 분위기에 대해 이렇게 말했다.

　　김재규 거사 배후에는 군 장성들이 관련되었을 것이라는 추측이 군 내부에 팽배했다. 군 장성들은 자신이 관련되지 않았지만 누가 관련되어 있는지 매우 궁금해했다. 또 자신이 의심 받고 수사 대상에 올라 있지 않은지 불안해하는 분위기도 있었다. 그래서 장성들은 외박·외출을 나오면 거의 대부분 육군본부와 보안사령부에 들러 돌아가는 판세를 파악하려고 애를 썼다. 이렇게 해서 보안사령부에 들르는 장성들이 많을 때는 하루에 20명이 넘기도 했다.

보안사령부에 들른 장성들은 사령관실을 기웃거리다 시간이 되면 전두환 사령관을 만나보기도 하고 자신들과 인연이 있는 보안사 처장들의 방에 가서 차를 마시고 가기도 했다. 시류에 민감한 장성들에게는 그 혼란한 시국에 어느 줄을 잡아야 되는지 가늠해봐야 하는 현실적인 필요성도 있었다.

　전두환 본부장은 이렇게 자신을 찾아오는 군 장성들과 만나 군 내부의 흐름을 파악하는 한편 정승화 총장 문제와 시국에 대한 자신의 뜻을 피력하면서 의기투합하는 장교들을 선별했던 것으로 보인다. 특히 이 과정에서 하나회 인맥이나 정규 육사 선후배 관계가 결정적인 영향을 미쳤을 것은 분명하다.

그러면 전두환 본부장은 30경비단 모임 참석자들에게 언제 모임 장소와 시간을 알려주었을까. 전두환은 1989년 12월 31일 국회 청문회 증언에서 "정승화 총장을 수사할 적기를 포착하기 위해 정국을 주시하는 한편 군 내부 여론 수집을 위해 11월 중순부터 중진 장성들과 접촉을 계속해왔다"고 밝혔다. 이 증언대로 전두환 합수부장은 상당히 일찍부터 몇몇 중진 장성들과 정승화 총장의 시해사건 관련 혐의 및 시국 문제, 군부의 재편 문제 등을 협의해왔던 것으로 보인다.

특히 1군단장 황영시 중장과는 11월 중순부터 군 내 인사적체 해소 및 군 개혁 방안 등을 상당히 구체적으로 논의했다. 그러나 정승화 총장의 연행 조사를 전제로 장성들과 접촉했던 것은 12월 10일 전후였다. 물론 이 경우에도 장성들에게 정승화 총장의 연행 수사 계획을 구체적으로 알리지 않았던 것 같다. 전두환 합수부장이 사전에 이들 선배 장성들에게 알린 내용은 "12일 저녁 수도권 주요지휘관들의 의견을 모아 정승화 총장의 퇴진 및 시해사건 조사 협조를 촉구하는 모임을 가질 예정이니 참석해달라"는 수준이었다.

수도군단 차규헌 중장은 1980년도 진급 심사위원장이었다. 그는 12월 6일 관악산 B1벙커★에 들어가 외부와 철저히 격리돼 진

★ 관악산 B1벙커는 전면전 발생 시 청와대와 정부 주요 부처가 옮겨가 비상근무를 하는 시설이다. 핵 공격상황에서도 견딜 수 있는 견고한 지하 벙커 시설로 장성 진급 심사의 외부 입김 차단 등 공정성을 기하기 위해 이곳서 심사위원들을 격리시킨 상태에서 진행했다.

급 심사를 하다 12월 12일 오전에야 나왔다. 그는 이날 오후 진급 심사 결과를 정승화 참모총장에게 보고한 뒤 보안사령부에 들러 전두환 사령관을 만났다. 전두환 본부장은 이 자리서 정승화 총장에 대한 혐의를 설명하고 차규헌 중장에게 12일 저녁 모임 참석 의사를 타진, 승낙을 받아냈다.

군수차관보 유학성 중장은 10일 전후 전두환 합수부장으로부터 직접 모임 참석을 요청받았던 것으로 알려지고 있다. 1군단장 황영시 중장에게는 노태우 소장이 9일 이 모임을 알리고 참석을 요청했다고 한다. 이보다 앞서 7일 9사단장 노태우 소장은 전두환 합수부장으로부터 "내일 서울에 잠깐 다녀가라"는 전화 연락을 받았다. 노태우 소장은 다음 날 정식으로 1군단장 황영시 중장으로부터 외박 허가를 받아 서울로 나왔다. 그는 도착 즉시 국방부와 육본에 들러 노재현 장관과 정승화 총장을 면담한 뒤 보안사령부로 향했다. 그는 보안사령부에서 정승화 총장의 시해사건 관련 혐의에 대해 허화평 대령으로부터 상세한 브리핑을 받았다.

'생일집 잔치'라는 암호명은 어떻게 나왔나

이날 전두환 보안사령관과 노태우 소장이 12·12 거사에 대해 어느 수준까지 의견을 모았는지는 확실하게 밝혀져 있지 않다. 그러나 소설가 천금성은 12·12 주도 세력의 증언을 토대로 쓴 《10·26, 12·12, 광주사태》에서 두 사람이 이날 거사의 구체적인 일정과 방법 등을 결정했다고 밝히고 있다. 천금성은 이 부분에 대해서 1980년 10월, 12·12 사건 후 수경사령관을 거쳐 보안사령관직에 있던 노태우 소장으로부터 자세한 증언을 들었다고 말했다.

천금성에 의하면 노태우 소장은 12월 8일 사회의 여론을 수집해보라는 전두환 합수부장의 말에 따라 손주환* 당시 중앙일보 사회부장과 서울대의 K, J 교수를 만나 "김재규가 영웅 대접을 받고 있는 사회 분위기에 큰 우려가 제기되고 있다. 군에서는 이를 가만히 놔둘 것이냐"는 의견을 듣고 와 전했다는 것이다.

두 사람은 이어 12일로 거사 일정을 정하고 이날 군에서 '신망 있고 청렴결백한 지휘관들이 한 자리에 모여 정승화 총장을 모시고 물러나라는 충언을 드리기로' 의견을 모았다.

20사단장 박준병** 소장이 경복궁 모임과 관련해 전두환 합수부장의 전화를 받은 날은 12월 9일. 일요일인 다음 날 별일 없으면 연희동 자신의 집으로 들러달라는 전화였다. 박준병 소장은 다음 날 자신의 집과 멀지 않은 곳에 있는 전두환 자택을 방문, 12일의 경복궁 모임 계획을 통보받았던 것으로 알려지고 있다.

이와 관련, 박준병은 후일 "전두환 장군의 집에 가서 들었는지 아니면 나중에 전화로 통보받았는지는 확실히 기억이 안 나지만 12일 퇴근하는 길에 잠시 30경비단장실로 들렀으면 한다는 말을

★ 손주환(1939~2022)은 고려대 법대 졸업 후 경향신문과 중앙일보에서 근무했으며, 한국기자협회장, 중견 언론인 모임인 관훈클럽 총무를 지냈다. 1988년 제13대 총선에서 여당인 민주정의당(민정당) 비례대표로 당선되었고, 노태우 정부에서 청와대 정무수석을 역임했다. 이후 공보처 장관, 서울신문 사장을 지냈다.
★★ 박준병(1936~2016)은 육사 12기로, 하나회 회원이었다. 5·18 광주민주화운동 당시 20사단을 이끌고 진압작전에 참여했으나 12·12와 5·18 관련 재판에서는 무죄판결을 받았다. 노태우의 뒤를 이어 보안사령관을 역임한 후 대장으로 예편했으며, 12, 13, 14대 국회의원을 지냈다.

들고 경복궁에 갔었다"고 회고했다. 그 역시 정승화 총장의 연행 조사에 대한 구체적인 계획에 대해서는 사전에 알지 못했다는 것이다.

71방위사단장 백운택★ 준장의 경우는 좀 특이하다. 백운택은 뒤에 하나회로 발전한 육사 11기 사조직의 멤버였으나 활동이 소원했으며 진급에서도 점차 밀리는 바람에 가까스로 11기 가운데 3차에 장군 진급을 했다. 그의 장군 진급에는 전두환의 도움이 컸다고 한다. 백운택은 전두환보다 나이가 두 살이나 어린 데다 그의 리더십을 스스로 인정해서인지 동기생 사이인데도 전두환을 형님으로 깍듯이 모셨다. 계엄 상황이었지만 비교적 업무 부담이 적은 훈련사단장이었기 때문에 이 시기에 거의 매일 일과 후 보안사령부로 출근하다시피 했다고 한다. 그러한 그가 12일 오후 5시쯤 보안사령관실로 전화를 걸었다. 전두환 보안사령관의 수석부관 황진하 소령이 나왔다.

"나 백 준장인데 오늘 '생일집 잔치'는 예정대로 하는가?"

"예, 변동사항 없습니다. 예정대로 진행됩니다."

"잘 알았다. 그럼 지금 출발한다."

이 얘기는 천금성 작가가 백운택에게서 직접 들었다고 하는 내용이다. 경복궁 모임의 암호명이 '생일집 잔치'로 알려지게 된 것은 백운택의 바로 이 증언을 통해서였다.

그러나 12·12 주도 세력 측에서는 '생일집 잔치'라는 암호명은

★ 백운택(1932~1982)은 육사 11기로, 12·12 이후 노태우 뒤를 이어 9사단장에 임명되었으며, 정보사령관을 거쳐 1군단장으로 근무 중 지병으로 사망했다.

존재하지도 않았다고 강하게 부인했다. 전두환 보안사령관의 수행부관이었던 손삼수는 "그런 암호명은 들어본 일이 없다"며 "백운택 장군은 당시 실병력 지휘관이 아니어서 그날 경복궁 모임 참석 대상에 포함되지 않았으나 우연히 보안사령부에 들렀다가 합류하게 됐던 것으로 안다"고 말했다.

그날 저녁 허화평 대령의 지시를 받고 보안사 정문에서 장군들을 안내하고 있던 중 허화평 대령이 언급하지 않은 백운택 장군이 들어와 허화평 대령에게 "백 장군이 오셨는데 어떻게 할까요"라고 물었더니 "30단으로 같이 모셔라"고 했다는 것이다.

이에 대해 천금성 작가는 "12·12 사건에 대해 가장 많은 이야기를 해준 사람이 백운택 장군이었다"며 "그는 12·12 전날 자신의 부관에게 군용 점퍼를 뒤집어 입으면 민간인 점퍼처럼 되도록 개조해달라고 부탁해 거사 당일 입고 올 정도로 미리부터 대비를 했었다는 증언을 했다"고 말했다. 어쨌든 백운택 준장은 12월 12일 밤 합수부 측에서 상당히 적극적인 활약을 했다. 장성들이 삼청동 공관으로 몰려가 최규하 대통령에게 재가 요청을 할 때도 함께 갔으며 합수부 측의 병력 동원 결정 과정에서도 적극적이었다고 한다. 이런 점들로 미루어 볼 때 백운택 준장이 원래 12·12에서 제외되어 있었다고 보기는 어렵다.

한 명의 이탈자 없이 모인 경복궁 30경비단 모임

1공수여단장 박희도(육사 12기, 하나회) 준장, 3공수여단장 최세창(육사 13기, 하나회) 준장, 5공수여단장 장기오(육사 12기, 하나회) 준장 등에게도 10일 전후에 전두환이 직접 경복궁 모임을 통보했던 것으로 보인다. 특히 1공수여단은 10·26 직후 육본으로 출동한 9공수여단이 복귀하고 대신 수경사령부에 작전 배속된 상태였기 때문에 여단장 박희도 준장은 서울 시내에 자주 나올 기회가 있었고 그때마다 전두환 보안사령관을 찾아가 만나면서 12·12에 깊숙이 참여하게 됐던 것 같다.

12일 저녁 6시가 넘어 보안사 바로 맞은편 경복궁의 30경비단에는 장성들이 속속 도착했다. 황영시 1군단장은 이날 오후 3시쯤 직속상관인 이건영 3군사령관에게 전화로 "서울에 볼일이 있어서 나갔다 오겠다"고 보고했다. 그는 이날 한강 하류 초평도에서 있었던 군단의 대전차방어훈련에 노태우 9사단장 등 예하 부대 지휘관들과 함께 참석했다가 오후 5시쯤 노태우 사단장의 지프를 타고 서울로 함께 들어왔다.

1군단사령부 헌병대에서는 저녁 때 노태우 사단장이 지프를 타고 와 황영시 군단장을 태우고 사라져버려 한동안 긴장했다고 한다.

수도군단장 차규헌 중장은 이날 저녁 직속상관인 이건영 3군사령관에게 장군 심사 결과를 설명하기 위해 용인사령부를 방문하겠다고 약속해놓고도 3군사령부가 아닌 보안사령부로 달려왔다.

저녁 6시 30분쯤 30경비단장실에는 참석토록 되어 있는 장성들이 한 사람도 빠짐없이 도착했다. 모두가 긴장된 모습이었다. 그러나 정작 모임을 주선한 전두환 합수부장은 예정된 시간이 지났는데도 나타나지 않았다. 모두가 궁금해 했다. 차규헌, 유학성, 황영시 중장이 이구동성으로 "전 사령관은 왜 안 오나?" 하고 물었다. 30경비단장 장세동★ 대령이 경위를 설명했다. 그는 보안사령부의 허화평 대령과 핫라인을 유지하고 있었다.

"조금만 기다리시면 올 것입니다. 대통령 각하께서 급히 부르셔서 삼청동 공관에 결재 받으러 갔습니다." 장세동 대령은 시바스리갈 양주 1병을 꺼내 커피잔에 따라서 한 잔씩 돌렸다.

★ 장세동(1936~)은 육사 16기 하나회 회원으로, 12·12 직후 3공수여단 작전참모로 자리를 옮겼고, 5·18 광주민주화운동 일주일 전쯤 전쯤 5명 안팎의 부하를 데리고 광주에 내려가 모종의 임무를 수행했으나 자세한 내용은 밝혀지지 않았다. 1980년 8월 최세창 후임으로 3공수여단장에 임명되었고, 5공 출범 후 준장으로 청와대 경호실장에 발탁되어 1985년 2월까지 근무했다. 그 후에는 안전기획부장을 역임하며 많은 논란을 일으켰다. 1997년 12·12 군사반란 재판에서 군사반란 중요임무종사죄로 3년6개월형을 선고받았다.

4   한남동의 총성

1979년 12월 12일 저녁 6시, 서울 경복궁 옆 보안사령관실.

"차질 없이 임무를 수행하도록!"

"예! 알겠습니다."

전두환 합동수사본부장 겸 보안사령관이 우경윤(육사 13기·하나회 회원), 허삼수 두 대령에게 마지막 지시를 내렸다. 전두환의 표정은 섬뜩하리만치 굳어져 있었다.

두 대령이 서둘러 사령관실을 나갔다. 보안사령부는 숨 막히는 긴장 속으로 빠져들고 있었다. 보안사령관 비서실장 허화평 대령이 서류 봉투를 들고 사령관실로 들어온 것은 두 대령이 임무를 받고 나간 것과 거의 동시였다.

"여기 보고 자료 준비됐습니다."

"좋아. 나도 출발한다!"

전두환 합수부장이 일어났다. 합동수사본부 수사1국장 이학봉 중령이 그를 바짝 따라붙었다. 밖은 완전히 어둠이 깔려 있었다. 현관 앞에는 검은 승용차가 시동을 건 채 대기 중이었다. 전두환과 이학봉 중령이 올라타자 차는 곧바로 삼청동 총리 공관 쪽으로 달렸다.

같은 시각, 경복궁 30경비단. 삼엄한 경비 속에 성판(星板)을

단 장성 지프들이 잇달아 정문을 통과해 들어갔다. 지프에서 내린 장성들은 곧바로 단장실로 안내됐다. 현관에서 장세동 30경비단장과 김진영★ 33경비단장이 장군들을 맞고 있었다. 차규헌·유학성·황영시 중장, 노태우·박준병 소장, 백운택·박희도·최세창·장기오 준장 등 수도권 주요부대 지휘관들이 속속 모여들었다. 그들은 하나같이 얼굴이 굳고 긴장된 모습이었다.

비슷한 시각, 연희동 주택가의 한 비밀요정. 이곳에도 성판을 단 지프들이 모여들고 있었다. 특전사령관 정병주 소장, 수도경비사령관 장태완 소장, 육군본부 헌병감 겸 계엄사 치안처장 김진기 준장 등이 잇달아 도착, 집 안으로 들어갔다. 집 마당에서 보안사 참모장 우국일 준장이 장군들을 맞았다.

"전두환 사령관은 대통령께서 급히 부르셔서 삼청동 공관에 올라가셨습니다. 조금 늦으실 것 같습니다."

정병주 특전사령관 등을 초대한 사람은 전두환 합수부장이었다. 계엄하에 노고를 위로한다는 명목이었다. 우국일 참모장은 전두환으로부터 자신이 올 때까지 이들 장성들을 접대하라는 지시를 받고 있었다.

저녁 7시 20분의 총성으로 시작된 12·12

이로부터 30~40분 후, 서울 한남동. 남산1호터널과 한남대교를 잇는 도로에는 퇴근 차량들이 여느 때처럼 꼬리를 물고 이어지고

★ 김진영(1938~)은 육사 17기, 하나회 회원이다. 수방사령관, 육군참모총장 역임. 김영삼 정부가 하나회를 전격 척결할 때 육군참모총장직에서 해임됐다. 1997년 12·12 군사반란 재판에서 군사반란 중요임무종사죄로 2년형을 선고받았다.

있었다. 며칠째 계속되는 추위 탓인지 귀가하는 시민들의 발걸음
이 다소 바빠 보이기는 했으나 대체로 평온한 모습이었다.

"탕 탕 탕!"

"드르르륵!"

난데없이 강력한 소총의 연발음이 초저녁의 평상(平常)을 깨뜨
렸다. 정확히 저녁 7시 20분이었다. 총소리는 한남동 언덕배기의
장관 공관촌에서 들려왔다. 놀란 행인들이 가슴을 죄며 영문을 몰
라 두리번거렸다. 그때 검은 승용차 2대가 쏜살같이 공관 입구 정
문을 빠져나와 곧 바로 우회전, 앞서가던 차들 사이를 헤집고 순
식간에 시야에서 사라졌다. 총소리가 들린지 7분쯤 지나서였다.

한국 현대사의 흐름을 바꿔버린 12·12 사건은 이렇게 시작되
었다. 계엄사령관인 정승화 육군참모총장이 이날 밤 계엄사 합동
수사본부 수사관들에게 연행된 사실은 다음 날인 13일 아침에야
노재현 국방부장관의 담화를 통해 세상에 알려졌다.

> 박정희 대통령 각하 시해사건의 주범 김재규에 대한 조사 과정
> 에서 김재규가 숨기고 있던 새로운 사실이 발견되어 그 진부를
> 확인하기 위해 12월 12일 오후 7시께 군 수사관이 정승화 육군
> 참모총장 공관으로 출동하였던바 공관 경비원과 경미한 충돌
> 이 있었으나 정 총장의 신변에는 아무 이상 없이 현재 연행 조
> 사 중에 있습니다.

이 담화 내용에는 12일 밤 총장 공관에서 벌어진 상황은 물론 이
날 밤 서울 시내 일원에서 벌어졌던 군 내부의 숨 가쁜 대치 상황

에 대해서도 구체적인 언급이 없었다. 이날 밤의 상황이 비교적 자세하게 세상에 알려지기까지는 상당한 세월을 필요로 했다.

궁정동의 총소리로 유신(維新)의 절대 권력이 무너져내린 지 47일. 권력의 생리상 힘의 진공 상태는 오래 지속될 수 없었다. 10·26 후 계엄과 함께 설치된 합동수사본부는 새로운 힘의 중심으로 자리를 잡아갔다. 합수부장인 전두환 보안사령관이 이 새로운 힘의 핵이었다. 12·12는 이 새로운 힘의 실체가 박정희 대통령 사망 후 불안하게 유지돼오던 힘의 균형을 깨고 정면으로 부상하는 사건이었다.

이 사건을 계기로 역사의 전면으로 떠오른 신군부는 권력 장악 계획을 착착 진행시켰고 5·17 전국계엄확대 조치, 광주민주화운동 강제 진압 등 일련의 강경조치를 거쳐 5공화국을 탄생시켰다.

마침내 실행된 정승화 총장 연행 작전

전두환 합수부장으로부터 정승화 총장 연행 지시를 받고 나온 허삼수·우경윤 두 대령은 곧바로 행동개시에 들어갔다. 이미 정승화 총장 연행을 위한 치밀한 사전 계획이 완료된 상태였다. 허삼수 대령은 곧 총장 공관으로 전화를 걸어 총장 수행부관 이재천(육사 28기) 소령과 통화했다.

"나 보안사 정보처장이야. 총장님께 급히 보고드릴 사항이 있어 공관으로 찾아뵙겠다."

"총장님이 저녁 7시에 외출하도록 되어 있는데요."

"급한 일이다. 오늘 밤 내로 보고해야 돼."

"그러면 7시 전에 빨리 오십시오."

육사의 새카만 후배인 이재천 소령의 대답은 공손했다. 육사 선후배 관계가 엄한 탓이었다.

육사 17기인 허삼수 대령은 당시 보안사 인사처장이었다. 그러나 그는 정보처장으로 위장했다. 당시 실제 정보처장은 권정달(육사 15기) 대령. 그는 12·12에서 핵심 역할을 한 하나회 회원이 아니었다. 그래서 12·12 과정에서 배제되어 있었다. 전두환 사령관은 보안사에서 잔뼈가 굵어 경험이 많고 운동으로 단련된 허삼수 대령에게 연행 책임을 맡겼다. 그러나 총장에게 인사처장이 보고한다고 하면 이상하게 여길까봐 정보처장으로 행세하도록 미리 지시해놓았던 것이다.

전두환 사령관이 삼청동 공관으로 향한 시각과 거의 동시에 허삼수·우경윤 두 대령도 한남동 육군참모총장 공관으로 출발했다. 그들은 행정용 대봉투에 신문지를 넣어 최규하 대통령이 정승화 총장 연행을 재가한 서류인 것처럼 꾸몄다.

그들은 8명의 보안사 수사관들과 함께 2대의 일제 슈퍼살롱에 나누어 탔다. 보안사 수사관들은 대부분 서빙고 분실 요원들이었다. 합수부에 배속된 33헌병대 1개 중대 60명이 마이크로버스 2대에 분승, 슈퍼살롱을 뒤따랐다. 이 헌병 병력은 헌병 백차에 탄 3명의 헌병 장교가 인솔했다. 그들은 육본 헌병감실 기획과장 성환옥★ 대령, 33헌병대장 최석립★★ 중령, 육군참모총장 공관 경비

★ 성환옥(1938~)은 육사 18기로, 육본 헌병감을 지내고 준장으로 예편한 뒤 노태우 정부 시절 청와대 경호실차장, 감사원 사무총장을 지냈다.
★★ 최석립(1940~)은 육사 19기로, 육본 헌병감을 지내고 소장으로 예편한 뒤 노태우 정부 시절 청와대 경호실차장에 이어 경호실장을 역임했다.

병들의 직속상관인 육본 헌병대장 이종민 중령 등이었다. 육군본부 범죄수사단(CID) 단장 우경윤 대령, 허삼수·성환옥 대령과 최석립 중령은 전두환 보안사령관이 이끌어온 군 내 비밀결사 하나회의 핵심 멤버들이었다.

수경사 33헌병대는 원래 대통령경호실에 배속되어 있었으나 10·26 뒤 정승화 총장의 명에 의해 1개 중대가 합동수사본부장 관할로 옮겼었다. 이날 이 헌병중대가 동원된 것은 정승화 총장 연행 과정에서 공관 경비병들과의 충돌에 대비한 것이었다.

육군본부 헌병대장 이종민 중령을 데리고 간 것은 경비병들에게 쉽게 접근하기 위해서였다. 이종민 중령은 사전에 12·12 거사에 대해서 귀띔을 받지 못했다. 그는 하나회 회원이 아니었으며 전두환 장군과도 특별한 인연이 없었다. 성환옥 대령과 육사 동기인 그는 대령 진급이 한 해 늦어 이해 연말 대령 진급 예정자로 확정됐다. 성환옥 대령은 진급을 축하해주겠다며 이종민 중령을 불러내 뒤늦게 정승화 총장 연행 작전에 참여시킨 것으로 알려져 있다.

육군참모총장 공관 주위에는 외무부장관, 국방부장관, 합참의장, 해군참모총장, 해병대사령관 등의 6개 공관이 몰려 있는데 당시는 이들 6개 공관의 외곽 경비를 해병대 병력이 담당했다. 공관촌 입구 정문 경비도 해병대가 맡고 있었다. 정문 경비병들은 수분 전에 육군참모총장 공관으로부터 "7시께 보안사 정보처장이 보고하러 오기로 되어 있으니 들여보내라"는 지시를 받아놓고 있었다. 그래서 허삼수·우경윤 대령 일행을 별 의심 없이 통과시켰다. 헌병중대가 탄 마이크로버스 2대와 헌병 백차는 공관 입구 슈퍼마켓 부근에서 대기하다 10분 후 정문 초소에 진입했다. 정문 경비병이 차를 세우고 헌병 백차에 탄 지휘관에게 물었다.

"무슨 일입니까?"

"육군참모총장 공관 경비 교대 병력이다."

"몇 명입니까?"

"58분의 3(사병 58명 장교 3명)이다."

"병력이 왜 이리 많습니까?"

"계엄 상황이기 때문에 총장 공관 경비를 강화하라는 지시다."

"이렇게 많은 병력이 들어올 것이라고 통보를 받지 못했습니다. 확인해봐야겠습니다."

경비 중인 해병대 헌병 중사가 전화통을 집어 들었다. 순간 마이크로버스에서 헌병들이 우르르 뛰어내렸다.

"손들엇! 움직이면 쏜다!"

헌병들은 경비실로 차고 들어가 경비병 3명의 무장을 해제하고 묶어버렸다. 순식간의 일이어서 경비대 본부에 아무런 연락도 취할 수 없었다. 해병경비대 본부는 정문에서 일어나고 있는 일을 전혀 눈치 채지 못하고 있었다.

헌병 지휘자는 정문에 33헌병 9명을 배치한 뒤 공관 안으로 진입했다.

이보다 조금 앞서 허삼수·우경윤 대령 등이 탄 승용차 2대는 미끄러지듯이 총장 공관 경비초소에 도착했다. 먼저 두 대령이 탄 차가 정문으로 들어갔다. 경비병은 잠시 신분 확인을 한 뒤 차를 공관 안으로 들여보냈다. 차는 곧 현관 앞에 섰다. 그곳에는 정문에서 연락을 받은 총장 당번병 김영진 병장이 대기하고 있었다. 그는 승용차에서 내린 허삼수·우경윤 두 대령을 응접실로 안내했다.

성환옥 대령과 이종민 중령, 보안사 수사관 2명은 공관 정문에서 내려 초소 안으로 들어갔다. 경비병들은 직속상관인 이종민 중령과 함께 이들이 들어오자 경례를 붙이며 부동자세를 취했다. 경비병들은 아무런 경계를 하지 않았다. 보안사 수사관 2명은 다짜고짜 권총을 뽑아들고 이들 경비병들로부터 M16소총을 빼앗아 무장을 해제했다.

"순순히 말 들어!"

수사관들은 낮지만 강한 목소리로 경비병들을 위협했다. 이종민 중령도 부하들에게 수사관들의 말에 따르라는 제스처를 취했다. 수사관들은 정문 초소 경비병들을 초소에 딸린 내무반에 몰아넣었다. 그곳에는 근무 대기조 헌병 몇 명이 남아 있었다. 보안사 요원들은 이들을 모두 꼼짝 못하게 엎드리도록 하고 M16소총으로 감시했다.

나머지 보안사 수사관 중 영관급 장교 2명은 허삼수·우경윤 대령의 뒤를 따라 일단 공관 건물 안으로 들어섰다가 현관 옆 부관실로 들어갔다. 4명의 수사관들은 승용차 뒤 트렁크에 싣고 온 M16소총을 꺼내 들고 현관 쪽으로 엎드려 사격 자세를 취했다. 모든 것이 순간적으로 진행됐다. 연행조들은 사전에 도상 연습을 철저히 한 것 같았다.

역사의 방향을 바꾼 총성

이 시각 공관 2층에서는 정승화 총장이 부인 신유경 씨와 함께

전두환의 명령을 받고 출동한 합수부 요원들이 총격전 끝에 정승화 총장을
강제 연행한 후 아군끼리 심각한 내전 상황으로 치달을 뻔했다. 12·12 다음 날
서울 중심부 도로에서 신군부가 동원한 장갑차들이 삼엄한 경계를 펴고 있다.

외출 준비를 마친 뒤 TV 뉴스를 보고 있었다. 그는 이날 장군 진급이 확정된 처남 신대진(육사 15기) 대령의 진급 소식을 마포에 사는 장모에게 직접 알리기 위해 저녁 식사를 마치고 막 외출을 하려던 참에 TV 뉴스가 나오자 이를 보고 있었던 것이다. 이때 부관 이재천 소령으로부터 인터폰 연락이 왔다.

"총장님, 보안사 정보처장과 육본 범죄수사단장이 급한 보고가 있다고 찾아왔습니다."

"그래? 저녁에 무슨 보고지? 내 곧 내려가지."

정승화 총장은 퇴근 전 육본 집무실에 전두환 장군이 다녀갈 때도 아무 말이 없었는데 무슨 일일까 궁금해 하며 뉴스 보던 것을 중단하고 아래층 응접실로 내려왔다.

같은 시각, 부관실, 두 대령을 수행한 듯한 사복 차림의 수사관 2명이 부관실로 들어왔다. 그곳에 있던 공관 관리장교 반일부 준위가 이들을 맞았다.

"좀 앉으십시오."

"괜찮습니다."

반일부 준위는 이들이 보고하러 온 대령들을 수행한 것으로 생각했다.

이때 밖에 나갔던 총장 경호대장 김인선 대위가 들어왔다. 부관실에 들어와 있는 낯선 사람들을 보는 그의 시선이 곱지 않았다.

"당신들은 뭐요! 나가 있어요!"

"좀 있으면 안 될까요?"

"나가 있으라니까요!"

김인선 대위의 언성이 높아졌다. 그는 밖의 심상치 않은 분위기에 기분이 상해 있었던 것 같았다. 수사관들은 일단 밖으로 나갔다. 그러나 조금 후 다시 들어왔다. 반일부 준위는 바깥 날씨가 추워서 이들이 다시 들어온 것으로 생각했다.

정승화 총장이 응접실로 내려오자 두 대령이 차렷 자세로 거수 경례를 했다. 정승화 총장이 소파에 앉은 다음 두 사람에게 앉으라고 자리를 권했다. 정승화 총장 오른쪽으로 두 대령이 앉았다. 간단한 인사말이 오고갔다.

"총장님, 이번에 저도 진급시켜주시는 줄 알았더니 안 시켜주셔서 좀 서운합니다."

우경윤 대령이 웃으면서 말했으나 어딘지 모르게 목소리가 굳어 있었다. 육사 13기인 그는 이번에 장군 진급 대상이었으나 탈락했던 것이다.

"그렇던가. 진급 정원이 제한돼 있어 자격 있는 사람들을 모두 진급시키지 못해 나도 발표 할 때마다 서운해요."

정승화 총장이 웃으면서 말했다. 그는 이어 허삼수 대령을 향해 "그래 무슨 중요한 보고인가?"라고 물었다. 허삼수 대령이 자세를 고쳐 앉았다. 그는 잔뜩 긴장한 모습이었다.

"총장님께서 김재규로부터 돈을 많이 받으셨더군요. 그래서 총장님의 진술을 좀 받아야 할 일이 생겼습니다."

허삼수 대령이 정색을 하고 말했다. 갑자기 분위기가 험악해졌다.

"뭐? 누가 그따위 소리를 하던가!"

"…."

"김재규가 그렇게 주장했어?"

정승화 총장의 목소리가 높아졌다.

"글쎄 저는 잘 모르겠습니다만 상부로부터 총장님의 진술을 녹음해 오라는 지시를 받고 왔습니다."

"녹음기를 가져왔나?"

정승화 총장이 짜증스런 목소리로 다시 물었다.

"녹음 준비가 되어 있는 곳까지 가셔야겠습니다."

허삼수 대령이 대답했다.

"이놈들, 누가 그따위 지시를 하던가? 내가 계엄사령관인데 대통령이 그런 지시를 해?"

"대통령 각하의 지시가 있었습니다."

허삼수 대령은 들고 온 노란 봉투를 집어 들었다. 그것이 마치 대통령의 재가서류인 것처럼 보이려는 제스처였다.

"만약 그렇다면 대통령이 직접 전화라도 했을 텐데 내가 직접 확인하기 전에는 그러한 조사에 응할 수 없어!"

정승화 총장은 부관을 소리쳐 부르면서 벨을 눌렀다. 수행부관 이재천 소령이 부관실에서 응접실로 뛰어나왔다.

"대통령이나 장관에게 전화 대!"

정승화 총장이 그에게 소리쳤다.

이재천 소령이 다시 황급히 부관실로 뛰어 들어갔다. 순간 '탕 탕 탕!' 총소리가 울렸다. 부관실 쪽이었다. 이어 공관 건물 밖에서도 '드르륵' 하는 M16소총의 연발음이 울렸다. 10·26 궁정동 총성에 이어 또 한 번 역사의 방향을 바꾼 총성이었다.

5   총격 아수라장 속 연행된 정승화 총장

총장님, 가시죠!

정승화 총장에게 급한 보고가 있다며 찾아온 허삼수·우경윤 두 대령을 응접실로 안내한 총장 당번병 김영진 병장은 심상치 않은 분위기를 직감했다. 그는 바로 주방으로 가지 않고 응접실 문 밖 복도에서 정승화 총장과 두 대령 사이에 오가는 이야기를 엿들었다. 단순한 보고가 아니었다. 진급을 시켜주지 않아 서운하다느니, 총장이 김재규로부터 돈을 많이 받았느니 하는 시비조 이야기가 나오더니 총장의 언성이 높아졌다. 김영진 병장은 갑작스런 사태 진전에 새파랗게 질렸다.

이때 공관 관리장교 반일부 준위가 부관실에서 복도로 나왔다. 그는 총장 경호장교 김인선 대위에게 쫓겨났다가 부관실로 다시 들어온 수사관 2명이 추워서 들어온 줄로 알고 당번병 김영진 병장에게 차를 더 끓이라고 말하기 위해 주방으로 가려던 참이었다. 아직 사태를 전혀 눈치 채지 못하고 있었다.

총장 수행부관 이재천 소령이 황급히 부관실로 되돌아온 것은 반 준위가 복도로 나간 직후였다. 이 소령은 부관실 경비전화통을 붙잡았다. 순간 부관실에 들어와 있던 수사관 2명이 벌떡 일어나 부관실 출입문을 가로막고 섰다.

그때 응접실 쪽에서 또다시 고함소리가 들렸다. 총장 경호장교 김인선 대위가 권총을 뽑았다. 그와 동시에 보안사 수사관들도 품에서 권총을 뽑아들었다. 김인선 대위는 문을 가로막고 있는 보안사 수사관들을 밀치고 뛰어나가려 했다. 순간 수사관 H가 김인선 대위를 향해 권총을 발사했다. 수사관 K는 외부로 경비전화를 걸려는 부관 이재천 소령을 쏘았다. 수발의 총성이 어지럽게 얽혔다. 부관실은 삽시간에 아수라장판으로 변했다. 기습을 당한 이재천 소령과 김 대위는 각각 얼굴 등에 수발씩의 총을 맞고 쓰러졌다. 이 소령은 무장을 하지 않은 상태였다. 부관실에서 처음 권총을 쐈던 보안사 수사관 H의 증언은 다음과 같다.

우리들은 부관실에 들어와서 밖의 상황에 신경을 곤두세우고 있었다. 응접실 쪽에서 소란스러운 소리가 들리더니 총장이 부관을 소리쳐 불렀다. 응접실로 달려나갔던 이재천 소령이 다급하게 뛰어 들어오더니 어디론가 전화를 걸려고 했다. 이때 밖에서 또 고함소리가 들리자 김인선 대위가 갑자기 권총을 빼들고 뛰어나가려 했다. 권총을 든 그를 밖으로 나가게 놔둘 수는 없었다. 나는 재빨리 권총을 뽑아 김인선 대위를 밀치면서 엉덩이와 다리를 향해서 발사했다. 이어 이재천 소령을 향해서도 한 발을 쏘았다. 그러나 불발이었다. 나는 다른 권총을 꺼내 다시 발사했다. 같이 있던 동료 수사관도 두 사람을 향해 권총을 발사했다. 두 사람이 쓰러진 것을 확인한 우리들은 문을 박차고 뛰어나왔다.

12·12 당시 육군참모총장 공관 내부 약도

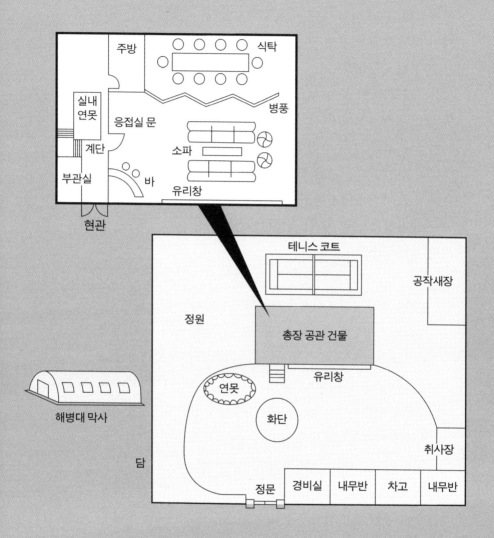

H수사관은 10·26 사건 발생 수 시간 후 궁정동 안가의 사건 현장에 들어가 처참하게 죽어 넘어져 있는 경호실 요원들의 시체를 직접 확인했던 사람이었다. 그는 총장 연행에 실패하면 연행에 관계했던 모든 사람이 죽는다고 생각했다. 그래서 그는 총장 연행이 여의치 않게 돌아가자 가차 없이 권총을 쐈던 것이다.

"총장님, 가시죠!"

응접실 소파에 앉아 있던 허삼수·우경윤 두 대령이 동시에 벌떡 일어나 좌우로 갈라서면서 각기 팔을 끼었다.

이보다 조금 앞서 부관실에서 나온 반일부 준위는 응접실에서 총장의 고함소리가 계속 터져 나오자 당번병 김영진 병장과 함께 응접실로 뛰어들어갔다. 김 병장은 그때까지 응접실 입구 복도에서 새파랗게 질린 채 서 있었다. 다음은 반 준위의 당시 상황에 대한 설명이다.

부관실에서 복도로 나오자 김영진 병장이 잔뜩 질린 표정으로 달려와 응접실을 가리키며 "반 준위님, 큰일 났어요! 저 안에 들어가 보세요"라고 말했다. 잠시 머뭇거리는 사이 정승화 총장이 부관을 부르는 소리와 함께 벨이 울렸다. 김영진 병장과 같이 응접실로 뛰어들어가 보니 총장이 두 사람에게 양팔을 붙잡혀 끌려나오고 있었다. 둘이 달려들어 총장을 떼어놓으려는데 총소리가 났다. 순간 비상을 걸어야겠다는 생각으로 뛰어나가 부관실 문을 열었지만 안으로 잠겨 있었다. 정문 경비실로 가려고 현관으로 뛰어나갔다.

같은 상황에 대해 당번병 김영진 병장은 이렇게 증언했다.

반일부 준위님과 응접실로 뛰어들어가 총장님을 끌고 나오는 두 대령을 가로막았다. 한 대령의 손을 떼어내려고 달려들어 몸싸움을 할 때 그의 품에서 작은 권총이 툭 떨어졌다.

김영진 병장은 2층에 있는 비상전화 생각이 나서 2층으로 뛰어올라갔다.

현관으로 나온 반 준위가 잠시 상황을 살피고 있을 때 그를 향해 총알이 날아왔다. 공관 마당에 포진하고 있던 보안사 수사관들의 사격이었다. 다시 반 준위의 증언이다.

갑자기 뒤에서 "저놈도 쏴버려"라는 고함과 함께 총알이 핑핑 날아왔다. 현관 기둥을 은폐물로 해서 총알을 피했다. 정문 경비병들에게 도움을 요청할 생각으로 마당을 가로질러 경비실로 뛰었다. 경비실 옆에는 경비병들이 기거하는 내무반이 붙어 있었다. 막사의 창문을 통해 내무반 안을 들여다보니 경비병들은 바닥에 엎드려 있었고 사복 차림한 사람들이 M16소총으로 이들을 겨누고 있었다. 그 옆의 취사병 내무반도 마찬가지로 감금 상태였다. 내무반에 있던 사복이 나를 발견하자 바로 총구를 돌려 드르륵 사격을 했다. 순간적으로 나는 공관 외곽 경비를 맡고 있는 해병대를 생각했다. 마당 가운데 있는 조그만 원형 정원을 가로질러 뛰었다. 총알이 핑핑 귓가를 스쳤다. 해병대와 인접한 낮은 담을 훌쩍 넘었는데 한참 동안이나 떨어지는 느낌이었다.

해병대 막사와 인접한 담은 축대 위에 쌓은 것이었다. 총장 공관 쪽에서 보면 낮았지만 실제로는 높이가 꽤 됐다. 다행히 축대 밑에는 낙엽이 수북이 쌓여 있어 반 준위는 별로 다치지 않았다. 그는 곧 일어나 해병대 막사로 달려가 총장 공관에 괴한이 나타났다고 알렸다.

다시 총장 공관 응접실. 정 총장이 대령들과 옥신각신하고 있을 때 응접실 밖에서 P수사관이 M16소총 개머리판으로 응접실 대형 유리창을 깨고 뛰어들었다.

"가자고 하면 빨리 따라갈 것이지, 뭘 꾸물대!"

그 사나이는 M16소총 총구로 정승화 총장을 위협하며 고함을 질렀다. 그는 대통령 경호실 요원들의 야전 점퍼와 비슷한 점퍼를 입고 있었다. 총구를 얼굴 가까이에 바짝 들이대는 바람에 정승화 총장의 안경이 총구에 걸려 바닥에 떨어졌다. 정승화 총장은 허리를 굽혀 안경을 주워서 다시 끼었다.

당시 상황에 대한 정승화의 증언이다.

나는 대통령이 나를 조사하라고 지시했다는 두 대령의 말을 확인하기 위해 부관 이재천 소령을 불러 총리공관이나 국방부장관에게 전화를 대라고 했다. 이재천 소령이 부관실로 뛰어들어가는 순간 총소리가 났다. 총성과 동시에 두 대령이 나의 양팔을 잡고 끌었다. 공관 밖에서 처음보다 더욱 강력한 총소리가 났는데 나는 우리 애들과 충돌이 생긴 줄로 알고 "사격 중지"라고 외쳤다. 이때 감색 점퍼를 입은 자가 M16을 쏘면서 홀의 대형 유리창을 깨고 들어와 나에게 총을 겨누며 빨리 가자고 다그쳤다. 그는 총구로 위협하기는 했으나 개머리판으로 치지는 않았다. 내 안경이 총구에 걸려 카펫 바닥에 떨어졌다. 나는 허리를 굽혀 안경을 주워 끼었다. 나는 뭔가 오해가 생겨 대통령이 나를 조사하라고 지시한 것으로 짐작하고 "그럼 가자" 하고 따라나섰다.

대형 유리창을 깨고 응접실로 들어와 총장에게 총구를 들이대며 위협한 사람은 보안사 수사관 P상사였다. 한때 33헌병대장 최석립 중령이 유리창을 깨고 응접실로 뛰어들어와 정승화 총장을 위협한 것으로 알려졌으나 이는 사실과 다르다. 최석립 중령은 당시 총장 공관 내에 있지 않았다. 그는 공관촌 입구 부근에 머물러 있다가 총소리가 난 뒤 33헌병대 병력에 후속 작전을 지시하기 위해 육군총장 공관으로 올라오고 있었다. 이때는 이미 수사관들이 정승화 총장을 차에 태워 내려오는 중이었다.

정승화 총장이 허삼수 대령 등 두 사람에게 양팔을 붙잡힌 상태로 P수사관이 M16 총구로 등을 떠밀어 응접실 문 부근까지 나왔을 때 2층으로 통하는 계단에서 정승화 총장의 차남 태연 군이 권총을 들고 내려오는 것이 보였다. 그는 아래층에서 총소리가 나자 걱정이 돼 아버지에게 권총을 가져다주려고 했다는 것이다. 정승화 총장은 아들을 향해 "이놈, 어서 올라가지 못해!"라고 소리쳤다. 그는 아들이 총격전에 휘말릴까 걱정이 됐던 것이다. 태연 군은 계단 중간쯤에서 다시 2층으로 올라갔다.

정승화 총장은 수사관들에게 밀려서 허삼수·우경윤 두 대령이 타고 왔던 일제 슈퍼살롱에 태워졌다. 차 뒷좌석에 보안사 영관 장교인 H수사관과 P수사관이 정승화 총장을 끼고 앉았다. 앞좌석에는 허삼수 대령이 탔다. 운전은 수사관 S준위가 맡았다. 이 부분에 대해 정승화 총장은 다음과 같이 회상했다.

> 양쪽 팔을 두 사나이에게 붙잡힌 채 또 한 사나이가 총구로 떠미는 대로 현관을 나섰다. 어느새 내 차를 밀어내고 다른 까만 승용차가 대기하고 있었다. 뒷좌석에 두 사나이가 양쪽에서 나를 낀 채 타고 운전수 옆자리에도 한 사람이 탔다. 차에 밀려 탈 때 주위를 둘러보니 낯모르는 자들이 총을 든 채 서성이고 있었고 공관에 근무하는 경비병이나 부관 등 근무자는 한 사람도 보이지 않았다. 공관 입구에 입초병도 보이지 않았다. 차가 공관 문을 빠져나가 국방부장관 공관 앞을 통과할 때 그곳 보초 헌병이 차를 세우고 누구를 태웠는지 물었다. 이 병사는 차 안에 탄 사나이들이 "육군참모총장"이라고 소리치니까 가라는 손짓을 했다. 나는 차 안에서 밖을 내다보았으나 어디로 향하는지 알 수 없었다.

엇갈린 진술, 누구의 말이 사실인가

아직까지 우경윤 대령이 어느 순간에 어떻게 해서 총을 맞았는지 확실하게 밝혀지지 않았다. 하반신이 마비돼 휠체어 생활을 하고 있는 우경윤은 당시 상황을 설명해달라는 필자의 요청에 "아직 말할 단계가 아니다"라며 인터뷰 요청을 거절했다. 때가 되면 직

12월 12일 저녁 정승화 총장이 총격전 끝에 연행된 직후 한남동 일대는 긴급
출동한 병력이 뒤엉켜 극심한 혼란에 빠졌다. 총소리를 듣고 한남동 공관 앞에
모여든 시민들을 무장한 헌병들이 통제하고 있다.

접 자신의 손으로 당시에 대한 기록을 남기겠다고 했다.

1985년 초 노태우 당시 민정당 대표위원은 월간《신동아》와의
인터뷰에서 12·12 발단에 대해 답변하면서 다음과 같이 언급했다.

… 그런데 불행하게도 정 총장을 모시러 간 사람을 총장 공관
경비대가 총격을 가해 쓰러뜨렸어요. 그것이 발단이 된 겁니
다. 지금 총상을 입은 당사자는 하반신을 못 쓰고 있어요.(《신
동아》1985년 4월호)

작가 천금성은 12·12 사건을 다룬 그의 책《10·26, 12·12, 광주사
태》에서 이 부분을 다음과 같이 기술했다.

… 정승화 총장의 고함소리와 함께 현관문이 왈칵 열리며 네
명의 경비병이 응접실로 뛰어들어왔다. … "이놈들을 체포해"
경비병들에게 정승화 총장이 지시했다. 경비병들은 두 수사관
사이에 끼인 정승화 총장을 빼내기 위해 두 명씩 나뉘어 달려
들었다. … 밀고 당기는 상황이 1~2분 동안 계속되었다. 그 순
간 우경윤 수사관이 두 경비병에 의해 정승화 총장으로부터 떨
어져 나왔다. 우경윤 수사관과 정승화 총장 사이에 틈이 생겨
났다. 다시 한 발의 총소리가 났다. 그와 함께 우경윤 수사관이
앞으로 풀썩 넘어졌다. 총알은 밖으로부터가 아니라 응접실 안
에서 날아왔다고 두 수사관은 기억했다.

정승화 총장은 이 같은 상황 설명이 완전히 조작됐다고 반박하고

있다. 당시 공관에는 수사관들에게 총을 쏠 만한 경비병이 없었다는 것이다. 정문 경비병들은 이미 무장해제된 채 감금된 상태였다. 공관 내부에 있었던 사람 가운데 유일하게 무장된 사람은 경호장교 김인선 대위였는데 그도 이미 부관실에서 수사관들의 총을 맞고 쓰러져 총을 쏠 수 없었다.

당시 부관실에서 경호장교 등에게 총격을 가했던 보안사 수사관 H는 기자에게 처음 공개한다며 그때 정황을 이해하는 데 도움이 되는 중요한 증언을 했다.

총장 경호장교와 수행부관을 제압한 후 문을 박차고 뛰어나왔을 때 어떻게 된 일인지 부관실 바로 문 앞에 우경윤 대령이 쓰러져 있었다. 나는 급한 김에 "우리 처장님 어디 계십니까?"라고 허삼수 대령의 위치를 물었다. 우경윤 대령은 고통스러운 표정을 지으면서 누운 채로 응접실 안을 가리켰다. 나는 우경윤 대령의 부상 상태를 살펴볼 겨를이 없었다. 그대로 응접실 안으로 뛰어 들어갔다. 뒤따라 나온 동료 수사관들은 현관 밖으로 나간 공관 관리장교 반일부 준위를 제압하러 뒤쫓아 나갔다. 응접실에서는 총장과 허삼수 대령이 옥신각신하고 있었다. 나는 총장에게 달려들어 허리를 껴안고 권총을 등에 들이대면서 "다 끝났습니다. 가시죠"라고 외쳤다. 총장이 나를 노려보며 "넌 뭐야!"라고 고함을 쳤다. 나는 "수사관입니다"라고 맞받으면서 총장을 출입구 쪽으로 밀고 갔다. 이때 P수사관이 응접실의 대형 유리창을 총 개머리판으로 부수고 뛰어들어왔다. 응접실 문 앞 가까이 왔을 때 열린 문 사이로 2층 계단에서 정승화 총장 아들이 권총을 들고 내려오는 것이 보였다. 나는 "너 이 자식, 큰일 나! 빨리 올라가!"라고 소리쳤다. 그가 2층으로 올라가는 것을 확인한 뒤 정승화 총장을 밀고 나와 대기하고 있던 차에 태웠다. 나와 P수사관이 뒷자리에서 총장을 사이에 두고 앉았다. 차는 곧바로 출발했다. 공관 입구 경비초소를 지나려는데 철문이 막 닫히고 있었다. 우리는 아슬아슬하게 빠져나와 서빙고 분실로 향했다.

정승화는 이 보안사 수사관의 증언에 대해 그 같은 기억이 없다고 반박했다. 유리창을 깨고 들어온 사나이가 총구로 위협한 것 외에는 허삼수·우경윤 두 대령이 계속 자신에게 붙어 있었으며 그들은 차에 오를 때까지 존댓말을 쓰며 비교적 공손했다는 것이다.

그러나 최초 총소리 직후 응접실에서 뛰어나갔던 반일부 준위는 이 보안사 수사관 H의 증언을 전하자 가능성이 있는 이야기라며 이렇게 기억을 더듬었다.

총소리가 나자 총장님이 "사격 중지"라고 외쳤던 것은 확실히 기억난다. 그 수사관 증언을 듣고 보니 생각나는 것이 있다. 내가 경비병들에게 구원을 요청하기 위해 밖으로 막 뛰어나가려 할 때 총장님은 우경윤 대령을 향해 "이게 무슨 짓들이야! 빨리 나가서 사격을 중지시키지 못해!"라고 소리쳤던 것 같다. 우경윤 대령은 이 말을 듣고 내가 뛰어나온 뒤 사격을 중지시키기 위해 뒤따라오다 부관실 문 앞에서 피격되었을 개연성이 크다.

그는 수사관들이 자신을 쏘려다 우경윤 대령을 맞혔을 것이라고 주장했다. 자기들끼리 오인사격을 했다는 것이다.

우경윤 대령은 정승화 총장을 태운 차가 공관을 빠져나간 뒤 보안사 수사관들에 의해 보안사 옆 국군통합병원에 옮겨졌다. 우경윤 대령은 옆구리가 관통되면서 척추 신경이 파열되는 중상을 입었다.[*]

---

[*] 1996년 검찰 수사발표에서도 우 대령은 합수부 측의 오인 사격에 의해 피격된 것으로 나타났다. 육사 13기인 우 대령은 척추를 크게 다쳐 하반신이 마비됐지만 현역으로 근무하며 육본 헌병감 등을 역임한 뒤 소장으로 예편했다.

제1부 전초전

6   때늦은 공관 앞 격전

7분 만에 이루어진 연행 작전

한남동 공관경비대장 황인주 소령은 12일 저녁 초소 순찰 중 갑작스런 총소리를 들었다. 국방부장관 공관 위병초소에 들렀을 때였다. 손목시계는 7시 20분을 가리키고 있었다. 총성은 육군참모총장 공관 쪽에서 들려왔다. 5, 6발이 잇달아 울린 것으로 보아 단순한 오발 사고가 아님이 분명했다.

"기동타격대 비상!"

그는 위병초소와 경비전화를 통해 경비대 상황실 근무자에게 기동타격대 비상을 걸었다. 육·해군참모총장, 합참의장, 해병대사령관, 외무·국방장관 공관 등 6개 공관이 몰려 있는 이곳 한남동 공관단지는 60여 명의 해병대 병력이 단지 정문과 외곽 경비를 책임지고 있었으며 비상시에 대비, 1개 분대의 기동타격대가 운용되고 있었다.

국방부장관 공관 초소에서 100여 미터 떨어진 해병 경비대 막사까지 단숨에 뛰어온 황인주 소령은 경비대장실 탄약고에 보관 중인 실탄을 개봉, 기동타격대 조장에게 분배하라고 지시했다. 육군참모총장 공관 관리장교 반일부 준위가 경비대 상황실로 구르듯이 뛰어들어온 것은 바로 이때였다.

"육군참모총장 공관에 괴한들이 침입했습니다."

반일부 준위는 헐떡이면서 괴한들이 총장을 납치해가려고 하고 있다고 황인주 소령에게 알렸다. 비슷한 시각, 해병대사령관(당시 정식 명칭은 해군 제2참모차장이었으나 해병대 내부에서 사령관이라고 부름) 김정호 중장도 총성을 들었다. 김정호 중장은 이날 김포 지역 부대를 순시하고 한남동 공관으로 돌아와 저녁 식사를 막 끝내고 휴식을 취하던 참이었다. 연발로 들려온 총성에 놀란 김정호 중장은 반사적으로 튀어 일어났다. 즉시 전투복으로 갈아입고 무장을 했다. 이어 해군본부에 기동타격대 출동을 요청한 뒤 부관과 전령을 대동하고 뛰어나왔다.

다시 경비대 막사

황인주 소령은 상황실에서 실탄이 분배되고 있음을 확인한 뒤 병력들을 지휘하기 위해 반일부 준위와 함께 급하게 밖으로 나갔다. 황인주 소령과 반일부 준위가 경비대 내무실 복도를 통해 막사 밖으로 나서려는 순간 반대편 방향에서 우르르 몰려오는 일단의 육본 헌병 병력과 마주쳤다. 반일부 준위는 이들이 육군참모총장 공관 경비헌병인 것으로 알고 "야! 너희들, 총장 공관에 올라가지 않고 여기서 뭐해!"라고 소리쳤다. 그러나 반일부 준위의 고함이 채 끝나기도 전에 반일부 준위와 황인주 소령에게 M16소총 개머리판과 군화 발길이 사정없이 날아들었다.

이들은 육군참모총장 공관에서 총성이 울리자 행동개시에 들어간 33헌병대 소속 병력들이었다. 정승화 총장을 연행하는 과정에서 발생할지도 모를 충돌에 대비, 허삼수·우경윤 대령 등 합수부 수사관들을 뒤따라와 공관단지 영내에 대기 중이던 이들 헌병 병력은 33헌병대장인 최석립 중령의 지시에 따라 해병경비대의 지휘 체계와 통신을 무력화시키기 위해 경비대 막사로 몰려왔던 것이다.

당시 상황에 대한 황인주의 증언이다.

> 기동타격대에 실탄 분배를 지시한 뒤 부대를 지휘하기 위해 반일부 준위와 함께 밖으로 나오다 내무실 통로에서 육본 헌병 복장을 한 병력들과 마주쳤다.
>
> 이들은 M16소총으로 무장하고 있었으며 다짜고짜 나와 반일부 준위에게 달려들어 개머리판으로 찍어대고 발길질을 했다. 이들은 공포를 쏘면서 나의 무장을 해제한 뒤 경비대장실로 몰아넣고 개머리판으로 무수히 구타를 했다. 이로 인해 나는 뒷머리가 심하게 찢어지고 전신에 타박상을 입었다. 일부 병력은 내무실로 뛰어들어가 경비 교대 대기 중이던 경비병을 총으로 위협, 경비대장실로 끌고 와 엎드리게 한 뒤 불을 끈 상태에서 무차별 구타를 했다.

이들의 구타로 황인주 소령 외에도 해병대 경비병 6명이 부상을 입었으며 반일부 준위도 심한 타박상을 입고 정신을 잃었다. 반일부 당시 준위의 회고를 보자.

> 해병대 막사에 뛰어들어 경비대장에게 총장 공관의 상황을 알리고 나오다 경비대 내무실 복도에서 육본 헌병 복장을 한 병

력들을 만났다. 조명이 어두웠기 때문에 나는 이들이 우리 병
력인 줄 알고 공관으로 빨리 올라가라고 소리쳤다. 그러나 내
말이 채 끝나기도 전에 그들은 개머리판과 군화발로 무차별 구
타를 했다. 어찌나 심하게 맞았던지 손톱들이 다 빠질 정도였
다. 내가 쓰러지자 허리에 총구를 겨눈 채 수 명이 내 위에 올라
타고 밟아댔다. 나는 곧 의식을 잃고 말았다.

해병대 막사에서 이런 소동이 벌어지고 있을 때 보안사 수사관들
은 정승화 총장을 슈퍼살롱에 강제로 태워 공관을 빠져나갔다. 정
승화 총장을 실은 차는 국방부장관 공관 앞에서 초병 근무자에 의
해서 잠시 정차됐으나 차안에서 "육군참모총장"이라고 외치자 바
로 통과시켰다. 이 차가 공관 정문을 통해 나간 시간은 7시 27분,
최초의 총소리가 울린 지 7분 후였다.

정승화 총장 부인 신 씨의 증언

이 바로 직전의 육군참모총장 공관으로 돌아가보자. 정승화 총장
의 부인 신유경 씨는 공관 2층에 있다가 난데없는 총성이 울리자
1층으로 뛰어내려왔다. 신 씨는 남편과 오랜만에 친정 나들이를
하기 위해 외출 준비를 끝내고 정승화 총장에게 급한 보고가 있
다며 찾아온 보안사 간부의 용무가 끝나기를 기다리고 있었다.
신 씨는 당시를 이렇게 회고했다.

　아래층에서 총소리가 잇달아 울리기에 깜짝 놀랐다. 앞뒤 가릴
　것 없이 뛰어 내려갔는데 총장님은 이미 밖으로 끌려나간 뒤였

다. 응접실 바로 맞은편 부관실 문 앞에는 아주 덩치가 큰 사나이(우경윤 대령)가 큰 대(大) 자로 쓰러져 있었다. 부관실에 들어가보았더니 책상 앞에 전화기가 떨어져 덜렁덜렁 매달려 있었고 바닥은 선지피가 바다를 이루고 있었다. 총장 경호대장 김인선 대위는 피를 흘리며 쓰러져 신음하고 있었다. 부관 이재천 소령은 보이지 않았다.

　나중에 안 일이지만 이재천 소령은 이때 총에 맞은 뒤 야전침대 밑으로 기어들어가 숨어 있었기 때문에 내가 못 본 것이었다. 나는 부관을 찾으러 주방까지 가보았으나 없었다. 그때 2층에 있는 아들 생각이 나서 죽어도 그 아이와 같이 있어야겠다고 계단을 올라가는데 총소리가 또 났다. 나를 향해서 쏘는 것 같아서 허겁지겁 올라갔다.

김인선 대위는 눈 부위와 허리, 대퇴부 팔 등 모두 5발을 맞아 세 곳에 심한 총상을 입었다.★ 이재천 소령은 우측 옆구리에 총을 맞았다. 총알이 간을 스치고 지나가 뱃속에 박혔는데 출혈이 심해 사경을 헤매다 순천향병원에서 혈액 11병의 수혈을 받는 대수술 끝에 목숨을 건졌다.★★

★ 김인선(육사 31기) 대위는 공관경비병에 의해 순천향병원으로 옮겨졌다가 다음 날 국군수도통합병원으로 후송돼 총알 제거 수술을 받았다. 머리와 척추에 박힌 총알은 위험해 빼내지 못하고 평생 몸에 지니고 있다.
★★ 12·12 이후 신군부 측은 이재천 소령과 김인선 대위를 전역시키려고 했으나 임무에 충실하다 부상을 당한 군인정신을 높이 평가해야 한다는 일부 의견에 따라 근무를 계속했다. 이 소령은 준장, 김 대위는 대령까지 진급하고 전역했다.

합수부 측 헌병을 제압한 해병경비대

해병경비대 막사에 합수부 측 헌병들이 들이닥친 시각, 경비대 상황실 앞. 실탄을 분배받고 있던 해병대 기동타격대 병력들은 자신들의 직속상관인 황인주 소령이 갑자기 출현한 육본 헌병들에게 붙잡혀 끌려가는 것을 목격했다. "대장 인질이다"라고 외치면서 해병 기동타격대 병력들은 막사 주위로 흩어져 막사를 포위했다. 일부 병력은 사령관에게 보고하기 위해 해병대사령관 공관 쪽으로 뛰어갔다.

해병대사령관 김정호 중장이 이들을 만난 것은 사령관 공관 바로 앞이었다.

"무슨 일이냐?"

"육본 헌병 복장을 한 괴한들이 나타나서 경비대 막사를 점거해버렸습니다. 경비대장은 포로가 됐습니다. 저희들은 탈출해서 보고 드리러 오는 길입니다."

"뭐야? 처음 총성이 난 곳은 어딘가?"

"육군참모총장 공관 쪽이었습니다."

김정호 중장은 병사들로부터 보고를 받고 순간 무장 게릴라가 육본 헌병을 위장해 육군참모총장 공관에 침투한 것으로 생각했다. 당시 해병대사령관이었던 김정호는 이에 대해 다음과 같이 회고했다.

> 병사들에게서 상황보고를 받고 처음에는 김신조 부대와 같은 무장공비 부대가 육본 헌병 복장을 하고 정승화 총장 공관에 침투한 것이 아닌가 생각했다. 당시는 10·26 후 북한의 동태에

특히 신경이 쓰이던 때였다. 합수부 측에 정승화 총장이 강제
연행되는 중이었다는 것은 꿈에도 생각하지 못했다. 큰일 났다
싶어 내가 직접 지휘하기로 했다. 일단 공관 내에 침투한 괴한
들의 퇴로를 차단, 모두 체포해야겠다고 생각했다.

"지금부터 내가 지휘한다. 누구든지 움직이면 수하(누구냐고 묻는
것)를 하고 응하지 않으면 즉각 발사하라."

김정호 중장 주위에는 4명의 병사가 호위했다. 일종의 인간방
패 개념이었다. 병사들은 지시하지도 않았는데 캄캄한 야간의 긴
급 상황에서 사령관을 보호하기 위해 스스로 사령관을 둘러쌌던
것이다.

김정호 중장은 공관 입구 정문부터 봉쇄해야겠다고 생각했다.
그러나 정문은 이미 합수부 측 헌병들에 의해 점령되어 있었다.
김정호 중장은 정문 상황을 대강 파악한 뒤 공격해 탈환하라고
지시했다. 경비대 장종세 상사(1992년 작고)가 4명의 특공조를 편
성했다.

이때 대부분의 기동타격대 병력들이 육군참모총장 공관에서
정문으로 통하는 도로를 차단하고 있다가 김정호 중장 쪽으로 합
류해 있있다. 특공조는 도로 옆 배수구를 따라 낮은 포복으로 은
밀하게 정문으로 접근했다. 정문에는 9명이 지키고 있었다. 특공
조는 정문 10m 전방까지 다가간 뒤 일제히 총을 쏘면서 정문 안
으로 뛰어들었다.

"손들엇! 움직이면 쏜다!"

정문을 점거하고 있던 합수부 측 헌병들은 어둠 속에서 해병대

12·12 사건 당일 밤 정승화 총장을 연행하는 과정에서 합수부 측 헌병들에게 기습을 당해 부상을 입은 공관 경비병들이 육군본부 앰블런스로 인근 순천향 병원 응급실로 옮겨지고 있다.

경비병들이 갑자기 총을 쏘면서 뛰어들어오는 바람에 아무런 손을 못 쓰고 그대로 제압당했다. 이 과정에서 합수부 측 헌병 지휘관 차 모 대위가 목 부분에 관통상을 입고 쓰러졌고, 박윤관 상병 등 33헌병대 헌병 사병 2명도 팔과 다리 등에 총을 맞고 중상을 입었다. 6명은 포박당했다. 병원으로 옮겨진 박윤관 상병은 다음 날 숨졌다.

정문을 재장악한 해병경비대는 초소 안에 묶여 있던 경비병 3명을 풀어주고 정문을 바리케이드로 폐쇄했다. 이때가 7시 35분쯤으로 정승화 총장을 실은 차가 이곳 정문 초소를 통과한 지 불과 7분 후, 정승화 총장이 연행당하는 과정에서 조금만 더 시간을 끌었다면 아마 12·12 사태는 없었을 것이고, 우리의 현대사도 크게 달라졌을 것이다.

곧이어 육군본부 헌병기동타격대와 국방부 50헌병대가 도착, 공관 안으로 진입하려고 했다. 김정호 중장은 당시 상황을 정확히 파악하기 전까지는 일체 외부 병력을 들어오지 못하도록 지시해놓고 있었다. 이 지시에 따라 정문을 지키던 경비병들은 육본 헌병기동타격대와 국방부 50헌병대가 접근하자 위협사격을 해 물리쳤다. 7시 40분께였다.

같은 시각, 경비대 막사 안. 해병경비대장 황인주 소령과 10여 명의 경비병을 막사 안에 억류하고 있던 33헌병대 병력은 밖에서 잇달아 총성이 울리자 당황했다. 지휘관인 듯한 한 대위가 황인주 소령에게 사정을 했다. 그는 순식간에 상황이 이렇게 전개되리라고는 예측을 전혀 못했던 것이다.

"저와 함께 나가 사격을 중지시킵시다. 이대로 가다가는 쌍방 모두 큰 피해를 입습니다."

황인주 소령은 일단 이 요청을 거절했다. 황인주는 이렇게 회고했다.

한참 정신을 못 차리게 구타하더니 밖에서 총성이 잇달아 울리고 상황이 자기들에게 불리하게 돌아가자 겁이 나는 모양이었다. 중대장인 듯한 한 대위가 나에게 같이 나가 해병대 경비병의 사격을 중지시키자고 했다. 그래서 나는 "당신 지금 나하고 함께 밖에 나가면 내 부하들에게 맞아 죽어! 나가도 나 혼자 나갈 테니 여기서 꼼짝 말고 기다려"라고 말해놓고 막사를 빠져나왔다. 막사에서 나와 우리 병력이 있는 쪽으로 달려가니 사령관님이 전투복 차림으로 지휘하고 계셨다. 마치 구세주를 만난 기분이었다. 사령관님께 그동안의 상황을 간단히 보고했더니 상부의 지시가 있을 때까지 단 한 명도 밖으로 내보내지 말고 전원 체포, 무장해제하라고 명령하셨다.

저녁 8시쯤 육군참모총장 공관 쪽에서 미니버스 한 대가 헤드라이트를 켠 채 내려왔다. 33헌병대장 최석립 중령의 명령으로 육군참모총장 공관으로 전개했던 병력이었다. 황인주 소령의 지시에 따라 경비병들은 도로 양 옆으로 흩어져, 버스를 향해 엎드려 사격 자세를 취했다. 국방부장관 공관 바로 앞에서였다. 경비병 2명이 M16소총을 겨눈 채 도로 가운데로 나가 차를 세웠다. 차 안에 타고 있던 합수부 측 병력들은 사태를 짐작했는지 순순히 명령에 따랐다. 경비병들이 미니버스에 올라가 모두 무장을 해제했다. 차

안에는 육본 헌병 24명, 보안사 요원 3명 등 27명이 있었다.

황인주 소령은 이곳에 경비병 6명을 배치, 차 안에 탄 병력과 장비를 감시하도록 했다. 김정호 중장은 이어 황인주 소령에게 막사 탈환을 지시했다. 황인주 소령은 병력을 이끌고 막사로 다가갔다.

그러나 합수부 헌병들이 막사 안과 밖에 흩어져 있어 일시에 위협사격을 하며 제압하기는 어려운 상황이었다. 황인주 소령은 정문 탈환 때 합수부 헌병들에게서 빼앗은 무전기로 막사 안에 있는 헌병중대장을 불렀다.

"너희들은 지금 완전히 포위됐다. 저항해봐야 소용없다. 다른 미니버스에 탄 병력들도 무장해제되었다. 전원 무장을 풀고 차량에 탑승하라."

막사 안에 있던 헌병중대장은 그러나 황인주 소령의 무장해제 요구에 응하지 않았다. 황인주 소령은 이미 무장이 해제된 동료 중대장을 불러왔다. 이 동료 중대장이 무전기로 설득하자 막사 안팎에 있던 합수부 측 헌병들은 무기를 버리고 나왔다. 이번에는 이들이 해병대 경비병들에게 흠씬 두들겨 맞았다. 경비병들은 이들이 타고 와 막사 앞에 세워 둔 미니버스에 모두 몰아넣고 M16소총으로 감시했다. 33헌병대 병력을 끌고 왔던 육본 헌병감실 기획과장 성환옥 대령은 혼자 정문 쪽으로 나가려다 경비병들에게 붙잡혔다. 경비병들은 성환옥 대령을 묶어서 김정호 중장에게 데리고 갔다.

성환옥 대령과 함께 왔던 33헌병대장 최석립 중령은 정문이 해병대에 의해 재장악되기 직전 빠져나가 체포를 면했다.

김정호 중장은 공관 안에 들어왔던 외부 병력들을 완전 제압한 뒤 앰뷸런스를 불러 막사 안에서 33헌병대 헌병들에게 구타를 당해 부상한 경비병들과 정문 초소 탈환 시 총상을 입은 합수부 측 차 모 대위 등 헌병 3명을 인근 순천향병원으로 후송했다. 해병대에 의해 연금된 33헌병대 병력은 다음 날 새벽 합수부 측이 대세를 장악한 가운데 상황이 종료될 때까지 공관 내에 억류되어 있다가 풀려났다.

7   전군 비상경계령이 내려지다

'진돗개 하나' 비상경계령이 내려지다

"전군 비상! 각 부대 지휘관은 즉시 귀대하여 병력을 장악하고 즉시 육본 당직실로 보고하라."

1979년 12월 12일 밤 8시, 전군에 '진돗개 하나'의 비상경계령이 하달됐다. 이미 수도권 일원의 모든 군·경 검문소에는 총장을 납치해간 검은색 일제 슈퍼살롱을 찾으라는 긴급 지시가 내려가 있었다. 윤성민 육군참모차장은 총장 공관에서 정승화 총장이 괴한들에게 납치됐다는 보고를 받고 단숨에 육본 B2벙커★로 뛰어가 전군 비상령을 내렸다. 정승화 총장의 강제 연행과 이 과정에서 발생한 총격전의 파장이 태풍처럼 일순 전군을 강타한 것이다.

윤성민 참모차장은 이날 조금 늦게 참모차장 공관으로 퇴근, 잠시 휴식을 취하던 중 정승화 총장의 부인 신유경 씨로부터 다급한 전화를 받았다.

"차장님, 큰일 났습니다. 지금 여기서 총격전이 벌어졌어요. 괴한들이 총장님을 납치해 갔어요."

★ 용산 국방부청사 지하에 있는 견고한 지하벙커로, 유사시 군 지휘부가 모여 작전지휘를 할 수 있도록 각종 통신시설이 돼 있다.

"뭐라구요? 사모님, 어떤 놈들입니까?"

"저도 어떤 사람들인지 모르겠어요. 빨리 조치를 취해주세요!"

"알겠습니다. 즉시 알아보고 조치를 취하겠습니다."

신 씨의 목소리는 울부짖음에 가까웠다. 윤성민 참모차장은 전화를 끊자마자 전투복으로 갈아입고 권총을 찬 뒤 공관을 뛰어나왔다. 윤성민은 아래와 같이 회고했다.

> 퇴근해서 10분 정도 지나서였다. 총장 공관에서 급한 전화가 왔다고 했다. 전화를 받아보니 총장 사모님이었다. 총격전이 벌어지고 총장님이 괴한들에게 납치됐다는 것이었다. 울음 섞인 다급한 목소리였다. 공비들이 총장 공관에 침투해 총장을 살해한 것이 아닌가 하는 생각이 퍼뜩 들었다. 아찔했다. 즉시 조치하겠다고 말씀드리고 전화를 끊은 뒤 권총으로 무장을 하고 뛰어나왔다.

같은 상황에 대해 부인 신유경 씨는 이렇게 회고했다.

> 피바다가 된 1층에서 뛰어올라와 비상전화를 붙잡았다. 연합사(CFC) 부사령관 유병현 장군 집에 전화를 했다. 부인이 먼저 받아 유병현 장군을 바꿔 주었다. 괴한들이 나타나 총장님을 납치해갔다고 알렸다. 유병현 장군은 즉시 가서 조치를 취하겠다고 했다. 다음에는 윤성민 참모차장 공관에 전화를 걸었다. 윤성민 장군도 깜짝 놀라면서 누가 왔더냐고 물었다. 나도 정체를 모른다고 하자 알겠다면서 즉시 대책을 세우겠다고 했

다. 이어서 장관 공관에 전화를 했다. 장관 공관에는 두 번이나 전화를 걸었는데 두 번 다 부관이 받았다. 첫 번에는 거기서도 총소리를 듣고 곧 수습하러 가신다고 하더니 두 번째 전화에는 이미 나가셨다고 했다. 이희성 중앙정보부장서리 집에도 전화를 했는데 부인이 받더니 "나도 남편한테서 연락을 받았는데 공기가 수상하니 오늘은 집에서 자지 말고 나가서 자라고 했다"는 것이었다.

공관에서 나온 윤 참모차장은 먼저 헌병감실로 뛰어나갔다. 상황을 판단하기 위해서는 우선 정보가 필요했기 때문이었다. 육군참모차장 공관은 국방부 영내에 있어서 헌병감실까지는 뛰어서 5분 거리밖에 되지 않았다. 헌병감실에는 당직 근무자들만이 있었다. 헌병감 김진기 준장은 자리에 없었다. 시내에서 저녁 식사 약속이 있어 나갔다는 것이었다. 헌병감실에도 아직 자세한 보고가 들어와 있지 않았다. 윤 참모차장은 B2벙커로 달려가 육군본부(육본)의 전 참모들의 비상소집을 지시하고 전군에 비상경계령을 내렸다.

B2벙커에서의 육본 수뇌 모임
육본 B2벙커에는 비상연락을 받은 육본 수뇌들이 속속 도착했다. 아직 정확한 상황은 파악되지 않고 있었다. 북한의 무장공비가 침투한 것인가, 아니면 군 내부의 소행인가, 상황을 정확히 파악할 수 없다는 것이 육본 지휘부의 불안감을 가중시켰다. 육본 참모들은 처음에는 대부분 북한 무장공비가 총장 공관에 침투해 총장을 납치, 살해했을 가능성이 크다고 판단했다. 이 경우는 북측과 전면전이 벌어질 수 있다는 것을 의미했다.

즉시 전방부대에 북한군의 동태를 파악·보고하라는 지시가 내려갔다. 그러나 휴전선 일대 북한군의 움직임에는 아무런 이상이 감지되지 않는다는 보고가 올라왔다. 한미연합사 측에서도 북한군의 수상한 움직임은 발견되지 않았다는 응답이었다.

"그렇다면 내부 소행이다. 어느 집단의 짓이냐?"

육본의 지휘부는 북한에 의해 사건이 벌어지지 않았다는 사실에 한편으로 안도하면서도 어느 집단이 어떤 동기로 총장을 납치해 갔는지가 즉각 파악되지 않아 불안과 긴장은 계속됐다. 총장 공관 쪽에서 보안사 정보처장 권정달 대령과 우경윤 대령의 소행이라는 보고가 있었지만 아직 확인되지 않고 있었다. 정승화 총장 연행에 참여했던 보안사 인사처장 허삼수 대령이 공관에서 정보처장 신분으로 행세했기 때문에 이렇게 알려졌었다.

연희동 요정집의 세 장군

비상령이 내려지기 직전인 저녁 7시 40분쯤, 서울 연희동의 한 요정. 특전사령관 정병주 소장, 수경사령관 장태완 소장, 헌병감 김진기 준장과 보안사 참모장 우국일 준장, 수경사 헌병단장 조홍★ 대령 등이 저녁 식사 모임을 갖고 있었다. 저녁 식사의 호스트는 합수부장인 전두환 보안사령관이었다.

★ 조홍(1933~2018)은 육사 13기로, 12·12 이후 김진기 준장에 이어 육본 헌병감을 역임한 뒤 전역, 대한손해보험협회 회장 등을 지냈으며, 김영삼 정부에서 12·12 관련 수사가 시작되자 미국, 캐나다로 도피해 은둔생활을 하다 그곳에서 사망했다.

저녁 모임은 전두환 보안사령관이 정병주* 특전사령관 등 재경 지휘관들이 계엄하에서 고생하는 것을 위로한다는 명목으로 마련한 자리였다. 약속 시간은 저녁 6시 30분. 그러나 한 시간이 지났는데도 모임을 주최한 전두환 사령관이 나타나지 않고 있었다. 사실 이날 모임은 합동수사본부 측이 정승화 총장을 전격 연행하는 과정에서 충돌이 발생할 경우 정승화 총장 측 병력 동원 등 대응조치를 사전 봉쇄하기 위해 전두환 합수부장이 조흥 대령과 우국일 참모장을 시켜 정병주·장태완 두 사령관과 김진기 헌병감을 유인한 것이었다.

우국일 참모장이 보안사령부에 몇 번 전화를 하더니 급한 일 때문에 전두환 사령관이 늦어진다는 것이었다. 모임 참석자들은 일단 저녁 식사를 하기로 하고 식사를 주문해 밥상이 들어오기를 기다리고 있을 때였다. 헌병감실에서 김진기 헌병감을 찾는 전화가 걸려왔다. 총장 공관에서 총격전이 발생했으며 정승화 총장은 괴한들에게 납치됐다는 것이었다. 거의 같은 시각에 정병주 특전사령관과 장태완 수경사령관도 비상연락을 받았다. 세 장군은 자리를 박차고 일어났다. 정병주, 장태완 두 사령관은 각기 사령부로, 김진기 헌병감은 육본 B2벙커로 총알같이 차를 몰았다.

같은 시각, 경복궁 내 수경사 30경비단장실.

군수차관보 유학성 중장, 수도군단장 차규헌 중장, 1군단장 황영시 중장, 9사단장 노태우 소장, 20사단장 박준병 소장, 71방위

★ 정병주(1926~1989)는 육사 9기로, 12·12 당시 윤성민 육군참모차장, 문홍구 합참본부장과 동기생이다.

사단장 백운택 준장, 1공수여단장 박희도 준장, 3공수여단장 최세창 준장, 5공수여단장 장기오 준장, 수경사 30경비단장 장세동 대령, 수경사 33경비단장 김진영 대령 등이 전두환 합수부장을 초조하게 기다리고 있었다. 이들은 이날 저녁 6시 30분 '생일집 잔치'라는 암호명으로 이곳에 모였었다. 전두환 합수부장은 이들이 도착하기 직전 정승화 총장 연행에 대한 최규하 대통령의 재가를 받기 위해 총리 공관(최규하 대통령은 그때까지 청와대로 옮기지 않고 삼청동 총리 공관에 머물고 있었다)에 간 뒤 아직까지 아무 소식이 없었다.

이들은 7시 35분쯤 허삼수 대령으로부터 정승화 총장을 연행하긴 했으나 그 과정에서 총격전이 벌어져 함께 갔던 우경윤 대령이 총에 맞아 중상을 입었다는 연락을 받고 깜짝 놀랐다. 그러나 전두환 합수부장이 대통령의 재가를 받아오면 별문제 없이 사태를 수습할 수 있을 것으로 기대하고 그가 돌아오기를 눈이 빠지게 기다리고 있었던 것이다.

총장 공관 상황 보고에 흙빛이 된 전두환

총리 공관에 들어간 전두환 합수부장은 여태껏 최규하 대통령의 재가를 받지 못하고 있었다. 그는 정승화 총장이 김재규의 박정희 대통령 시해사건에 깊이 개입되어 있다며 대통령의 재가를 요청했다. 그러나 최규하 대통령은 국방부장관의 의견을 들어보겠다며 이를 거절했다. 전두환 합수부장이 집요하게 설득했으나 최규하 대통령은 좀처럼 물러서려 하지 않았다.

총리접견실 밖에서 대기 중이던 보안사 대공처 수사과장 겸 합

수부 수사국장 이학봉* 중령은 이때 허삼수 대령으로부터 그간
의 상황을 전해 받았다.

순간 그의 얼굴이 흙빛으로 변했다. 그는 함께 전두환 사령관
을 수행하고 온 전두환 사령관의 수행부관 손삼수 중위에게 "급
한 일이 생겼다. 전두환 사령관에게 수사 분실(서빙고)로 갔다고
전해라" 하고는 황급히 나갔다. 다음은 손삼수의 증언이다.

> 이학봉 중령이 나간 뒤 얼마 안 돼 허화평 비서실장이 전화를
> 해 전두환 사령관을 바꿔달라고 했다. 대통령께 보고 중이어서
> 곤란하다고 했더니 "쪽지를 넣어서라도 바꿔달라"고 다급한
> 목소리로 말했다. 나는 한 비서관에게 사정을 이야기했으나,
> 그도 난감한지 머뭇거리다가 쪽지를 써 들여보냈다. 곧 전두환
> 사령관이 나와 허화평 실장의 전화를 받더니 얼굴빛이 변했다.
> 전두환 사령관은 "알았다"고 전화를 끊고 다시 접견실로 들어
> 갔다.

10여 분쯤 후 전두환 사령관이 대통령 면담을 마치고 나왔다. 그
의 얼굴은 무섭도록 굳어 있었다.

당시 삼청동 공관을 지켰던 비서관 Q는 최근 "그때 전두환 사
령관의 표정은 스스로 자살을 하든지 누굴 죽이든지 할 것 같이
무서운 느낌을 주었다"고 술회했다.

★ 이해 연말 대령 진급 예정자로 확정된 이학봉 중령은 12·12 직후 보안사 인사에
서 남웅종 대령 후임으로 대공처장에 임명됐는데 대령 진급 예정자로서는 파격적
인 대우였다.

전두환 합수부장은 아무래도 대통령의 재가를 쉽게 받아낼 수 없다고 판단했다.

우선 노재현 국방부장관을 찾아야 했다. 장관 공관에 전화했으나 부재중이라는 대답이었다. 국방부장관의 행적은 어디에서도 잡히지 않았다. 그 순간 총리 공관의 비상벨이 요란하게 울렸다. 전군에 비상이 걸린 것이다.

공관 외곽초소 경비의 강화

이 시각 한남동 공관 앞은 각 부대에서 긴급 출동한 기동타격대 병력이 얽히고설켜 수라장이 되어 있었다.

한남대교와 남산1호터널 및 약수동 쪽으로 통하는 길은 차량들로 완전히 막혀 극심한 교통 체증을 일으키고 있었다. 총소리에 놀란 차량들이 급히 차를 돌리려다 반대 차선에서 달려오는 차량과 접촉사고를 빚는 등 아비규환이었다.

육본 헌병기동타격대와 국방부 50헌병대가 맨 처음 도착했다. 저녁 7시 40분쯤이었다. 이 병력은 전군비상이 내려지기 전에 긴급상황 연락을 받고 출동했던 것이다.

그러나 이 병력은 공관 안쪽으로 진입할 수가 없었다. 공관을 경비하고 있던 해병대 병력이 접근을 저지하기 위해 위협사격을 해오고 있었기 때문이었다.

곧이어 수경사 헌병단 기동타격대가 헌병단 부단장인 신윤희 중령의 지휘로 장갑차(APC) 네 대를 앞세우고 나타났다. 수경사령부로 귀대한 장태완 사령관은 조홍 대령이 사령부에 나타나지 않자 부단장인 신윤희 중령에게 기동타격대 지휘를 맡겨 출동시켰다.

조홍 대령은 장태완 사령관의 지프로 함께 사령부로 귀대했다가 소란을 틈타 어디론가 모습을 감춰버리고 나타나지 않고 있었다. 장태완 사령관은 자신도 전령을 대동하고 지프로 직접 공관 앞으로 출동해 상황을 파악했다. 그는 신윤희 중령에게 공관 안에 남아 있는 33헌병대 병력을 공격하라고 지시한 뒤 사령부로 되돌아갔다.

육본 의장대 병력과 시경 기동타격대도 합세했다. 9시쯤에는 박종곤 해군 헌병감이 이끄는 해군본부 헌병대 기동타격대가 도착했다.

이어 30분쯤 뒤에는 경복궁에 있던 33경비단장 김진영 대령이 30경비단 소속 1개 중대를 이끌고 나타났다. 그는 정승화 총장 연행 지원을 위해 합수부 수사관들과 함께 왔던 33헌병대 병력이 공관 안에서 해병대 경비병들에게 포위되어 있다는 연락을 받고 장세동 30경비단장과 이들의 구출 방법을 상의한 뒤 30경비단 소속 병력을 끌고 출동했던 것이다. 김진영 대령은 다른 병력들처럼 공관 경비를 지원하기 위해 출동한 것처럼 위장했기 때문에 이들 병력들 사이에 직접 충돌은 일어나지 않았다.

김진영 대령은 현장에서 수경사 기동타격대를 지휘하고 있는 신윤희 중령을 설득해 자기편으로 만들어버렸다. 육사 21기인 신윤희 중령은 그의 육사 4기 후배로 평소에 잘 알던 사이였다. 신윤희 중령은 다음 날 새벽 전두환 합수부장으로부터 명령을 받아 장태완 수경사령관을 비롯, 수경사령부에 모여 있던 육군 수뇌부를 체포하게 된다.

공관 밖에서 이러한 사태가 벌어지고 있을 때 공관 안쪽은 비교적 안정을 되찾고 있었다. 김정호 중장은 공관 내에 잔류해 있던 합수부 측 33헌병대 병력을 완전히 제압한 뒤 상황보고를 위해 국방부장관 공관으로 달려갔다.

그러나 장관은 공관에 없었다. 이미 피신했다는 것이었다. 노재현 국방부장관은 육군참모총장 공관에서 총소리가 나자 초소 담을 넘어 단국대를 통해 미8군 상황실에 가 있었던 것으로 뒤에 알려졌다. 그는 총장 공관에 김재규 추종 세력이 침입한 것으로 알고 자신도 안전하지 못하리라는 판단 아래 급히 피신했던 것이다.

김정호 중장은 국방부장관이 자리에 없다는 것을 확인한 뒤 해군참모총장 공관으로 뛰어 갔다. 김종곤 총장에게 자세한 경위보고를 했으나 김종곤 총장도 어떠한 일이 벌어지고 있는지 판단을 하지 못했다. 여러 곳에 전화를 해보았으나 다 모른다는 대답뿐이었다는 것이다. 김종곤 총장은 해군본부로 들어가 상황을 파악하기로 하고 공관을 출발했다.

김정호 중장은 상황이 정확히 파악되지 않는 상태에서 병력들 간 불필요한 충돌을 피하기 위해 외부 병력을 일절 공관 안에 들여놓지 않았다. 다만 해군기동타격대 병력을 이끌고 온 박종곤 해군 헌병감과 황관영 육군본부 본부사령만을 무장해제한 상태에서 들어오도록 했다. 해군 헌병기동타격대 1개 소대도 들어오게 해 외곽초소 경비를 강화했다.

옆구리에 심한 총상을 입은 육군참모총장부관 이재천 소령이 해병경비대에게 발견된 것은 이보다 조금 앞서서였다. 이재천 소령은 창자가 삐져나오지 못하게 옆구리를 움켜쥐고 있었다.

몸 전체는 온통 피투성이였다. 이재천 소령은 총장부관실에서 보안사 수사관들에게 총을 맞은 뒤 야전침대 밑에 들어가 숨어 있다가 밖이 잠잠해지자 포복으로 총장 공관을 빠져나왔던 것이다. 그는 경비대에 병원으로 갈 수 있도록 공관 밖으로 내보내달라고 요청했다. 그러나 공관 정문에는 병력들이 대치하고 있어 정문으로 나갈 수는 없었다. 김정호 중장은 이재천 소령이 가까운 담을 넘어갈 수 있도록 도와주라고 병사들에게 지시했다. 이재천 소령은 출혈이 심해 그렇게라도 해서 빨리 병원으로 보내야 할 형편이었다.

이재천 소령은 한남국민학교 위쪽 담을 넘었다. 그곳은 민가의 뒷마당이었다. 뒷마당 양옆은 또 높은 담이었기 때문에 밖으로 나가기 위해서는 집 안을 통할 수밖에 없었다.

이재천 소령은 문을 두드렸으나 아무런 응답이 없자 뒷문 유리창을 부수고 집 안으로 들어갔다. 그렇지 않아도 공관 쪽에서 계속 총소리가 울려 불안해하고 있던 이 집 주인은 뒷마당에서 쿵 소리와 함께 피범벅이 된 사나이가 문을 부수고 집 안으로 뛰어 들어오자 일순 기절해버렸다고 한다. 이재천 소령은 이곳에서 1km 떨어진 순천향병원까지 걸어간 뒤 응급실에 도착하자마자 의식을 잃었다. 병원 응급일지에는 그가 병원에 도착한 시간이 오후 9시 30분으로 기록돼 있다. 그는 간이 파열되었고 소장 일부를 잘라내야 했다. 열세 시간에 걸친 대수술 끝에 간신히 목숨을 건졌다.

함께 총상을 입었던 정승화 총장 경호장교 김인선 대위는 부관실에서 빠져나와 정원 연못 속에 쓰러져 있다가 공관 근무자들에게 발견돼 순천향병원으로 옮겨졌다. 무려 5발의 총알을 맞은 그는 다음 날 국군수도통합병원으로 옮겨져 총알 제거 수술을 받았으나 머리와 척추에 박힌 총알은 제거가 어려워 지금까지도 그대로 두고 있다고 한다. 정승화 총장 강제 연행 과정에서 총격을 받아 중상을 입었던 이재천 소령과 김인선 대위는 대수술을 거쳐 간신히 목숨을 건진 뒤 합수부의 조사를 받고 전역 위기에 몰렸다. 그러나 임무에 충실하다 벌어진 일이라는 일부의 주장이 받아들여져 군 생활을 계속해 이재천 소령은 별까지 달았으나 준장으로 예편했고, 김인선 대위는 대령으로 전역했다.

8 　전두환의 특전·수경사령관 유인작전

1979년 12월 12일 오전. 전두환 보안사령관은 참모장 우국일 준
장을 불렀다. 막 출근해 일상적인 업무를 처리하고 있던 우국일
참모장은 일손을 놓고 2층 사령관실로 바로 올라갔다.

"계엄 업무로 수고가 많은 수도권 지휘관 몇 분을 위로하기 위
해 오늘 저녁 식사에 초대해놨는데 갑자기 저녁 때 대통령의 결
재를 받으러 들어오라는 연락을 받았소. 나는 삼청동 공관에 들
렀다가 갈 테니 참모장이 나 대신 먼저 나가서 양해를 구하고 접
대를 좀 해주시오. 혹시 내가 너무 늦어지면 먼저 식사를 시작해
도 돼요."

"알겠습니다."

"시간과 장소는 조홍 대령이 잘 알고 있어요. 곧 그가 알려줄
거요. 참 그 집은 우리가 평소 거래하던 곳이 아니고 처음 가는 집
이니까 외상 하기가 어려울 테니 현찰로 넉넉히 준비해 가시오."

"그렇게 하지요."

전두환 사령관은 이날 밤 정승화 계엄사령관을 연행 조사하는
거사를 결행하기에 앞서 사전조치를 착착 진행시키는 중이었다.
그가 우국일 참모장에게 부여한 임무는 정승화 총장 연행 작전이
실시되는 시간에 장태완 수경사령관과 정병주 특전사령관, 김진

기 육본 헌병감을 한자리에 모아 발을 묶어놓는 일이었다. 우국일 참모장에게는 거사 내용에 대해 전혀 알리지 않았다. 직제상으로 보안사의 제2인자인 우국일 참모장은 영문도 모른 채 12·12 거사의 중요한 일부를 담당하도록 되어 있었던 것이다. 우국일의 증언은 다음과 같다.

> 전두환 사령관은 저녁에 대통령 결재를 맡고 올 때까지 대신 접대를 맡아달라면서 참석자의 이름을 정확히 거명하지 않고 단지 수도권의 지휘관이라고 했다. 그래서 나는 특전사령관과 수경사령관 정도가 참석하는 것으로 짐작했다. 사령관의 지시를 받고 내 방으로 돌아와 얼마 안됐는데 조홍 대령이 저녁 약속 장소의 약도와 전화번호가 적힌 메모지를 갖고 왔다. 연희동에 있는 요정이었고 전화번호는 34국에 7107번이었다. 오후 3시쯤 구내 이발소에서 이발을 한 뒤 6시쯤 돼서 나갈 준비를 하는데 사령관 선속부관인 황진하 소령으로부터 출발했는지 확인하는 전화가 왔다. 6시 10분에 만찬 장소로 출발했다.

우국일 참모장은 그날 전두환 사령관에게서 "정병주·장태완 장군 등을 늦게까지 요정에 잡아두라" 또는 "술을 많이 먹여 만취토록 하라"는 등의 지시를 받은 일이 없다고 했다. 그는 "만약 사령관이 그런 특수한 임무를 나에게 부여했다면 이유야 어쨌든 나는 임무를 수행하기 위해 사전에 그 집의 전화선을 절단하거나 집 주변에 병력을 배치해 초대된 장군들이 연락을 받고 곧바로 달려가게 내버려두지는 않았을 것"이라면서 "전두환 사령관은 군의 정치 개입에 비판적인 입장을 피력했던 나에게 거사의 내막을 사전에 전혀 귀띔도 않은 채 나를 이용했던 것"이라고 말했다.

연희동 요정에 초대된 장성들의 연락은 보안사령관 비서실장인 허화평 대령의 책임하에 이루어졌다. 여기에 수경사 헌병단장 조홍 대령은 내막을 잘 모른 채 조연으로 참여했던 것 같다. 조홍 대령은 전두환 보안사령관이 12·12 하루 전날 그의 장군 진급 사실을 미리 알려주면서 "내가 진급 턱을 톡톡히 낼 테니까 수경사령관과 헌병감에게 연락해 두 분을 모시고 오라"고 해 연락을 맡게 됐다고 한다. 그는 전두환 사령관이 진심으로 진급을 축하하기 위해 자신의 직속상관인 장태완 수경사령관 및 그와 같은 헌병병과인 헌병감을 초대해 한잔 사는 줄로 알았다는 것이다.

미리 계획된 세 장군과의 선약

허화평 대령이 전두환 사령관의 전갈을 갖고 왔다면서 수경사령부로 장태완 사령관을 찾아온 것은 12월 6일쯤이었다. 그는 100만 원 수표 1장과 조그만 메모지가 든 흰 봉투를 장태완 사령관에게 내놓았다. 메모지에는 "형님, 얼마 안되지만 집의 김장에 보태 쓰시면 감사하겠습니다"라고 쓰여 있었다. 허화평 대령은 이어 "저희 사령관께서 장태완 사령님 새로 취임하신 것을 기념해서 몇 분을 모시고 식사나 한번 하시자고 합니다"는 말을 전했다. 다음은 장태완의 회고다.

> 허화평 대령이 돈이 든 봉투를 내놓으면서 전두환 사령관이 나
> 의 수경사령관 취임 축하 파티를 열고 싶어 한다고 했다. 100만

원은 당시로는 큰돈이었다. 그 많은 액수의 돈을 받아보기는 처음이었다. "이 봉투에 관해서는 내가 직접 자네 사령관에게 이야기할 일이고 취임 파티도 내가 왔으니 내가 먼저 해야 하지 않겠는가. 내가 부대 파악이 끝나는 대로 연락을 주겠다고 전해주게"라고 하고 허화평 대령을 돌려보냈다. 100만 원은 참모장 김기택(육사 11기, 소장 예편) 준장과 상의해 연말에 사병들의 특식비에 보태 쓰기로 하고 그에게 보관시켰다. 그 후 며칠이 지나서 헌병단장인 조홍 대령이 결재 받으러 내 방에 들어와서 "보안사령부에 들렀더니 전두환 사령관이 저보고 사령관님을 식사에 모시고 오라고 하던데요"라고 했다. 나는 순간적으로 조홍 대령이 보안사나 들락거리며 진급 운동을 하는 줄 알고 "누가 자네더러 그런 심부름하고 다니라 그랬나? 이 바쁜 와중에 보안사에는 왜 갔어?"라고 야단을 쳤다. 그는 지나는 길에 잠시 들렀을 뿐이라고 극구 변명을 했다.

12일은 장군 진급 발표가 있는 날이었다. 장태완 사령관은 수경사 작전참모인 박동원(육사 14기) 대령이 진급에서 누락된 것을 알고 기분이 상해 있었다. 박동원 대령은 월남전에서 맹호부대 5중대장 시절 한국군의 첫 전과를 올려 을지무공 훈장을 받았으며 대령까지는 동기 중에서 1차로 진급한 육사 14기의 선두 주자였다. 그런 그가 장군 진급에서 밀린 것은 하나회 장교들과의 악연 때문이었다고 한다. 그는 기회가 있을 때마다 하나회 장교들을 비판했으며 그들과 자주 논쟁을 벌여 하나회 장교들로부터 경원을 당해왔던 것이다. 장태완 사령관은 장군 진급 심사가 시작되기 전 하나회 후원자인 차규헌 중장과 전두환 보안사령관으로부터 "박동원이는 김대중 선거운동을 한 경력이 있는 놈이니 진급시켜서는 안 된다"는 말을 들었다고 했다.

박동원 대령이 1971년 중령으로 육군대학 교관을 할 때 제7대 대통령 선거전 와중에 군이 선거에 개입해서는 안 된다고 했던 것을 두고 하는 말이었다. 그러나 장태완 사령관은 야전군인으로서의 그의 능력을 평가해 장군 진급을 밀었던 것인데 탈락하자 기분이 좋지 않았던 것이다.

장태완 사령관은 이날 보안사령관 비서실장 허화평 대령으로부터 "오늘 저녁 전두환 사령관이 장태완 사령관과 정병주 특전사령관, 김진기 헌병감 등 계엄 관계 주요지휘관들에게 식사 대접을 하겠다 한다"는 전갈을 받았다. 장태완 사령관은 다른 날 같았으면 미뤘을 텐데 이날은 기분도 그렇지 않은데 술이나 마시고 풀자는 생각으로 식사 약속을 받아들였다고 했다.

정병주 특전사령관에게도 허화평 대령이 연락을 취했다. 1989년 사망한 정병주는 생전에 "저녁이나 하자는 전두환 소장의 전갈을 받고 10·26 이후 세상 돌아가는 얘기도 들을 겸 다른 약속을 취소하고 그 자리에 나갔다"고 말했었다.

육본 헌병감 김진기 준장의 연락은 수경사 헌병단장 조홍 대령이 맡았다. 김진기의 증언이다.

> 12월 12일 조홍 대령이 내 방으로 찾아왔다. 나는 이날 다음 날 있을 계엄지휘관회의에서 브리핑할 준비로 매우 바빴다. 조홍 대령은 "보안사령부에 오늘 들렀더니 전두환 사령관이 계

엄 업무로 고생한다며 김진기 헌병감이랑 함께 오늘밤 식사나 하자고 한다"고 전했다. 나는 바빠서 안 가려고 했다가 밥만 먹고 빨리 들어올 생각으로 식사초대에 응했다. 그 식사 모임에 장태완·정병주 장군이 참석하는지는 전혀 모른 상태에서 약속 장소로 갔다.

식사 약속 시간은 저녁 6시 30분. 요정은 연희교차로에서 북쪽으로 조금 올라가다가 주유소를 끼고 좌회전하면 나오는 주택가에 있었다. 전두환의 사저와도 그리 멀지 않은 곳이었다. 잘 지어진 2층 석조 건물은 밖에서 보기엔 아담한 단독주택에 불과했다. 우국일* 보안사 참모장이 저녁 6시 30분 정각에 도착했다. 이어 앞서거니 뒤서거니 초대받은 장군들이 도착했다. 장태완 사령관이 맨 나중에 도착했다. 저녁 7시가 조금 못 된 시간이었다.

"참 죄송합니다. 전두환 사령관이 긴급히 결재가 있어서 삼청동 공관에 들어가셨는데 좀 늦어질지 모른다며 저보고 양해를 구하라고 했습니다. 8시까지는 오신다고 했는데 먼저 식사를 하는 것이 어떻겠습니까?"

우국일 참모장이 송구스러운 표정으로 장군들의 양해를 구했다.

"뭐 그럴 것 있나. 조금 기다렸다 전두환 장군이 오면 같이 하지."

★ 우국일(1931~2009)은 통역장교 4기로, 육사 출신이 아니었기에 12·12 때 돌아가는 사정을 전혀 모르고 겉돌았으며 곧 전역했다. 그 후 보험공사 부사장 등을 역임했으며 12·12군사반란 재판과정에서는 전두환 씨 등에 대해 비판적 입장에 섰다.

장태완 사령관의 말에 다들 별 이의가 없었다. 장군들은 가벼운 화제로 대화를 몇 분간 나누었다. 우국일 참모장이 먼저 시작하자고 다시 한번 권했다. 저녁 7시 20분쯤이었다.

"그래. 전두환 장군이 초대해놓고 자기가 늦은 것이 잘못이지. 먼저 시작하자." 좌중에서 최선임자인 정병주 사령관이 조금 퉁명스럽게 말을 받았다.

일행은 방 안으로 들어갔다. 문을 열자 조홍 대령이 앉아 있다 벌떡 일어서면서 인사를 했다. 순간 장태완 사령관이 눈살을 찌푸렸다.

"아니, 자네가 여기는 왜 왔어? 고약한 친구로구만. 어서 돌아가!"

"저….'"

장태완 사령관은 옆 사람들이 보기에 민망할 정도로 조홍 대령을 다그쳤으나 조홍 대령은 머뭇머뭇하기만 했다.

"장태완 사령관이 워낙 유명하니 호위하러 나왔는데 뭘 그리 야단이야."

주위에서 장태완 사령관을 말리면서 어색한 분위기를 무마했다. 모두가 좌정하자 곧 음식이 들어왔다. 여자들도 들어와 앉았다. 40대로 보이는 마담의 지휘로 20대의 앳된 여자들이 사람 수에 맞춰 들어왔다. 장태완은 민 마담이라는 이 40대 여자는 전두환 장군이 잘 아는 단골 마담이라는 말을 나중에 전두환 장군 측근에게서 들은 적이 있다고 말했다.

그러나 이 비밀 요정은 전두환 사령관이 이날 아침 우국일 참모장에게 말한 것처럼 처음 거래하는 집이었으며 민 마담이 이

12월 12일 저녁 전두환 합수부장 측이 장태완 수경사령관과 정병주
특전사령관 등을 유인했던 서울 연희동의 비밀 요정. 현재는 집주인이 바뀌고
건물 외관도 개축돼 달라졌다.

집의 주인도 아니었다. 아마 이날의 특별한 행사를 위해 전두환 사령관이 평소 잘 아는 민 마담을 통해 시내에서 가까운 곳에 있는 이 요정을 소개받았고, 민 마담 자신도 특별 출연토록 부탁했던 것이 아닌가 여겨진다. 우국일은 이 민 마담이라는 여자에 대해 "특별히 기억나는 것은 없지만 전두환 장군이 직접 불렀던 것이 아닌가 여겨진다"고 말했다.

준비된 술은 시바스리갈이었다. 여자들이 일제히 작은 양주잔을 채웠다. 정병주 장군이 "자, 장태완 장군, 우리 다 같이 앞으로의 단합을 위해 건배합시다" 하고 건배를 제의했다. 모두가 술잔을 쭉 비웠다. "그동안 비상시국에 적조했다"는 형식적인 인사치레의 말들이 술 상 위를 오고 갔다.

저녁 7시 35분, 총장 공관 총격 사건 보고가 들어오다

밖에 나가 있던 민 마담이 문을 열고 다시 들어온 것은 술이 두 순배도 채 돌기 전이었다. 민 마담은 곧바로 김진기 헌병감에게 다가가 귀에다 대고 전화가 왔다고 알렸다. 계엄사 치안처장이기도 한 김진기 헌병감은 시국이 시국인지라 이 집에 도착하자마자 육본 헌병감실 당번병에게 이곳 전화번호를 알려놓았던 것이다. 시계는 저녁 7시 35분을 조금 넘어서고 있었다.

1분도 안 지나서 김진기 헌병감이 방 안으로 들어왔다. 그의 안색이 싹 변해 있었다. "총장 공관에서 총기 사고가 있었다고 합니다. 총장 신변에 이상이 있는 것 같습니다. 부대로 들어가봐야겠습니다."

김진기 헌병감은 선 채로 속사포처럼 말을 마치고 뛰어나갔다.

"뭐야?"

장태완 사령관도 벌떡 일어나 응접실에 있는 전화통을 붙잡았다. 그는 다행히 총장 공관의 일반전화 번호를 메모해 둔 것이 있었다. 다이얼을 돌려 신호가 간 뒤 한참 만에 누가 전화를 받았다.

"거기 무슨 일이야!"

"사령관님, 지금 빨리 앰뷸런스를 좀 보내주세요, 앰뷸런스, 총장님이 피습당했습니다!"

신음소리에 가까운 앰뷸런스 요청하는 목소리가 잠시 들리더니 전화가 뚝 끊어졌다. 장태완 사령관의 전화를 받은 사람은 정승화 계엄사령관 경호대장인 김인선 대위였다. 그는 합수부 측 요원들로부터 4발의 총격을 받고 쓰러져 거의 의식을 잃은 상태였지만 전화벨 소리에 가까스로 일어나 수화기를 들었는데 장태완 수경사령관이어서 앰뷸런스를 보내달라고 외치는 순간 또 총격을 받고 의식을 잃었다고 한다.

장태완 사령관이 조홍 대령을 데리고 서둘러 달려 나갔다.

정병주 사령관도 놀라 일어서면서 우국일 참모장에게 "무슨 일인지 자네 부대에 빨리 연락해 알아보라"고 했다.

우국일 참모장은 보안사 당직 참모인 정도영(육사 14기, 예비역 소장, 자유총연맹 사무총장 역임) 보안처장에게 전화를 걸었다.

"총장 공관 지역에서 총성이 들렸는데 긴급 연락을 받고 수경사령관과 헌병감이 부대로 돌아갔는데 무슨 일이 있어?"

"아무런 사고 보고가 없는데요."

"사령관님은 지금 어디 계신가?"

"삼청동 공관에서 결재를 받고 계실 것입니다. 그곳으로 가신다고 했으면 곧 가시겠지요. 좀 기다려보십시오."

우국일 참모장은 통화 내용을 그대로 정병주 특전사령관에게 보고했다. 정병주 사령관은 그래도 궁금증이 풀리지 않은 듯 특전사령부에 전화를 해보더니 금방 표정이 굳어졌다. 그는 우국일 참모장에게 아무 말도 없이 뛰쳐나갔다. 그는 우국일 참모장이 자신을 속이고 있다고 생각하는 듯했다.

9 장태완 수경사령관, 경복궁에 강제 진압을 선언하다

장태완 수경사령관의 빠른 대응

"APC(장갑차) 한 대와 기동타격대를 즉시 총장 공관에 출동시켜! 무조건 밀고 들어가서 총장을 모시고 나오도록 해. 우물쭈물하지 말고 장갑차로 막 밀고 쓸어버려!"

장태완 수경사령관은 달리는 지프에서 무전으로 사령부 상황실에 있는 참모장 김기택 준장에게 지시했다. 그는 정병주 특전사령관, 김진기 헌병감 등과 함께 12·12 사건 당일 서울 연희동의 한 요정에서 있었던 저녁 식사 모임에 참석했다가 육군참모총장 공관의 총격전 발생 급보를 받고 사령부로 급히 귀대하는 길이었다. 그는 정승화 육군참모총장이 합동수사본부 수사관들에게 보안사 서빙고 분실로 강제 연행된 사실을 아직 모르는 상태였다. 그래서 자신이 부대에 도착하기 전에 병력을 총장 공관에 출동시키라고 참모장에게 거듭 지시했다. 장태완 사령관이 필동의 수경사령부(지금의 남산 한옥마을)에 도착한 것은 저녁 8시가 조금 지나서였다. 상황실에는 참모장 김기택 준장과 상황실장 김진선★

★ 김진선(1939~2014)은 육사 19기 하나회 회원으로, 12·12 후 수도방위사령관, 육

중령이 지키고 있었다.

"어떻게 돼가고 있어? 총장 공관에서 무슨 연락이 없었나?"

"아직 정확한 상황 파악이 되지 않고 있습니다. 기동타격대 병력은 10분 전에 현장으로 출동했습니다."

"30단장(장세동 대령)과 33단장(김진영 대령)은 어디에 있나?"

"무전 연락을 해도 나오지 않습니다."

숨 돌릴 겨를 없이 퍼붓는 장태완 사령관의 질문에 김기택 참모장이 긴장된 목소리로 대답했다. "이놈들 어디서 술 먹고 안 들어오는 것 아냐? 빨리 찾아!"

장태완 사령관은 이어 국방부장관에게 전화를 대라고 지시했다. 그러나 노재현 장관은 연결되지 않았다. 그는 육군총장 공관에서 총소리가 나자 몸을 피해버린 상태였다.

장태완 사령관은 수경사 지하상황실로 달려 내려가 상황보고를 받았다. 그러나 진전된 내용은 전혀 없었다. 그래서 총장 공관 일대를 철저히 확보해야겠다고 판단, 헌병 1개 소대, 전차 1대, 장갑차 1대, 사이카 2대, 앰뷸런스 1대, 2.5톤 트럭 1대로 특수 임무 부대를 편성해 총장 공관으로 급파했다. 그들에겐 "총장 소재 확인 및 구출과 현지 상황을 즉시 보고하라"는 임무가 주어졌다.

그러나 30여 분이 지나도 아무런 보고가 없었다. 장태완 사령관은 직접 현장에 나가서 알아봐야겠다고 생각했다. 그의 증언이다.

엄청난 사태가 벌어졌는데도 즉각 상황이 파악되지 않아 다급

군참모차장, 2군사령관 등을 역임했다.

하기만 했다. 우선 정승화 총장부터 구해놓고 보기로 했다. 현장 출동에 앞서 전 병력에 실탄을 지급하고, 서울 시내 주요 지점의 검문검색을 강화하라고 명령했다. 신문사 등 주요 시설에 대한 병력의 추가 배치도 지시했다. 30분 만에 다녀올 테니 아직 소집이 안 된 참모와 지휘관을 찾아 참모회의 준비를 해놓으라고 지시한 뒤 정보참모 박웅(육사 17기) 대령과 전속부관 천연우 대위를 대동하고 차를 출발시켰다. 저녁 8시 40분쯤이었다. 장충체육관 앞을 지나 막 약수동으로 넘어가는데 윤성민 참모차장이 무전으로 급하게 찾았다. 받아보니 "장태완 장군, 어디 있소? 총장 공관이 어떻게 된지나 알고 있소?"라고 물었다. "총장 공관으로 가고 있는데 자세한 상황은 잘 모르겠습니다"라고 했더니 우경윤과 권정달이가 총장을 납치해갔다는 것이었다. 나는 즉각 보안사령관 소행이라는 단정을 내렸다. 내가 "보안사 짓이요"라고 하자 윤성민 차장도 그런 것 같다며 빨리 사령부로 돌아가라고 했다.

장태완 사령관이 윤성민 참모차장과 무전 교신을 하는 사이에 차는 한남동 공관 옆 고가도로 부근에 도착했다. 그는 차를 돌리게 해서 공관 입구에 내렸다. 주변에는 여러 부대에서 출동한 병력과 민간인들이 마구 섞여 큰 혼잡을 빚고 있었다. 공관 정문 초소에서는 경비를 담당하고 있는 해병대 병력들이 외부 병력의 접근을 막기 위해 위협사격으로 M16소총을 쏘아댔다. 공관 입구 가까운 고가도로 밑에는 병력들이 납작 엎드려 대응사격 자세를 취하고 있었다.

제1부 전초전

장태완 사령관은 병력들 쪽으로 다가가 수경사령부 기동타격대의 지휘관을 찾았다.

"수경사에서는 누가 나와 있나?"

"제가 나와 있습니다."

수경사 헌병단 부단장인 신윤희 중령이 고가도로 교각 사이에서 나타나 장태완 사령관에게 경례를 붙였다.

"너! 왜 밀고 들어가지 않고 있어!"

"해병대 병력의 사격이 심해서 접근하지 못하고 있습니다."

"총장은 어떻게 되셨나?"

"잘 모르겠습니다."

"저 안에 들어간 놈들 다 때려잡아! 해병대도 저항하면 밀어버려."

장태완 사령관은 공관 경비를 담당하고 있는 해병대도 총장을 납치한 측과 한편인 줄 알고 있었다.

이때 해군 기동타격대를 이끌고 온 박종곤 해군 헌병감이 장태완 사령관 앞으로 달려왔다. 그도 공관 안에 진입을 못 하고 있었다.

"당신은 뭐야?"

"해군 헌병감입니다. 공관의 해병경비대로부터 급보를 받고 출동했습니다."

"그러면 당신들 지금 뭐하고 있어? 왜 못 들어가. 저놈들과 같은 패거리 아냐?"

박종곤 헌병감도 상황이 어떻게 돌아가는지 알 수 없었다.

이번에는 육본의 기동타격대를 끌고 온 육본 본부사령 황관영 준장이 장태완 사령관과 마주쳤다. 두 사람은 안면이 있었다. "황관영 장군, 내가 참모차장 연락 받고 바로 들어가봐야 하는데 당신이 현장에서 잘 지휘하시오."

장태완 사령관은 이어 신윤희 중령에게 "나는 돌아갈 테니 장갑차로 확 밀어붙여 저 안에 남아 있는 잔당들을 전원 제압해!"라고 재차 명령했다.

장태완 사령관은 다시 수경사령부에 돌아왔다. 30경비단장 장세동 대령과 33경비단장 김진영 대령은 여전히 모습을 나타내지 않고 있었다.

"이놈들 어디 갔어?"

"경복궁 30단에 있는 모양입니다. 그곳에는 유학성·황영시·차규헌 장군과 노태우·백운택·박준병 장군 그리고 몇몇 공수여단장들이 모여 있답니다."

김기택 참모장이 머뭇거리며 장태완 사령관에게 보고했다. 장태완 사령관은 이제야 비로소 대충 돌아가는 상황이 짐작되었고 극도로 화가 났다. 아래는 장태완의 증언이다.

경복궁에 몇몇 장군들이 모여 있다는 보고를 받는 순간 나는 살이 부르르 떨렸다. 그것은 명백한 군사반란 행위였다. 일부 장군들이 정식 지휘계통을 벗어나 불법으로 총장을 납치해간 것은 도저히 용납할 수 없는 행위였다. "좋다, 이놈들 가만두지 않겠다." 나는 30단에 전화해서 단장을 대라고 호통쳤다. 황영시 장군이 전화를 받았다. 이게 무슨 경우냐고 소리쳤더니 "장태완 장군, 이리 좀 와서 얘기합시다"라고 했다. "아니 선배님,

왜 이러십니까! 정승화 총장이 1군사령관이던 시절에 형님들이 총장으로 모시자고 하지 않았습니까? 그래놓고 이제 와서 이게 무슨 짓입니까?"라고 막 소리쳤다. 황영시 장군이 안되겠던지 유학성 장군을 바꾸어 주었다. 유학성 장군과는 평소에 술도 같이 마시고 해서 호형호제하는 사이였다. 유학성 장군이 뭐라고 설득을 해왔다. 그러나 유학성 장군의 설득을 받아들일 상황이 아니었다. 어디서 함부로 행동하느냐며 전차를 가지고 가서 밀어버리겠다고 했다. 황영시 장군이 다시 나왔다. "장태완 장군, 왜 흥분하느냐"며 달랬다. "아니, 형님, 내가 언제 총장님 모신 적이 있습니까? 형님이 나더러 정승화 장군을 총장으로 모셔야 한다고 운동하라고 하지 않았습니까? 그랬으면 형님이 잘 보필해야지 이래서야 됩니까? 지난번 인사에서도 총장님은 앞으로 큰일 할 사람이라며 형님을 1군단장에 유임시켰다고 들었어요. 얼마나 가까운 사이인데 그럽니까? 이번 사건은 없는 걸로 할 테니 총장님을 원상회복시키십시오." 그러나 내 말이 전혀 먹혀들지가 않았다. "장태완 장군, 그럴 수는 없어. 이건 박정희 대통령 시해사건 수사를 위해 불가피한 일이야." 더 이상 참을 수 없어 황영시 장군에게도 다 체포하겠다고 소리쳤다. 그가 안되겠던지 차규헌 장군을 바꾸어 준다고 했다. 차규헌 장군은 그가 수경사 사령관일 때 내가 참모장으로 모신 적이 있다. 흥분된 상태였지만 그에게 막말을 할 수는 없는 노릇이었다. 황영시 장군, 유학성 장군과는 경우가 달랐다. 그들은 내가 직접 상관으로 모신 적은 없었다. 차규헌 장군이 윤필용 씨(전 수경사령관)와 함께 하나회 후견인이라는 사실

은 이미 알려져 있었다. 통화해봐야 내 말이 전혀 먹혀들 것 같
지 않아 전화를 놓아버렸다.

육본 B2벙커로 모여든 참모들

이보다 조금 앞서 육본 B2벙커 상황실.

"우경윤이가 어떤 놈이야?"

윤성민 참모차장은 B2벙커로 뛰어들어오는 김진기 헌병감에게
물었다. 김진기 헌병감도 연희동의 한 요정에 있다가 급보를 받
고 돌아오는 길이었다. 그는 먼저 헌병감실에 들러 당직자에게서
상황보고를 들었기 때문에 웬만큼 사건의 윤곽을 잡고 있었다.

"육본 범죄수사단장입니다. 지금은 합수부에 배속되어 있습니
다."

"음, 그렇다면 보안사령관의 장난이야!"

윤성민 참모차장은 대뜸 단정을 내렸다.

그는 이미 전군에 비상령을 발령하고 1, 2, 3군과 수경사, 특전
사 등 육본 직할부대에 부대 장악 및 출동통제 지시를 내려두고
있었다.

B2벙커에는 하소곤 작전참모부장, 황의철 정보참모부장, 천주
원(육사 9기, 예비역 중장) 인사참모부장 등 주요 참모들이 비상소
집 연락을 받고 속속 모여들었다.

"총장이 유고이니 내가 지휘한다. 어떠한 일이 있더라도 내 육
성명령에 의해서만 움직여라!"

그는 총장이 없고 상황이 지극히 불투명한 상태에서 정식 작
전명령 등 문서보다는 자신의 육성으로 지휘하는 것이 임무기능

에 맞는다고 판단했다. B2벙커에 비상소집된 육군지휘부는 처음
에는 북한의 무장공비가 침투한 것이 아닌가 하고 초긴장 상태였
다. 벙커 안은 이곳저곳에 지시를 내리고 상황을 파악하는 참모
들과 상황장교들의 다급한 목소리로 가득했다. 당시 육본 작전참
모부차장이었던 김재명(육사 10기, 예비역 소장, 전 서울지하철공사
사장)의 회고다.

비상연락을 받고 벙커에 들어섰다. 벙커 안은 많은 사람들로
붐비고 있었다. 모두가 바삐 왔다갔다하거나 서성이고 있었
다. 앉아 있는 사람은 하나도 없었다. 윤성민 참모차장은 어딘
가로 전화를 걸고 있었고 그 주위에는 7, 8명의 참모들이 모여
있었다. 나는 자세한 상황을 알지 못했다. 그러나 벙커로 오기
전 한남동 총장 공관 앞을 거쳐 왔기 때문에 빨리 손을 써야 한
다는 말을 차장에게 하려 했다. 내가 공관 앞에 갔을 때는 민간
인들과 병력들이 혼재해 있었고 공관 쪽에는 산발적으로 사격
이 가해지고 있었다. 오래 끌다가는 많은 사람이 다칠 것 같았
다. 그래서 우왕좌왕하지 말고 장갑차로 밀고 들어가 빨리 수
습해야 한다고 생각했다. 그러나 윤성민 차장의 통화는 좀처럼
끝나지 않았다. 그러면 먼저 벙커 내의 상황이나 파악해두자는
생각으로 지하방들을 둘러보러 갔다. 어느 방문을 여니 육사
11기인 최성택 장군이 누군가와 얘기하다 말고 황급히 나갔다.
'뭔가 있구나'라고 생각했지만 바로 물어볼 수는 없었다.

총장을 납치해간 사람들이 권정달·우경윤 대령이라는 보고가 올

라왔을 때만 해도 육본 지휘부는 반신반의했다. 두 대령이 합수부 소속이라는 사실이 밝혀지고 이들의 배후에 전두환 보안사령관이 있다는 사실이 이내 알려졌다. 예하 부대 지휘관들의 소재를 일일이 파악하는 과정에서 몇몇 장성들이 경복궁 30경비단장실에 모여 있다는 것도 확인됐다. 육본 지휘부는 분노했다. 대통령의 재가도 없이 무장 병력을 동원, 정승화 총장을 강제 연행한 것은 용납될 수 없는 군사반란 행위라고 단정했다. 전차와 무장헬기를 동원해서라도 이들을 진압하고 정승화 총장을 원상회복시켜야 한다는 강경론이 비등했다.

윤성민 참모차장도 결연히 진압하겠다고 선언했다.

윤성민 참모차장은 우선 상대측의 병력 움직임을 체크했다. 20사단장 박준병 소장과 71방위사단장 백운택 준장이 저쪽에 가담했다면 서울 근교에 위치한 이들의 병력이 문제였다. 윤성민 차장은 이들이 경복궁에 있다는 사실을 아직 모르고 있었다. 10·26때 태릉 화랑대에 진주했던 20사단은 일부가 원 주둔지로 복귀하고 사단사령부와 1개 연대는 남한산성의 종합행정학교에, 1개 연대는 불암산 71방위사단으로 이동해 있었다.

윤성민 차장은 종합행정학교장 소준열* 소장에게 즉시 박준병소장을 체포하라고 지시했다. 정병주 특전사령관에게는 백운택준장을 체포하라고 명령했다. 윤성민 차장은 특히 특전사 병력들

★ 소준열(1931~2004)은 육사 10기로 5·18 광주민주화운동 당시 윤흥정 중장 후임으로 전교사 사령관을 지냈으며 대장으로 진급해 1군사령관을 지낸 뒤 전역했다. 그후 한국토지공사 이사장 등을 역임했다. 국회 광주청문회 때 진압군 책임자로 증언대에 섰다.

제1부 전초전

의 움직임에 신경을 썼다. 그는 육사 동기생(9기)이기도 한 정병주 사령관에게 예하 병력을 확실하게 장악하고 자중하라고 신신당부했다.

조금 후 소준열 소장으로부터 연락이 왔다. 20사단 사령부에 도저히 접근이 안 된다는 것이었다. 정병주 사령관도 지금 병력을 이동하기 어렵다고 보고해왔다. 윤성민 차장은 보다 강경한 지시를 내리기 위해 상부의 지시를 받으려 했으나 아무런 지시를 받을 수 없었다. 국방부장관은 행적이 묘연했다. 그는 이날 밤 상황이 종료될 때까지 국방부장관과 통화하지 못했다고 했다.

가까스로 신현확 총리와 통화가 됐으나 "희생 없이 지혜롭게 수습하라"는 정도였다. 그는 총리 공관에 직접 전화를 걸었다. 최광수 비서실장이 전화를 받았다. "참모총장이 없어서 그럽니다. 대통령 각하를 연결시켜 주십시오. 직접 지시를 받아야겠습니다."

"지금 각하와 통화할 수 없습니다."

최광수 비서실장은 전화를 연결해주지 않았다. 이때 삼청동 공관에서는 전두환 합수부장이 최규하 대통령에게 한 시간여 동안이나 정승화 총장 연행 조사를 허가해줄 것을 요청하고 있었다. 그러나 최규하 대통령은 국방부장관을 통해 정식 보고 절차를 밟으라며 요청을 받아들이지 않아 분위기는 험악해지고 있었다. 당시 육본의 관계자들은 육군참모총장이 연행돼버렸고, 국방부장관마저 있는 곳이 확인되지 않은 상태에서 대통령의 군 통수권 행사를 위해 윤성민 참모차장과 대통령의 통화가 반드시 필요한 상황이었다고 지적했다.

그때 최규하 대통령이 윤성민 참모차장과 통화를 해 적절한 조치를 취했더라면 12·12의 상황은 크게 달라졌을 것이다. 이 점에서 최광수 비서실장이 윤성민 참모차장의 전화를 대통령에게 연결시키지 못했던 것에 대해 아쉬움을 표시하는 사람들이 많다.

다시 수경사령부 상황실.

경복궁 측과 한바탕 통화 전쟁을 치른 장태완 사령관은 이제 말로는 안 되겠다고 생각했다. 수도권의 26사단과 수도기계화사단장에게 전화했다. 이들 사단은 20사단과 함께 수도권에 변란이 발생했을 경우 수경사령관이 전투 병력을 배속받아 직접 지휘하도록 되어 있는 충정부대*였다. 정식 지휘명령계통을 따르는 육본의 지휘부는 병력 동원 준비를 착착 진행시켜가고 있었다.

합수부 측도 이에 대응, 병력 동원을 서둘렀다. 사태는 수도 서울을 불바다로 만들 대규모 충돌 위기로 치닫고 있었다.

★ 충정부대란 대규모 시위나 쿠데타 등 국가변란 진압작전에 투입될 수 있는 부대로 수경사·특전사 병력 및 수도권 주변 4~5개 사단이 여기에 해당된다. 12·12 당시 충정부대는 수경사와 특전사, 수도기계화사단, 26사단, 20사단, 30사단, 33사단 등이었다. 수경사령관은 유사시 이들 부대를 배속받아 작전지휘를 하게 된다.

10   전두환, 대통령 공관을 봉쇄하다

최규하 대통령을 압박한 전두환

최규하 대통령은 전두환 합동수사본부장을 총리 공관 1층 접견실에서 맞았다.

"중요한 보고가 있다던데 무슨 일이죠?"

최규하 대통령은 부동자세로 거수경례를 하는 전두환 합수부장에게 앉으라고 권한 뒤 물었다. 12월 6일 통일주체국민회의 대의원 선거에서 제11대 대통령으로 당선된 그는 13일 청와대에 정식 입주할 예정이었고, 12·12 당일인 이날은 아직 총리 공관에 머무르고 있었다.

"예, 각하! 박정희 대통령 시해사건 수사에 관한 사항입니다. 김재규를 조사하는 과정에서 정승화 총장이 깊이 관련되어 있는 사실이 새로 드러났습니다. 시해사건 수사 종결을 위해서는 정승화 총장에 대한 조사가 불가피합니다."

전두환은 굳은 표정으로 시해사건과 관련한 정승화 총장의 혐의 사실과 정승화 총장의 연행 조사 필요성에 대해서 한참 동안 보고했다. 보고가 계속되는 동안 최규하 대통령의 표정도 딱딱하게 굳어졌다. 그는 묵묵히 보고를 다 듣고 나서 입을 열었다.

"그러한 사항이라면 전두환 합수부장이 보고할 사항이 아닌 것 같소. 국방부장관을 통해서 정식 보고 절차를 밟는 것이 좋겠소."

"각하, 이번 건은 사정이 다릅니다. 박정희 대통령 때에도 수사기관의 장이 보고하면 그대로 하셨습니다. 윤필용 장군이나 박임항 장군의 경우가 바로 그런….".★

"계엄 시에 계엄사령관이 매우 막중한 자리라는 것을 잘 알고 있지 않소. 계엄사령관은 국무회의 의결을 거쳐서 임명된 만큼 그의 신변 변동에 관한 일은 국방부장관의 의견을 들어보지 않을 수 없소."

"시해사건을 수사하는 데 국방부장관의 의견을 꼭 들으실 필요는 없습니다. 나중에 보고만 드리면 됩니다. 각하! 각하의 정치적 결단이 필요합니다."

최규하 대통령은 말을 많이 하는 스타일이 아니었다. 전두환 합수부장의 집요한 설득에도 그는 국방부장관을 통한 정식 보고가 필요하다는 입장을 고수했다. 정상적인 절차를 따른다면 합수

★ 윤필용 장군은 수경사령관으로 재직하던 1973년 3월 쿠데타 음모사건으로 보안사령부(사령관 강창성)에 의해 조사를 받고 구속되었다. 이때 처음으로 군 내 비밀결사인 하나회 조직이 드러나 상당수가 강제 전역 조치됐다. 박임항 장군은 1963년 3월 11일 중앙정보부가 발표한 반혁명에 연루됐다. 이 사건으로 함께 체포된 장성들은 김동하, 박창암, 이규광 등 군 내부 함경도 인맥으로 5·16 군사쿠데타에 참여했지만 혁명공약 중의 하나인 병영 원대 복귀 문제로 박정희 세력과 갈등을 빚다 반혁명 혐의로 제거됐다. 앞서 1961년 7월에는 장도영 장군 등 군 내 평안도 인맥 44명도 반혁명 쿠데타 혐의로 숙청됐다. 이 두 건의 반혁명 사건으로 군 내 평안도와 함경도 등 이북 출신 인맥이 제거되고 군 내 중심 세력이 영남 세력으로 재편되기 시작했다. 전두환·노태우 등 정규 육사 기수들 가운데 영남 출신 중심의 비밀결사인 하나회가 결성된 것도 이즈음이다.

부장은 이 문제를 먼저 국방부장관에게 보고하고, 국방부장관은 이 보고 내용에 대한 자체 판단을 거쳐 대통령에게 다시 보고를 해야 할 일이었다. 대통령이라 해서 마음대로 결정할 수 있는 것도 아니었다. 대통령이 중요한 결정을 내릴 때는 반드시 국무위원의 의견을 듣도록 되어 있기 때문이다.

불과 며칠 전에 대통령으로 당선된 최규하 대통령은 이러한 절차를 중시하지 않을 수 없었을 것이다. 더구나 그는 군 내부 사정을 잘 파악하고 있는 상태가 아니어서 군과 관련된 중요한 결정 사항에 대해 국방부장관의 조언을 듣지 않고서는 판단을 내리기 힘든 입장이었다. 계엄하에서 국가안보의 최고 책임자라고 할 수 있는 계엄사령관의 신변 변동에 관한 사항이라면 더욱 그러했다.

한 시간 이상 계속된 두 사람의 대화는 평행선이었다. 전두환 합수부장은 초조해지기 시작했다. 그가 보안사 대공처장 겸 합수부 수사국장 이학봉 중령과 함께 총리 공관에 도착한 것은 6시 30분쯤이었다.

그는 보안사령부를 출발하기에 앞서 허삼수·우경윤 두 대령에게 정승화 총장의 연행을 지시해놓고 있었다. 시간상으로 봐서 그들은 이미 정승화 총장을 연행했을 시간이었다. 대통령의 재가를 받지 못한 상태에서 총장을 연행했다면 절차상 문제가 될 뿐 아니라 군의 정식 지휘계통에서 강력한 반발을 하고 나설 경우 심각한 사태가 벌어질 것은 불을 보듯 뻔했다.

다급해진 전두환 본부장은 거듭 대통령의 결심을 요청했으나 최규하 대통령은 전혀 물러날 기세가 아니었다. 이때 한 비서관이 들어와 전두환 합수부장에게 보안사령부에서 급한 전화가 와

아직 총리 공관에 머물고 있던 최규하 대통령은 전두환 합수부장이 정승화 총장 연행 조사 허락을 강력히 요청했으나 국방부장관을 통해 정식 절차를 밟으라며 응하지 않았다. 그사이 서울 수도권의 군부대는 숨 가쁜 대치 상황에 놓였다. 사진은 최 대통령이 1980년 4월 전두환 보안사령관에게 중앙정보부장서리 임명장을 수여하는 장면이다.

있다는 쪽지를 건넸다. 저녁 7시 50분쯤이었다. 전두환 합수부장이 급히 나와 전화를 받았다. 허화평 비서실장이었다. 육군참모총장 공관에서 총격전이 벌어졌으며, 총장 연행은 성공했으나 우경윤 대령이 중상을 입었다는 보고였다. 전두환 합부장은 예기치 않은 사태 진전에 얼굴색이 싹 변했다. 그는 다시 접견실로 들어갔다.

이보다 조금 앞서 총리 공관을 경비 중인 헌병 병력은 이미 비상 상태에 들어가 있었다. 한남동 총장 공관에서 총격전이 벌어지고 있다는 사실은 벌써 경찰 계통에서 총리 공관으로 보고가 되었었다. 곧이어 육본 헌병감실에서도 경비전화로 총리 공관 특별경호대 대장인 구정길 중령에게 총장 공관 상황을 알려왔다.

당시 총리 공관은 육본 헌병감실에서 파견된 특별경호대가 경비를 맡고 있었다. 계엄 당국은 10·26 직후 최규하 국무총리가 대통령권한대행을 맡게 되자 기존 경찰 경비 병력 외에 헌병 20명으로 특별경호대를 편성, 총리 공관에 상주시켰다.

경호대장에는 1사단 헌병대장으로 있던 구정길 중령이 임명됐다. 그는 사실상 최규하 대통령권한대행의 경호실장 역할을 담당했다. 청와대 경호실은 10·26 후 그때까지 거의 기능을 하지 못하고 있었다.

비상이 걸린 직후 구정길 중령은 김진기 헌병감의 전화를 받았다. 김진기 헌병감은 막 연희동 요정에서 헌병감실로 돌아와 있었다.

"총장 공관에서 총장이 납치됐다는데 알고 있나?"

"예, 알고 있습니다. 여기도 비상이 걸렸습니다."

"보안사령관이 그쪽에 갔다는데."

"예, 대통령에게 보고 중입니다. 내용은 잘 모르지만 들어간 지 한 시간이 넘었습니다."

"그래? 근무 잘하고 무슨 일이 있으면 즉시 보고해."

10여 분 후에 다시 김진기 헌병감으로부터 구정길 중령에게 전화가 걸려왔다. 총장 연행은 육군 지휘계통을 벗어난 불법행위라는 것을 최광수 비서실장에게 알리라는 것이었다. 구정길 중령은 즉시 공관 안으로 달려 들어가 김진기 헌병감의 뜻을 최광수 비서실장에게 전했다.

김진기 헌병감은 최규하 대통령이 전 합수부장의 보고를 받고 정승화 총장 연행을 승인하지나 않을까 걱정이 됐었다.

또 다시 구정길 중령에게 김진기 헌병감의 전화가 왔다.

"최광수 실장에게 전했나?"

"예, 방금 알렸습니다."

"구정길 중령, 내가 지시하는 대로 하겠나?"

"예, 지시만 내려주십시오."

"전두환 보안사령관을 검거할 수 있겠나?"

"지금은 가능합니다."

김진기 헌병감은 다시 연락해주겠다며 전화를 끊었다. 그러나 전화는 다시 오지 않았다. 그사이 전두환 합수부장은 공관을 나와 서둘러 돌아갔다.

육본 지휘부의 뒤늦은 상황 판단

당시 육본에서는 아직 정확한 상황 파악을 못하고 있었다. 이때 육본 지휘부의 상황 판단이 조금만 더 빨랐더라면 총리 공관에서 전두환 합수부장 검거가 가능했을지도 모른다. 그렇게 됐으면 우리의 현대사 모습은 판이하게 달라졌을 것이다. 물론 그 당시 총리 공관 경호대에 전두환 검거 지시가 내려갔더라도 쉽게 검거하기는 어려웠을 것이다. 경복궁에 모인 합수부 측 장성들은 청와대 경호실 작전담당관인 고명승★ 대령에게 총리 공관에 대한 적절한 조치를 취해놓으라고 지시해놓은 상태였기 때문이다.

고명승의 증언을 들어보자.

> 전두환 합수부장이 총리 공관을 향해 떠난 직후였다. 30경비단장 장세동 대령으로부터 전화가 왔다. "방금 전두환 합수부장이 총리 공관으로 들어갔으니 적절한 조치가 필요하다"는 내용이었다. 즉시 무장을 하고 총리 공관으로 달려가 보니 공관 경비가 삼엄했다. 다시 장세동 대령과 전화로 상의한 다음 청와대 경호실에 무전으로 연락했다. 101경비단 단장 최영덕 총경과 제55경비대대 부대대장 권중원 소령에게 총리 공관 경호 강화가 필요하니 즉시 병력을 출동시키라고 지시했다. 이들은 곧 각각 1개 소대씩의 병력을 이끌고 달려왔다. 나는 이 병력을 은밀히 총리 공관 외곽에 배치하고 총리 공관 내외의 동태 파악에 신경을 곤두세웠다. 총리 공관 경비 병력은 아직 이쪽 움직임을 눈치 채지 못하고 있는 것 같았다. 당시 나의 임무는 첫

★ 고명승(1935~)은 육사 15기로 하나회 회원이다. 수경사령관, 보안사령관, 3군사령관을 역임했다.

째 만일의 상황에 대비, 공관 안에 계신 대통령을 안전하게 모
시는 것이었고, 둘째 전두환 합수부장의 신변을 보호하는 것이
었다.

총리 공관은 고명승 대령이 지휘하는 병력에 의해서 원격 포위되
어 있었다. 이러한 상황에서 전두환 합수부장이 총리 공관 특별
경호대에 검거됐더라면 고명승 대령이 지휘하는 청와대 경호실
병력과 총리 공관 경호 병력 사이에 총격전이 벌어지기 십상이었
고, 사태는 어떻게 전개됐을지 모를 일이다.

이날 총리 공관에는 최광수 비서실장과 정동열 의전수석, 서기
원 공보수석, 신두순 비서관 등이 남아 있었다. 신두순은 "그날
늦게까지 남아 있었던 것은 다음 날(13일) 있을 최규하 대통령의
청와대 이사 준비 때문이었다"고 말했다. 이들은 다음 날 새벽까
지 이곳에 머무르면서 역사의 중요한 현장을 지켜본 몇 안 되는
증인이 되었다.

전두환 합수부장이 경복궁 30경비단장실로 돌아온 것은 저녁
8시 40분쯤이었다. 이곳에서는 유학성·차규헌·황영시 중장과 노
태우·박준병 소장, 백운택·박희도·최세창·장기오 준장 등이 그
가 돌아오기를 학수고대하고 있었다. 모두가 전두환 합수부장을
둘러싸고 그의 말을 기다렸다.

"각하께서 재가를 보류하고 계십니다. 국방부장관과 같이 오라
고 하시는데 장관님의 행방이 묘연합니다."

이야기하는 전두환의 얼굴이 하얗게 질려 있었다고 당시 이곳
에 있었던 한 예비역 장성은 회고했다.

무거운 침묵이 흘렀다. 잠시 후 즉석 대책회의가 열렸다. 71방위사단장 백운택 준장이 먼저 말문을 열었다.

"어쩌면 유혈사태가 일어날지도 모르겠습니다. 여기 계시는 지휘관들은 모두 행동 통일을 해야겠습니다."

"문제는 대통령의 재가가 아닌가?"

1군단장 황영시 중장이 말을 받았다.

"각하께서는 이 보고를 저 혼자만의 의견인 줄로 오해하고 계시는 것 같습니다."

"그러면 전두환 합수부장만의 의견이 아니라는 것을 우리 모두 가서 말씀드리는 것이 어떻겠는가?"

전두환의 말에 황영시 중장이 이렇게 제의했다. 대통령에게 집단으로 가서 건의하자는 것이었다. 이것은 쉬운 일이 아니었다. 군 최고통수권자인 대통령에 대한 집단행동이 될 수 있고 나중에 중대한 책임이 따를 수도 있는 문제였기 때문이었다. 그러나 사태는 이미 걷잡을 수 없이 확대되고 있었다. 장태완 수경사령관은 전화로 정승화 총장의 원상회복을 강력히 요구해왔다.

불응하면 무력으로 진압하겠다는 강경한 의사를 이미 통보한 상태였다. 육본 측에서는 병력 동원을 준비하고 있다는 보고도 들어와 있었다.

유학성·차규헌·황영시 중장을 필두로 백운택 준장과 박희도 준장이 자리에서 일어섰다. 전두환 본부장은 노태우 소장에게는 "여기 남아서 상황파악을 하는 게 좋겠어"라고 부탁하고 이들 5명의 장군들과 함께 다시 삼청동 총리 공관으로 향했다. 노태우 소장과 박준병 소장은 30경비단장실에 그대로 남았다.

외부세계와 차단된 총리 공관

이보다 조금 앞선 시각, 총리 공관 정문 경비실.

상황이 긴박하게 돌아간다는 것을 감지한 고명승 대령은 비상 조치를 취해야겠다고 생각했다. 그때는 시내에 나가 있던 청와대 경호실장 직무대리 정동호[*] 준장도 비상이 걸렸다는 소식을 듣고 고명승 대령과 통화한 뒤 총리 공관 앞으로 달려와 있었다.

그는 사복 차림이었다. 고명승 대령은 정문 경비헌병에게 총리 공관 특별경호대장 구정길 중령을 불러 달라고 했다. 비서실에 들어가 있던 구정길 중령이 밖으로 나왔다.

고명승 대령은 구정길 중령과 안면이 조금 있었으나 정동호 준장과 구정길 중령은 초면이었다. 정동호 준장이 먼저 말을 건넸다.

"경호실의 정동호 장군이다. 보안사령관이 보내서 왔다."

"경호대장으로 파견나온 구정길 중령입니다."

"보안사령관의 지시인데 지금부터 공관 경비 및 경비업무 일체를 우리에게 넘겨줘야겠다."

"저는 계엄사령관의 지시를 받고 왔습니다. 계엄사령부에서 저에게 업무변경 지시를 하면 바로 이행하겠습니다. 그러기 전에는 안 됩니다."

"대통령의 경호를 경호실에서 맡겠다는데 뭐가 안 된다는 거야! 더구나 비상령이 내려져 있는 상황에서 대통령 숙소에 경호

★ 정동호(1935~2009)는 육사 13기로 하나회 회원이다. 전두환 정권에서 청와대 경호실장을 1980년 8월에서 81년 7월까지 지낸 뒤 장세동에게 물려주고 군에 복귀하여 5군단장, 육군참모차장을 역임했다. 노태우 정부 시절 14대 국회의원(경남 의령·함안)을 지냈다. 12·12 군사반란 가담에 대해서는 처벌을 면했다.

제1부 전초전

실 병력이 배치되는 것은 당연하지 않은가?"

구정길 중령의 강경한 태도에 고명승 대령이 거들고 나섰다.

"절대로 그렇게 할 수 없습니다."

구정길 중령의 말이 채 끝나기도 전에 정동호 준장과 고명승 대령 주위에 서 있던 청와대 경호실 병력이 권총으로 위협해 구정길 중령을 경비초소 숙직실 안으로 밀어넣고 무장을 해제해버렸다. 초소 안에 있던 헌병 2명과 경찰 2명도 순식간에 무장해제됐다. 정문 초소 경비는 물론 공관 내부 6곳에 2명씩 배치되어 있던 특별경호대 소속 경비헌병들도 모두 고명승 대령이 이끌고 온 청와대 경호실 병력들로 대체됐다. 총리 공관의 내외곽 경비가 완전히 합수부 측 지휘를 받는 병력들에게 장악된 것이다.

총리 공관은 이때부터 사실상 외부세계와 차단됐다.

이보다 조금 앞서 신현확 총리가 공관 안에 들어와 있었다. 그는 다음 날 발표할 조각 내용을 최규하 대통령과 최종 협의하기 위해 이곳에 온 것이었다. 그가 들어올 때만 해도 아직 공관 경비를 원래 경호 병력이 맡고 있었기 때문에 입구에서 아무런 제지도 받지 않았다. 전두환 합수부장을 위시한 6명의 장성이 2대의 승용차에 분승, 총리 공관에 도착했다. 정동호 준장이 이들을 안으로 안내했다. 숨 막히는 긴장이 총리 공관을 감쌌다.

제2부
12월 12일 밤,
그날의 기록

11   3군사령부의 병력 장악 비상

12월 12일 저녁 7시, 경기 용인 계엄간담회

12월 12일 저녁 7시, 경기 용인의 3군사령부. 당시 경기 지역 계엄분소장이기도 한 이건영 3군사령관이 손재식★ 경기지사 등 경기도 행정기관장 및 지역 유지들을 사령관 공관으로 초청, 계엄간담회를 겸한 저녁 식사를 하고 있었다. 10·26 직후 계엄이 실시된 이래 행정기관에서는 사소한 사항에 대해서도 계엄분소장의 의견을 구하는 등 군부대의 눈치를 살폈다. 당시 정승화 계엄사령관은 계엄의 중점을 치안유지에 두고 군이 정치나 행정에 되도록이면 깊이 관여하지 말아야 한다는 방침을 천명해놓고 있었다. 그래서 이건영 사령관은 지역 기관장들에게 계엄의 성격을 설명하고 소신껏 업무에 임할 것을 당부하기 위해 이날 계엄간담회를 열었던 것이다.

"계엄 당국은 갑작스런 국가원수의 유고로 인한 혼란을 막고 나라가 안정을 되찾을 때까지 질서와 치안유지를 위해 최소한의 조치만을 할 뿐입니다. 행정기관을 맡고 있는 여러분들께서는 일

★ 손재식(1934~)은 제16대 경기도지사, 부산직할시장, 국토통일원 장관 등을 역임했다.

일이 계엄 당국에 상의하거나 눈치를 볼 필요 없이 법규와 관례에 따라 소신껏 업무처리를 하시기 바랍니다."

이건영 사령관의 당부에 이어 곧 식사가 시작됐다. 메뉴는 중국식이었다. 참석자들은 시국에 관한 의견을 나누면서 순서대로 나오는 음식을 들었다. 식사가 시작된 지 한 시간쯤 지난 저녁 8시 15분쯤 국수가 나오고 식사가 거의 끝나갈 무렵이었다. 이건영 사령관에게 윤성민 참모차장으로부터 급한 전화가 걸려왔다. 이건영은 다음과 같이 회고했다.

> 참모차장의 급한 전화라며 부관이 나에게 전화를 바꿔주었다. 전화를 받았더니 참모차장 부관이 "차장님이 지금 장관과 통화중"이라며 잠깐만 기다리라고 했다. 잠시 기다리는 동안 참모차장 부관이 총장 공관에서 발생한 상황에 대해 설명을 해주었다. 권정달·우경윤 대령이라고 신분을 밝힌 자들이 총장 공관에 들어와 총장을 납치해갔으며 그 과정에서 총격전이 벌어졌고 서울 일원에 '진도개 하나' 비상령이 내려져 있다는 것이다. 큰일 났다 싶었다. 이어 윤성민 참모차장과 통화했는데 "아직 어떤 집단의 소행인지 정확히 파악이 안 된다"면서 병력 장악과 경계를 철저히 해달라고 했다. 나는 "지금 곧 사령부로 들어가 조치를 취할 테니 상황이 정확히 파악되는 대로 알려달라"고 하고 전화를 끊었다.

이날 계엄간담회는 3군사령부 측에서 이건영 사령관 외에 참모장 신재성(종합 2기) 소장과 헌병대장 조명기(육사 13기, 준장 예편) 대령 그리고 민사참모가 참석했다. 이건영 사령관은 신재성 참모장에게 즉시 부대로 들어가 참모 비상소집 및 지휘관 정위치 조치를 취하라고 지시했다. 조명기 대령에게는 "3군 관할 하 서울 외곽도로의 전 검문소에 검문검색을 강화하고 총장의 행방을 확인토록 조치하라"고 지시했다. 이어 서둘러 계엄 간담회 참석자들을 보내고 사령부 상황실로 들어갔다. 밤 9시가 조금 못된 시각이었다. 상황실에는 작전참모 한철수* 준장, 기획참모 민태구** 준장 등 참모들이 비상소집 연락을 받고 나와 있었다. 상황계통을 통해 9시부로 3군사령부에도 진도개 하나 비상령이 하달되어왔다.

3군사령부는 서울에서 가장 근접한 야전군으로 예하 부대들이 수도권 근접거리에 배치되어 있어 수도 방위에 중대한 위치를 차지하고 있다. 특히 쿠데타 등 수도권에서 발생하는 중대 변란에 투입될 수 있는 4개 충정부대를 보유하고 있어 정치적으로도 매우 민감한 영향을 타는 야전군이기도 했다.

따라서 12·12 밤 상황에서 3군사령부의 움직임은 대세 향방의 관건이 될 수밖에 없었다. 이건영 사령관은 신재성 참모장으로부터 그동안의 상황과 진도개 발령 등에 대한 보고를 받은 뒤 즉시 예하 부대 지휘관 위치 확인에 나섰다. 그는 참모들과 함께 연대 단위까지 일일이 전화를 걸어 지휘관의 정위치 여부 및 부대동향

★ 한철수(1934~)는 육사 12기로 한미연합사부사령관(대장)을 지내고 예편했으며, 주대만대사·주브라질대사를 역임했다.
★★ 민태구(1934~2011)는 육사 13기로 소장으로 예편했으며, 충북지사, 14대 국회의원(민자당 의원)을 역임했다.

을 체크했다.

1군단장 황영시 중장과 수도군단장 차규헌 중장, 9사단장 노태우 소장, 그리고 육본 계엄군 중앙기동예비부대로 서울 근교에 주둔하고 있던 20사단의 박준병 사단장의 위치가 파악되지 않았다. 이건영 사령관은 예감이 좋지 않았다. 그는 예하 부대 지휘관들에게 병력 장악을 확실히 하고 자신의 육성명령에 의하지 않고는 절대로 부대를 움직이지 말라고 다짐을 주었다. 그때 윤성민 참모차장에게서 다시 전화가 왔다. 다음은 두 사람 간 통화 내용이다.

(**윤성민 참모차장**) "사태를 좀 파악했습니까?"

(**이건영 사령관**) "난 아직 내용을 잘 모르겠는데…. 지금 30사단에도 확인해봤는데 우리 부대가 동원된 것은 하나도 없어요. 그런데 20사단장은 전화가 안 되고 1군단장이 자리에 없어요."

"지금 1군단장하고 차규헌 장군하고 유학성 장군이 30단에 가 있다고 합니다."

"차규헌·유학성·황영시 셋이 30단에 가 있다고요?"

"예, 그래서 절대 여러 가지 충돌이 있으면 곤란하니까 3군사령관이 20사단장 등에게 육성명령 아니면 움직여서는 안 된다고 각별히 일러놓으세요."

"20사단장은 보안사령관에게 갔다는데."

"그래서 빨리 조치를 내려야 하겠습니다."

"지금 30사단장에게는 이야기를 해놨고. 그런데 30단 거기 누구누구가 있어요? 그 세 사람 외에 딴 사람 누가 또 가 있어요?"

"없습니다."

"총장님이나 장관님은 다 안전한 겁니까?"

"예, 아직은 다 안전한 것 같습니다."

"장관님은 자유로우신가요?"

"자유롭지는 않은 것 같은데 잘 모르겠습니다. 하여튼 병력 통제를 잘 해서 유혈충돌이 없도록 해야겠습니다."

"거기 합참의장(김종환 대장)이나 유병현 대장 모두 와 계십니까?"

"여기 안 계십니다. 전화만 통하고 있습니다. 병력 장악 확실히 하고 전방경계를 강화해야 될 것 같습니다."

"알았습니다."

이건영 사령관은 윤성민 참모차장과의 전화를 끊은 뒤 예하 부대에 부대 장악 및 무단 병력 이동 금지를 재차 강조하기 위해 지휘관들을 전화로 불렀다. 30사단장(박희모 소장, 갑종★ 9기), 20사단 참모장(노충현 대령), 33사단장, 1군단 참모장(정진태 준장·육사 13기), 5군단장(최영구 중장·육사 7기), 6군단장(강영식 중장·육사 10기), 수도군단 참모장 등을 차례로 불러내 상황을 설명해주고 철저히 단속을 했다. 이건영 사령관이 이날 밤 사령관실 전화로 통화한 내용은 보안사에 의해서 철저히 감청, 녹음되고 있었다. 이

★ 갑종은 대한민국 육군 초창기의 장교 양성제도 중 하나다. 1949년 9월 창설된 보병학교가 1950년 1월부터 6개월 과정으로 지원자를 받아들여 초급장교를 양성, 배출하기 시작했다. 정식 명칭은 갑종간부후보생이며 보통 갑종장교, 줄여서 갑종이라고 부른다.

12·12 사건 당일 저녁 합수부 측이 정승화 총장을 강제 연행하던 시각 경기
용인의 3군사령부 공관에서는 경기도 계엄분소장인 이건영 3군사령관이
주재하는 계엄간담회가 열리고 있었다. 이 사령관은 저녁 8시 20분쯤
육군본부로부터 긴급 연락을 받고 병력 출동 준비에 들어갔다. 사진은
정승화 총장이 10·26 직후 이건영 3군사령관 등 군 지휘관들과 동작동
국립현충원을 참배하는 장면이다.

건영은 이런 사실을 뒤에 알게 됐다고 한다. 위의 통화 내용은 이 감청 녹음 녹취록 중 일부다.

12월 12일 저녁 9시, 필동 수경사령부의 대응

같은 시각, 서울 필동 수경사령부. 장태완 사령관은 경복궁에 모여 있는 유학성·황영시 장군과 전화로 한바탕 '전쟁'을 치른 뒤 무력으로 강제 진압하는 방법밖에 없다고 판단하고 병력과 화력 확보를 위해 정신없이 움직이고 있었다. 그는 작전참모 박동원 대령에게 수경사 예하 전차대대와 야포단 병력을 사령부로 집결시킬 것을 지시했다. 박동원 대령은 즉시 전차대대장 차기준(육사 21기) 중령에게 장태완 사령관의 전차 집결 지시를 하달했다. 수경사령부 예하 전차대대는 30, 33경비단에 각각 1개 중대가 배속되어 있었고 대대본부 보유 3대는 필동사령부 내에 있었다. 원래 수경사 전차대대는 3개 중대와 대대본부로 구성되어 있는데 1개 중대는 예비중대로만 편성되어 실제 전차가 없었다. 유신 말기 차지철 경호실장은 이 나머지 중대도 정식 편성하려고 했으나 정승화 총장의 반대에 부딪혀 뜻을 이루지 못하고 있다가 10·26을 맞았다고 한다.

이 중 30단에 배속된 1개 중대는 이미 경복궁 측으로 완전히 넘어가버린 상황이었다. 차기준 중령은 33단 배속 전차중대장을 무전으로 불러 사령부로 중대를 집결시키라고 지시했다. 이 전차중대 보유 전차 10여대는 차기준 중령의 지시에 따라 필동 수경사령부로 오는 도중 광화문 네거리에서 33단장 김진영 대령의 제지를 받고 부대로 돌아가버린다.

박동원 대령은 이어 김포에 주둔 중인 야포단 단장 구명회(포병 간부후보생 57기) 대령에게도 전화로 출동명령을 내렸다. 이 야포 단은 10·26 사건 다섯 달 전인 1979년 6월 1일 당시 차지철 청와 대 경호실장의 주도로 창설된 부대였다. 수경사 야포단 창설 과 정에서 차지철 실장과 육본 간에 그 필요성 여부를 둘러싸고 논 란이 심했지만 차지철 실장은 결국 자신의 주장을 관철시켰다. 이 야포단은 105mm, 155mm 등의 6개 야포대와 수송차량을 갖 췄고, 병력도 1,500명에 가까운 대부대였다. 구명회 대령은 곧 본 부 행정병과 경계 병력만 남기고 모든 병력과 포를 출동 준비시 켰다. 그러나 이날 밤 야포단의 출동은 결국 이루어지지 못했다. 한강교가 모두 차단된 데다가 행주대교는 1공수여단 병력이 통과 후 경계 병력을 남겨 장악하고 있어서 출동을 포기했던 것이다.

장태완 사령관은 병력 동원을 독려하는 한편 예하 부대에 지휘 계통을 이탈, 반란군에 가담한 30단장 장세동 대령과 33단장 김 진영 대령을 보는 즉시 사살하라는 명령을 내렸다. 그는 노재현 장관과 통화를 계속 시도하였으나 노재현 장관의 행방은 묘연하 기만 했다. 유병현 연합사 부사령관, 김용휴 국방부차관과는 통 화가 됐다. 김용휴 차관은 "병력을 동원해 경복궁에 모인 반란 장 성들을 모조리 체포하겠다"는 장태완 사령관의 보고를 받고 "장 장군 파이팅"을 외치며 격려를 했다고 한다.

굉장히 불순한 장난
밤 10시쯤에는 정병주 특전사령관과 통화해 수도권 공수여단 장 악을 확실히 해달라고 협조를 구했다. 그는 경복궁 반란 진영이 수도 외곽에서 병력을 불러들이지 않으면 수경사 자체 병력만으로도 진압작전이 가능하다고 보았다.

문제는 3군 예하의 야전부대였다. 그는 이 병력들이 서울로 들어오지 못하게 조치를 해달라고 부탁하기 위해 이건영 3군사령관에게 전화를 걸었다. 밤 10시 16분쯤이었다. 다음은 두 사람의 통화 내용, 즉 보안사 감청 녹음테이프 녹취록 중 관련 부분이다.

(장태완 사령관) "장태완입니다. 소식 들었지요."
(이건영 사령관) "그래, 자세한 내용을 좀 이야기 해보게."
"제가 오늘밤 전두환 보안사령관이 저녁을 낸다기에 갔습니다. 18시 30분에 안내된 곳이 연희동 어디 서울 중심가에서 굉장히 멀리 떨어진 데라요. 간판도 없는 민간집 비슷한데, 가보니까 전두환 장군은 '육군본부에 들렀다가 그 다음에는 청와대 들렀다' 그러면서 안 와서 저희들끼리 거기서 한 시간 반 정도 8시 가까이 술을 먹자니까… 술을 막 시작했지요."
"장 장군하고 누구누구하고?"
"정병주하고 헌병감(김진기 준장)하고요."
"그래서."
"그러니까 헌병감이 들어오더니 총장님이 피습당한 것 같다…."
"총장이 뭐라고?"
"총장이 피습된 것 같다…. 이렇게 돼가지고 제가 확 나가서 총장님 공관에 전화를 걸으니까 공관의 경호대장 김인선 대위가 나오더니 '지금 빨리 앰불런스를 좀 보내주고… 총장님이 피습

164

당했습니다…' 이렇게 경황없이 이야기를 해요. 알았다 그러면서 제가 전화를 딱 끊고 바로 거기서 차를 몰고 부대에 들어오면서 바로 부대 출동태세를 갖춰놓고 병력을 우선 총장 공관으로 급파시켰지요. 그리고 앰뷸런스를 보내고 동시에 빨리 총장님을 구출하도록 하고 대략 상황을 보니 파악이 안돼요. 그래서 우선 총장님부터 구하여 놓고 보자고 공관으로 갔더니 해병대 애들하고 우리(육본) 헌병들이 들어가 있는데 우리 헌병 들어간 놈들이 총장님을 피습한 건지 원래부터 경비를 담당하고 있는 해병대가 총장을 피습한 건지 그건 모르겠는데… 아무튼 해병대가 우리 헌병을 그 안에 한 50명 있는 것을 딱 포위해 가지고 마이크로버스에서 안 내보내고 있어요."

"우리 헌병이?"

"못 나오고 있어요."

"해병 헌병 때문에?"

"해병 헌병이요. 육군총장 공관에서 총소리가 났기 때문에 자기네는 무조건 안 내보낸다 이거죠. 그래 마침 해군 헌병감이 오고 이러는데… 30단에 유학성 장군이 와 있다… 저를 자꾸 찾는다, 이래서 예감이 이상해서 말입니다. 제가 빨리 상황실에 들어왔습니다. 들어와가지고 30단에, 청와대 앞에 있는 우리 30단에 유학성 장군이 있다 해서 전화를 바꾸니까 아마 오래된 것처럼… 한 시간도 전에 와 있었던 모양이죠. '왜 유 장군님 남의 부대에 와서 이럽니까?' 제가 예감이 이상해서 물으니까 '에이 장 장군, 그 알면서 왜 그래 이리 와…', '이리 오기는 어딜 와 당신이 왜 그래요? 왜 남의 부대에 한밤중에 와서 무

슨 지랄하고 있어? 쏴 죽인다…' 이렇게 했더니 황영시 장군한
테 전화를 바꿔요. 황영시 장군이 있다가 '장태완 너 왜 그래,
알 만한 사람이 나하고 다 통할 수 있는 처지인데 왜 그래? 너
이리와…', '아니 왜 이러십니까? 왜 그 우리 좋은 총장님을 어
쩌자고 납치해가고 왜 이래요? 정말 그러면 내 죽어…' 했더니
'차규헌이도 와 있고 다 왔는데 마 이리 와…', '무슨… 혼자 다
해먹어! 난 죽기로 결심한 놈이야…' 이렇게 됐습니다. 지금 출
동 준비를 갖추고 있는 중인데 말입니다."

"응, 그러면 말이야."

"보니깐 조그만 이놈아들이 장난하는 것 같습니다. 그런데 제
가 전화를 올리는 것은 총장님은 납치돼가지고 생명에는 지장
이 없다고 그러는데 참모차장하고 모두 저짝에서 전화가 오기
를 기다리면서 어떻게 되느냐… 어떻게 되긴 나는 30단이고 다
쏴 죽인다 했더니… 하여튼 3군사령관님하고 상의를 해주십시
오. 서울 내부는 내가 하겠습니다. 이렇게 정병주 장군한테 제
가 전화를 걸었습니다. '아까 그 우리가 같이 왔는데 임마들이
장난하는 건데… 당신하고 나하고 꾀임에 빠진 것 같은데… 이
놈들 다 죽이자…' 이렇게 돼 있습니다."

"정병주 장군은 자기 부대에 돌아가 있나?"

"자기 부대 다 장악하고 있어요."

"완전히 장악돼 있지?"

"예."

"그럼 말이야. 30단이 장태완 장군 명령권 내에 있는 거 아니
야?"

"그런데 거기에는 제가 자극을 안 하는기요. 거기에 몽땅 모여 있는 것 같은데 말입니다. 그놈들 거기 모여 있으면 뭐합니까? 제가 단장한테 전화를 걸어가지고 이리 오너라 하든 지… 지시 하든지 처음에는 단장 보고 당장 쏴 죽이라 했거든요. 그런데 단장이 모두 그놈아들한테 눌려 있는 것 같아요."

"그런데 현재는 말이야. 다른 30사단이나 33사단이나 부대동 원에 대해서는 각각 지휘관한테 내 명령 없이 출동하지 말라고 지시는 해놔 있어요."

"알아서 할 테니까요."

"그래서 여기선 부대는 하나도 동원 안 하는데 쌍방이 충돌이 없이 잘 돼야지 그렇지 않으면 굉장한 불상사가 생겨."

"그까짓 것 충돌이고 뭐고 몇 놈 죽어도…."

"글쎄 잘못된 놈은 죽어도 좋은데."

"하여튼 내부에선 제가 죽든 살든 할 테니까요. 사령관님은 바 깥을 좀 해주십시오."

"그렇게 해요. 이거 뭐 좀 불순한 장난이 있는 것 같아."

"예, 완전히 장난이라요. 전두환과 이놈아들이 모두 작당해가 지고 장난인 것 같아요."

"응."

"그러고 여기도 보니까 단장들 몇 놈들이 자취를 감추고 없는 데요. 그놈아들한테 전부 사전에 공작을 해서 한 모양인데… 중대장들도 다 있고 참모장 다 있고 부지휘관 다 있기 때문에 완전히 장악하고 전차고 뭐고 다 완전히 장악하고 있습니다."

"알겠어요."

"30단 하나 빼고요."

"그런데 그 육군상황실에 말이야. 거기 지휘부에 합참의장님
이나 장관님이 모두 계실 것 아닌가."

"거기 보니까 국방차관 계시고요. 저하고 전화를 통했는데 말
이죠. 그리고 그 다음에 연합사 부사령관하고 그 다음에 저하
고 윤성민 장군하고 통화했습니다."

"응."

"그런데 지가 제 계획을 얘기했습니다. 지가 당장 돌파하겠다
고 하니 상황을 좀 봐가지고 하라… 하여튼 그건 제가 아직 부
대 출동 준비가 덜 돼서 그런데 그건 당신들 명령도 받지 않고
해결된다… 앞으로 저에게 명령이 필요 없습니다. 지가 알아서
할 테니까요. 이놈들 다 죽여야 되겠어요."

"알겠어. 이거 굉장히 불순한 장난이 있어 큰일이야."

"안에선 제가 알아서 할 테니까요."

"이랬다가 북괴한테 큰일 나요."

"사령관님은 바깥에서 잘 해주십시오."

"알겠어요. 빨리 수습을 좀 하도록 해. 이거 굉장히 불행한 사
태야."

이건영 사령관은 장태완 수경사령관과의 전화를 끊고 바로 정병
주 특전사령관에게 전화를 걸었다. 특전사가 3군사령부의 지휘
를 받는 부대는 아니지만 이날 밤과 같은 상황에서는 무엇보다도
특전사의 움직임이 중요하다고 판단하고 정병주 사령관에게 부
대 장악을 확실히 하라고 당부하기 위해서였다.

정병주 사령관은 이건영 사령관에게 장태완 수경사령관이 말한 것과 비슷하게 상황을 설명했다. 이건영 사령관은 특전사 병력이 다 장악되고 있는지의 여부를 물었다. 정병주 사령관은 "수도권의 4개 여단 중 1공수여단의 박희도 여단장이 연락이 안 돼 병력 장악이 어렵다"는 것이었다. 이 사령관은 "오늘밤 당신의 부대가 매우 중요하니 특별히 장악을 잘하고 병력 동원에 신중을 기해달라"고 당부했다.

수경사로 자리를 옮긴 육본 지휘부의 윤성민 참모차장이 이건영 3군사령관에게 충정부대인 26사단과 수도기계화사단(수기사)의 출동 준비 지시를 해온 것은 밤 10시 40분쯤이었다. 이건영 사령관은 그때 1군사령관 김학원(육사 5기) 중장, 2군사령관 진종채 중장 등과 통화해 상황 설명 및 정보 교환과 함께 전방 경계 강화와 부대 장악 철저를 서로 다짐하고 있을 때였다. 3군 예하 2개 충정사단이 출동하면 서울에서 대규모 충돌도 각오해야 했다. 3군사령부는 아연 긴장감이 감돌았다.

12 신군부 장성들, 최 대통령에게 재가를
집단으로 요구하다

"각하, 재가를 해주셔야 합니다"

삼청동 공관 접견실은 전투복 차림의 장군들로 꽉 들어찬 느낌이었다. 전두환 합수부장이 장군들을 한 사람씩 최규하 대통령에게 소개했다. 접견실 분위기는 무겁게 가라앉았다.

"각하, 재가를 해주셔야 합니다. 시간이 지연되면 큰일 납니다."

"정승화 총장이 시해사건에 관련된 혐의는 분명합니다. 정승화 총장을 연행 조사하지 않으면 군의 지휘체계가 무너집니다."

"이것은 수도권 전 지휘관들의 공통된 의견입니다."

일행 중 최선임자인 유학성 중장을 필두로 장성들이 번갈아 가며 정승화 총장 연행 조사를 위한 대통령의 결재를 요청했다.

최규하 대통령은 그러나 이들의 요구에 응할 기색이 아니었다. 그는 이미 육군 참모총장 공관에서 발생한 총격전에 대해 보고를 받아서 알고 있었다. 최규하 대통령은 오히려 장성들에게 총격전 발생 경위를 추궁하고 나섰다. 대통령의 재가가 나기 전에 정승화 총장을 연행한 것에 대해서도 불쾌감을 표시했다. 정승화 총장 연행에 대한 추인 문제는 정상적인 절차를 밟지 않았기 때문에 결재할 수 없다는 입장을 고수했다.

당시 접견실에는 신현확 국무총리가 와 있었다. 이날 국회에서 총리 인준동의를 받았던 그는 다음 날 발표 예정인 조각 명단을 최규하 대통령과 최종 협의하기 위해 저녁 7시쯤 삼청동 공관을 방문했다. 전두환 합수부장의 보고 시간은 저녁 6시 30분이었으며 보고 시간이 그리 오래 걸리지 않을 것이라는 전두환 본부장의 말에 따라 비서진들이 일정을 그렇게 잡아놓았던 것이다.

신현확 총리는 전두환 합수부장이 다른 장성들과 함께 다시 총리 공관으로 찾아와 최규하 대통령에게 정승화 총장 연행 추인을 요청할 때 국방부장관 결재 없이 재가를 해서는 안 된다고 최규하 대통령에게 강력히 조언했다고 한다.★

신현확은 1987년 국회의 '5·18 광주민주화운동진상조사특위'에 증인으로 출석, 이날 밤 삼청동 공관 상황에 대해서 증언한 바 있다. 그의 증언은 12·12 당일 밤 삼청동 공관에서 벌어졌던 상황에 대한 최초의 공개 증언이었다. 다음은 신현확의 특위 증언을 요약한 것이다.

★ 12·12 사건 당일 밤 신현확 총리가 정승화 총장 연행 재가 문제에 대해 어떤 입장을 취했는지는 그가 생전에 구술한 증언을 토대로 그의 아들 신형식이 펴낸《신현확의 증언》(메디치미디어, 2017)에 자세히 나와 있다. 이 책에서 신현확 총리는 당시 최규하 대통령과 조각 명단을 마지막으로 조율하고 있던 중 전두환 합수부장이 장성들과 함께 들어와 정승화 총장 연행 사후 재가를 요청하자 "사전 결재를 거치지 않고 상관인 계엄사령관을 어떻게 체포하느냐"고 강력히 질타했다고 밝혔다. 또 서울로 진입 중인 사단에 직접 전화 통화를 해 "지금 최규하 대통령이 나하고 여기 같이 앉아 있다. 국군 총사령관(대통령)의 지시 없이 왜 움직이느냐. 본대로 돌아가라. 이건 대통령의 명령이다"라고 호통을 쳤다는 내용도 있다. 국군 통수권자의 명령이라고 했음에도 군부대를 서울로 진입시킨 것은 명백한 반란행위다.

12일 밤 조각 명단을 가지고 대통령과 의논하기 위해 삼청동 총리 공관에 가 있었다. 대통령과 얘기를 하고 있는 중 8시쯤 해서 시내에서 총격전이 일어났다는 보고가 들어왔다. 그래서 대통령이 비서실에 총격전 경위를 알아서 보고하라고 긴급 지시했다. 보고를 기다리고 있는 중인데 9시쯤 해서 전두환 보안사령관과 백운택 장군이라는 분과 또 한 분(1군단장 황영시 중장)은 내가 모르지마는 네 분이 와서 대통령께 결재 서류를 내놓고 설명했다. 김재규 피고인을 조사하는 도중에 박정희 대통령 시해사건에 정승화 계엄사령관이 관련 있다는 증언이 나와서 정승화 계엄사령관을 연행 조사해야겠으니 결재를 해달라는 것이었다. 그러자 대통령이 총격전은 어떻게 된 일이냐고 물었다. 전두환 보안사령관은 "제가 결재 받으러 오면서 연행하러 보냈더니 거기서 서로 오해가 나서 총격전이 일어났습니다"라고 보고했다.

최규하 대통령, "지난밤 죽을 뻔했다"

당시 대통령 접견실에 들어온 장성들이 어떤 복장을 하고 있었는지에 대해서는 증언이 엇갈리고 있다. 신현확은 특위 증언에서 "장성들의 복장이 군인들이 보통 입는 작업복(전투복) 차림이었다"고 회고했으며 권총을 차고 있었지 않았느냐는 질문에 대해서는 "군인들이 대통령실이나 총리실에 들어올 때 권총 차고 들어오는 것은 못 봤다"고 일반론적인 답변을 했다.

당시 비서실에 근무했던 S는 "상식적인 차원에서 생각하면 될 것"이라고 말해 장성들이 권총을 차고 있지 않았다고 간접 부인

했다.

　그러나 이날 밤 삼청동 공관에 있었던 J는 "그들은 분명히 권총을 찬 채 들어왔으며 전투복에 권총을 찬 모습은 아주 위압적이었다"고 증언했다. 당시 현장에 있었던 사람들이 "아직은 사실을 정확히 말할 때가 되지 않았다"며 사실을 밝히기를 거부하고 있어 그때 상황이 얼마나 강압적인 분위기였는지는 확인하기 어렵다.

　그러나 대통령이 상당히 곤혹스러운 분위기에 처해 있던 것은 분명한 것 같다. 당시 공화당 총재였던 김종필은 훗날 한 인터뷰에서 "다음 날(13일) 아침 최규하 대통령에게 전화해 간밤의 상황을 물었더니 '지난밤 죽을 뻔했다'고 할 뿐 확실한 답변을 피했다. 그는 상당한 충격을 받은 것 같았으며 난처한 입장에 처했다는 것을 느낄 수 있었다"고 증언한 바 있다.

　당시 중앙정보부장서리였다가 12·12 사건 다음 날 대장으로 승진, 정승화 총장의 뒤를 이어 육군참모총장 겸 계엄사령관이 되었던 이희성도 광주청문회에서 "제가 최규하 대통령이 용감했다고 한 것은 초저녁부터 군인들이 와서 강요를 해도 승복을 안 한 분(이었기 때문) 아닙니까"라고 증언했다(5·18 광주민주화운동 진상조사특위 제19차 속기록).

　이 증언은 정승화 총장 연행 재가 요구가 강압적인 분위기 속에서 이루어졌음을 잘 보여주고 있다. 신현확의 증언에서도 정승화 총장 연행 조사 재가 문제를 놓고 최규하 대통령과 합수부 측 장성들 사이에 팽팽한 의견 대립이 있었던 것이 드러나고 있다. 신현확의 계속되는 증언은 다음과 같다.

대통령은 이어 "결재도 받기 전에 가서 왜 그런 총격 사건이 일어나도록 했느냐. 대통령의 재가가 없는데 먼저 행동을 한 것은 위법이다. 이 결재는 정상적인 절차를 밟지 않고 바로 대통령에게 가져왔으니 결재할 수 없다. 더욱이 이 자리에서 들은 이야기만 갖고서는 진상을 알 수 없다. 사건의 경위를 다 들어보고 내용을 다 판단해서 결재하겠다. 또 책임자의 이야기를 듣는 절차를 밟아서 결재할 테니 장관을 찾아와라", 이렇게 말하고서 군인들을 돌려보냈다. 나는 그들이 돌아가고 없을 때 대통령에게 "결재를 먼저 해주어서는 안 됩니다. 우선 권한을 밝혀야 합니다. 군이 만약에 둘로 분열되면 이 나라에 큰 문제가 생깁니다. 분열을 막기 위해서는 양쪽의 이야기를 다 같이 들어 진상을 알아야 합니다. 그런 뒤 정상적인 절차를 밟아 결재를 하는 것이 좋겠습니다"고 말씀을 드렸다.

이날 밤 최규하 대통령이 합수부 측 장성들의 재가 요구에 쉽게 응하지 않고 버티었던 장면은 이를 지켜본 측근들에게는 상당히 인상적이었던 것 같다. 이날 삼청동 공관에서 밤을 지샜던 J씨는 "대통령이 그렇게 의연하게 버티는 것을 보고 정말 존경심이 저절로 들었습니다. 아마 군 출신 대통령이 그런 경우를 당했더라도 그 같이 긴박한 분위기에서는 그렇게 버티지 못했을 것입니다"라고 회고했다.

2시간 동안 사라진 노재현 국방부장관
유학성 중장 등 합수부 측 장성들이 정승화 총장 연행 재가를 집

전두환 합수부장은 최규하 대통령이 정승화 총장 연행 재가를 미루자 반란
가담 장성들과 함께 공관에 찾아가 집단적으로 압박했다. 사진은 1980년 3월
야간에 노태우 수령사령관 안내로 쿠데타 진압작전인 방패훈련장을 둘러보는
최규하 대통령. 그 옆은 정동호 경호실장이다.

단으로 건의하기 위해 삼청동 공관에 도착한 시간은 10시쯤이었다. 최 대통령이 국방부장관의 의견을 들어야겠다며 결재를 미루자 합수부 측 장성들은 백방으로 노재현 장관을 찾았다.

그러나 노재현 장관의 위치는 좀처럼 알려지지 않았다. 이날 저녁 국방부장관 공관과 이웃해 있는 육군참모총장 공관에서 총소리가 나는 것을 듣고 시내로 피신했던 노재현 장관은 9시 30분께야 김용휴 국방부차관 등과 통화가 이루어져 국방부 청사로 들어와 육본 측 장성들과 합류했다. 육군참모총장 공관에서 최초 상황이 발생한 뒤 노재현 장관이 지휘 가능한 위치로 돌아오기까지는 두 시간 넘게 걸렸다. 군 지휘계통상 막중한 위치에 있는 국방부장관이 상황 초기 두 시간여 동안 지휘가 불가능한 곳에 있었다는 것은 소수의 합수부 측이 정식 지휘계통을 따르는 다수의 육본 측을 제압하고 승리할 수 있었던 결정적 요인 중의 하나였다.

사건 초기에 국방부장관이 강력한 지휘권을 행사했더라면 합수부 측은 손쉽게 제압되었을 것이다. B2벙커에 들어온 후에도 노재현 장관은 지휘권을 제대로 행사하지 못했다. 육본 지휘부가 병력의 보호를 받기 위해 수경사로 옮겨 가자 노재현 장관은 김용휴 차관과 함께 미8군 지하벙커로 자리를 옮겼다.

밤 11시쯤 노재현 장관이 총리 공관 전화에 극적으로 연결됐다. 그 전화는 곧 최규하 대통령에게 넘겨졌다.

"어떻게 된 일입니까? 빨리 이리 와서 설명을 좀 하시오."

"알겠습니다. 각하, 그곳으로 가겠습니다."

최규하 대통령이 노재현 장관과 간단히 통화를 마치자 유학성 중장이 전화를 넘겨받았다. 유학성 중장은 지금까지의 상황을 간단히 설명하고 "급히 좀 오셔야겠다"고 말한 뒤 수화기를 내려놓았다.

그러나 노재현 장관은 기다려도 나타나지 않았다. 그는 대통령과 통화를 마친 뒤 삼청동 공관으로 가려고 했으나 국방부 장성들이 "지금 그곳에 가면 합수부 측의 입장을 받아들이는 꼴이 된다"며 만류하는 바람에 망설이고 있다가 1공수여단이 국방부에 진입하면서 쏘는 총소리를 듣고 급히 몸을 피한 상태였다.

최규하 대통령은 육군참모차장을 대달라고 합수부 측 장성들에게 지시했다. 백운택 준장이 육본 B2벙커로 전화를 걸었다. 육본작전참모부차장 김재명 소장이 연결됐다. 이때는 육본 지휘부가 수경사로 옮겨가고 B2벙커에는 김재명 소장과 육본 작전처장 이병구(육사 11기) 준장, 정보처장 이규식 준장 등만이 상황실을 지키고 있었다. 다음은 김재명 당시 소장의 증언이다.

> 그때는 CP(지휘본부)가 수경사로 옮겨진 뒤였다. 정확한 시간은 기억이 안 나지만 백운택 장군이 전화를 걸어왔다. 그는 내가 연대장 시절 내 밑에서 대대장을 했기 때문에 잘 아는 사이였다. "자네가 웬일인가? 자네 지금 어디에 있나?"고 물었더니 "총리 공관에 있습니다"고 했다. "아니, 자네가 왜 거기 가 있나?"고 하자 "잠깐 기다리십시오. 1군단장 바꿔드리겠습니다"면서 황영시 장군을 바꾸었다. 황영시 장군은 "나 1군단장인데"라고 먼저 말을 꺼냈다.
>
> "어떻게 된 일입니까?"
>
> "일이 꼬여간다. 정승화 총장이 간단히 조사에만 응했으면

끝날 일이었는데 이렇게 됐다. 김재명 장군은 연합사 측 사람
들과 잘 알 테니 서로 오해가 없도록 해줬으면 좋겠어."

"이곳에 모여 있던 간부들은 모두 수경사로 이동했습니다.
만일에 지휘부와 연락하려면 수경사로 전화를 하십시오. 연합
사 측엔 제가 알아서 하겠습니다."

이렇게 황영시 장군과 한동안 이야기를 나누다가 전화를 끊
었다.

이날 밤 최규하 대통령은 결국 윤성민 참모차장과는 통화하지 못
했다.

전두환의 발빠른 대응

전두환 합수부장은 최규하 대통령의 재가를 받는 데 시간이 걸릴
것으로 판단해 다른 장성들보다 앞서 보안사령부로 돌아왔다. 보
안사령부에는 전군의 움직임을 손바닥처럼 훤히 들여다 볼 수 있
는 통신 시설이 되어 있다. 정도영 보안처장실은 이미 전군의 움직
임을 세밀히 파악하는 상황실로 운영되고 있었다. 보안처는 군 내
부의 보안 유지와 대(對)전복 임무 즉 쿠데타 방지를 주요 임무로
하고 있어 평소에도 군 내부의 움직임을 소상히 파악하고 있다.

상황은 긴박했다. 육본 측에서는 9공수여단에 출동명령을 내렸
으며 26사단과 수도기계화사단 등이 출동을 준비하고 있었다. 10
시쯤에는 광화문 네거리 일대에 전차의 굉음이 울려 퍼졌다. 이
전차들은 33경비단에 배속된 전차 1개 중대(전차 12대)로 주둔지
인 독립문 부근에서 필동의 수경사령부로 이동 중이었다. 수경사

전차대대장 차기준* 중령은 장태완 사령관의 지시에 따라 이 전차 중대에 남산 아래 필동 사령부로 집결토록 명령을 내렸던 것이다.

경복궁에 모여 있던 합수부 측 장성들은 지축을 울리는 전차 캐터필러(무한궤도) 소리에 아연실색했다. 그들은 장태완 수경사 령관이 전차를 앞세워 쳐들어오는 것으로 생각하고 몸을 떨었다. 장세동·김진영 대령이 보안사 정보망을 통해 전차 이동 상황을 파악했다. 다행히 전차는 경복궁으로 향하지 않고 필동으로 집결 중이라는 것이었다. 33단장 김진영 대령이 급히 지프를 몰고 나 가 광화문 네거리에서 전차 행렬을 가로막았다. 전차중대가 장태 완 수경사령관의 직접 지휘 아래 들어가면 큰일이었다. 김진영 대령은 전차중대장에게 상황을 설명하고 회군을 종용했다. 그는 "갈 테면 나를 깔고 가라"며 버텼다. 결국 전차중대는 주둔지로 되돌아갔다.

전두환 보안사령관은 삼청동 공관으로 두 번째 재가를 받으러 가기 전에 이미 3공수여단장 최세창 준장과 5공수여단장 장기오 준장에게 부대로 돌아가 병력을 장악하라고 지시해놓았다. 전두 환 보안사령관은 밤 11시쯤 1공수여단장 박희도 준장도 부대로 돌려보냈다. 그는 병력을 동원해야겠다는 결심을 굳힌 상태였다.

합수부 측은 병력 출동 준비를 진행시키는 한편 육본 측의 병 력 출동을 막는 데 온갖 방법을 다 동원해 매달렸다. 보안사의 보 안처장실이 중심 포스트가 됐다.

★ 차기준(1941~2000)은 육사 21기로 53사단장이었다. 육군 복지단장 역임 후 소장 으로 예편했으며, 사단장 시절 군 내 구타 근절을 위해 노력했다.

합수부 측은 보안사의 잘 짜여진 통신망을 이용해 육본 쪽의 명령을 받아 출동을 준비하고 있는 부대의 핵심 지휘관들과 참모들을 맨투맨 식으로 설득했다. 이 설득에는 하나회 조직과 육사 선후배·동기생 등의 연줄이 결정적 역할을 했다.

보안사 보안처장 정도영 대령, 보안사령관 비서실장 허화평 대령 등 보안사 참모들이 주로 활약했고, 전두환 보안사령관이 직접 나서 설득하기도 했다. 각 부대에서는 보안부대장들이 직접 뛰어다니며 지휘관들과 참모들을 설득했다.

삼청동 공관에서 돌아온 유학성·황영시 중장, 백운택 준장 등도 보안사로 합류했다. 노태우·박준병 소장은 아직 경복궁 30경비단장실에 남아 있었다.

13   육본 지휘부, 수경사로 이동하다

육본으로 날아든 급보

"1공수여단 출동, 공격 목표는 육군본부."

육본 B2벙커에 급보가 날아들었다. 12일 밤 10시가 조금 넘은 시각이었다. 육본 지휘부 주요 간부들의 얼굴색이 변했다. 육본 자체 경비 병력은 없는 거나 마찬가지였다. 수도권의 주요부대가 받쳐주지 않으면 육본은 그야말로 벌거숭이나 다름없는 형편이었다. 육본이 수도권에서 곧바로 동원해 지원받을 수 있는 부대는 수경사와 특전사였지만 수경사의 주요 전투 병력인 30경비단(단장 장세동 대령) 및 33경비단(단장 김진영 대령)은 합수부 쪽으로 넘어가버린 상태였다. 서울 인근에 배치된 4개 특전여단 가운데 9공수여단을 빼고 1, 3, 5공수여단이 합수부 편이었다. 그 가운데 1공수여단이 육본을 점령하기 위해 쳐들어온다는 것이었다.

1공수여단에 최초로 출동명령이 떨어진 것은 정확히 밤 9시 45분, 경복궁 30경비단에 가 있던 1공수여단장 박희도 준장으로부터였다.

1공수여단은 출동명령 접수 후 15분 만인 밤 10시쯤 1대대를 선두로 부대 정문을 나섰다. 특전사령부에서 사령부 명령 없이 병력을 움직이지 말라는 지시를 내려 보냈지만 묵살됐다. 부여단장 이기룡 대령은 각 대대장을 집합 시켜놓고 출동명령을 하달하면서 특전사령부 지시를 받지 말라고 단단히 강조해두기까지 했다. 합수부 측은 나중에 육본 측에서 먼저 병력을 출동시켰기 때문에 이에 대항해서 1공수여단 등을 동원했다고 발표했다. 그러나 육본 측이 9공수여단을 실제 출동시킨 것은 1공수여단 출동보다 두 시간 뒤인 이날 밤 12시쯤이었다. 9공수여단이 정병주 특전사령관으로부터 출동명령을 받은 것은 9시가 조금 넘어서였지만 차량 준비 등으로 시간이 지체됐던 것이다.

그렇지 않아도 어수선했던 육본 B2벙커 분위기가 더욱 술렁거리기 시작했다. 지휘부에도 불안한 기색들이 역력했다. 윤성민 참모차장 주재로 긴급회의가 열렸다. 육본 지휘부 자위책이 무엇보다 급선무였다. 그러나 당장 이렇다 할 뾰족한 방안이 없었다.

육본 상황실 요원들은 1공수여단의 부대 복귀에 매달렸다. 특전사령부에서도 1여단의 부대 복귀를 강력히 지시했다. 육본 작전처장 이병구 준장은 "여단장과 연락이 되었다"며 "출동하지 말라"고 여단 상황실에 지시했다.

1공수여단은 신월동 3거리에서 여단 상황실의 지시를 받고 부대로 일단 복귀했다(1공수여단은 자정쯤 경복궁에서 급거 귀대한 박희도 여단장의 지휘 아래 0시 10분 재차 출동, 육본과 국방부를 유혈점령하게 된다).

육본 지휘부는 한숨을 돌렸으나 여전히 불안감은 계속됐다. 1공수여단이 언제 다시 출동할지 모를 일이었고 전두환 보안사령관이 30경비단의 전차를 앞세우고 육본으로 쳐들어온다는 첩보도 들어와 있었다(30경비단에는 전차 1개 중대 12대가 배속되어 있었다).

다시 대책회의가 열렸다. 지휘부를 전투 병력의 보호를 받는 곳으로 이동하자는 의견이 적극 대두됐다. 당시 육본 인사참모부장이었던 천주원★ 예비역 중장의 회고를 보자.

> 합수부 쪽에 서 있는 1공수가 육본을 점령한다는 보고가 올라오자 모두가 불안해했다. 육본은 자체방어를 위한 병력이 없었다. 일부에서 육본 B2벙커를 고수하자는 의견도 있었지만 전투 병력의 보호를 받을 수 있는 곳으로 가야 한다는 것이 대세였다. 문제는 어떤 병력에 등을 기대느냐였다.
>
> 　특전사령부와 수경사령부가 당연히 대상으로 떠올랐다. 이 부대들은 전투 병력을 갖추고 있을 뿐 아니라 사령관들이 정승화 총장과 가깝다는 점도 감안됐다. 두 사령부 중 어느 곳을 택할 것이냐를 놓고 논란이 있었으나 특전사는 이동거리가 멀고 서울 시내에서 많이 떨어져 있어 지휘권 행사가 어렵다는 점 때문에 배제되고 수경사로 옮기기로 의견이 모아졌다.

B2벙커 상황실 통신체제는 전군 작전(정규 및 비정규전)에 맞도록 구성되어 있으며 수경사의 충정계획 및 비정규전을 위한 통신지휘체제는 오히려 육군본부보다 지휘가 용이하다는 점도 지휘부 이동 결정의 주요한 이유가 됐다.

★ 천주원(1928~2007)은 육사 9기로, 국방대학원장(중장)을 끝으로 전역 후 전두환 정권에서 병무청장을 역임했다.

견고한 지하벙커를 포기한 육본 지휘부의 실책

육본 지휘부는 일단 이동 결정이 나자 신속히 수경사로 옮겨갔다. 윤성민은 수경사로 이동한 시간이 밤 11시 40분쯤이었던 것으로 기억된다고 말했다.

윤성민(육사 9기) 참모차장을 비롯, 작전참모부장 하소곤(갑종 1기) 소장, 인사참모부장 천주원(육사 9기) 소장, 정보참모부장 황의철(육사 8기) 소장, 교육참모부장 채항석(육사 10기) 소장, 군수참모부장 안종훈(공병 3기) 소장, 예비군 참모부장 정형택(육사 8기) 소장, 관리참모부장 김시봉(육사 8기) 소장, 통신감 이정랑(통신 5기) 소장, 민사군정감 신정수(육사 8기) 소장, 헌병감 김진기(갑종 6기) 준장 등 육본의 일반 및 특별참모들과 이들의 부관들이 주로 옮겨갔다. 처장급 이하는 대부분 그대로 육본에 잔류했다.

합참본부 간부들 가운데는 유일하게 합참본부장 문홍구 중장만이 육본 지휘부를 따라나섰다. 국방부 장성들은 국방부장관실로 가거나 자신들 방으로 갔다.

육본 지휘부 장성들은 각자 자신들의 차를 이용해 개별적으로 수경사에 도착, 수경사령관실에 새로 지휘부를 차렸다. 한 예비역 장성은 "수경사 상황실로 들어가 병력 동원을 독려하고 있는 장태완 사령관을 보는 순간 아, 이제는 살았구나 하는 생각이 들었다"고 당시를 회고했다. 그만큼 불안감이 심했던 것이다.

하지만 정승화는 훗날 "견고한 육군 지하벙커를 포기한 것은 크나큰 실책이었다"고 이날 밤 지휘부 이동 결정을 못마땅해 했다.

결과적으로 볼 때 이미 대세는 합수부 쪽으로 기울고 있었으며 지휘부 이동 결정은 이 같은 대세에 별 영향을 미치지 못했다. 다만 북한의 움직임 등에 대비해야 할 상황이었음을 감안하면 통신 등 완벽한 시설이 갖추어진 B2벙커를 포기한 것은 성급한 판단이었다고 할 수 있을 것이다.

합수부 측이 육본 지휘부 이동을 알게 된 것은 육본 보안부대장 변규수(종합 8기) 준장의 보고에 의해서였다. 보안사령부 보안처장으로 12·12 당일 밤 전군의 움직임을 체크했던 정도영은 다음과 같이 회고했다.

> 밤 9시 40분쯤이었는데 육본에 나가 있는 변규수 장군한테서 전화가 왔다. 육본 지휘부가 수경사령부로 옮겨갈 것 같다며 따라가야 하는지 머물러야 하는지를 물었다. 현지에서 판단할 때는 어떻게 해야 좋겠느냐고 되물었더니 육본 지휘부와 행동을 같이해야 동태 파악이 유리하다는 대답이었다. 그렇다면 지휘부와 동행하되 조심해서 움직이라고 했다.

변규수 준장은 육본 지휘부보다 조금 늦게 수경사로 뒤쫓아갔다. 수경사 정문은 헌병들이 삼엄하게 경비하고 있었다.

"나 육군본부 보안부대장인데 지휘부가 이리 이동해서 따라왔다. 들어가게 해달라."

"잠시 기다리십시오."

경비헌병의 대답은 퉁명스러웠다. 조금 있다가 헌병 중위가 나와 지프에 타고 있던 변규수 준장에게 권총을 겨누고 "내려!"라고 나직하게 말했다. 장태완 수경사령관은 육군보안부대장이 위병소에 와 있다는 보고를 받고 즉시 무장해제시키고 감금하라고 지시했던 것이다. 그는 정승화 총장의 강제 연행이 보안사 주도로 이루어졌다는 것을 안 순간 수경사령부 내 보안사 요원들을 이미 모두 감금하도록 했다. 변규수 준장은 포승에 꽁꽁 묶여 다음 날 새벽 상황이 종료될 때까지 수경사 헌병단 유치장에 갇혀 있었다.

육본 지휘부와 합수부 측의 '전화 전쟁'

수경사로 이동하기 전 육본 지휘부는 경복궁에 모여 있는 합수부 측 장성들과 한바탕 '전화 전쟁'을 치렀다. "정승화 총장을 원상회복시켜라. 그렇지 않으면 병력을 동원해 전원 체포하겠다", "시해사건 수사상 불가피한 조치다. 그렇게는 할 수 없다"는 전화 공방이 무수히 오고 갔다. 육본 측에서는 윤성민 참모차장과 문홍구 합참본부장이 주로 나섰고 합수부 측에서는 유학성 군수차관보와 차규헌 수도군단장, 황영시 1군단장이 대응했다.

상황 초기 육본 지휘부의 입장은 강경했다. 전차와 무장헬기를 동원해서라도 합수부 측을 제압해야 한다는 강경론이 비등했다.

윤성민 참모차장은 합수부 측 장성들에게 "육본 벙커로 들어와 경위를 설명하라"고 강력히 요구했다. 합수부 측에서는 "이리 와보면 상황을 이해할 수 있을 것"이라며 오히려 30경비단으로 와서 얘기하자고 맞섰다. 이에 대한 천주원 당시 소장의 증언은 다음과 같다.

　　윤성민 참모차장은 저쪽(경복궁 30단)에다 대고 총장을 원상복

국방부 B2벙커에 모여 있던 육본 지휘부는 합수부 측이 공수부대 동원 움직임을 보이자 실병력의 보호를 받기 위해 장태완 수경사령관이 있는 서울 중구 필동 수경사령부로 긴급히 옮겨갔다. 사진은 1979년 11월 16일 정승화 총장이 장태완 수경사령관 임명 직후 지휘관 휘장을 달아주는 모습이다.

귀시키라고 강력히 요구했다. 불응하면 모든 병력을 동원하겠다고 엄포를 놓기도 했다. 그러나 저쪽에서도 완강하게 나왔다. 시해사건 수사상 불가피한 조치라는 것이었다. "적법절차 없이 총장을 연행하는 것은 불법이다. 조사할 게 있으면 일단 석방한 뒤 정식 절차를 밟아서 하라"고 설득했지만 막무가내였다.

저들의 완강한 태도로 보아 정승화 총장이 이미 살해된 것이 아닌가 하는 생각이 들기도 했다.★

이때부터 육본 지휘부는 합수부 측의 조직적인 행동이 쿠데타라고 생각하기 시작했다. 경복궁에 있는 장성들에게 이쪽으로 와서 경위를 설명하라고 했지만 이미 일을 크게 저질러놓은 그들이 육본 벙커로 들어올 리 만무했다. 오히려 그들은 "이곳에 와보면 상황을 이해할 수 있을 것"이라며 육본 지휘부를 유인하고 나섰다.

이렇게 육본 측과 합수부 측 장성들 간에 전화 공방이 옥신각신 계속되는 동안 육본 수뇌부의 격앙됐던 분위기가 차차 약화되면서 유혈사태를 피하는 쪽으로 해결하자는 분위기로 기울어 갔다.

"서로 병력을 출동하지 말자. 아군끼리 대규모 충돌을 일으키면 김일성에게 밥상 차려 주는 꼴이다. 서울이 불바다가 되고 수많은 희생자가 날 것이다. 내란 내전이 될지도 모르고 그렇게 되

★ 이날 밤 언론사에도 정승화 총장이 살해되었을지도 모른다는 소문이 파다하게 퍼졌다. 합수부 측은 이런 소문을 의식해서인지 다음 날 정승화 총장 연행 사실을 발표하면서 그의 신변에 이상이 없음을 특히 강조했었다.

면 나라가 망한다."

윤성민 참모차장은 합수부 측 장성들에게 이렇게 병력 출동 자제를 호소했다. 윤성민은 최근 "당시 쌍방에서 대규모 병력을 출동시켰더라면 최소한 1개월 이상 가는 내전이 벌어졌을 것"이라고 회고했다.

육본 지휘부가 수경사로 이동한 뒤 얼마 되지 않아 쌍방 간에는 "서로 병력을 출동시키지 말자"는 일종의 신사협정이 이루어졌다.

그러나 이 신사협정은 지켜지기 어려운 약속이었다. 합수부 측 장성들은 심한 초조감에 빠져들고 있었다. 대통령이 끝까지 정승화 총장 연행을 인정하지 않고 다음 날 국방부장관이 나타났을 때 정승화 총장의 원상회복을 지시한다면 합수부 측에 가담했던 장성들의 운명은 불을 보듯 뻔한 일이었다. 합수부 측 장성들은 날이 새기 전에 병력을 동원해 육본 지휘부를 제압하고 정승화 총장 연행을 기정사실화해야 한다는 결심을 굳히고 있었다.

반대편의 장태완 수경사령관도 육본 수뇌부가 점차 타협적인 방향으로 기우는 것에 아랑곳하지 않고 가능한 수단을 모두 동원해 병력 출동을 서두르고 있었다.

장태완 사령관은 경복궁 30경비단에 모여 있는 황영시·유학성 중장 등과 통화를 해보고는 병력을 동원해 진압하는 방법밖에 없다고 판단했다. 장태완 사령관은 국방부장관의 지시를 받기 위해 장관 공관으로 전화를 했으나 연결되지 않았다.

그는 수도권 인근에 위치한 26사단에 직접 전화를 했다. 이 사단은 유사시 수경사령관이 배속받아 지휘할 수 있는 부대였다.

사단장 배정도(종합 6기) 소장이 전화를 받았다.

"배 장군, 출동 준비 어떻게 됐소?"

"출동 준비는 다 돼 있소. 그런데 장 장군, 어떻게 된 일이오?"

"보안사령관이 주동이 돼서 총장을 불법으로 잡아갔소. 1군단 장과 수도군단장도 거기에 가담해 있소. 병력을 동원해 빨리 손을 쓰지 않으면 큰일 납니다. 수경사령부 옆 장충동으로 곧 병력을 보내주시오."

"알았소. 당장 지원해주겠소."

장태완 사령관은 이어 수도기계화사단에도 전화를 걸었다. 이 사단 역시 수경사령관이 동원 가능한 부대였다. 사단장 손길남(종합 29기) 소장에게 전차부대를 동대문운동장으로 출동시켜달라고 요청했다.

다음에는 30사단장 박희모(갑종 9기) 소장이 장태완 사령관의 전화에 연결됐다.

"박희모 장군, 정승화 총장 불법연행에 노태우 9사단장이 가담해 있어요. 앞으로 9사단 병력이 그쪽으로 나올지 모르니 대전차 장애물을 배치하고 전차와 로켓포를 동원해서 9사단의 병력 진출을 막으시오. 내가 군사령관에게 얘기를 했으니 황영시 군단장의 말은 듣지 마시오. 황영시 장군도 반란군 편이오."

30사단장과 통화를 마친 장태완 사령관은 이번에는 3군사령관 이건영 중장에게 전화를 걸었다. 이날 밤 두 번째 하는 전화였다.

"사령관님, 병력을 빨리 동원할 수 있게 좀 해주십시오. 시간이 지나면 힘듭니다."

"장관을 찾고 있네. 병력 동원하려면 장관의 지시가 있어야 하지 않은가."

"사령관님, 명령부터 내려놓고 하시면 안 됩니까? 대(對)전복
작전에는 몇 개 사단 병력이 들어오게 되어 있지 않습니까. 선임
자로서 먼저 조치를 취하십시오."

"알았네."

이날 밤 육본 측에서 합수부 측을 제압하기 위해 병력 동원에
적극 매달린 사람은 장태완 수경사령관 혼자라고 해도 과언이 아
니다. 육군 수뇌부에서 몇 사람이 병력 동원에 적극적이긴 했지
만 실제 지휘계통에 있지 않아 별 힘을 쓰지 못했다.

장태완 사령관이 곳곳에 전화를 걸어 병력 동원을 독려하고 있
을 때인 밤 11시쯤 경복궁 30경비단에 있었던 1공수여단장 박희
도 준장은 행주대교로 우회해 자신의 1공수여단으로 질주하고
있었다. 그는 1공수여단을 이끌고 육본과 국방부를 점령하라는
임무를 전두환 합수부장으로부터 부여받은 상태였다.

14   불복종과 배반의 밤

충정부대 동원 요청을 하다

육본 지휘부가 쿠데타나 소요 진압에 투입되는 충정부대인 26사
단과 수도기계화사단에 출동 준비를 지시한 것은 수경사로 자리
를 옮긴 뒤였다. 증언자들마다 차이가 있긴 하지만 육본 지휘부
가 수경사로 옮겨온 시간은 대략 12일 밤 10시에서 11시 사이. 그
직전까지 장태완 수경사령관은 수경사 자체 병력만으로 경복궁
거사 지휘부를 진압해보려고 했으나 예하의 전투 병력이 거의 대
부분 합수부 진영으로 넘어가버려 동원할 병력이 없었다. 9공수
여단에 대한 출동명령은 지휘부가 B2벙커에 위치하고 있을 때 내
려졌지만 9공수여단은 아직 부대에서 출발하지 못하고 있었다.

　장태완 사령관은 수경사로 옮겨온 육본 지휘부에 수도권 주변
에 주둔하고 있는 충정사단의 동원을 요청했다. 수경사령관은 쿠
데타 진압작전을 위해 수도권의 4개 충정사단을 배속받아 지휘할
수 있는 권한이 부여돼 있다. 이 권한은 수경사 설치령에 따라 시
행계획으로 작성되어 있는 '방패작전계획'에 근거를 두고 있다.

　방패작전계획은 수도에 무장 병력의 진입 및 이동을 엄격히 제
한하고 있다. 이에 따르면 무장한 병력은 단 1명이라도 사전에 수
경사령관의 승인 없이는 서울에 들어올 수 없다. 또 1개 분대 이

상 무장 병력은 사전에 육군참모총장의 승인이 있어야 서울에 들어올 수 있으며 총장은 이 사실을 즉각 수경사령관에게 통보하도록 되어 있다. 이 경우 수경사령관은 무장헌병을 서울 경계지역으로 파견, 서울로 진입하는 무장 병력이 목적지에 도착할 때까지 호위·감시해야 하며 가능한 한 이 무장 병력은 서울의 도심이 아닌 시 외곽을 통해 이동하도록 되어 있다. 따라서 수도 안에서 사전에 수경사령관이 알지 못하는 무장 병력의 이동 자체가 불법이며 1개 중대에 가까운 무장 병력을 총장 공관에 보내 정승화 총장을 강제 연행해간 것은 그 자체로 군사반란이라는 것이 장태완 전 수경사령관의 주장이다.

윤성민 참모차장을 위시한 육본 지휘부는 3군 예하의 26사단과 수도기계화사단에 출동 준비 태세를 취하고 대기하라는 명령을 하달했다. 4개 충정사단 중 20사단은 당시 육본의 계엄 중앙 기동예비부대로 남한산성 종합행정학교와 남양주의 불암산 자락으로 출동해 있었으나 사단장인 박준병 소장이 합수부 측에 가담한 상태였고 30사단을 예하에 두고 있는 1군단장 황영시 중장이 경복궁 거사 지휘부의 핵심 멤버여서 30사단을 동원하기는 어려웠다.

당시 작전참모부장이었던 하소곤★ 예비역 소장의 회고를 보자.

나는 다른 참모들보다 좀 늦게 수경사에 도착했다. 지휘부를

★ 하소곤(1927~2013)은 갑종간부후보생 1기로, 갑종장교 중 최초로 장군 진급을 했으며 12·12 군사반란 피해자로 소장 예편 후 교통안전진흥공단 이사장을 역임했다.

이동하면서 육본 B2벙커 상황실에 뒤처리할 일이 있었기 때문이다. 내가 수경사에 도착했을 때 장태완 수경사령관이 윤성민 참모차장에게 수도기계화사단과 26사단을 동원해줄 것을 요청하고 있었다. 장태완 사령관은 자신의 부하들이 다 저쪽으로 넘어가버려 동원할 병력이 없다는 것이었다. 우리들은 당황하지 않을 수 없었다. 수경사에 상당한 병력이 있을 것으로 생각했던 우리의 판단에 큰 차질이 생긴 것이다. 이렇게 된 이상 충정사단 병력동원을 적극 검토하지 않을 수 없었다. 그러나 전방의 병력을 동원하는 것은 쉬운 일이 아니었다. 우선 전방의 상황을 고려하지 않을 수 없고 한미연합사와 협의하는 문제도 있었다. 또 지휘계통의 허가를 받아야 했다. 그러나 우리는 상황이 급했기 때문에 일단 수도기계화사단과 26사단에 출동 준비만 시켜놓기로 했다. 곧 윤성민 참모차장과 내가 3군사령부에 전화를 걸어 그 2개 사단의 출동 준비를 하되 별도 명령이 있을 때까지는 절대로 움직이지 않도록 하라고 지시했다. 나는 26사단장 배정도★ 소장에게 직접 전화를 걸었다. 그에게 출동 준비를 하고 대기하라고 했더니 그는 "형님, 용서하지 않겠습니다. 언제든지 명령만 내려주십시오"라고 패기만만하게 말했다. 이어서 수도기계화사단장 손길남 소장을 전화로 불렀다. "출동명령을 내리면 얼마 만에 들어올 수 있는가" 하고 물었더니 그는 "30~40분이면 가능하다"고 했다. 나는 그에게 모

★ 배정도는 육군종합학교 6기로, 청와대 경호실 행장차장보에 이어 26사단장에 임명되었다.

든 준비를 갖춰놓고 기다리라고 지시했다. 2개 사단의 대병력이 서울로 진입했을 때 지휘와 통제도 큰 문제였다. 장태완 장군에게 어떻게 할 계획이냐고 물었더니 그는 일단 병력을 장충동 근처까지만 불러주면 자신이 알아서 하겠다는 것이었다.

이건영 3군사령관이 수경사에 위치한 윤성민 참모차장으로부터 수도기계화사단과 26사단 출동 준비 지시를 받은 것은 밤 10시 40분쯤이었다. 이 사령관은 즉시 6군단장 강영식 중장과 5군단장 최영구 중장을 전화로 불러 각각 26사단과 수도기계화사단의 출동 준비를 하되 별도 명령이 있을 때까지 절대로 병력을 움직이지 말라고 지시했다. 두 군단장은 자신들의 예하 사단장들에게 곧바로 출동 준비 지시를 하달했다. 2개 사단은 즉각 출동 준비 태세에 들어갔다. 긴장된 순간이었다.

　육본과 3군사령부, 그리고 3군사령부와 예하 군단, 사단 간 전화 교신은 철저히 보안사에 의해서 감청되고 있었다. 각급 부대의 보안부대는 통신감청 내용을 보안사령부로 보고했다. 보안사령부 정도영 보안처장실에 임시로 마련된 상황실에는 육본 지휘부와 예하 부대의 움직임이 손바닥 들여다보듯 파악되고 있었다. 거사 지휘부와 보안사령부는 육본 지휘부가 2개 사단과 9공수여단을 동원하려는 것에 대경실색했다. 그들은 즉시 보안사 조직과 정규 육사 선후배 관계를 이용해서 육본 지휘부의 병력 출동 움직임을 저지하기 시작했다. 경복궁에서 보안사령부로 아지트를 옮긴 거사 지휘부는 수경사에 모여 있는 육본 지휘부에 전화를 걸어 서로 병력을 동원하지 말기로 신사협정을 제의했다.

이때부터 육본 지휘부의 분위기가 바뀌기 시작했다. 수경사에 상당한 병력이 있는지 알고 왔던 육본 지휘부는 수경사의 실병력이 거의 대부분 경복궁 측으로 넘어간 것을 알고 사태가 불리하게 돌아가고 있다고 느꼈다. 그들은 경복궁에 모인 장성들의 행동을 반란이라고 규정, 무력을 동원해서라도 강제 진압해야 한다는 의견이 지배적이었지만 반란군 측이 사전에 치밀한 계획하에 조직적으로 행동하고 있는 상황에서 병력을 동원해 대항하는 것이 쉽지 않다는 쪽으로 분위기가 바뀌고 있었다. 육본 지휘부가 서로 병력 동원을 하지 말자는 경복궁 측의 신사협정 제의에 쉽게 동의한 것은 바로 이런 분위기 때문이었다. 그러나 경복궁 측은 신사협정으로 육본 지휘부의 발을 묶어놓고 은밀히 자신들을 따르는 병력에 출동명령을 내려놓고 있었다.

노재현 국방부장관의 증언

이 시각 노재현 국방부장관은 미8군 지하벙커에 머물고 있었다. 그는 육본 지하벙커에 있다가 육본 지휘부가 수경사로 옮겨갈 때 합참의장 김종환 대장과 함께 이곳으로 왔다. 노재현은 1993년 9월 국회 12·12 국정조사 때 증인으로 출석, 미8군 벙커로 가게 된 경위에 대해서 위원들의 질문에 다음과 같이 증언했다.

육본 지휘부를 수경사령부로 옮기라고 지시했나?
"내가 지시하지 않았다. 그때 1공수여단이 육본과 국방부를 점령하기 위해 삼각지 근처까지 왔다는 첩보가 들어와 있었다. 윤성민 참모차장이 육본 벙커는 경계 병력이 없으니 안전한 데

12·12 사건 당일 밤 육본 지휘부와 용인의 3군사령부 사이에 병력동원 문제를 놓고 숨 가쁘게 전화가 오갔다. 사진은 이건영 3군사령관(지휘봉 든 사람)이 10·26 직전 충정사단인 20사단을 방문, 지휘관을 격려하는 모습이다.

로 옮겨야 한다며 장태완 수경사령관에게로 지휘부를 옮기자고 건의했다. 그래서 그렇게 하라고 했다."

증인은 왜 미8군 벙커로 갔나?

"문홍구 장군(당시 합참본부장)이 나에게 '장관님도 수경사로 가시죠'라고 했다. 그러나 합참의장인 김종환 장군은 통신이 잘 되고 미군 측과 여러 가지 협조사항도 많으니 미8군 벙커로 가자고 했다. 내 생각도 국방부에서 가까운 8군이 좋겠다 싶어 김종환 장군과 함께 미8군 지하벙커로 갔던 것이다. 그곳에서 8군사령관과 각군 사령관과 통화해 상황을 파악했다."

노재현 국방부장관이 미8군 벙커에서 이건영 3군사령관과 처음으로 통화한 것은 육본 지휘부가 26사단과 수도기계화사단 출동 준비 지시를 3군에 내린 직후인 밤 11시 25분쯤이었다. 당시 두 사람의 통화 내용.

(**노재현 장관**) "각 예하 부대에 절대로 명령 없이 병력을 움직이지 않도록 철저히 조치해야 한다."
(**이건영 3군사령관**) "예, 그렇게 전부 지시했습니다."
"그 대신 병력이 필요할 때는 내가 전화 거니까, 내 전화 이외는 절대로 따라서는 안 돼."
"그렇게 조치하겠습니다. 그런데 지휘관이 몇 사람 없습니다."
"누구 누구?"
"황영시(1군단장)가 저녁 때 잠깐 어디 나갔다 오겠다고 저한 테 허가를 맡고 나갔고 말입니다. 차규헌(수도군단장)이가 전화 통했더니 없고 말이지요. 9사단에 노태우가 없고, 20사단장이 지금 없습니다."

"20사단장이 누구야?"

"박준병입니다. 계엄 때문에 서울에 나가 있는 사단장입니다."

"응, 그런데 그 부대의 부지휘관들은 전부 병력 장악하고 있나?"

"병력은 장악하고 부대 이동은 없습니다. 지휘관만 없습니다."

"그 부지휘관들이 말이야 여하한 일이 있어도 군사령관 명령 없이는 병력 움직이면 안 된다. 군사령관 명에 의해서만 병력 움직이도록 말이야. 그렇게 해야 할 것이다."

"그렇게 조치하겠습니다."

이 통화 자료에는 나오지 않지만 이건영 3군사령관은 이때 참모차장으로부터 26사단과 수도기계화사단의 출동 준비 지시를 받은 것을 보고했다. 이에 대해 노재현 장관은 어떤 일이 있어도 자신의 명령 없이는 병력을 동원하지 말라고 분명히 못을 박았던 것이다.

깨어진 신사협정

이러는 사이 육본 지휘부도 보안사령관실에 모여 있던 합수부 측 장성들과 서로 병력을 동원하지 말자는 타협을 했다. 3군 예하의 2개 사단이 출동 준비 태세에 들어간 사실은 즉각 각급 보안사 조직에 의해 체크돼 보안사령부로 보고되고 있었다. 보안사령부에 있던 유학성 중장은 이 보고를 받고 윤성민 참모차장에게 전화를 걸어 "왜 약속을 깨고 병력을 동원하느냐"며 격렬하게 항의했다. 윤성민 참모차장은 다시 이건영 3군사령관에게 전화를 걸었다. 13일 0시 25분쯤이었다. 다음은 보안사 감청 녹취록의 관련 부분이다.

(**윤성민 참모차장**) "유학성 장군하고 통화했는데, 6개 사단이 출동 준비가 돼 있다. 이런 말씀입니다."
(**이건영 3군사령관**) "지금 장관님 전화 받았는데 일절 병력을 출동시키지 말라고 그랬어요."
"그래서 말입니다. 확실히 하나하나 확인을 또 하시랍니다."
"우리 출동 안 해요."
"그래서⋯."
"아까 26사단하고 수도기계화사단만 출동 준비를 하라고 그랬어요. 그것만 지시가 내려가 있어요."
"그러니까 지금 사단장이 없고 군단장이 없는데도 참모장 또는 작전참모에게 경거망동 않도록⋯."
"그거 전부 지시가 다 돼 있어요."
"그리고 말입니다. 사단장은 빨리 군사령부 참모들을 보내든가 해가지고 장악을 해서 절대 유혈사태가 안 나도록 해야 할 것 같습니다"
"알았습니다. 그런데 말이에요. 육군본부에서 명령계통이 일률적으로 나와야지 여러 군에서 나오면 안 돼요."
"저희들이 수경사에 있는데 여기서 할 것입니다."

윤성민 참모차장과 통화를 마친 이건영 3군사령관은 제2기갑여단장 이상규* 준장과 1군단 참모장 정진태** 준장, 9사단 참모장 구창회*** 대령을 차례로 전화로 불러 자신의 명령 없이는 절대로 병력을 움직이지 말라고 거듭 다짐을 받았다. 다음은 보안사 감청 녹취록에 있는 이건영 사령관과 이들과의 통화 내용이다.

이건영 사령관 — 이상규 제2기갑여단장
"이상이 있으면 내가 직접 전화를 할 테니까 절대 부대를 옮기면 안 되네."
"예, 알겠습니다."
"그렇게 좀 단단히 부대 장악하고 있어!"
"예, 알겠습니다."
"어디 다른 데서 전화 오더라도 절대 움직이면 안 되네."
"예, 알겠습니다."

이건영 사령관 — 정진태 1군 참모장
"앞으로 외부에서 누가 무슨 부대 출동명령을 내리더라도 내가 직접 연락하기 전에는 부대 출동하지 말게. 완전히 부대 장악을 잘하고 있어!"

★ 이상규는 육사 12기로 중장으로 전역했다. 가스공사 사장으로 재임하다 김영삼 문민정부 출범 후 임기 6개월 남기고 사퇴했다.
★★ 정진태(1934~)는 육사 13기로, 수도군단장, 한미연합사 부사령관(대장)을 지냈다.
★★★ 구창회(1938~)는 육사 18기로, 보안사령관, 3군사령관을 역임했으며, 김영삼 문민정부 출범 직후 하나회 정리 차원에서 전역 조치되었다.

"예, 알겠습니다."

이건영 사령관 — 구창회 9사단 참모장
"총장님이 직접 계엄군을 움직이게 되어 있는데 지금 총장님
이 전화 못할 입장에 있으니까 절대 누구 얘기 듣고 움직이면
안 돼. 사단장도 없으니 그렇게 알아줘."
"알겠습니다."
"오케이."
"들어가겠습니다."
"들어가."

이건영 3군사령관으로부터 병력을 절대로 움직이지 말라는 다짐
을 받았던 이들은 그러나 이미 합수부 측의 명령을 받고 9사단 1
개 연대와 제2기갑여단의 1개 전차대대를 서울로 출동시키기 위
해 준비를 하고 있었다. 불복종과 배반의 밤이었다.

15 12·12의 흐름을 바꿀 수 있었던 9공수여단

유일하게 육본의 지휘를 따른 9공수여단

"야, 아직까지 안 떠나고 뭐하고 있어? 빨리 출동해!"

정병주 특전사령관의 불호령이 떨어졌다. 9공수여단장 윤흥기 준장이 정병주 사령관으로부터 출동 독촉 전화를 받은 것은 12일 밤 11시 30분께였다.

"지원 차량이 아직 도착하지 않았습니다. 차량 도착 즉시 떠나겠습니다."

"그러면 차량이 준비된 병력부터 먼저 출동시켜!"

"알겠습니다."

통화를 마친 윤흥기 준장은 이미 차량에 탑승해 대기 중인 5대대를 이끌고 여단 정문을 나섰다. 밤 11시 40분쯤이었다. 목표는 서울 삼각지 육군본부. 이동 루트는 부대—부평인터체인지—경인고속도로—영등포—노량진—한강대교(인도교)—용산—육군본부 코스였다.

9공수여단은 서울 주변에 배치되어 있는 4개 공수여단 가운데 이날 밤 육본 측의 지휘에 따른 유일한 부대였다. 9공수여단장 윤흥기* 준장은 육사 출신이자 하나회 회원들인 1공수여단장 박희도(육사 12기) 준장, 3공수여단장 최세창(육사 13기) 준장, 5공수여단장 장기오(육사 12기) 준장과는 달리 갑종 출신(35기)이었다. 박희도 준장과 최세창 준장, 장기오 준장은 미리 전두환 합수부장으로부터 연락을 받고 이날 밤 경복궁 30경비단 '생일집 잔치'(12·12 거사 암호명)에 가담했지만, 윤흥기 준장에게는 아무런 사전 연락이 없었다.

9공수여단의 출동은 합수부 측에는 충격이었다. 사태를 역전시키는 결정타가 될 수도 있는 상황이었다. 통금에 가까운 시간이었기에 아무런 저지를 받지 않고 차를 달릴 경우 40~50분이면 서울에 들어올 수 있었다. 한강 다리의 바리케이드가 문제이겠지만 한강 인도교 도착 즉시 바리케이드를 치워주기로 이미 장태완 수경사령관에게 연락이 돼 있었다. 9공수여단은 일단 육본에 도착한 뒤 장태완 수경사령관의 지휘를 받도록 돼 있어 장태완 사령관이 이 병력들에게 경복궁 30경비단과 보안사령부를 점령하도록 명령을 내리면 전두환 보안사령관을 비롯해 합수부 측 장성들의 체포는 시간문제였다.

30경비단과 청와대 경호실 병력 일부가 저항한다 해도 시가전에서 일당백의 특수훈련을 받은 공수부대의 적수가 되지 못할 것은 뻔했다. 전두환 합수부장은 경복궁 모임에 참석했던 박희도 1

★ 윤흥기(1933~2013)는 갑종 35기로, 5·18 당시 전투병과교육사령부(전교사) 사령관직에 있다 교체된 윤흥정 장군의 친동생이다. 1993년 7월 정승화 전 육군참모총장 등과 함께 전두환·노태우 등 12·12 주도 세력 34명을 반란죄 등으로 고소하는 데 주도적 역할을 했다.

공수여단장을 부대로 돌려보내 병력을 동원하라고 지시해놓은 상태였지만 그는 아직 자신의 부대에 도착하지 못했다. 전방부대 동원은 중무장을 해야 하기 때문에 시간이 걸려 경무장으로 신속히 움직이는 공수부대의 기동성을 따를 수가 없다. 합수부 측으로서는 큰 위기였다.

9공수여단이 출동했다는 소식은 보안사 조직을 통해 즉각 합수부 측에 알려졌다. 전두환 합수부장 등 합수부 측 장성들의 얼굴이 하얗게 질린 것은 당연했다. 합수부 측 주요 장성들은 정승화 총장 연행에 대해 대통령의 사후 승인을 얻기 위해 삼청동 공관에 갔다가 대통령 설득에 실패하고 이 시간쯤에는 보안사령관실로 와 있었다.

다음은 당시 보안사 보안처장이었던 정도영의 회고다.

그날 밤 내 방은 급조된 임시 상황실이었다. 각 과장과 계장들에게 자신들의 방에 있는 전화를 가지고 내 방으로 모이라고 했다. 워낙 상황이 급박하게 돌아가 일일이 실무자들이 이 방 저 방으로 뛰어다닐 여유가 없었기 때문이었다. 전군의 움직임을 손바닥 들여다보듯이 체크했다. 우리의 주 업무는 육본 측이 동원하려는 부대의 출동을 저지하는 것이었다. 정신없이 상황 처리를 하고 있는데 갑자기 9공수여단이 출동했다는 보고가 들어왔다.

그것은 큰 충격이었다. 9공수가 한강만 넘는다면 엄청난 희생이 따를 것은 불을 보듯 뻔한 일이었다. 그때까지 전두환 사령관에게 웬만한 보고는 인터폰으로 했는데 이번에는 사령관실로 바로 뛰어올라갔다. 9공수여단 출동 사실을 보고하자 전두환 사령관은 "뭐야?"라며 아주 괴로운 표정을 지었다. 함께 있던 유학성·황영시·차규헌 중장 등도 심한 쇼크를 받은 듯했다. 모두들 한동안 말을 잊고 앉아 있었다.

합수부 측이 9공수여단 출동에 이처럼 심한 충격을 받은 것은 9공수여단의 서울 진입을 막을 뾰족한 방법이 없었기 때문이다. 장태완 수경사령관이 동원을 시도했던 26사단이나 수도기계화사단 및 30사단은 보안사 조직과 육사 선후배 인맥 등을 이용해 출동 저지가 가능했다. 그러나 합수부 측은 9공수여단의 윤흥기 준장과는 아무런 교감이 없었던 것이다. 오로지 육본 측의 윤성민 참모차장과 상호 병력 출동을 하지 않기로 한 신사협정에 기대를 거는 수밖에 없었다.

　9공수여단에 최초로 출동명령이 떨어진 것은 밤 9시가 조금 넘어 육본으로부터였다. 9공수여단 참모장이었던 신수호*는 당시를 이렇게 기억했다.

　비상이 걸려 부대로 달려갔는데 아무도 자세한 상황을 알지 못하고 있었다. 참모총장 공관에서 총소리가 났다는 확인 미상의 소문이 들려와 총장이 저쪽(북한) 테러에 당했나 하는 추측만 무성했을 뿐이었다. 대대장들과 함께 여단장실에 들어가 상황

★ 신수호는 갑종 155기로, 예비역 대령으로 전역한 뒤 민간기업인 고려합섬 비상계획부장을 지냈다.

에 관한 의견을 나누고 있는데 육군본부 작전처장 이병구 준장이 전화로 "9공수는 육본으로 출동하라"고 명령을 내렸다. 이에 대해 여단장은 "그런 식으로 해서는 출동할 수 없다. 지휘계통을 밟아서 정식문서로 명령을 해달라"면서 "차량도 지원해달라"고 요청했던 것으로 기억된다.

여단장이 정식 지휘계통을 문제 삼은 것은 10·26 당시 우리 여단이 특전사령부를 거치지 않고 정승화 참모총장으로부터 직접 출동 지시를 받았다고 해서 구설수에 올랐던 일이 있었기 때문이었을 것이다.

이병구 준장은 곧 전통문을 내려보낸다면서 출동하라고 했다. 이 전화에 이어 바로 정병주 사령관으로부터 윤흥기 여단장에게 전화가 걸려왔다. 정병주 사령관은 "비상이 걸렸는데 다른 여단에 전화해보니 여단장들이 한 놈도 없다"면서 "병력들에게 실탄을 지급하고 육본으로 출동하라"고 지시했다.

이보다 앞서 전군에 '진돗개 하나' 비상이 걸린 직후 윤흥기 여단장은 9사단장 노태우 소장으로부터 전화를 받았다. 그는 노태우 소장과는 오래전부터 아는 사이였다. 1950년대 말 육군정보학교 어학과정(영어반)을 1년 동안 같이 다녔다.

그때는 윤흥기 대위, 노태우 중위였다. 두 번째 인연은 9공수 여단장인 노태우 준장이 1978년 1월 청와대경호실 작전차장보로 옮겨갈 때 그 자리를 윤흥기 준장이 이어받은 것이다.

'진돗개 하나' 비상이 발령되고 바로 노태우 소장으로부터 전화가 왔다. 관사의 일반전화를 통해서였다(윤홍기 단장은 당시 영내 관사에 거주하고 있었다). 그때는 전화 사정이 지금보다 좋지 않은 탓도 있었지만 웬일인지 전화는 잡음이 심해 노태우 소장이 무슨 소리를 하는지 잘 알아들을 수 없었다. 다만 병력 출동 어쩌고 해 마침 비정규작전 비상인 '진돗개 하나' 비상이 걸린 터라 9사단 지역에 간첩이 출몰, 나에게 병력 지원을 요청하는 것이 아닌가 하는 생각을 했다. 그렇다면 상부에서 정식 명령이 내려올 것이므로 내가 알았다며 전화를 끊었다.

지금 와 생각해 보니 총장 공관에서 총격전이 벌어지고 상황이 예기치 않게 돌아가자 수도권의 4개 공수여단 가운데 자신들의 휘하에 들어와 있지 않은 내가 정병주 사령관의 지시를 받고 출동할까봐 미리 병력 출동 자제를 부탁하기 위해 전화를 했던 것 같다.

물론 그는 노태우 소장이 경복궁 30경비단장실에 가 있다는 사실을 알 수 없었다. 이날 낮 9공수여단 인근에 위치한 5공수여단(여단장 장기오 준장)에서는 정병주 특전사령관이 참석한 가운데 전술 토의가 하루 종일 열렸다. 이 토의에는 각 여단장과 특전사령부 참모들이 참가했다. 윤홍기 당시 준장의 계속되는 증언을 들어보자.

토의가 끝날 즈음 나는 "모처럼 우리 지역에 왔으니 저녁을 대접하겠다"고 참석자들에게 쪽지를 돌렸다. 그러나 정병주 사령관은 물론 1·3·5여단장들 모두가 약속이 있다며 'NO' 사인을 했다. 그러면 할 수 없지 하고 포기하고 말았는데 나중에 알고 보니 정병주 사령관은 전두환 합수부장이 정병주 사령관과 장태완 수경사령관 등을 유인하기 위해 마련한 저녁 식사 모임에 참석키로 되어 있었고, 여단장들은 경복궁 30경비단장실에 갈 참이었다. 나는 전혀 상황을 모르는 채 이날 밤 사태를 맞게 됐던 것이다.

9공수여단이 밤 9시쯤 출동명령을 받고 실제로 출동한 것은 두 시간가량이 지난 뒤였다. 9공수여단은 상부로부터 정확한 상황 설명을 듣지 못한 데다 차량 지원이 늦어져 바로 출동하지 못했던 것이다. 당시 9공수여단에는 5분대기조인 1개 대대만을 수송할 차량밖에 없었다. 충남 서산으로 야외 훈련을 나간 3대대를 제외하더라도 2개 대대를 수송할 차량이 더 필요했다. 육본은 처음에는 1공수여단이 보유하고 있는 차량을 9공수여단으로 보내라고 1공수여단 상황실에 지시했다.

경복궁 모임에 가담한 박희도 준장이 1공수여단 출동을 막고 육본의 지휘하에 있는 9공수여단의 출동을 지원하기 위한 일석이조의 계책이었다. 그러나 합수부 측의 지휘를 받고 있는 1공수여단이 육본의 지시를 받아들일 리 만무했다. 육본은 뒤늦게 3군수지원사령부에 9공수여단에 차량을 지원하라고 지시했다. 이 과정에서 상당한 시간이 흘렀으며 합수부 측에서도 3군수지원사령부에 차량 지원을 하지 말도록 압력을 넣어 9공수여단 차량 지원은 더욱 지체됐던 것으로 보인다.

9공수여단 출동이 늦어진 또 하나의 이유는 특전사 작전처장인 신우식* 대령의 소극적 자세 때문이었다. 그는 상황 발생 직후 동향 후배이기도 한 장세동 30경비단장과의 통화를 통해 사태의 흐름을 알고 있었다. 그는 9공수여단 출동을 막기 위해 고의적으로 정병주 사령관의 지시를 지연시켰던 것이다.

정병주 특전사령관이 9공수여단에 병력 출동 독촉 전화를 한 것은 장태완 수경사령관으로부터 병력을 출동시켜 달라는 다급한 요청을 받고서였다. 장태완 사령관은 합수부를 치기 위해 이곳저곳에 병력 출동을 요청했으나 처음에는 병력을 지원해주겠다던 사단장들이 상부 지시가 없다는 이유로 병력 출동이 곤란하다는 입장으로 돌아섰다. 어떤 사단장은 아예 자리를 피하고 전화조차 받지 않았다. 통신을 완전히 장악하고 있던 합수부 측이 장태완 사령관이 병력 출동을 요청한 부대를 대상으로 집중적인 출동 저지 공략을 폈기 때문이었다. 장태완 사령관은 마지막으로 정병주 특전사령관에게 전화를 걸어 매달렸다.

"큰일 났습니다. 1공수가 쳐들어온다는데 아무도 움직여주지 않습니다. 우리는 이제 어떻게 하지요?"

"걱정 마라. 내가 9공수를 주지."

"자신 있어요?"

"자신 있지. 윤흥기 장군(9공수여단장)은 믿을 수 있어."

"그럼 당장 보내주세요. 윤흥기 장군이 노량진에 도착해 나에

★ 신우식(1934~)은 육사 14기로 하나회 회원이다. 12·12 당일 발표된 진급심사에서 준장으로 진급해 다음 해 초 7공수여단장에 임명됐다. 5·18 당시 광주에 투입된 7공수 33대대와 35대대를 지원하기 위해 광주 전교사령부에 상주했다. 사단장 등을 역임한 뒤 소장으로 예편, 한국관광공사 감사직을 지냈다.

게 직접 전화하면 인도교를 통과할 수 있도록 조치하겠습니다."

장태완 사령관은 자신이 있는 곳의 전화번호를 정병주 사령관에게 알려주었다. 정병주 사령관은 장태완 사령관과 통화를 마치고 바로 윤흥기 여단장에게 출동을 독촉하는 전화를 걸었던 것이다. 다음은 윤흥기의 증언이다.

정병주 사령관으로부터 밤 9시가 조금 넘어 전화로 출동명령을 받았다. 인근 3군수지원사령부에 차량 지원을 요청, 차량이 도착하기를 기다리고 있는데 다시 정병주 사령관이 전화를 해 왜 아직 안 떠났느냐고 호통을 쳤다. 11시가 훨씬 넘은 시간이었다. 나는 차량 사정도 있고 통상 병력 이동은 시민들의 눈에 안 띄는 심야를 이용하기 때문에 통금이 시작되는 자정 이후에 병력을 출동시킬 생각이었다(당시는 통행금지가 있었다). 정병주 사령관은 한시가 급하다고 즉시 육본으로 출동하라고 지시했다. 이어 수경사 헌병 병력들이 한강 다리를 모두 차단하고 있을 것이라면서 일단 노량진 한강 인도교 초소까지 가서 장태완 수경사령관에게 전화를 걸라고 했다. 그는 장태완 사령관이 있는 곳의 전화번호를 알려주면서 육본에 가서도 이곳에 전화를 해 장태완 사령관의 지휘를 받으라고 말했다. 나는 참모장에게 차량이 도착하는 대로 즉시 뒤따라오라고 지시하고 여단 5분대기조인 5대대를 이끌고 육본을 향해 출동했다. 나는 출동하면서 정병주 사령관에게 전화를 했으나 웬일인지 전화가 연결되지 않아 그대로 출발했다.

9공수여단의 출동과 회군

9공수여단이 부대를 출발할 무렵 최세창 3공수여단장은 전두환 합수부장의 지시로 정병주 사령관을 체포하기 위해 여단 병력을 이끌고 사령부를 공격하고 있었다. 윤흥기 여단장은 이러한 상황을 까맣게 모른 채 서울을 향해 길을 재촉했다.

윤흥기 9공수여단장이 5대대(대대장 주원탁 중령) 병력을 이끌고 부대 정문을 나선 직후부터 9공수여단 상황실에는 신분을 밝히지 않는 전화가 쇄도하기 시작했다. 출동을 독려하는 전화도 있었지만 대부분 병력 출동을 중지시키라는 전화였다. 9공수여단 참모장이었던 신수호 대령의 증언이다.

여단장이 부대를 나선 것은 밤 11시 40분쯤이었던 것 같다. 이때부터 정체불명의 전화가 상황실로 쏟아져 들어왔다. 누구냐고 물어보면 빨리 병력을 돌리라고 호통을 칠 뿐 신분을 밝히지 않았다. 어떤 사람은 마구 욕을 하면서 협박하기도 했다. 아마 상황이 불분명한 상태에서 나중에 책임 문제가 따를 것을 두려워하는 것 같았다. 10분쯤 지났는데 부대 정문으로 빨간 성판 불빛이 선명한 지프가 들어왔다. 여단장이었다. 상황장교가 병력을 복귀시키라고 고함치는 전화를 받고 급한 김에 나에게 보고도 하지 않은 채 출동한 부대에 돌아오라고 무전을 쳤던 것이다. 무전을 받은 여단장은 경인고속도로에 진입하기 직전 부평 인터체인지 입구에 병력을 대기시켜놓고 혼자서 부대로 돌아왔다. 여단장은 나에게 왜 돌아오라고 무전을 쳤느냐고 화를 냈다. 나는 상황장교가 잘못 알고 그런 것 같다며 바로

12·12 당시 수도권 4개 공수여단 가운데 유일하게 육본의 지휘를 받았던 9공수여단의 출동은 합수부 측에 치명적 타격을 가할 수 있었다. 그러나 합수부 측의 기만작전으로 출동이 좌절되었다. 사진은 정병주 특전사령관이 1978년 1월 9공수여단장 이취임식에 참석, 신·구 여단장(뒷줄 가운데가 신임 여단장 윤흥기 준장, 그 옆이 전임 노태우 준장) 등과 함께 연단으로 가고 있는 모습이다.

가시면 차량이 오는 대로 뒤따라 가겠다고 말씀을 드렸다.

그러나 이날 밤 9공수여단의 후속 부대는 끝내 부대 정문을 나서지 못했다. 경인고속도로를 타고 서울로 향하던 5대대 병력들도 본부의 무전을 받고 복귀했다. 윤성민 참모차장이 병력 복귀 지시를 내렸던 것이다.

그는 9공수여단의 출동 사실을 모르고 있다가 합수부 측 장성들이 쌍방 간 병력을 출동시키지 않기로 한 신사협정 위반이라며 격렬히 항의하자 9공수여단에 직접 전화를 걸어 병력 복귀를 지시했다. 그러나 이 시각 합수부 측의 1공수여단은 박희도 여단장의 지휘하에 행주대교를 건너고 있었고, 특전사령부에서는 최세창 준장이 지휘하는 3공수여단에 의해 직속상관인 정병주 사령관의 체포 작전이 끝나가고 있었다. 또 9사단 및 30사단의 1개 연대와 제2기갑여단 1개 전차대대는 중무장한 채 중앙청을 향해 남하 준비를 하고 있었다.

16 보안사의 통신 장악으로 가능했던 병력 봉쇄

운명을 바꾼 9공수여단의 회군

12·12 사건의 시작과 끝만 보면 12·12는 일반 국민들에게 정승화 총장 연행 과정에서 발생한 단순 총격전 정도로 비치기 쉽다. 12월 13일 아침 서울 한남동과 용산 지역 시민들도 지난 밤에 이 지역에서 간헐적으로 들렸던 총소리에 뭔가 심상치 않은 사건이 벌어졌겠거니 정도로만 짐작했을 뿐이다. 대부분의 국민은 간밤에 우리 군끼리 대규모 충돌이 일어나 서울 시내가 온통 불바다가 되고 수많은 사상자가 났을 수도 있는 심각한 상황이 반전에 반전을 거듭하면서 숨 가쁘게 전개된 과정에 대해서는 까맣게 모르고 있었다.

군이 두 쪽 나 수 개월에 걸치는 내전이 벌어지고 하루아침에 나라가 망해버릴 수도 있는 위기 상황이었다는 당시 군 관계자들의 증언은 결코 과장이 아니었다. 국민들이 잠들어 있는 사이에 이처럼 엄청난 일이 벌어졌던 것이다.

육본과 합수부 측은 쌍방의 병력 출동이 어떤 결과를 가져올 것인지를 알고 있었다. 그래서 한때 쌍방 간에는 상호 병력을 동원하지 말자는 신사협정이 맺어지기도 했다. 그러나 수도권 변란의 1차적 진압 책임자인 장태완 수경사령관은 합수부 측을 반란군으로 규정하고, 이를 무력 진압하기 위해 육본 수뇌부의 타협적 자세와는 달리 수도권의 충정부대를 대상으로 병력 출동을 독촉하고 있었다.

합수부 측은 장태완 수경사령관의 병력 동원 시도에 자극받기도 했지만 정승화 총장의 연행을 기정사실화하고 군의 주도권을 장악하기 위해 육본 측의 병력 출동을 적극 저지하면서 한편으로 자기 측 병력을 본격 동원하기 시작했다. 최규하 대통령이 정승화 총장의 연행을 인정하지 않고 있는 상황에서 어정쩡하게 머뭇거리다 날이 새면 모든 것이 끝난다는 초조감이 그들을 사로잡았다. 주사위는 이미 던져졌고 여기서 물러나면 파멸이 있을 뿐이었다.

전두환 합수부장은 1·3·5공수여단장들에게 잇달아 지시를 내렸다. 경복궁 30경비단 모임에 참석했던 이들 여단장 가운데 3공수여단의 최세창 준장과 5공수여단의 장기오 준장은 비상령이 떨어진 후 자신들의 부대를 장악하기 위해 부대로 돌아갔고, 1공수여단의 박희도 준장은 한발 늦게 행주대교로 우회해서 귀대해 있었다.

3공수여단은 특전사령부를 공격해 정병주 사령관을 체포하는 임무가 부여됐다. 1공수여단의 공격 목표는 육본과 국방부였다. 5공수는 효창운동장으로 출동해 대기하라는 지시를 받았다.

합수부 측은 공수여단 외에도 9사단(사단장 노태우 소장)과 30사단(사단장 박희모 소장)의 각 1개 연대, 제2기갑여단(여단장 이상규 준장)의 1개 전차대대도 중앙청으로 출동하라고 지시했다. 이런 와중에서 9공수여단이 정병주 특전사령관의 지시로 출동했다는 급보가 합수부 측에 날아들었다.

자정이 조금 안 되어서였다. 합수부 측 장성들은 대경실색했다. 시간상 9공수여단은 자신들이 동원한 병력들보다 먼저 서울에 들어올 것이고 1차 공격 목표는 합수부 측의 본거지인 보안사와 경복궁 30경비단일 것이 분명했다. 보안사령관실에 모여 있던 합수부 측 장성들은 제각기 전화통을 붙잡고 여기저기 전화를 걸어 9공수여단 출동을 저지하기 위해 안간힘을 썼다. 당시 보안사 관계자 C의 증언이다.

9공수여단 출동보고를 받고 침통한 분위기에 빠졌던 장성들은 가만히 있다가는 큰일 나겠다며 모두 전화통을 붙잡았다. 유학성 중장과 황영시 중장은 수경사령관실에 전화를 걸어 그곳에 모여 있는 육본 수뇌부에 "왜 병력을 서로 동원하지 않기로 한 신사협정을 깼느냐, 약속 위반이다, 빨리 9공수여단의 출동을 중지시키고 병력을 부대로 복귀시켜라"며 격렬하게 항의했다. 그쪽에서는 윤성민 참모차장이 나와 서로 한동안 고함을 치며 옥신각신하는 것 같았다. 백운택 준장은 전화통이 부족해 사령관부속실로 뛰어나가 어디론가 전화를 했다. 정도영 보안처장은 사령관 비서실에 가서 특전사 작전처장 신우식 대령에게 전화를 걸었다. 두 사람은 육사 동기생이었다. 정도영 보안처장은 무슨 수단을 써서라도 9공수의 출동을 중지시켜야 한다고 말했다. 신우식 대령은 아직 9공수의 출동을 모르고 있는 듯했다. 이미 정도영 보안처장으로부터 그간의 상황을 전해 들어 알고 있었던 신우식 대령은 최선을 다하겠다고 했다는 것이다.

사령관 비서실장실에서는 허화평 비서실장이 역시 육사 동기생·선후배 등 자신의 인맥을 통해 쉴 새 없이 각 부대와 전화 연락을 하고 있었다. 이곳에서 전화를 걸었던 정도영 보안처장은 곁에 있던 허삼수 대령과 같이 자신의 방으로 돌아왔다. 이날 밤 보안사령부 임시상황실로 운영되었던 그의 방에서도 보안처 간부들이 9공수여단에 전화를 걸어 병력을 돌리려고 총력을 다하고 있었다. 한 간부는 9공수여단 보안반장 임 모 소령에게 전화로 "야, 병력이 출동하는데 뭐 하고 있어? 차 앞에 드러누워 깔려 죽는 한이 있더라도 막아야 할 것 아니야!"라고 소리쳤다. 임 소령은 9공수여단 상황실에 참모장 신수호 대령이 남아 있다고 보고해왔다. 신수호 대령은 보안처 2과장 오일랑(예비역 준장. 한국경제 정책평가연구원 이사장 역임) 중령과 갑종 155기 동기생이었다. 오일랑 중령이 전화통을 붙잡고 신수호 대령을 설득했다.

"야, 신수호! 너 큰일 났다. 9공수 출동했다는데 잘못하면 너의 여단장 다치고 너도 다친다. 빨리 돌아오도록 해라."

"쓸데없는 소리 마라. 부대장이 상부 명령받고 나갔는데 참모장인 내가 어떻게 복귀시킨다는 거냐. 나는 못한다."

"시간도 없고 정말 큰일 났는데."

"무슨 일인지 차근차근 이야기 좀 해봐라."

신수호 대령은 그때까지 정확한 상황을 모르고 있었다. 오일랑 중령은 정승화 총장의 연행 배경과 현재 상황에 대해 설명했다. 오일랑의 회고는 이렇다.

나는 동기생인 9공수 참모장 신수호 대령이 상황실에 있다는 것을 알고 내가 설득하겠다고 나섰다. 정승화 총장이 김재규의 박정희 대통령 시해사건에 깊이 관련되어 있다는 사실과 그날 밤 총장 공관 총격전 경위를 설명했다. 그리고 이미 정병주 사령관이 체포된 사실 등 대세가 합수부 쪽으로 완전히 기울어 있다고 알리고 병력을 복귀시키지 못하면 역사의 죄인이 될 것이라고 말했다. 그는 알았다며 바로 부대 복귀 무전을 치겠다고 했다.

신수호는 9공수여단 회군 경위에 대해 조금 다르게 설명했다. 오일랑 중령의 전화를 받았을 때는 이미 윤성민 참모차장의 지시로 병력 복귀 무전을 쳤고 병력들이 돌아오는 중이었다는 것이다. 윤성민 참모차장은 유학성 중장 등 합수부 측 장성들이 9공수여단 출동에 대해 약속 위반이라며 항의하자 9공수여단 상황실에 전화를 걸어 부대 복귀를 명령했었다.

내가 나머지 병력을 이끌고 여단장을 뒤따라가려고 하는 순간 윤성민 참모차장으로부터 전화가 왔다. 우리 여단이 출동한 뒤부터 상황실로 무수한 전화가 걸려왔는데 신분을 밝힌 것은 윤성민 참모차장뿐이었다. 그는 "내가 지휘하고 있다. 9공수를 복귀시키라"고 지시했다. 나는 부여된 임무를 확인하기 위해 특전사령부에 전화를 걸었지만 아무도 받지 않았다. 그 시간에 사령관의 체포 작전이 실시되고 있었다는 것은 나중에야 알았다. 나는 총장이 유고라는 사실은 알고 있었기에 윤성민 참모차장의 지시대로 일단 부대 복귀 무전을 치라고 지시했다. 조금 후 부대가 돌아오고 있다는 보고가 들어왔다. 그때 오일랑 중령에게서 전화가 왔다. 그때까지 아무도 자세한 상황 설명을 해주지 않아 나는 부대 복귀 사실을 알리지 않은 채 그에게 상황을 물어봤던 것이다.

9공수여단 5대대 병력은 경인고속도로 부천 인터체인지에 못 미처 복귀 명령 무전을 받았다. 병력을 실은 차량은 인터체인지로 일단 빠져나가 굴다리를 통해 다시 고속도로로 올라와 회군했다. 복귀 무전이 조금만 늦었어도 5대대 차량은 부천 인터체인지를 통과했을 것이고, 그러면 중간에 빠지는 길이 없어 일단 영등포까지 가야 한다. 그렇게 됐을 경우 9공수여단은 마침 행주대교 쪽으로 출동 중인 1공수여단과 조우했을지도 모른다.

윤흥기 여단장은 깜짝 놀라 참모장 신수호 대령에게 병력을 어떻게 복귀시켰느냐고 물었다. 신 대령은 윤성민 참모차장의 지시와 보안사 오일랑 중령과의 통화 내용을 설명했다. 윤 여단장은 "큰일 났다"며 한동안 망연자실했다.

그는 여단장실로 들어와 이곳저곳에 전화를 했다. 사령부와는 통화가 안 됐다. 장기오 5공수여단장에게 전화해 어떻게 된 일이냐고 물었더니 잘 모르겠다며 "형님과 행동을 같이하겠다. 형님이 출동하면 나도 출동하고 안 하면 나도 안 한다"고 했다고 윤흥기는 당시를 회고한다. 윤 여단장은 중앙정보부장서리 이희성 중장으로부터도 전화를 받았다. 이희성 중장은 그에게 병력을 출동시키지 말라고 다짐을 받았다.

윤홍기는 나중에 "그때 정병주 사령관이 상황을 정확히 설명해주고 합수부 측을 진압하라고 했으면 도중에 돌아오지 않고 무슨 일이 있더라도 그 명령을 수행했을 것이다. 상황을 자세히 알려주지 않은 것이 그 양반의 실수였다"고 아쉬움을 표시했다.

정병주 사령관이 상황 초기부터 9공수여단에 사건의 경위를 자세하게 알리고 출동을 계속 독려했더라면 9공수여단은 한강을 건넜을 것이고 12·12 사태는 전혀 다른 양상으로 전개되었을 것이다. 이날 밤 합수부 측은 여러 차례 결정적 위기를 맞았으나 그때마다 운명의 여신은 합수부 측에 미소를 지었다. 9공수여단 출동과 복귀를 둘러싼 위기 상황도 그런 예의 하나였다.

9공수여단 복귀 보고를 받은 전두환 합수부장은 자리에서 벌떡 일어나 "그래? 참모장이 누구야. 신수호? 몇 기지?"라며 반색을 했다. 합수부 측 다른 장성들도 가슴을 쓸어내리며 기뻐했다. 그들의 얼굴에 비로소 화색이 돌기 시작했다. 그들이 9공수여단 출동 소식에 얼마나 놀랐는지를 뒷받침하는 장면이다.

보안사 통신 장악이 가져온 행운

그러나 합수부 측이 완전히 마음을 놓기에는 아직 일렀다. 장태완 사령관이 동원하려고 하는 수도기계화사단과 26사단의 출동을 완전히 봉쇄할 필요가 있었다. 공교롭게도 장태완(종합 11기) 수경사령관과 수도기계화사단 손길남(종합 29기) 사단장, 26사단 배정도(종합 6기) 사단장은 모두 육군종합학교 출신으로 서로 호형호제하며 아주 친한 사이였다.

수도기계화사단(수기사)은 전 사단 병력이 전차와 장갑차로 무장되어 있어 이 부대가 일단 서울로 진입하면 막을 방법이 없는 형편이었다. 장태완 수경사령관은 수차례 손길남 사단장과 통화해 병력을 서울운동장*으로 출동시켜줄 것을 독촉하고 있었다. 정도영 보안처장은 수기사 보안부대장 최우천 중령에게 "무슨 일이 있더라도 수기사 병력 출동을 막으라"고 전화로 지시했다. 또한 군단 보안부대장에게 수기사와 서울 간 통로 두 군데를 차단하도록 했다. 보안처장실에 함께 있던 정보처장 권정달 대령도 육사 동기생(15기)인 수기사 포병단장 김도수 대령에게 수기사의 출동을 막도록 했다. 김도수 대령은 자신의 지휘하에 있는 포차 수십 대를 동원, 경춘국도 다리목에 차량 바리케이드를 쳐서 어떤 병력도 서울로 들어갈 수 없도록 할 계획이었다.

26사단은 허삼수 인사처장이 맡았다. 그는 26사단 보안부대장 김현 중령에게 전화를 걸어 서울의 상황을 설명해주고 26사단의 출동을 막으라고 했다. 26사단장 배정도 소장은 이날 저녁 사단 보안부대장 김현 중령과 함께 유격훈련장 공사 감독 겸 격려차 나와 공사 현장에서 관련 장교들을 불러 회식을 하고 있었다. 허삼수 대령으로부터 연락을 받은 김현 중령은 사무실에 있던 조니워커 한 병을 가져와 배정도 소장과 함께 혀가 돌아갈 정도로

★ 서울운동장은 현재 서울 종로구 DDP(동대문디자인플라자) 자리에 있었던 종합운동장이다. 일제강점기인 1925년에 건립되었으며 해방 후 수많은 국내 및 국제경기가 열렸던 우리나라 근현대 스포츠의 메카였다. 1986년 서울아시안 게임과 1988년 서울올림픽을 앞두고 잠실에 건립된 운동장 이름이 서울종합운동장으로 확정된 뒤 명칭이 동대문운동장으로 바뀌었다가 2007년 DDP 건립을 위해 철거돼 역사 속으로 사라졌다.

전두환 보안사령관 시절, 보안사 참모들과 기념촬영을 하고 있다. 왼쪽부터 이학봉 대공처장, 허화평 비서실장, 정도영 보안처장, 전두환 보안사령관, 권정달 정보처장, 허삼수 인사처장이다. 이들은 12·12 군사반란에서 핵심 역할을 담당했다.

마셨다. 배정도 소장이 긴급 연락을 받고 사단장실로 돌아와 장태완 수경사령관과 통화를 했지만 상황 대처가 쉽지 않았다. 거기다가 김현 중령이 허삼수 대령에게서 들었던 대로 설명을 하고 출동을 막았다. 그는 고민 끝에 쓰러져 잠이 들어버렸던 것으로 전해지고 있다.

26사단의 출동 저지에는 사단 포병단장인 이경희 대령의 역할도 컸다. 그는 육사 14기 동기생인 정도영 보안처장과 육사 후배인 허삼수 대령으로부터 전화 연락을 받았다. 그는 서울의 소요사태 진압을 알기 위해 항상 출동대기 상태에 있는 75연대 연대장 이학건(육사 16기) 대령에게 전화해 서울의 상황을 설명한 뒤 자기 말 외에는 누구의 지시도 받지 말라며 출동을 못하도록 했다. 사단의 나머지 2개 연대 연대장에게는 이학건 대령을 통해 같은 내용을 전달해 출동을 막았다. 이와 함께 자신의 대간첩작전 구역 안에 있는 전 부대에 발령된 '진돗개 하나' 비상을 해제해버리고 영외 거주 장교들을 귀가시켜 병력 출동이 원천적으로 불가능하게 만들었다.

30사단에 대해서도 비슷한 조치가 취해졌다. 30사단장 박희모(갑종 9기) 소장은 장태완 수경사령관에게 병력을 동원해 1공수여단과 9사단 병력의 서울 진입을 막으라는 지시를 받고 있었다. 박 소장은 정승화 총장이 자신을 수도권의 주요사단인 30사단장으로 임명할 때 장태완 사령관의 의견을 많이 참작했다는 사실을 알고 있었다. 이와 함께 정도영 보안처장으로부터는 병력을 출동하지 말라는 전화를 받았다. 박희모 소장은 2군단 참모장으로 근무할 때 정도영 대령이 그곳 보안부대장이었던 인연으로 서로 잘 알았다.

 박 소장은 양쪽으로부터 상반된 지시를 받고 심한 고민을 했다. 결국 그는 합수부 측의 지시를 받아들여 병력을 움직이지 않았다. 만약 박희모 소장이 장태완 수경사령관의 지시대로 병력을 동원, 행주대교와 구파발 지역을 봉쇄했더라면 1공수여단과 9사단 및 제2기갑여단의 서울 진입은 불가능했을 것이다. 박희모 소장은 나중엔 황영시 군단장의 지시를 받고 사단 예하 90연대(연대장 송응섭★ 대령)의 출동을 허용해줬다.

 합수부 측은 이처럼 보안사의 완벽한 통신 장악 능력을 활용해 육본 측의 움직임을 손바닥 들여다보다시피 파악하면서 하나회·육사 선후배·보안사 조직 등을 통해 육본 측의 병력 동원을 철저히 차단하는 한편 자기편의 병력을 서울로 불러들여 대세를 결정지었다. 정승화 총장이 대통령 시해사건 현장 인접한 곳에 있었다는 사실이 널리 알려져 있어 정승화 총장 연행에 대한 합수부 측의 설득이 쉽게 먹혀들어간 특수한 사정이 있었기는 하나, 이날 밤의 상황은 군 내의 사조직이나 인연이 군의 공식적인 지휘 계통에 앞서 무서운 위력을 발휘할 수 있다는 사실을 잘 보여주었다.

★ 송응섭(1937~2012)은 육사 16기로, 하나회 소속은 아니었지만 황영시 1군단장의 지시로 12·12에 가담했다. 그 후 51사단장, 7군단장 등을 거쳐 당시 대장보직이었던 합참 1차장직에 올랐다.

제3부
12월 13일
새벽의 대이동

17   행주대교 통해 서울로 진입한 1공수여단

1공수여단장 박희도에게 떨어진 전두환의 명령

"박 장군, 지금 즉시 부대로 돌아가서 병력을 출동시켜 국방부와 육본을 점령해!"

전두환 합수부장은 1공수여단장 박희도 준장에게 귓속말로 은밀히 지시했다. 12일 밤 11시가 조금 안 된 시각, 삼청동 공관에 서였다. 전두환 합수부장, 유학성·황영시 중장 등 합수부 측 장성 6명이 공관에 들어와 정승화 총장 연행 사후결재를 요청했으나 최규하 대통령은 요지부동이었다. 국방부장관을 거쳐 정식 절차를 밟으라는 당초의 입장을 바꿀 기미가 전혀 보이지 않고 있었다. 장태완 수경사령관은 경복궁에 모여 있는 정승화 총장 연행 관련자들을 전원 체포 또는 사살하겠다고 엄포를 놓고 있었다.

이날 밤 전두환 합수부장이 몇 시쯤 어디에서 1공수여단에 출동 지시를 했는지는 관계자들의 증언 기피로 명확치 않다. 그러나 12·12 사태 후 1공수여단의 상황일지와 박희도 1공수여단장의 증언을 토대로 작성한 보고 자료에는 박희도가 삼청동 공관에서 전두환으로부터 지시를 받은 것으로 돼 있다. 다음에 기술되는 1공수여단의 출동 및 임무 수행 과정은 주로 이 보고서를 참고했다.

박희도 준장은 승용차 편으로 30경비단으로 돌아왔다. 그곳에는 삼청동 공관에 가지 않았던 노태우 9사단장과 박준병 20사단장이 남아 있었다.

박희도 준장은 삼청동 공관의 상황을 설명한 뒤 자신의 여단에 전화를 걸어 병력을 출동 대기시키라고 지시했다. 그는 특히 여단 5분대기조인 2대대는 차량에 탑승한 채 대기하라고 대대장에게 직접 지시했다. 30경비단장실 입구에는 그의 지휘 지프인 작전 1호가 시동을 건 채 대기하고 있었다. 박희도 준장이 지프에 뛰어 올라타자 운전병은 액셀러레이터를 힘껏 밟았다. 밤 11시가 조금 넘은 시간이었다.

경복궁을 나선 지프는 내자호텔★ 앞에서 우회전, 비상등을 켠 채 전속력으로 신촌 쪽으로 질주했다. 순식간에 제2한강교(지금의 양화대교) 입구에 도착했다. 그러나 다리 입구는 겹겹이 바리케이드가 설치돼 있고 수경사 소속 헌병들이 삼엄한 검문을 하고 있었다. 다리 위에도 수백 대의 차량이 꼼짝없이 묶여 그대로 거대한 바리케이드가 되어 있었다. 장태완 수경사령관은 이미 1공수여단이 서울로 진공해온다는 보고를 받고 다리 남단과 북단을 막아 그 안에 묶인 차량들을 바리케이드로 이용하라고 지시해놓고 있었다. 서울 시내 전 수경사 검문소에는 합수부 측 장성들의 체포 지시가 내려진 상태였다.

★ 내자호텔은 서울 종로구 경복궁역 7번 출구 앞에 있던 건물이다. 일제강점기인 1935년 국내 최초의 아파트로 건립됐으며, 해방 후 미군정기에 호텔로 리모델링해 주한미군 장병들의 숙소와 위락시설 등으로 사용되다가 1990년 사직로 확장 공사 당시 철거되었다.

박희도 준장은 이때 "아, 모든 것이 수포로 돌아가는구나 하는 절망적인 생각이 들었다"고 나중에 보고서에서 밝혔다.

박희도 준장이 망연자실한 상태에서 우회로를 생각하고 있을 때 1공수 참모장인 이기룡 대령으로부터 무전 연락이 왔다.

"여단장님, 어디 계십니까?"

"제2한강교 앞이다."

"저희들은 지금 제2한강교 중간에 갇혀 있습니다. 모든 한강 다리가 막혀 있는데 수경사 관할 밖인 행주대교만 아직 괜찮은 것 같습니다. 그쪽으로 나오십시오."

"알았다. 너희들도 가능한 한 빨리 귀대하라."

1공수 참모장 이기룡(육사 17기) 대령과 작전참모 권대포 소령은 1공수여단 출동에 앞서 통로 개척 차 나왔다가 제2한강교에서 오도 가도 못하고 묶여 있었다.

박희도 준장은 운전병에게 차를 수색 쪽으로 돌리라고 지시했다. 지프는 다시 폭주하기 시작했다. 차가 수색로를 달리고 있을 때 여단 상황실에서 또 무전이 왔다. 주번사령인 군수참모였다.

"여단장님, 우리 여단 보유 차량을 9공수여단으로 보내라는 사령부의 지시입니다."

"사령부의 지시를 듣지 마라. 내가 귀대할 때까지 전 여단 병력을 차량에 탑승시키고 대기하라."

행주대교를 건너기까지 30사단 관할 초소가 몇 개 있었으나 헌병들이 지프의 별판을 보고 바리케이드를 열어 통과시켜 주었다. 아직 이곳까지는 자세한 상황 전파가 안 이루어졌던 것이다. 박희도 준장이 서울 시내의 삼엄한 검문에 걸리지 않고 무사히 귀

1공수여단은 12·12 당시 합수부 측의 주력 부대였다. 1공수여단장 박희도 준장은 여단 병력을 이끌고 육본과 국방부를 점령함으로써 육본 측의 저항의지를 꺾었다. 사진의 중앙 선글라스 낀 사람이 정병주 특전사령관, 오른쪽이 박희도 1공수여단장, 왼쪽 끝은 윤흥기 9공수여단장. 1978년 서해안의 한 해변에서 해양훈련 중 정 사령관이 부하 지휘관들과 백사장을 걷고 있는 모습이다.

대한 것은 운이 좋아서였다.

1공수여단의 서울 진입 과정

1공수여단이 이날 밤 최초로 상황을 접수한 것은 밤 8시 15분쯤 수경사 연락장교로부터였다. 1공수여단은 10·26 후 수경사에 작전 배속된 상태여서 수경사와 직접 연락 통로를 유지 하고 있었다.

"19시 30분에 육군참모총장 공관에서 총격전이 발생, 수경사 예하에 '진돗개 하나'가 발령되어 있으며, 수경사 소속 헌병 1개 소대가 현장에 출동했다"는 내용이었다. 이어 5분 후 특전사령부에서 '진돗개 하나' 비상이 발령돼 왔다. 밤 8시 43분께 수경사 연락장교는 "전 여단 병력 실탄 분배 후 차량 탑승 대기하라"고 전화로 알려왔다. 1공수여단은 그러나 여단장의 소재가 파악되지 않아 우왕좌왕했다. 9시 45분쯤 박희도 여단장이 전화로 경복궁 30경비단에 있다고 위치를 밝히고 육본으로 병력을 출동하라는 지시를 내렸다.

여단 참모장 이기룡 대령은 이 지시에 따라 밤 9시 51분쯤 각 대대장을 집합시켜 출동명령을 내리고 특전사령부 지시는 받지 말라고 했다. 1공수여단은 신월동3거리까지 출동했다가 수경사와 특전사, 육본의 복귀 지시를 받고 귀대해 있는 상태였다. 육본은 박희도 여단장이 합수부 측에 가담한 것을 뒤늦게 알고 1공수여단의 출동을 막기 위해 가능한 방법을 다 동원하고 있었다.

박희도 여단장의 작전 1호차가 여단 정문에 들어선 것은 정확히 밤 12시였다. 여단에는 특전사 부사령관 이순길(육사 8기) 준장과 인사처장 강리건(육사 18기) 대령, 교육발전처장 홍덕현 중령 등 3명이 와 있었다. 정병주 사령관이 1공수여단의 출동을 막기 위해 급파한 사령부 참모들이었다.

"어떻게 할 작정인가? 병력 출동은 안 된다."

"부사령관님, 저는 이미 이 길을 택하기로 결심했습니다. 말리지 마십시오. 보안사령관 명령으로 국방부와 육본으로 출동해야 합니다."

"그러면 참모차장과 사령관에게 전화를 해봐라."

"그분들은 아마 지금쯤 체포되어 있을 거요."

박희도 1공수여단장은 이순길 부사령관의 만류를 단호하게 뿌리쳤다. 그는 네 명의 대대장과 참모들을 집합시키고 작전명령을 내렸다.

"1대대는 육본 본사(본부사령실 건물) 및 상황실, 그리고 B2벙커를 점령하라. 2대대는 선두 통로를 개척하고 육본 본청을 점령하라. 5대대는 국방부를 점령하고, 6대대는 통로 장악 및 예비대 임무를 수행하라."

박희도 여단장은 각 대대별로 임무를 부여하고 이어 지시사항을 하달했다. 3대대는 계엄군으로 마포구청에 나가 있어 이날 작전에 제외되었다.

"이동 중에는 무선 침묵하고 긴급 시에만 등장 보고할 것. 여단장 목소리에 의한 지시에만 따를 것. 그리고 여단장 지시에 의해서만 행동하라."

대대장들이 각기 부대 위치로 달려갔다. 행군 순서는 작전 1호차를 선두로 2대대—1대대—5대대—6대대 순. 2대대를 맨 앞에 내세운 것은 이 대대가 선봉대대였기 때문이다. 2대대장은 실력과 '끗발'이 있는 중령들이 임명됐는데 전두환 중령은 제6대 2대 대장을 지냈다. 12월 13일 0시 10분, 박희도 1공수여단장의 1호 차가 방금 왔던 길을 되짚어 달리기 시작했다. 그 뒤를 병력을 가득 실은 GMC 트럭이 꼬리를 물고 이어졌다. 이동로는 부대(김포)─개화동─행주대교─능곡─수색─연희로터리─삼각지 로터리─육본(국방부)이었다.

1공수여단은 행주대교를 건너기 직전 개화초소에서 1차 저지를 받았다. 수도군단 직할 초소였다. 선두 별판을 단 여단장 차는 일단 통과했으나 뒤따라오는 병력을 헌병들이 제지했다. 박희도 1공수여단장은 한참 가도 병력들이 뒤따라오지 않아 되돌아와 보니 초소에서 헌병들이 병력을 바리케이드로 가로막고 있었다.

"계엄군의 추가 배치 명령을 받고 이동 중이다. 빨리 바리케이드를 치워!"

박희도 1공수여단장이 소리쳤다.

"군단 사령실에 보고해야 합니다."

"그러면 늦어, 이놈들아!"

박희도 1공수여단장의 말을 신호로 선두 트럭에서 공수부대 병력들이 우르르 뛰어내려 헌병들을 제압하고 바리케이드를 치웠다.

다시 행렬이 움직이기 시작했다. 이번에는 행주대교 북단 초소가 문제였다. 이곳은 30사단 관할지역이었다. 30사단 관할지역은 서부전선에서 서울로 들어오는 주요한 요충이어서 이 부대가 대 전복작전(쿠데타 저지)에서 차지하는 비중은 매우 컸다. 30사단장 박희모 소장은 이날 밤 비상경계령이 내려진 이후 육본 측과 합수부 측으로부터 상반된 지시를 받고 고민하고 있었다.

장태완 수경사령관은 박 사단장에게 수차례 전화를 걸어 병력을 동원해 행주대교와 구파발 지역을 막아 합수부 측이 동원하는 병력들의 서울 진입을 저지해줄 것을 요청했다. 사단이 보유하고 있는 전차·로켓포 등 중화기를 모두 동원해 어떤 일이 있어도 합수부 측 병력을 서울에 들여놔서는 안 된다는 것이었다. 3군사령관 이건영 중장도 박 사단장에게 같은 지시를 내려놓고 있었다.

그러나 보안사령부의 정도영 보안처장은 정승화 총장 연행의 불가피성을 설명하면서 육본 측의 병력 동원 지시에 따르지 말라고 요청해왔다. 박 사단장은 한동안 이 같은 상황에 어떻게 대처해야 할지 판단을 내리지 못하고 있었다. 1공수여단의 행주대교 진입 보고를 받은 일부 참모들은 저지해야 한다는 의견을 내놓기도 했다.

박희모 사단장은 결국 합수부 측의 지시를 따르기로 하고 서울로 통하는 사단 관할지역의 주요 통로에 병력을 증강 배치하지 않았다. 만약 이날 밤 그가 육본 측의 지시대로 행주대교와 구파발 지역을 봉쇄, 1공수여단과 9사단 및 제2기갑여단의 서울 진입을 저지했더라면 합수부 측은 대세 장악이 어려웠을 것이고 사태 진행도 전혀 달라졌을 것이다.

박희모 사단장은 주요 요로에 저지 병력을 출동시키지 않았지만 사단 관할 헌병검문소에 아무런 지시도 내리지 않았다. 행주대교 초소를 지키고 있던 헌병들이 1공수여단의 통과를 저지하는 것은 당연했다.

선두 2대대가 행주대교 북단에 위치한 헌병검문소에 도착한 것은 13일 0시 20분쯤. 도로는 철제 바리케이드로 겹겹이 차단되어 있었다. 박희도 여단장이 "진돗개 하나 비상출동명령으로 이동 중"이라며 바리케이드를 치우라고 초소병들에게 지시했으나 초소병들은 이에 응하지 않았다. 시간이 자꾸 흘러갔다. 박 여단은 대대장들에게 "지금 즉시 실탄을 개인 지급하고 사격을 가해 오는 곳이 있으면 즉각 응사하라"고 지시했다. 개인당 실탄 75발과 수류탄 1개씩이 분배됐다.

2대대장 서수열 중령이 바리케이드를 강제 제거하라고 지시하자 맨 앞 트럭에서 병력들이 우르르 뛰어내려 순식간에 초소를 점령하고 바리케이드를 치웠다. 초소병들이 저항했으나 그들은 공수부대 요원들의 발길질과 소총 개머리판에 맥없이 주저앉았다. 20분 만에 전 여단 병력이 행주대교를 통과했다. 30사단 일산검문소에서도 제지를 받았으나 마찬가지 방법으로 통과했다.

이어 선두 2대대는 13일 0시 50분쯤 능곡검문소에 도착했다. 능곡검문소는 도로장애물이 최대한으로 배치되어 있었고 경계도 강화된 상태였다. 2대대장은 초소장과 전경들을 권총으로 위협해 선도차를 통과시켰으나 초소 근무자들은 이에 아랑곳하지 않고 계속 늘어서 있는 차량 사이에 바리케이드를 설치했다.

검문소를 제압하라는 2대대장의 지시가 떨어졌다. 선두 5지역대의 2중대는 초소를 포위한 뒤 M16소총을 겨누고 초소 근무자들의 무장을 해제시켰다. 3중대는 장애물을 제거했고 4중대는 초소 내부로 치고 들어가 경계병들을 완전 제압했다.

다음은 수색검문소였다. 이곳에서부터는 수경사 관할이었다. 그만큼 경비도 삼엄했다. 박희도 여단장은 장애물 제거조와 병력

12·12 병력 이동 상황

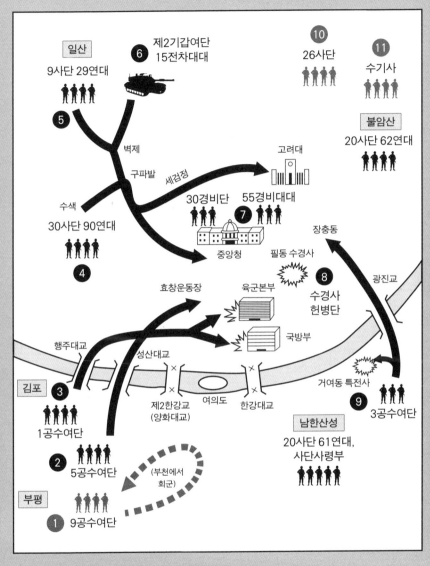

① 육본 지시로 출동 도중 합수부 측 방해로 회군
② 효창운동장 대기
③ 육본과 국방부 점령
④ 육본 측의 ⑩ ⑪ 병력 동원에 대비 고려대 뒷산에 포진
⑤ ⑥ 중앙청 점령
⑦ 삼청동 공관 봉쇄
⑧ 육본 지휘부 체포
⑨ 정병주 특전사령관 체포 후 장충동에 진주
⑩ ⑪ 육본 측이 출동 준비 지시를 내렸던 부대

제압조를 편성하라고 2대대 부대대장 김복철 소령에게 지시했다. 병력 제압조가 착검 근무 중인 헌병 세 명에게 은밀히 접근, 소총으로 위협해 무장을 해제하고 무전기를 빼앗았다. 이어 초소 안으로 뛰어들어 전화선을 절단했다. 초소에는 수경사 헌병단 소속 헌병 12명과 경찰 12명 등 모두 24명이 근무 중이었다.

그들에게 공수부대 요원들의 매서운 발길질과 개머리판이 사정없이 날아들었다. 공수부대 요원들은 이들 근무자들의 옷을 벗기고 모두 지하실에 감금했다. 그리고 M16소총 4정과 실탄 45발을 빼앗아갔다.

수색검문소를 통과한 뒤부터는 일사천리였다. 조그만 검문소에 근무 중인 방위병 초병들은 경례까지 붙이며 1공수여단 병력을 통과시켰다. 신촌로터리에서는 경찰이 지키고 있었으나 별 충돌 없이 통과했다. 병력을 가득 실은 GMC 트럭들은 전속력으로 공덕동로터리를 통과, 삼각지 육본과 국방부 앞에서 급정거했다. 13일 새벽 1시 35분이었다.

18 1공수여단, 육본과 국방부를 유혈장악하다

빈껍데기 육본을 장악한 1공수여단

1공수여단이 삼각지 국방부 청사 앞에 도착하기 직전, 국방부장 관실. 노재현 장관은 유병현 연합사 부사령관과 전두환 합수부 장을 기다리고 있었다. 노재현 장관은 미8군 벙커에 있다가 조금 전에 합참의장 김종환 대장과 함께 국방부 집무실로 돌아왔다. 그는 장관실로 돌아오자마자 유병현 대장과 전두환 소장에게 국 방부로 들어오라고 지시했다. 노재현 장관은 이제 사태의 진상을 어느 정도 파악하고 있었다.

장관실에는 김용휴 국방부차관, 방산차관보 이범준 중장, 777 부대장 김용금(육사 7기) 중장, 합참 작전국장 이경율(육사 10기) 소장 등 국방부와 합참의 고위 장성들이 모여 있었다. 노재현 장 관은 이곳에 전두환 합수부장을 불러 수습책을 강구해볼 생각이 었다. 유병현 연합사 부사령관으로부터는 출발한다고 연락이 왔 다. 그러나 전두환 합수부장은 "알았다"고만 해놓고 감감무소식 이었다.

전두환이 그 상황에서 국방부로 들어올 리 만무했다. 이때 삼 청동 공관에서 노재현 장관을 찾는 전화가 걸려왔다. 최규하 대통령이었다. 국가의 명운이 달린 긴급 상황에서 군 통수권자인 대통령과 그로부터 통수권을 위임받아 실제로 군을 지휘해야 할 국방부장관 사이에 상황 발생 다섯 시간여 만에야 겨우 통화가 이뤄진 것이다.

"노 장관, 이게 도대체 어떻게 된 일들이오?"

"예, 각하…."

"지금 이리 와서 설명을 하시오."

"예, 각하. 알겠습니다. 곧 그곳으로 가겠습니다."

노재현 장관은 삼청동 공관으로 출발할 채비를 차렸다. 국방부 현관에는 경호차 2대가 대기 중이었다. 1공수여단이 진입해온 것은 바로 이때였다.

이보다 조금 앞서 국방부 보안부대장 김병두 대령은 전두환으로부터 전화를 받았다.

"곧 1공수여단이 그곳에 도착한다. 국방부와 육본에 미리 연락해 쌍방 간 병력 충돌이 없도록 조치해!"

김 대령은 즉시 육본 본부사령실과 국방부 당직실에 연락해 "계엄군의 추가 배치"라며 1공수여단 진입 시 사격을 하지 않도록 협조를 구했다.

김 대령은 국방부 옥상의 대공초소에 대해서는 별 신경을 쓰지 않았다. 이 초소에는 수경사 방공포단 1개 분대가 배치돼 있었다. 김 대령은 이 초소가 방공용이고 지상사격은 각도가 맞지 않아 1공수여단이 진입하는 데 장애가 되지 않을 것으로 판단했다.

새벽 1시 35분쯤 국방부 정문 앞에 도착한 1공수여단은 즉시 대대별로 사전에 부여된 임무수행을 개시했다. 예하 부대가 군의 심장부인 육본과 국방부를 점령하는 기묘한 작전이 시작된 것이다. 선두 2대대는 육군본부 청사로 진입했다. 아무런 제지를 받지 않았다. 1대대는 국방부 뒤편에 있는 육군본부 본부사령실 건물을 점령하기 위해 국방부 오른쪽 담을 따라 나 있는 길을 통해 본부사령실 정문에 접근했다. 박희도 여단장은 1대대 뒤를 따라갔다.

육본 본부사령실 정문 초소에서 초병들이 병력의 진입을 막았다. 1공수여단은 국방부 건너편 육군본부 본청으로 집결하도록 지시를 받았다는 것이었다. 박희도 여단장은 1대대장 김경인 중령에게 초소 점령을 지시했다. 공수부대 요원들이 달려들어 초소병들의 무장을 해제하고 바리케이드를 제거했다. 정문 초소에는 실탄이 장전된 M16소총으로 무장한 초병 8명, 경기관총(LMG) 사수 2명 등 20명의 중무장 병력이 있었으나 공수부대 요원들에게 사격을 하지는 않았다. 1대대 병력들은 지역대별로 임무를 부여받고 흩어졌다. 2지역대와 3지역대는 육본 벙커 점령에 나섰다.★ 박희도 여단장은 정문을 통과한 뒤 2대대장 서수열 중령과 함께 곧바로 본부사령실로 들어갔다. 다음은 1공수여단이 12·12 사건 이후 보고용으로 작성한 참고 자료에서 박희도 여단장이 밝힌 당시 상황이다.

★ 특전사 여단은 4~5개 대대와 3개 직할대(시설대, 통신대, 본부대)로 구성된다. 중령이 지휘하는 각 대대는 소령이 지휘하는 3개의 지역대로 나뉜다. 지역대는 각 인원이 12명 정도인 5개 팀(12·12와 5·18 당시까지는 중대로 불림)으로 구성되어 있다.

1대대 선두에 서서 바리케이드를 제거한 뒤 차를 본사 건물 앞으로 몰게 해 바로 본부사령실로 들어갔다. 본부사령(황관영 준장)은 참모, 대대장 등 몇 사람과 함께 있다가 나와 마주쳤다. 본부사령은 보안사령관으로부터 연락을 받고 1공수여단 병력을 육본 본청으로 집결대기토록 협조가 되었다고 했다. 이때 벙커 점령 대대장(1대대장 김경인 중령)으로부터 "벙커에서 총을 쏘아 1대대 병력이 총상을 입었다"는 보고가 왔다. 이 보고와 함께 총성이 계속 들렸다. 본부사령은 "총을 쏘지 않기로 지시되었다"면서 "벙커는 육본 부장급 장성들이 모두 수경사로 이동하고 현재 작전처장(이병구 준장)과 아무것도 모르는 몇 명의 병뿐이니 점령할 필요가 없다고 말했다. 나는 곧 합수부장에게 전화를 통해 육본 본사를 점령했다는 것과 육본은 빈껍데기일 뿐이니 그냥 집결해 있으면 될 것 같다고 보고했다.

1공수여단이 이날 밤 육본과 국방부를 점령하는 과정에서 최초의 사격이 있었던 곳은 육본 본부사령실 쪽 벙커 입구였다. 1대대의 2지역대가 새벽 1시 45분께 벙커에 접근하자 벙커 안쪽에서 총알이 날아왔다. 공수부대 병력들도 흩어지면서 응사했다. 한동안 격렬한 총격전이 벌어졌다. 이 과정에서 2지역대 6중대 배정선 중사가 머리 쪽에 관통상을 입었다.

총격전 끝에 공수부대 병력들은 벙커 입구 근무자 네 명을 체포했다. 그러나 벙커 입구는 철제문이 굳게 안으로 잠겨 있어 들어갈 수가 없었다.

1대대의 나머지 병력들은 육본 본부사령실 막사와 헌병대 막사를 점령, 잔류 병력들을 모두 무장해제했다. 2대대 병력 가운데 5, 6지역대는 육본 본청을 점령하고 나머지 7, 8지역대는 1대대 뒤를 이어 육본 본부사령실 쪽으로 진입, 외곽 경계병들의 무장을 해제하고 카빈 소총과 실탄을 빼앗았다. 벙커 입구의 총격전을 제외하고는 육본 쪽은 비교적 쉽게 작전이 끝났다.

벌컨포가 불을 뿜은 국방부 청사

국방부 청사 쪽은 상황이 달랐다. 국방부 정문은 바리케이드가 겹겹이 쳐져 있었고 경비헌병들도 쉽게 문을 열어주려 하지 않았다. 헌병들은 사격 자세를 취하지는 않았다. 국방부 경비책임자는 총무과장인 김재열★ 준장이었다. 김 준장은 차관실로부터 공수여단 진입 시 충돌이 없도록 하라는 지시를 받고 있었다. 그는 헌병대에 연락해서 공수부대가 들어오면 적대 행위를 하지 말되 즉시 보고하라고 지시해놓았었다.

국방부 청사 점령 담당은 5대대였다. 대대장 박덕화★★ 중령은 경비헌병들에게 바리케이드를 치우라고 요구했다. 그러나 헌병 소대장은 상황실에 보고해야 한다며 기다리라고 했다.

"두두두두 두두두두!"

이때 국방부 청사 옥상에서 벌컨포가 불을 뿜었다. 순간 국방부 청사 외곽에 도열해 있던 공수부대 병력들이 땅바닥에 납작 엎드렸다. 국방부 청사 위의 벌컨포 진지는 수경사령부의 지휘를

★ 김재열(1932~2016) 준장은 포병간부 13기로, 준장으로 전역 후 노태우 청와대에서 총무수석을 역임했다.
★★ 박덕화 중령은 갑종 189기로, 사단장 등을 지낸 뒤 육군 소장으로 예편했다.

받았다.

국방부 청사 진지는 공수부대 병력이 접근할 경우 위협사격을 하라는 지시를 사령부로부터 받았다.

이날 수경사 예하 30, 33경비단, 헌병단, 방공포단, 야포단 등 5개 부대 지휘관 중 비육사 출신인 방공포 단장 황동환 대령과 야포단장 구명회 대령만 장태완 사령관의 지휘하에 있었으며, 황동환 대령을 통해 장태완 사령관의 지시가 말단 대공진지까지 잘 전달되고 있었다.

5대대장 박덕화 중령이 앞장을 서서 바리케이드를 밀어붙이고 청사 건물 쪽으로 돌격명령을 내렸다. 5대대의 14, 15, 16지역대가 청사 건물 벽에 달라붙었다. 13지역대는 뒤에 남아 정문 헌병 19명을 무장해제하고 위병소에 감금한 뒤 정문을 완전히 장악했다. 청사 건물 쪽으로 접근하는 공수부대 병력을 향해 청사 안에서 산발적으로 총격이 가해졌다.

위컴 주한미군사령관의 차를 타고 나타난 유병현 대장

다시 국방부 정문 앞. 대장 별판을 단 검은 승용차 2대가 접근해 왔다. 순간 정문을 장악하고 있던 공수부대 병력이 "정지"라고 소리치며 차량을 향해 사격을 했다. 뒤차의 안테나가 총알에 맞아 부러졌다. 정문 입구에서 잠시 차가 정지했다. 주한미군사령관 존 A. 위컴 대장의 차였다. 차창이 열리고 누군가 소리쳤다.

"이놈들아, 어디다 대고 총질이야!"

연합사 부사령관 유병현 대장이었다. 그는 국방부로 들어오라는 노재현 장관의 지시를 받고 국방부로 오는 중이었다. 유병현

1공수여단의 육본과 국방부 진입 상황

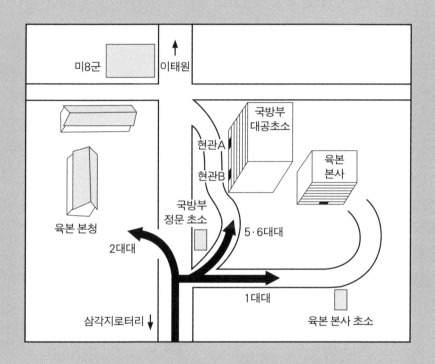

대장이 위컴 사령관의 차를 타게 된 사연은 이러했다. 그가 미8군 지하벙커에서 노재현 장관의 전화를 받고 국방부로 출발하려 하자 위컴 사령관은 위험하다고 붙잡았다. 유 대장이 가겠다는 뜻을 굽히지 않자 위컴 사령관은 "그럼 내 차를 타고 가라. 조금은 더 안전할 것이다"라고 했다.

유 대장은 이 제안을 거절할 수 없어 자신의 차를 뒤따라오게 하고 위컴의 차를 타고 국방부로 오는 중이었다. 총에 맞아 안테나가 부러진 차는 유 대장의 차였다. 일부 자료에는 이날 밤 위컴 장군이 상황 파악 차 차를 타고 나왔다가 국방부 앞에서 총격을 받아 차의 안테나가 부러졌다고 기록되어 있으나 이것은 사실과 다르다.

"나 연합사 부사령관인데 장관이 불러서 들어가야겠다."

유 대장의 말에 정문을 지키던 공수부대 병력은 길을 열어주었다. 그는 바로 2층 장관실로 올라갔다.

공수부대에 장악된 국방부

같은 시각, 국방부 청사 현관 앞, 공수부대 병력들이 1층 사무실의 유리창을 향해 무차별 사격을 가했다. 청사 안쪽에서도 헌병들이 산발적으로 총을 쏘면서 저항했다. 완전히 시가전 상황이었다.

새벽 2시 10분쯤, 5대대장 박덕화 중령이 부대대장 최우영 소령에게 국방부 쪽 벙커를 점령하라고 지시했다. 최우영 소령은 즉시 15지역대에 벙커 공격을 명령했다. 15지역대는 건물을 돌아 뒤편 벙커 입구로 돌격했다. 벙커 입구에서 헌병 1명이 저항했다. 국방부 50헌병대 소속 정선엽(헌병 374기) 병장이었다. 그는 몰려

전역을 3개월 앞둔 '말년 병장' 정선엽은 1979년 12월 13일 새벽 전두환의
합수부 측에 섰던 제1공수여단이 군 수뇌부 제압을 위해 국방부 청사에
난입했을 당시 육군본부 B2벙커를 지키고 있다가 공수부대원들로부터 4발의
총격을 받고 현장에서 전사했다. 정선엽 병장은 12·12 군사반란 과정에서
국방부를 지키다 전사한 유일한 희생자였다. 사진은 1995년 12월 11일 오후,
동작구 국립묘지 제23묘역에 묻힌 고 정선엽 병장의 묘비를 어머니 한점순
씨가 어루만지고 있는 모습이다.

온 공수부대원들이 M16소총을 빼앗으려 하자 중대장 지시 없이
는 총을 내줄 수 없다며 끝까지 버티다 공수부대원들로부터 목과
가슴 등에 4발의 총격을 받고 현장에서 숨졌다.

그는 광주 동신고를 졸업한 뒤 조선대학교 전기공학과 2학년
에 재학 중 입대해 국방부 50헌병대에서 근무 중 전역을 3개월
앞둔 상태였다. 12·12 당일 밤 진돗개 비상령이 발령되자 그의 선
임은 이런 그를 배려해 보다 위험이 덜한 국방부 청사 내부 보안
실에 배치하려 했다. 정 병장은 그러나 후임 일병이 중요시설로
상황판단이 필요한 B2벙커 경계에 배치되었다는 사실을 알고 경
험 많은 자신이 대신 이곳 경계를 자임하고 나섰다고 한다.★ 그는
다음 날 벽제화장터에서 12일 밤 정병주 특전사령관 체포 과정에
서 사살된 특전사령관 비서실장 김오랑 소령과 한남동 공관에서
정승화 총장 연행 과정에서 숨진 합수부 측 33헌병대 소속 박윤
관 상병 등과 함께 화장된 뒤 국립묘지에 묻혔다. 그는 순직자로
분류됐다가 2022년 국방부 산하 군사망사고 진상규명조사위원
회 조사 결과 전사자로 인정받았다.

새벽 2시 25분께 갑자기 국방부 구내방송이 울려퍼졌다. 한바
탕 격렬한 총격전을 치른 뒤였다. 방송 내용은 "공수단 요원과 보

★ 군사망진상규명위원회의 진술자료 중 정선엽 병장 관련 부분에는 이렇게 나와
있다. "그날(1979년 12월 12일) 저녁 진돗개 하나가 발령되자 정선엽 병장이 일병에
게 '보안실은 아무도 들어오지 않는 곳이지만 B2벙커는 사람이 들락거려서 상황
판단이 필요한 곳인데 일병인 네가 그곳에 있으면 어려울 것 같다. 내가 B2벙커에
서 근무하겠다'며 그 일병을 보안실로 보내고 본인이 B2벙커에서 근무했다고 합니
다"(제 50헌병중대 행정병 박 아무개 씨 진술. 오마이뉴스 2023. 8. 4. 〈군인들의 부끄러운
반란...끝까지 막은 한 사람〉 중에서).

안사 요원들은 지금 즉시 건물 밖으로 철수하라. 지금 즉시 철수하지 않으면 전원 사살한다"는 것이었다. 일종의 심리전 방송이었다. 당시 국방부 보안대 간부였던 K는 최근 이 방송엔 "지금 보안사령관이 이쪽으로 오고 계십니다. 보안사 요원들은 모두 밖으로 모여주십시오"라는 내용도 있었다며 자신들을 유인사살하기위한 시도였을 것이라고 말했다. 이 방송은 국방부 헌병소대장이한 것으로 나중에 확인됐다.

새벽 2시 30분 쯤 5대대장 박덕화 중령은 "안에 있는 병력은 실탄이 없다. 문을 부수고 진압하라"고 지시했다. A현관(장관 및 장성 전용 출입문) 쪽에는 15지역대의 6중대가 달라붙었다. B현관은 5중대와 대대본부 병력이 담당했다. 공수부대 병력들은 잠긴 현관문을 향해 M16소총을 집중 발사했다. 6중대가 A현관문을 부수고 있을 때 청사 안쪽에서 헌병들이 사격을 해왔다. 공수부대하사 한 명이 왼쪽 손에 총상을 입었다. 6중대장은 유리 파편에얼굴을 맞아 피투성이가 됐다. 건물 안으로 진입한 6중대 병력들은 사무실을 수색, 국방부 간부들과 병력들의 무장을 해제했다. 헌병소대장실에는 헌병소대장과 헌병 4명이 공포에 질려 있었다. 이들에게 공수부대원들의 무차별 구타가 가해졌다. 공수부대원들의 눈에 핏발이 서 있었다.

B현관을 부수고 들어온 5중대와 대대본부 병력들은 곧바로 2층으로 뛰어 올라갔다. 장관실 주위에는 10명이 채 안 되는 헌병들이 남아 있었으며 장관 부속실과 접견실 등에 국방부와 합참의고위 장성들이 웅성거리고 있었다. 당시 이 현장에 있었던 한 헌병 관계자의 증언을 들어보자.

공수부대 병력들이 B현관으로 진입하기 직전이었다. 국방부 헌병중대장 이기덕 대위가 2층의 불을 모두 끄고 장관실 앞에 바리케이드를 설치하라고 지시했다. A현관 쪽에서 요란한 총소리가 들려왔다. 헌병들은 장관실 문 앞에 이동식 차단기로 바리케이드를 친 다음 장관실 문을 안으로 걸어 잠갔다. 곧 공수부대원들이 장관실 앞으로 몰려왔다. 공수부대 지휘관이 문을 열라고 소리쳤다 우리 쪽에서 누군가 암호를 대라며 이날 밤 군의 암호였던 "독수리"를 연발했다. 문밖에서 "무슨 소리야!"라며 총격을 가해왔다. 총알은 문을 뚫고 들어와 안에 있는 사람들의 머리 위로 날아갔다. 모두 죽는 줄 알았다. 누군가 38구경 권총으로 대응 사격을 했다. 밖에서는 계속 사격을 했다. 총알 수발이 부속실에 걸린 대형 거울을 맞혔다. 유리 조각이 사방으로 튀었다. 유병현 대장을 수행해왔던 부관 이정린★ 대령이 "사격 중지! 사격 중지!"라고 악을 썼다.

"손들어!"
공수부대원들은 군화발로 장관부속실 문을 부수고 뛰어들면서 M16소총을 겨누고 사격 자세를 취했다.

★ 이정린(1937~)은 육사 17기로, 사단장과 육군3사관학교장을 역임하고 소장으로 예편한 뒤 김영삼 문민정부 시기에 국방부차관을 역임했다.

19   사라진 노재현 국방부장관

국방부장관 없는 장관실을 점령하다

공수부대 병력들이 문을 박차고 국방부장관실에 뛰어들었을 때 노재현 장관은 자리에 없었다. 그는 1공수여단이 국방부에 진입하면서 쏜 총소리를 듣고 수행부관 1명만 데리고 황급히 몸을 피해버렸던 것이다.

장관실 내의 부속실과 접견실에는 합참의장 김종환 대장과 연합사 부사령관 유병현 대장, 방산차관보 이범준 중장, 777부대장★ 김용금 중장, 합참 작전국장 이경율 소장 등 국방부와 합참의 고위 장성 10여 명 및 헌병 7명이 있었다. 국방부장관실 위치는 국방부 청사 2층 복도 동쪽 끝부분, 장관실 문을 들어서면 바로 부속실이 있고 오른쪽으로 접견실과 장관 집무실이 있다.

공수부대 병력들은 먼저 부속실에 있는 장성들과 헌병들의 무장을 해제했다. 장관실 문짝에 총을 쏘면서 뛰어든 공수부대의 살벌한 기세에 질린 이들은 순순히 무장해제에 응했다. 공수부대 대위 1명과 하사 2명은 접견실 문을 벌컥 열고 뛰어들어갔다. 그

★ '쓰리세븐' 부대라고도 불리는 777사령부는 국방부 정보본부 직할의 군 첩보부대다. 신호 및 영상정보의 수집·지원과 연구에 관한 사항을 담당한다. 미국 NSA의 한국 버전이라고 할 수 있다.

곳에는 김종환, 유병현 대장이 있었다. 당시에 대해 유병현은 이렇게 회고했다.

> 공수부대 병력이 접견실로 뛰어들어왔을 때 나는 김종환 대장과 그대로 자리에 앉아 있었다. 앞에 선 공수부대 하사에게 "너 잘생겼구나. 몇 살이야?" 하고 물었다. 공수부대 하사는 멈칫하더니 "예, 22살입니다"라고 대답했다.
> 나는 "그래, 내 막내와 동갑이구나"라고 한 뒤 그 뒤에 선 공수부대 대위에게 "너 이놈, 어디다 함부로 총을 쏴! 장관실에서는 예의를 지켜야 하지 않나?"라고 호통을 쳤다. 나는 이어 "너희 여단장 어디 있어? 전화 대!"라고 소리쳤다.

장관실을 완전히 장악한 5대대장 박덕화 중령은 전두환 합수부장에게 전화를 걸어 노재현 장관이 피신하고 없다는 사실을 보고했다. 전두환은 "국방부장관이 없이는 대통령 각하의 윤허를 얻을 수 없다"며 빠른 시간 내에 장관을 찾으라고 지시했다.

박희도 1공수여단장은 이때 육본 본부사령실에 있었다. 그는 여기서 육본과 국방부 상황을 전두환 합수부장에게 보고한 뒤 본부사령★ 황관영 준장과 상황 처리 및 수습 방법을 협의하고 있었다. 곧 유병현 대장과 박희도 여단장 간에 통화가 이루어졌다. 13일 새벽 2시 50분쯤이었다.

"너, 정말 이러기야? 왜 총을 쏘고 야단이냐?"

★ 본부사령은 육군본부의 경비, 시설관리, 보급 등을 담당하는 직책이다.

"예, 경비병들이 먼저 총을 쏴서 응사를 한 모양입니다."

"이곳을 지키는 것은 그들의 임무다. 허락 없이 들어오는 것을 막는 건 당연한 것 아닌가?"

"…."

"당장 이리 올라와서 총격전이 더 이상 확산되지 않도록 수습해!"

박희도 여단장은 이 부분에 대해 12·12 사태 후 1공수여단이 작성한 참고 자료에서 다음과 같이 설명하고 있다.

본부사령실에서 육본 상황 메모를 하고 있을 때였다. 연합사 부사령관으로부터 전화가 걸려왔다. 현재 무기를 다 내주고 비무장 상태이니 한번 보자고 하여 나는 공손하게 그곳으로 올라가겠다고 약속하고 합동수사본부장에게 이 사항을 보고하였다.

합동수사본부장은 국방부장관을 모시고 청와대로 가기 전에 보안사에 들르라고 지시했다. 아직까지 국방부 청사 앞뒤에서는 총소리가 나고 있었다. 5대대장(박덕화 중령)의 안내를 받아 국방부 청사로 와보니 입구 유리가 모두 깨져 있는 등 격렬한 전투 흔적이 보였다. 2층 장관실 입구에는 5대대 하사관 2명이 보초를 서고 있었고 장관실 입구 벽에 걸린 거울의 복판이 총에 맞아 깨지고 구멍이 뚫려 있었다. 장관실 안으로 들어가니 김용휴 국방 차관, 김종환 대장, 유병현 대장 등 장성 10여 명이 대기실과 내부(접견실)에 앉아 계셨다. 김종환 대장(합참의장)께서 나를 붙잡고 눈물을 흘리시면서 북한을 눈앞에 두고 우리끼리 총질해서야 되겠느냐고 오열을 금치 못하셨다. 나는 병력이 진주하게 된 불가피한 상황을 설명 드리고 대통령 각하 결재를 받아 수습하면 되니 장관을 빨리 찾아 모셔야 한다고 말씀드렸다.

이날 밤 국방부와 육본 주변에서 벌어진 총격전은 상당히 격렬했다. 인명 피해만 해도 1명이 숨지고 10여 명이 중경상을 입었다. 당시 국방부를 출입했던 기자들의 증언에서도 그날 밤의 격렬한 총격전 상황이 잘 나타난다.

> 12·12 다음 날 아침 국방부로 출근해보니 청사의 1, 2층 유리창들이 거의 대부분 박살이 나 있었다. 기자실로 들어가는 B현관 출입문도 다 부서져 있었고 청사 뒤편 벙커 입구에는 선지피가 바다를 이루고 있어 틀림없이 사람이 죽었을 것이라고 생각됐다. 기자실과 공보관실 벽에 무수한 총알 자국이 나 있었는데 일일이 세어보니 200군데 가까이나 됐다.

총격전이 벌어지자 비상소집으로 사무실에 나와 있던 장교들 가운데 일부는 책상 밑이나 사무실 내 견고한 금고 뒤에 숨기도 했다. 언제 어디서 총알이 날아올지 모르는 상황이었던 것이다. 영문을 모르는 일부 장교들은 공수부대 병력들에게 무슨 일이냐고 물었지만 "팀장의 지시에 의해서 점령했을 뿐이며 잘 모른다"는 퉁명스런 대답뿐이었다. 공수부대 장교들도 마찬가지 반응이었다.

국방부와 육본 건물을 점령한 공수부대 병력들은 건물 안에 있던 사병들은 물론 장성들까지 모두 무장을 해제하고 권총 등의

12월 13일 아침, 간밤의 숨 가쁜 대치 상태가 끝난 뒤 합수부 측이 동원한 무장 병력이 여명 속에 서울 한남동 국방부 청사를 경비하기 위해 이동하고 있다.

무기를 회수했다. 총을 달라는 공수부대 병력의 요구에 일부 장성들은 허허 웃으면서 "여기 있네" 하며 순순히 내주는 경우도 있었고, 어떤 장성들은 "네가 뭔데 나에게서 총을 뺏어가느냐"면서 버티다가 결국 험악한 말들이 오간 끝에 총을 내주었다고 이 작전에 참가했던 공수부대 출신 한 장교는 밝혔다.

단순 하극상에서 군사쿠데타로

12·12 주도 측은 12·12 사건을 박정희 대통령 시해사건 수사 과정에서 발생한 단순 우발 사건으로 규정했다. 그러나 이날 밤 육본과 국방부 청사에서 벌어진 상황들은 이 사태를 단순한 우발 사건으로 보기 어렵게 한다. 합수부 측 장성들이 경복궁에 모여 대통령 시해사건과 관련해 육군참모총장이자 계엄사령관을 정상적인 절차를 밟지 않고 연행해오도록 한 초기 상황은 하극상 정도의 수준이었다고 할 수도 있다.

그러나 시간이 흐르면서 사태가 걷잡을 수 없이 확대되어갔으며, 자정 무렵에는 대규모 부대 출동이 이루어지고 국방부와 육본에서 유혈사태가 벌어지는 등 군사행동의 규모가 5·16 군사쿠데타 수준을 훨씬 넘어서고 있었다. 동원된 병력 규모만 비교해보아도 5·16 때는 해병 1개 여단과 공수여단 등 3,000명에 불과했지만 12·12 군사반란에는 7,000~8,000여 명의 병력이 서울에 진입했다. 물론 12·12 사건의 성격을 당시 동원된 병력 규모나 무력 충돌의 정도 면에서만 규정할 수는 없지만 이러한 측면들을 고려하지 않은 12·12 성격 규정은 무의미한 것이다.

13일 새벽 3시쯤 국방부와 육본은 1공수여단에 완전히 장악되었다. 이때까지 간간이 계속되던 총소리도 멎었다. 국방부 청사 옥상의 수경사 소속 벌컨포 진지도 공수부대 병력이 점령했다. 1공수의 국방부 진입 시 이 대공포의 위협사격은 총격전의 발단이 됐지만 대공포 사격에 의한 사상자는 없었던 것으로 알려지고 있다. 이 대공포 진지는 대공 사격용으로 청사 옥상의 중앙에 위치하고 있었으며 옥상의 난간 턱이 높아 지상을 향한 조준 사격이 불가능했다.

1공수여단보다 한 발 늦게 출동명령을 받은 5공수여단은 성산대교를 통해 새벽 3시 35분경 삼각지에 도착했다. 5여단은 국방부와 육본이 1여단에 의해 완전히 장악되었기 때문에 효창운동장으로 이동해 대기했다.

노재현 국방부장관을 찾아서

이 시각 국방부장관실. 노재현 장관의 행방은 아직 묘연한 상태였다. 삼청동 공관과 보안사령관실에서는 국방부장관을 빨리 찾으라는 독촉 전화가 수없이 걸려왔다. 연합사 부사령관 유병현 대장은 북한의 동향을 살펴야겠다며 미8군 벙커로 되돌아갔다. 박희도 1여단장은 2대대장 서수열 중령에게 유병현 대장을 8군 벙커까지 경호하도록 지시했다. 국방부 특검단장 신현수 중장이 장관실로 들어온 것은 이때쯤이었다.

장관실에 모여 있던 국방부와 합참의 고위 장성들은 이때 대체로 합수부 측의 대세 장악을 수긍하는 분위기로 바뀌어 있었다. 이날 밤 국방부 장성들의 태도는 상황 초기부터 모호했다. 물론 정확한 사태의 진상을 모른다는 것이 그들의 태도 결정을 어렵게 만든 것은 사실이다. 그러나 일부 인사는 불분명한 상황 속에서 전형적인 기회주의적 태도를 취하기도 했다. 국방부 고위인사 K는 사건 초기에 장태완 수경사령관이 기세를 올리며 병력 동원 요청을 해오자 "장 장군 파이팅!"이라면서 그를 격려했다가 나중에 합수부 측으로 대세가 기울어진 뒤에는 합수부 측에 적극 협조하고 나서기도 했다.

김용휴 국방 차관은 박희도 1공수여단장에게 "장관도 이미 보안사령관과 전화를 통하신 뒤 합수부 측의 조치를 이해하고 막 삼청동 공관으로 출발하려던 참에 총소리가 나 몸을 피하신 것"이라며 장관을 찾기만 하면 사태를 곧 수습할 수 있을 것이라고 말했다.

그는 "청사 내에서 총격전이 벌어졌기 때문에 장관은 멀리가지 못하고 청사 내 어딘가에 계실 것"이라면서 다 같이 장관을 찾아보자고 제안했다. 국방부에 장관 찾기 비상이 걸렸다. 김 차관은 직접 박희도 여단장과 함께 국방부 지하벙커로 내려가 내부를 샅샅이 확인해보았으나 결국 장관을 찾지 못하고 올라왔다.

국방부 보안부대장 김병두* 대령도 공수부대 병력으로 편성된 수색조와 함께 장관을 찾아 나섰다. 김병두 대령 등 5명이 B현관 쪽으로 내려왔을 때였다. 갑자기 헌병 1명이 사격을 해왔다. 공수부대 병사 1명이 몸을 날려 헌병을 덮쳐 체포했으나 이 헌병의 총격으로 공수부대 중사가 목 관통상을 입었다. 김병두 대령은

★ 김병두(1930~)는 갑종 35기로, 12·12 사건 당시 국방부 보안부대장이었으나 깊이 개입하지는 않았다. 1983년 국방부 정보본부 차장을 끝으로 준장 예편했고, 농협중앙회 이사와 농업기술교류센터 초대 이사장을 지냈다.

수색을 중단하고 자신의 사무실로 돌아왔는데 목 관통상을 입은 공수부대 중사의 대대장이 사무실 문을 박차고 들어와 총을 겨누며 죽여버린다고 했다고 한다. 그는 김병두 대령이 국방부 편으로 자신의 부하를 유인해 총에 맞게 했다는 오해를 하고 있었다는 것이다. 이날 밤 상황이 피아의 구분이 지극히 불분명한 상태에서 전개되었음을 잘 보여주는 예였다.

합수부 측은 정승화 총장 연행 요청에 대해 최규하 대통령이 국방부장관을 찾아오라며 결정을 미루자 12일 초저녁부터 장관을 찾으려고 백방으로 노력했다. 합수부 측은 장관이 나타나면 삼청동 공관으로 가기에 앞서 먼저 보안사령부로 오게 해 설득할 작정이었다. 전두환 합수부장은 삼청동 공관을 봉쇄하고 있던 청와대 경호실장 직무대리 정동호 준장과 작전담당 고명승 대령에게 장관이 공관에 나타나면 먼저 보안사령부로 안내하라고 지시해놓고 있었다.

전두환 합수부장은 또 국방부를 점령한 공수부대 병력들에게도 장관 발견 즉시 보안사로 안내하도록 했다. 당시 합수부 측에 가까웠던 한 인사는 "전두환 합수부장은 장관이 나타나지 않자 몹시 초조해했다"면서 "그는 정승화 총장 연행에 대해 대통령의 결재를 얻지 못한 상태에서 날이 밝을 경우 사태가 역전될 가능성이 크다는 점을 염려했던 것 같다"고 말했다.

노재현 장관은 2019년 사망할 때까지 끝내 그날 밤 자신의 행적에 대해 입을 열지 않았다. 그는 12·12 사건 다음 날 장관직에서 물러났다. 그 후 한국종합화학공업 사장, 비료공장 회장들을 거쳐 자유 총연맹 총재로 있다가 1993년 3월에 물러났다.

노 장관은 12월 12일 밤 육군참모총장 공관에서 총소리가 나자 한남동 공관 외곽 담을 넘어 미8군 벙커로 피신해 있다가 국방부로 들어온 것으로 알려져 왔다. 그러나 사실은 공관에서 나온 뒤 바로 벙커로 들어간 것이 아니었다. 그날 밤 총 소리가 나자 공관촌 외곽 경비를 담당하는 해병대 경비병의 도움을 받아 아내, 아들 등 가족들과 함께 공관 담을 넘어 단국대* 체육관으로 일단 피신했다.

그 뒤 노재현 장관은 간신히 합참 작전국장 이경율 소장과 통화가 이루어져 이 소장의 차(마크 V)를 불러 시내로 나왔다. 국방부로 들어갈 경우 체포될지도 모른다는 우려 때문에 강변도로를 동서로 왔다 갔다 하면서 차량 무전 전화로 상황을 파악하려고 했다. 그는 총장 공관 습격을 무장간첩이나 김재규를 구출하려는 중앙정보부 요원들의 소행으로 판단했다. 후자일 경우 공공장소로 성급히 들어갈 때 신변 보장이 어렵다고 생각한 것 같다. 그러나 무전으로는 국방부 간부들과 잘 연락이 되지 않았다. 그래서 여의도에 있는 이경율 소장 집으로 가서 가족들을 내려놓고 경비전화로 김용휴 차관과 통화를 한 뒤 국방부로 들어가기로 했다. 하지만 밤 10시쯤 1공수여단이 국방부를 점령하러 온다는 말에 미8군 벙커로 자리를 옮겼다. 그는 이곳에서 비로소 상황의 전모를 대강이나마 파악했다.

그러나 이미 대세는 합수부 쪽으로 기울어진 뒤였다. 그는 병

★ 단국대는 당시 한남동 공관촌과 바로 인접한 곳에 서울 캠퍼스가 있었으나 2007년 하반기에 경기도 용인시 수지구 죽전동으로 이전했다. 그 자리에는 대한민국 최고가 아파트로 알려진 '한남 더힐'이 들어서 있다.

제3부 12월 13일 새벽의 대이동

력 출동에 대한 의견을 묻는 이건영 3군사령관의 전화를 받고 국방부로 들어가서 보자며 유보한 뒤 국방부로 돌아왔다. 그는 국방부로 전두환을 불러 설명을 듣고 사태를 수습하려고 했다.

이때 공수부대가 국방부에 들어왔고, 노 장관은 다시 피신해 종적이 묘연했던 것이다. 다급해진 전두환 합수부장은 장관이 발견되기만 하면 국방부로 직접 모시러 가겠다고 박희도 여단장에게 알렸다. 이어 삼청동 공관에 있던 신현확 총리와 중앙정보부장서리 이희성 중장도 노 국방부장관을 데려오기 위해 국방부로 왔다.

이희성 중장은 이날 밤 남산 집무실에 있다가 밤 12시가 넘어 삼청동 공관으로 갔었다. 그는 공관 안에 들어간 뒤 바로 보안사령부로 전화를 걸어 전두환 합수부장에게 "아군끼리 충돌을 피하고 절차를 밟아서 조치를 하라"고 설득했다고 한다. 그러나 이희성 중장은 합수부 측 요청으로 보안사령부로 가서 전두환의 설명을 듣고 나서는 합수부 측 입장에 동조한 것으로 알려지고 있다. 그는 이날 새벽 상황 종료와 함께 육군참모총장 겸 계엄사령관으로 임명됐다.

노재현 국방부장관을 찾는 일이 진전이 없자 김용휴 국방부차관은 "장관도 피신 전에 이미 이해한 사항이므로 합참의장이 총리를 모시고 가서 대통령의 재가를 받도록 하자"고 했다. 그러나 신현확 총리는 새벽 4시까지 기다려보자며 반대했다.

20 3공수여단의 정병주 사령관 체포 작전

정병주 사령관 체포를 지시한 전두환

12월 12일 밤 11시 50분경 서울 장지동 특전사령부. 소형 군용 트럭 1대가 어둠을 가르며 다가와 우측 문 앞에 멈췄다. 트럭이 채 멈추기도 전에 M16소총으로 무장한 공수부대원 10명이 차에서 뛰어내렸다. 그들의 움직임은 민첩했다. 얼룩무늬 전투복 상의 가슴에는 호랑이 마크가 새겨져 있었다. 특전사령부 인근에 주둔하고 있는 3공수여단 소속 15대대 병력이었다. 지휘관은 대대장 박종규 중령. 3공수여단장 최세창 준장으로부터 지시를 받고 직속상관인 정병주 사령관 체포 작전을 개시한 것이다.

사령부 정문이 아닌 이곳 우측 문에는 하사 1명만이 보초근무를 서고 있었다. 그는 살벌한 기세로 밀고 들어오는 병력들에게 질려서 수하조차 제대로 못했다. 누군가 "조용히 하고 있어!"라며 내지른 주먹에 턱을 얻어맞고 인근 통신대 막사의 교환실로 몸을 피했다. 건물 1층에 진입한 15대대 병력들은 사령관실이 있는 2층을 향해 20여 발의 위협사격을 하면서 중앙 계단을 통해 우르르 뛰어올라갔다. 누구든지 저항하면 쏘겠다는 위협이었다. 그러나 아무런 저항도 없었다.

사령부 상황실에는 상황실장인 박중환* 중령을 비롯, 상황실 요원들이 있었고 작전처장 신우식 대령 등 주요 참모들이 자신들의 방에 대기하고 있었으나 아무도 나와 보지 않았다. 사령부를 경비해야 할 본부대 병력들도 전혀 움직이지 않았다. 이날 밤 특전사의 주요 참모들은 미리 사령관 체포 작전에 대해 귀띔을 받았던 것으로 알려졌다.

이보다 앞서 밤 11시께 3공수여단장 최세창 준장은 전두환 합수부장으로부터 긴급전화를 받았다. 최세창 여단장은 이날 저녁 경복궁 '생일잔치' 모임에 참석했다가 전군에 비상이 발령되자 병력 장악을 위해 부대로 돌아와 있었다. 전두환은 그에게 정병주 사령관 체포를 지시했다. 전두환은 특전사 보안부대장 김정룡 대령에게도 같은 지시를 내렸다.

최세창 3공수여단장에게 배신당한 정병주 사령관

이때 정병주 사령관은 집무실에서 9공수여단 출동을 독려하고 있었다. 그는 이날 전두환 합수부장의 저녁식사 초청을 받고 연희동 요정에 갔다가 정승화 총장 피습 소식을 듣고 급히 귀대한 뒤 즉시 수도권 지역 여단장들의 위치를 파악토록 지시했다. 이미 각 여단에는 사령부 상황실을 통해 '진돗개 하나' 비상령이 내려간 상태여서 지휘관들은 당연히 위치를 지키고 있어야 했다. 그러나 수도권의 1·3·5·9여단 가운데 9공수여단의 윤흥기 준장

★ 박중환은 육사 20기로, 특전사령부 작전과장으로 1980년 5월 당시 작전참모 장세동 대령과 함께 5·17 전국계엄확대 조치 일주일 전쯤 광주에 내려가 모종의 임무를 수행했다.

만 부대에 정위치하고 있을 뿐 나머지 여단장들은 종적이 묘연했다. 정병주 사령관은 윤흥기 여단장에게 전화를 걸어 "비상이 걸렸는데 다른 여단장들은 한 놈도 자리에 없다"면서 출동 준비를 하라고 지시했다.

정병주 사령관은 이날 밤 윤성민 참모차장으로부터 여러 차례 전화를 받았다. 두 사람은 육사 9기 동기생이었다. 윤성민 참모차장은 정병주 사령관에게 "총장 유고로 내가 지휘한다. 내 육성 명령만 들으라. 이 상황에서 특전사 병력이 가장 중요하니 예하 병력을 확실하게 장악하라"고 말했다. 이건영 3군사령관에게서도 전화가 걸려왔다. 역시 병력 장악을 잘하라는 내용이었다.

확실한 상황 파악을 못한 정병주 사령관은 장태완 수경사령관에게 전화를 해 어떻게 돌아가는지를 물었다. 장태완의 증언은 다음과 같다.

> 합수부를 치기 위한 병력 동원을 이곳저곳에 통사정하고 있을 때였다. 정병주 사령관이 전화로 어떻게 돌아가고 있느냐고 물어왔다. "나쁜 놈들, 모두 장관이 없어서 안 된다며 병력 동원에 응하지 않아요"라고 했더니 자신은 얼마 전에 장관과 통화를 했다는 것이었다. 정병주 사령관은 "아까 문홍구 장군(당시 합참본부장)에게서 전화가 왔다. 공수여단 병력들이 움직이기 시작한다는데 신중을 기해달라는 것이었다. 문홍구 장군은 이곳에 장관도 계신다며 장관을 바꿔주었다. 장관이 '야, 너희 여단 병력이 국방부를 쳐들어온다는데 막아다오'라고 해서 '아니 장관님, 장관님이 갖고 있는 수사기관을 동원해서 장난치는

놈들을 잡아넣으면 되지 않습니까'라고 쏘아붙였다"고 말했
다. 정병주 사령관은 장관에 대해 뭔가 오해를 하고 있는 것 같
았다.

정병주 사령관이 노재현 국방부장관과 통화한 것은 한남동 공관
에서 총격전이 벌어지자 피신했던 노재현 장관이 우여곡절 끝에
국방부의 지하벙커로 들어와 있던 밤 10시쯤이었을 것이다. 이때
는 1공수여단이 육본과 국방부를 점령하기 위해 출동했다는 보
고가 올라와 지하벙커에 모여 있던 육본 지휘부와 국방부 간부들
이 안절부절못하고 있던 시점이었다. 조금 뒤 육본 지휘부는 전
투 병력의 보호를 받아야 한다며 수경사로 자리를 옮겨갔고, 노
재현 장관과 김종환 대장은 미8군 벙커로 들어갔다. 이러한 상황
이 정병주 사령관에게는 자세히 전달되지 않고 있었다. 장태완의
계속되는 증언을 들어보자.

> 나는 정병주 사령관에게 1공수가 노량진 한강 인도교 쪽으로
> 기어나온다는 경찰 보고를 알려주면서 1공수가 출동하지 못하
> 도록 막고 부대 장악을 잘해달라고 부탁했다(이날 밤 보안사뿐
> 만 아니라 수경사 헌병대 간부들조차 합수부 측에 가담해버려 장태
> 완 수경사령관은 오로지 경찰 보고를 통해서만 상황을 파악하고 있
> 었다. 당시는 계엄하여서 경찰은 서울 지역 계엄분소장인 수경사령
> 관에게 보고하는 체제가 돼 있었다). 정병주 사령관은 "부사령관
> 과 헌병대장을 1공수에 보내 출동을 중지시키고 불응하면 여
> 단장을 체포하라고 지시했다"고 말했다. 그는 이어 "3공수 최

세창 여단장을 불러 출동 준비를 철저히 해놓으라고 했다"며 나에게 걱정 말라고 했다. 나는 깜짝 놀라 "아니 최세창이는 저쪽 편에 가 있는데 무슨 말입니까?"라고 했더니 정병주 사령관은 "금방 그를 여기에 불러서 철저한 지시를 해놓았는데 무슨 소리냐?"고 오히려 반문을 했다. "여보시오 정 선배, 최세창·박희도·장기오 그놈들이 정규 육사 출신들 아니오. 그놈들이 지금 전두환이 하고 경복궁 30경비단에 가 있는 것을 정말 모른다는 말입니까?" 나는 이 문제로 정병주 사령관과 한참 동안 입씨름을 했다. 확인을 해보라면서 전화를 끊었는데 한참 뒤 다시 정병주 사령관에게서 전화가 걸려왔다. 그는 "당신 말이 맞다"며 "1공수여단에 간 이순길 부사령관에게서 전화가 왔는데 박희도 여단장이 '부사령관님, 막지 마십시오. 저는 이미 이 길을 택하기로 결심했습니다'라면서 출동을 강행한다고 알려왔다"고 말했다.

3공수여단장 최세창 준장이 특전사령부에 들어온 것은 정병주 사령관이 1공수가 자신의 명령에 따르지 않고 출동한다는 보고를 받고 이순길 부사령관과 참모 몇 사람을 1여단으로 출발시킨 뒤였다. 최세창 준장은 진급과 보직 임명에서 정병주 사령관의 도움을 많이 받은 것으로 알려지고 있다. 정병주 사령관은 부하 지휘관의 진급과 보직에 각별히 관심을 갖고 후원했는데, 특히 최세창 준장에 대해 영관 시절부터 아끼고 뒤를 밀어줬다. 그런데도 이날 밤 철저히 배신을 당한 셈이다.

최세창 준장은 정병주 사령관과의 이런 인연 때문에 나름대로 정병주 사령관을 설득하려고 애를 썼다고 한다. 최세창 준장은 이날 밤 2, 3차례 찾아가 설득했지만 결국 그의 마음을 돌리지 못했다. 특전사 보안부대장 김정룡 대령도 정병주 사령관에게 "경복궁에 가서 전두환 장군을 만나보라", "전두환 장군과 통화해보라"고 몇 번이나 권유했으나 거절을 당했다고 한다.

3공수여단의 15대대장 박종규 중령이 최세창 3공수여단장의 지시에 따라 10여 명의 무장 병력을 이끌고 사령부를 급습한 것은 정병주 사령관이 9공수여단의 출동을 최종 명령한 직후였다.

박종규 중령 일행은 곧장 사령관실로 들어왔다. 부속실에 앉아 있던 사령관 부관 장범주* 대위가 일어났지만 그들은 전혀 개의치 않고 사령관 집무실로 몰려갔다. 이때 부속실 건너편 당번실에서 당번병 이석균 상병 등이 놀라 문을 열고 내다봤다. 박종규 중령은 이들에게 "너희들은 문 닫고 가만히 있어!"라고 소리쳤다. 당시 상황에 대한 장범주의 설명을 보자.

> 12시가 넘지 않은 시간이었다. 3공수여단장이 나에게 전화를 해 사령관실에 누가 있는지 물었다. 그는 조금 전에 사령부를 다녀갔었다. 나는 사령관은 지금 내실(집무실 안쪽)에 비서실장(김오랑 소령)과 함께 있으며 다른 사람은 이곳에 없다고 말했다. 3여단장은 나에게 "잘 판단해서 처신하라"고 말한 후 전화를 끊었다. 당시 부속실에는 특전사 보안부대장인 김정룡 대

★ 장범주(1952~)는 1980년 대위로 전역한 후 농림부 사무관, 서기관을 거쳐 농업기반공사 평택지부장 등을 지냈다.

령이 와 있었다. 나는 어떻게 해야 할지 혼란스러워서 그에게 물었더니 "너는 비켜 있어"라고 말했다. 그로부터 5분도 채 되지 않아 아래층에서 총소리가 울리고 발자국 소리가 요란하게 들렸다. 15대대장과 병력 10여 명이 우르르 올라왔다. 그들은 모두 M16소총으로 무장하고 있었다.

김오랑 소령의 안타까운 죽음

사령관실은 부속실을 통해 접견실로 들어가고 다시 이곳을 지나 집무실로 들어가게 돼 있었으며 내실은 집무실 안쪽에 칸막이로 만들어져 있었다. 박종규 중령 일행은 집무실까지 거침없이 들어갔다. 그러나 내실로 통하는 문이 굳게 안으로 잠겨 있었다. 박종규 중령은 문고리에 총을 쏘라고 지시했다. 문고리를 향해 M16소총이 집중 발사됐다.

이에 맞서 안에서 권총 몇 발이 날아왔다. 사령관 연행조 몇 명이 팔 등에 부상을 입었다. 다시 집중사격이 가해졌다. 안에서는 더 이상 총알이 날아오지 않았다. 공수부대원들은 부서진 문을 밀고 들어갔다. 그곳은 내실로 통하는 좁은 공간이었다. 김오랑 소령이 쓰러져 있었다. 그 옆에는 권총 한 자루가 떨어져 있었다.

정병주는 생전에 이 순간에 대해 다음과 같이 회고했다.

내가 피를 흘리며 어디론가 실려가는데 내 옆에서 또 한 명의 군인이 신음을 하고 있었다. 부대 정문에서 보초가 검문을 하니까 내 차에 탔던 장교가 "나 15대대장이야"라고 말했다. 그래서 그가 박종규 중령인 줄 알았다. 보안사 서빙고 분실에서 과다출혈로 쇼크 현상을 보이니까 국군서울지구병원으로 나를 데리고 갔다. 의식을 잃었다가 눈을 떠보니 박종규 중령이 보였다. 김오랑 비서실장이 그날 밤 숨졌다는 것은 한참 후 병원에서 알았다.

김오랑 소령은 하반신에 집중적으로 총상을 입었다. 그는 정병주 사령관이 끌려간 뒤에도 아직 살아 있었다. 정병주 사령관 부관이었던 장범주의 기억은 이렇다.

나는 사령관이 끌려가는 모습은 보지 못했다. 총소리가 멈추고 박종규 중령 일행이 사령관을 연행해간 뒤 당번병들이 달려와 내실 입구에 김오랑 소령이 쓰러져 있다고 해서 가봤다. 피를 많이 흘린 상태였지만 아직 맥박이 희미하게 뛰고 있었다. 나는 즉시 지프를 불러 김오랑 소령을 사령부 의무대로 옮겼다. 마침 군의관이 있었다. 그는 김오랑 소령을 이리저리 검사해보더니 가망이 없다고 했다. 출혈이 너무 심했다는 것이었다.

김오랑 소령은 정병주 사령관 체포 작전에 나선 박종규 중령과 아주 친한 사이였다. 육사 선후배(김오랑 소령은 25기, 박종규 중령은 23기) 사이였을 뿐 아니라 영내 관사 아파트에 이웃하고 살아 가족들끼리 내왕도 잦았다. 12·12 사건 불과 며칠 전에도 김오랑 소령은 부인과 함께 박종규 중령 집에서 함께 식사를 했다. 김오랑 소령의 부인 백영옥은 12일 밤 관사에서 가까운 부대에서 나는 총격 소리를 듣고 불안했으나 '설마' 하는 생각이었다.

12·12 당시 정병주 특전사령관의 비서실장이었던 김오랑 소령은 3공수여단
병력이 총격을 가하면서 사령부를 습격해 정 사령관을 체포하려 하자
권총으로 응사하면서 맞서다 사살되었다. 그는 후일 투철한 군인정신을
평가받아 중령으로 추서되었다. 사진은 부인 백영옥 씨가 1990년 현충일날
국립묘지에 안장되어 있는 김 소령의 묘소를 찾아 추서된 중령 계급장을
놓고 참배하는 모습이다. 이듬해 백 씨는 신경안정제를 과다 복용한 채 건물
옥상에서 투신해 숨졌다.

백영옥은 남편 사망 이후 원래 좋지 않던 시력이 급격히 약화돼 끝내 실명했다. 부산에서 불교 자비원을 개설, 남편 사망의 충격과 실의를 딛고 사회봉사 활동을 해오다 1990년에는 12·12 주도 인물들을 상대로 손해배상청구소송을 시도해 관심을 모으기도 했다. 그러나 갑자기 소송을 포기해 외압 의혹을 낳기도 했으며 다음 해 6월 신경안정제를 과다 복용한 뒤 자비원 건물 옥상에서 추락사한 상태로 발견돼 한 많은 생을 마감했다.

김오랑 소령의 시신은 13일 아침 사령부 건물 바로 뒤편에 안치돼 이곳에 빈소가 차려졌다. 이날 아침 새로 부임한 정호용 특전사령관의 지시에 의해서였다. 많은 장병이 빈소를 찾아 애도의 뜻을 표했다.

정호용 사령관은 부임 직후 예하 여단장 및 참모회의를 소집한 자리에서 간밤에 사령부에서 있었던 작전을 질책했다. 요인 납치 등 특수훈련을 받은 특전사는 적의 지휘관도 감쪽같이 빼내올 수 있어야 하는데 정병주 사령관에게 부상을 입히고 김오랑 소령을 죽이는 사태를 빚었느냐는 질책이었다. 특히 최루탄 등 각종 가스탄도 사용할 수 있었는데 총기를 사용해 동료를 희생시킨 것은 잘못이라고 지적했다.

정호용 사령관은 김오랑 소령의 장례를 엄숙히 치르고 국립묘지에 안장토록 지시했다. 보안사에서 반대했으나 정호용 사령관의 고집을 못 꺾었다고 한다.

배반의 밤을 맞이한 정병주의 그 후

1980년 1월 병원에서 예편서를 쓰고 육군 소장으로 31년간의 군

정병주 특전사령관은 최세창 3여단장 등 부하 지휘관의 진급과 보직에 각별히
관심을 갖고 지원했다. 그러나 최 여단장은 12·12 당일 밤 전두환의 지시에
따라 예하 대대를 동원해 정 사령관을 체포했다. 이 과정에서 총상을 입고
병원으로 실려갔으며, 이듬해 1월 병원에서 예편했다. 1987년 11월 정병주는
김진기 전 육본 헌병감과 함께 기자회견을 열어 12·12 밤 상황을 설명했다.
사진은 정병주가 기자회견 도중 12·12 당시 직속 부하들에 의해 체포될 때
입었던 팔뚝의 총상 흔적을 기자에게 보여주고 있는 모습이다.

동작동 국립현충원 장군제1묘역에
있는 정병주 전 특전사령관의 묘지에는
아무것도 기록되어 있지 않은 비문석이
세워져 있다. 마치 12·12에 대한
정확한 진상규명을 촉구하는 무언의
항의처럼 보인다.

생활을 마감한 정병주는 12·12 때 자신을 배반한 세 여단장에 대해 "그들은 승진 보직 등에서 모두 내 은혜를 입었던 부하였다. 정규 육사 선후배 사이가 무섭다는 것을 그때 실감했다"고 토로했다고 한다. 정병주는 공수특전단 단장 시절 최세창 중령을 휘하로 데려와 작전참모를 시켰으며 대령과 장군 진급 때도 힘을 써준 것으로 알려져 있다.

1974년 특전사령관에 임명된 정병주는 박희도 준장을 1공수여단장에 앉히는 데 결정적 역할을 했다. 당시 하나회 그룹에서는 육사 11기인 백운택 준장을 1공수여단장으로 밀었다고 한다. 정병주 사령관은 특히 1978년 충남 광천 지역으로 침투한 3인조 무장공비가 한강 하류의 1공수여단 경계지역을 뚫고 북으로 탈출한 사건으로 박희도 여단장이 전역 위기에 몰렸을 때 당시 이세호 육군참모총장에게 '손이 발이 되도록 빌어' 그를 구해주었다고 한다. 박희도 여단장은 이 사건 후 전 여단 병력들과 함께 삭발을 했으며 부대에서 공비 탈출 지점인 한강 하류 감바위까지 20km 거리를 매일 아침 구보하면서 '감바위 교훈'을 잊지 말자는 구호를 외치게 했던 것으로 전해지고 있다.

장기오 5공수여단장은 동기생(육사 12기) 중 막차로 별을 달았는데 이때 정병주 사령관의 힘이 크게 작용했으며, 이 일로 장기오 준장은 정병주 사령관에게 특별한 충성을 맹세했다고 한다.

12·12 사건 당일 장군 진급이 확정된 특전사 작전참모 신우식 대령도 장군 진급에 정병주 사령관의 도움을 받았으나 이날 밤 정병주 사령관을 외면했다. 당시 특전사에 근무했던 한 인사는 "정병주 사령관은 그날 밤 사령부 참모들에게도 외면을 당했다.

심지어 본부대 병력을 무장시키라는 지시조차 이행되지 않았다"
고 말했다. 정병주 사령관에게는 참담한 배반의 밤이었다.

정병주는 부하들의 배반에 대한 분노를 곱씹으며 불우한 생활
을 하다 1983년 천주교에 귀의해 독실한 신앙생활을 통해 마음의
평화를 찾았다고 한다.

1987년 6월 전국을 들끓게 했던 민주항쟁 기간 명동성당 농성
사건이 끝난 뒤 이 성당에서 1만여 신자들이 모인 가운데 민주화
를 위한 미사가 봉헌됐다. 정병주는 이 미사에 참석해 때마침 내
리던 소나기를 흠뻑 맞으면서 군정종식을 위한 기도를 올렸다고
전해진다. 그러나 정병주는 1989년 3월 서울 근교 야산에서 목을
매 숨진 변사체로 발견돼 세상을 놀라게 했다. 그의 죽음은 말년
에 자살을 금기시하는 천주교에 귀의해 독실한 신앙생활을 했다
는 것과 시신 발견 현장의 의문점 등으로 인해 많은 의혹을 남기
기도 했다.

21   노태우, 전방 9사단을 서울로 동원하다

노태우 소장의 결심

노태우 소장은 마침내 전화기를 집어 들었다. 경복궁 30경비단장실에 있던 그는 방금 백운택 준장으로부터 "9사단 1개 연대를 동원하라"는 연락을 받았다. 보안사령관실에 모여 있는 지휘부에서 9사단 병력의 동원을 결정했다는 것이었다. 당시 전두환 합수부장과 유학성·황영시·차규헌 중장, 백운택 준장 등은 최규하 대통령을 설득하기 위해 삼청동 공관에 들렀다 보안사령관실로 가 있었고, 9사단장 노태우 소장과 20사단장 박준병 소장은 아직 30경비단장실을 지키고 있었다.

　신중한 성격인 노태우 소장은 이날 밤 사태가 예기치 않은 방향으로 확대되자 처음에는 소극적 대응 자세를 취했던 것으로 전해진다. 백운택 준장의 전화를 받은 뒤 잠시 생각에 잠겼다가 이윽고 자신의 부대인 9사단을 호출했다. 병력 동원을 결심한 것이다. 결과적으로 볼 때 9사단 1개 연대의 동원은 대세 장악에 별 영향을 미치지 못했다. 이미 1공수여단이 국방부와 육본을 점령해버렸기 때문이다.

　그러나 노태우 소장의 9사단 병력 동원은 그의 운명을 바꾸어 놓게 된다. 만약 이날 밤 노태우 소장이 자신의 사단 병력을 동원하지 않았더라면 12·12 신군부 세력의 2인자가 될 수 없었을 터이고 전두환에 이어 이 나라의 대통령 자리에 오르지도 못했을 것이다.

곧 9사단 교환대가 연결됐다. 12일 밤 11시쯤이었다.

"참모장을 대라!"

교환병은 사단장의 목소리를 잘 기억하고 있었다. 즉각 전화가 연결됐다.

"참모장입니다."

참모장 구창회 대령은 초저녁부터 사단 사령부에 대기 중이었다.

"29연대를 지금 즉시 중앙청 앞으로 출동시켜라."

구창회 대령은 지체 않고 사단장의 지시를 29연대장 이필섭★ 대령에게 전달했다.

비슷한 시각에 인접 부대인 제2기갑여단에도 합수부 측 지휘부에서 출동명령이 떨어지고 있었다. 1군단장 황영시 중장이 이상규 여단장에게 직접 전화를 걸어 1개 전차대대를 중앙청 앞으로 출동시키라고 지시했다.

30사단 90연대에 대한 출동명령은 이보다 조금 뒤에 내려졌다. 합수부 지휘부는 박희모 사단장과 90연대장 송응섭 대령에게 병력 동원을 지시했다.

3군사령부 예하인 이 부대들은 합수부 측의 출동명령을 받기에 앞서 이미 3군사령관 이건영 중장으로부터 병력을 움직이지

★ 이필섭(1937~)은 육사 16기로 하나회 회원이었다. 노태우 정부 시절 잘 나가던 '9·9인맥'(노태우가 거쳤던 9공수여단장, 9사단장 시절 부하 장교였던 군 인맥)으로 합참의장까지 역임했다.

제3부 12월 13일 새벽의 대이동

말라는 엄한 지시를 받고 있었다. 이건영 사령관은 1군단장 황영시 중장과 9사단장 노태우 소장이 합수부 측에 가담한 사실을 알고 이들이 지휘하는 병력의 출동을 사전에 봉쇄하려고 했던 것이다. 그는 9사단의 구창회 참모장과 연대장들에게 직접 전화를 걸어 "나의 육성명령 외에 어떠한 지시도 받지 말라. 절대로 출동해서는 안 된다"고 단단히 못을 박았다. 제2기갑여단장 이상규 준장에게도 같은 지시를 했다. 이 사령관은 3군 예하 충정부대 출동을 도와달라는 장태완 수경사령관의 요청도 국방부장관의 지침을 받지 못했다는 이유로 유보하고 있었다. 30사단장 박희모 소장에게는 합수부 측 병력이 출동할 경우 그 진입로를 차단해 서울 진입을 막으라고 지시했다.

그러나 3군사령관의 이 같은 지시는 모두 묵살됐다. 이 부대들의 일선 지휘관들은 정식 지휘계통에 있는 군사령관보다는 지휘위치를 이탈, 합수부 측에 가담해 있는 바로 윗 상관의 명령을 따랐던 것이다.

9사단은 서부전선을 지키는 핵심적인 전투사단의 하나로 당시 1개 연대는 전방지역에 투입되어 있는 상태였고, 나머지 2개 연대는 예비부대로 운용되고 있었다. 29연대는 이 예비 부대 중의 하나였다. 29연대장 이필섭 대령은 노태우 소장의 두터운 신임을 받고 있었다. 육사 16기 선두 주자인 이필섭 대령은 하나회 회원으로 알려져 있으며 6공화국 시절 각광받았던 9·9 인맥의 핵심으로 꼽힌다. 그는 실력과 인품으로 군 내의 광범위한 신망을 받았다.

당시 29연대의 1개 대대는 한강 하류의 경계를 담당하고 있어

이 연대를 동원하기가 쉽지 않은 상황이었다. 그럼에도 노태우 사단장이 2개 예비연대 가운데 29연대를 출동시킨 것은 이필섭 대령과의 평소 유대관계를 고려해서였을 것이다. 29연대는 한강 하류 경계에 배치된 대대 대신 인접 30연대에서 1개 대대를 배속받아 출동했다.

12월 12일 낮 한강 하류 초평도에서는 1군단 지역 대전차방어 훈련이 실시됐었다. 이 훈련에는 황영시 1군단장을 비롯, 노태우 9사단장, 이상규 제2기갑여단장, 군단 및 군사령부의 기갑장교들이 참가했다. 참가자들은 훈련이 끝나고 황희 정승 유적이 있는 반구정에서 매운탕으로 이른 저녁 식사를 했다. 여기에 참석했던 한 인사는 당시 별다른 분위기를 느끼지 못했으며 황영시 중장과 노태우 소장이 귀엣말을 하는 것을 보기는 했으나 별로 이상하게 여기지 않았다고 술회했다.

황영시 중장과 노태우 소장은 먼저 자리를 떴다. 일부는 식사를 마치고 이상규 제2기갑여단장의 공관으로 가서 2차 술자리를 갖기도 했다.

이상규 여단장이 긴급 연락을 받고 부대로 나왔을 때는 이미 9사단에서는 출동 준비가 한창이었다. 당시 제2기갑여단에서 근무했던 C의 증언이다.

> '진돗개 하나' 비상이 떨어진 뒤 후속 명령이 없어 매우 궁금했
> 다. 처음에는 북한의 동향과 관련이 있을 것으로 생각했다. 군
> 단 상황실로 전화했으나 자세한 내용을 알 수 없다는 것이었
> 다. 인접부대로 연락을 취해서 알아보려고 했으나 전화 연결

이 잘 되지 않았다. 군단 작전과에 아는 사람이 있어 연락했더니 9사단이 출동 준비를 하고 있으며, 자세히 모르나 서울에서 굉장한 사태가 벌어진 것 같다는 것이었다. 나는 순간적으로 4·19를 떠올렸다. 이런 상황이라면 여단장이 있어야만 되겠다 싶어 부관을 통해 여단장을 모셔오라고 지시했다.

이건영 3군사령관으로부터 전화가 걸려온 것은 이상규 여단장이 막 집무실에 들어섰을 때였다. 이건영 사령관은 이상규 여단장에게 "황영시 군단장으로부터 어떠한 지시가 오더라도 따르지 말고 절대로 병력을 움직여서는 안 된다"고 거듭 당부했다. 이건영 사령관과의 통화가 끝나고 얼마 안 있어 황영시 군단장으로부터 전화가 왔다. 다시 C의 증언이다.

여단장은 군단장의 전화를 받더니 "네네" 하는 대답을 연발했다. 바로 출동을 하라고 지시를 한 모양이었다. 전화기를 내려놓은 여단장은 아주 난감한 표정을 지었다. 참모들은 자신들이 판단할 문제가 아니라고 생각, "여단장이 결심하십시오"라고 말했다. 여단장은 잠깐 생각을 해보자고 하더니 "어느 대대장이 있느냐? 영내에 있는 대대장을 바꾸라"고 했다. 마침 16전차대대 김호영 중령이 영내 대기 중이었다. 여단장은 여단 작전참모와 참모장에게 16전차대대와 함께 출동하라고 했다.

포탄을 장전한 전차대대의 출동

여단장의 출동명령이 떨어지자 16전차대대는 즉시 포탄장전작업에 들어갔다. 나무 박스로 포장된 포탄을 일일이 까서 장전하는 것은 쉬운 일이 아니었다. 시간도 많이 걸렸다. 여단장실에서는 빨리 하라고 재촉이 빗발쳤다. 주로 대전차용인 철갑탄과 벙커와 진지공격용인 고폭탄이 장전됐다. 일부 전차는 벌집탄을 실었다. 이 포탄은 적의 보병이 전차에 접근할 때 사용하는 것으로 엄청난 살상 능력을 갖고 있다.

전차마다 대략 10여 발씩의 포탄을 장전한 뒤 전차대대는 지축을 울리며 서울로 남하하기 시작했다. 이상규 여단장은 처음에는 부대에 잔류할 계획이었으나 백운택 준장으로부터 전화를 받은 뒤 사태의 심각성을 깨닫고 대대가 1군단 앞을 지날 즈음 뒤쫓아와 합류했다. 대신 여단 참모장과 작전참모를 여단사령부로 돌려보내 부대를 지키게 했다.

비슷한 시각, 29연대의 병력을 실은 거대한 GMC트럭 행렬도 서울로 진격하기 시작했다. 이 바로 앞서 이건영 3군사령관은 9사단에 걸려온 전화를 받았다.

"사령관님, 출동합니다."

30연대장 김봉규(육사 15기) 대령이었다.

"누구 명령이냐?"

"사단장 명령입니다."

"어디로 출동하냐?"

"삼송리로 갑니다."

"출동하면 안 돼! 내가 사단에 연락할 테니까 좀 기다려!"

"알았습니다."

"여보세요!"

"…."

전화는 여기서 끊겼다. 이건영 사령관은 9사단 참모장 구창회 대령에게 급히 전화를 걸어 병력 출동을 저지시키라고 강력히 지시했다.

"지금 30연대장이 어디 출동한다고 그러는데 어디서 명령이 내려갔나?"

"예?"

"9사단 30연대가 어디 출동하는 모양인데, 어디 출동시키나?"

"연대 출동 안 합니다."

"지금 30연대장이 삼송리까지 출동한다고 전화가 왔는데…."

"연대 출동 안 합니다."

"출동하면 안 된다고 내가 연락했는데 왜 출동하나?"

"확인해보겠습니다."

구창회 대령은 군사령관의 전화를 받고 병력이 출동하지 않는다고 딱 잡아뗐다. 이날 밤 30연대장 김봉규 대령은 자세한 내막을 모른 채 1개 대대를 삼송리로 출동시키라는 지시를 사단사령부로부터 받았다. 그는 군사령관의 육성명령 없이는 출동하지 말라는 이건영 사령관의 다짐을 수차례나 받았기 때문에 사단에서 병력 출동 지시를 받자 군사령관에게 보고했던 것으로 보인다.

30연대의 1개 대대는 결국 29연대에 배속돼 서울로 출동했다. 김봉규 대령은 병력 출동 사실을 군사령관에게 보고한 것이 알려져 곤란을 겪었던 것으로 전해진다. 그는 장군 진급을 하지 못하고 대령으로 전역했다.

29연대와 제2기갑여단 16전차대대는 벽제에서 합류했다. 전차

대대가 앞장을 섰다. 삼송리까지는 1군단 관할이어서 통과에 별 어려움이 없었다. 1군단사령부는 이날 황영시 군단장의 지시에 충실히 따르고 있었다. 문제는 수경사 관할인 구파발검문소였다.

당시 구파발검문소 지역은 3군사령부에서 발주한 통일방벽 공사가 진행 중이었다. 검문소 양쪽 방벽은 이미 완공됐으나 도로를 차단할 수 있는 중앙철문 공사가 아직 끝나지 않고 있었다.

나중에 구파발검문소는 중앙철문 공사가 완성돼 도로를 강판으로 된 철문으로 봉쇄할 경우 전차 등 재래식 화력으로는 뚫을 수 없는 방벽이 된다. 이처럼 견고한 검문소 방벽 시설은 유사시 북한 전차부대의 기습에 대비한 것이지만 쿠데타군의 서울 진입을 막기 위한 시설이기도 하다. 이 시설은 12·12 사건이 일어난 지 1개월여 뒤에 완공됐는데 준공기념 동판에는 원래 공사를 발주한 이건영 3군사령관이 아니라 황영시 1군단장의 이름이 새겨졌다.

검문소를 지키는 수경사 병력은 이미 완성된 방벽과 철제 바리케이드, 쇠못이 박힌 철판을 이용해 견고한 방어선을 구축하고 있었다. 검문소의 양쪽 방벽 위에는 여러 정의 벌컨포가 북쪽을 향해 싸늘한 총신을 겨누고 있었다.

이미 통금 시간이라 거리에는 인적이 완전히 끊겼으며 움직이는 물체는 무조건 발포하라는 명령이 내려져 있었다. 이곳을 무력으로 점령하고 통과하려면 엄청난 유혈사태가 벌어질 것이었다. 전차부대가 앞장을 선다 해도 벌컨포의 집중사격을 받으면 아수라장이 될 것이 뻔했다. 우회를 할 수도 있으나 그렇게 하면 지정된 시간에 목표 지점 도착이 불가능했다. 합수부 측은 새벽

3시까지 구파발검문소를 통과하라는 명령을 내려놓고 있었다. 합수부 측은 1군단 헌병대에 통로 개척 임무를 맡겼다. 당시 상황을 잘 아는 P의 증언이다.

구파발검문소로부터 2km가량 떨어진 삼송리검문소에서 1군단 헌병대장 최동수 대령과 군기과장 박 모 소령이 구파발검문소로 전화를 걸었다. 마침 검문소장 이재천 중위는 최동수 대령이 수경사 헌병단 부단장을 역임해 아는 사람이었다. 최 대령과 박 소령은 "지금 곧 그곳으로 가겠다. 발포하지 말라"고 요청했다. 그러나 이재천 중위는 막무가내였다. 접근하면 무조건 발포하겠다는 것이었다. 시간이 자꾸 흘렀다. 군단 상황실에서는 명령이행을 독촉하는 전화가 불이 나게 걸려왔다. 29연대의 통로 개척 차 나온 9사단 작전참모 안병호 중령도 발을 동동 굴렀다. 군단참모장 정진태 준장은 어떻게 됐느냐고 독촉전화를 했다.

최동수 대령과 박 소령은 하는 수 없이 권총에 실탄을 장전하고 지프차를 구파발검문소로 몰았다. 다행히 총격은 없었다. 바리케이드 앞에서 경비 중이던 헌병들이 두 사람을 검문소장인 이재천 중위에게 안내했다. 두 사람은 이재천 중위에게 병력을 서울로 진입시켜야 한다고 설득했다. 이재천 중위는 아무 말도 안 했다. 최동수 대령과 박 소령은 벌컨포부대와 검문소 지원 병력들에게 발포를 하지 말 것을 지시한 뒤 삼송리에 대기 중인 부대에 연락해 통과해도 좋다는 연락을 했다.

1979년 12월 13일 아침 서울 세종로 중앙청사 앞에는 전두환 합수부장 측이
간밤에 불법적으로 동원한 탱크와 장갑차 부대가 삼엄한 경계 태세로 경비를
서고 있었다. 사진은 중앙청 경내에 배치한 제2기갑여단 전차대대 모습이다.
사진에 보이는 건물이 당시 중앙청이다. 이 건물은 일제강점기에 경복궁의
일부를 밀어버리고 지은 옛 조선총독부 청사로, 1986년 국립중앙박물관으로
개조되었다가 1995년 8월 15일 광복 50주년을 맞아 철거되었다. 지붕의
뾰족한 첨탑은 현재 천안 독립기념관에 전시돼 있으며, 철거된 자리에는
경복궁 흥례문 등이 복원되었다.

이날 밤 구파발검문소에는 상황 발생 후 수경사와 보안대에서 엇갈린 명령들이 내려와 근무자들을 곤혹스럽게 만들었다. 수경사 지휘계통에서도 철저히 외부 병력 진입을 막으라는 지시와 통과시키라는 엇갈리는 지시가 내려왔다. 보안대에서는 무조건 통과시키라고 했다. 검문소장인 이재천 중위는 끝까지 외부 병력 진입 저지 입장을 고수했다고 한다. 그러나 이재천 중위도 1공수여단이 수색검문소를 점령하고 서울로 진입했다는 연락을 받은 데다 1군단 헌병 관계자들의 설득으로 입장을 바꾸지 않을 수 없었다.

제2기갑여단의 전차대대가 구파발검문소를 통과한 것은 새벽 3시 15분쯤이었다. 29연대도 뒤를 이어 구파발검문소를 통과, 중앙청에 진주했다.

조금 후 30사단의 90연대도 송응섭 연대장의 지휘하에 이곳을 통과, 세검정 북악터널을 거쳐 종암동 고려대 뒷산으로 집결했다. 육본 측의 지시로 중동부전선에서 서울로 들어올지 모를 26사단과 수도기계화사단 병력에 대항하기 위해서였다.

국가보다 자신들의 안위를 위한 선택

합수부 측 관계자들은 나중에 9사단 병력과 제2기갑여단 전차대대를 서울로 불러들인 것은 불가피한 자위조치였다고 밝혔다. 그러나 정승화와 이건영 등 당시의 군 고위 관계자들은 이들 부대의 동원은 안보에 치명적인 타격을 입힐 수 있는 무모하고 무책임한 조치였다고 비판했다.

1987년 11월 제13대 대통령 선거에 출마한 민정당의 노태우 후보는 관훈 토론에서 이 문제와 관련, "9사단 병력 전체를 동원한 것이 아니라 전방의 위험 상황에 대처하기 위해 모든 조치를 취해놓고 수도권 근교에 있는 일부 병력만을 동원했었다"고 해명했다. 그러나 이 같은 주장은 정승화 등으로부터 즉각적인 반격을 받았다.

예비 병력은 그냥 남아도는 병력이 아니고 전쟁 발발 시 바로 작전에 투입되는 개념이며 만약 12·12 사건 당시 9사단 지역으로 북한군이 쳐내려왔다면 예비 병력 부족으로 서부전선 방어에 심각한 타격을 입었으리라는 것이다.

제2기갑여단의 동원도 마찬가지로 비난을 면치 못했다. 이 기갑부대는 서부전선에서 서울에 이르는 직선로인 문산 접근로를 방어하는 우리 측의 핵심 화력을 담당하고 있다. 12·12 사건과 같은 상황에서 북한이 펼칠 수 있는 작전은 대규모 기계화 부대를 이용한 전격전이었을 것이며, 이날 밤 북한의 기습에 대비해야 할 상황에서 이처럼 중요한 임무를 수행해야 할 이 기갑부대의 주력이 동원됨으로써 전력상 엄청난 위험 요인을 초래했다는 것이다.

특히 이들 부대는 한미연합작전에서도 중요한 의미를 갖는 부대로, 미국 측은 합수부 측이 이날 밤 한미연합사와 전혀 상의 없이 이 부대를 움직인 것에 강력하게 항의했다. 합수부 측의 병력 동원 결정 과정에서 이 문제가 심각하게 고려된 흔적은 없었다. 그들은 이날 밤 국가의 안위보다는 자신들의 안위가 훨씬 다급했던 것이다.

22 장태완 수경사령관,
         보안사·30경비단 전차공격 준비

서빙고 공격 작전 취소가 불러온 파장

"장갑차와 전차, 그리고 병력을 지원해주십시오. 제가 인솔해서
서빙고에 쳐들어가 총장님을 구출해오겠습니다."

정승화 총장의 수석부관인 황원탁* 대령의 어조는 결연했다.
시간은 밤 11시를 넘고 있었다. 육본 지휘부와 함께 수경사로 옮
겨와 있던 문흥구 합참본부장이 황원탁 대령의 총장 구출작전 건
의를 받고 장태완 수경사령관에게 황원탁 대령을 지원해주라고
말했다. 다음은 당시 합참본부장이었던 문흥구의 증언이다.

> 총장수석부관 황원탁 대령이 "총장님은 서빙고에 계신 것 같
> 다"며 전차와 장갑차, 그리고 병력을 지원해주면 자신이 직접
> 인솔해 가서 총장을 구출해오겠다고 했다. 그래서 장태완 수경
> 사령관에게 황원탁 대령을 좀 도와주라고 했더니 "좋다"면서

★ 황원탁(1938~)은 육사 18기로, 12·12 후 진급에 불이익을 받다가 노태우 정부
들어 뒤늦게 별을 달아 소장으로 진급한 뒤 한국군 최초로 유엔사령부 군사정전위
수석대표를 지냈다. 소장 예편 이후 주파나마대사직을 수행하다 김대중 정부에서
임동원 후임 청와대 외교안보수석을 맡았고, 주 독일대사도 지냈다.

전차 2, 3대 지원이 가능할 것이라고 말했다. 장태완 사령관은 잠시 후 전차 동원 문제를 알아보고 오더니 1대밖에 준비가 안 된다고 했다. 황원탁 대령은 전차 1대라도 이끌고 나가겠다고 했다. 황원탁 대령은 이날 밤 총장 구출을 위해 부지런히 뛰어다녔다.

그러나 이날 밤 정승화 총장 구출을 위한 보안사 서빙고 분실 공격작전은 실행에 옮겨지지 못했다. 문홍구의 계속되는 증언이다.

서빙고 공격을 위한 전차 출동 문제를 협의하고 있을 때 노재현 국방부장관으로부터 전화가 왔다. 장관은 그때 미8군 벙커에 가 있었다. 그는 "거기 있는 장군들이 병력 동원 운운한다는데 절대로 동원하지 마라. 전두환과 통화했는데 원만히 타협이 될 것 같다. 박정희 대통령 시해사건에 관련된 정승화 총장 한 사람에 관한 문제라고 하니 장군들에게 흥분하지 말라고 해라. 보안사령관은 무지한 자가 아니다. 내일 아침이면 아무 일도 없을 것이다"라고 말했다. 이어 합참의장(김종환 대장)에게서도 병력을 내지 말라는 전화가 두세 차례 걸려왔으며, 이희성 장군(중앙정보부장서리)도 같은 취지의 전화를 해왔다. 나는 전화를 받고 나서 서빙고 전차공격을 중지시켰다. 보안사 서빙고 분실 부근에는 민가도 많아 전차공격을 할 경우 민간인 피해도 우려됐고, 아군끼리 충돌로 벌어질 대규모 유혈사태를 피해야 한다는 생각이었다.

장태완 수경사령관도 서빙고 공격에는 적극성을 보이지 않았다. 그는 훗날 "나는 당시 정승화 총장이 서빙고에 감금되어 있을 가능성이 희박하다고 보았다. 내 생각엔 그들이 총장을 살해했거나 서울 외곽으로 빼돌렸을 것 같았다. 서빙고에 감금했다 하더라도 우리가 구출하러 갔으면 아마 다른 곳으로 빼돌렸을 것이다. 그래서 나는 주모자들이 모여 있는 경복궁과 보안사령부를 공격해서 이들을 체포하는 것이 더 급하다고 판단했다"고 회고했다. 휘하의 병력과 전차 등 주력 부대가 대부분 합수부 측에 가담해버린 상태에서 그나마 남아 있는 전력을 분산시켜서는 안 된다고 보았으며 이 때문에 서빙고 공격을 고집하지 않았다는 것이다.

그러나 당시 합수부 측에서는 육본 측이 정승화 총장을 구출하기 위해 서빙고를 습격할 가능성을 크게 우려했다고 한다. 합수부 측에 가담한 30단 병력과 청와대 경호실 소속 병력은 경복궁 30단과 보안사령부에 모여 있는 합수부 측 지휘본부를 방어하기에도 벅찬 상황이어서 서빙고 분실에 지원 병력을 내보낼 형편이 못되었다. 서빙고 분실에 근무했던 H는 "이날 밤 정승화 총장을 추종하는 세력들이 전차를 앞세우고 서빙고 분실로 쳐들어온다는 첩보가 들어와 바짝 긴장해 있었다. 겁을 집어먹고 다른 곳으로 피신한 수사관도 있었을 정도였다"고 회상했다.

서빙고에는 통상적인 경계 병력 외에는 별다른 방어수단이 갖춰져 있지 않은 상태였다. 전차 한두 대와 1개 중대 병력 정도만 쳐들어갔더라도 서빙고 분실 자체 병력으로는 막아내기 어려웠을 것이고, 이 작전으로 정승화 총장이 구출됐더라면 사태는 전혀 다른 방향으로 전개됐을 것이다. 그러나 육본 측의 서빙고 공격 작전은 취소되고 말았다. 육본 측은 이날 밤 상황을 반전시킬 또 한 번의 기회를 놓쳤던 것이다.

장태완 사령관의 7가지 명령

장태완 사령관은 합수부 측 진압에는 방패사단(쿠데타 진압부대, 시위 진압 시에는 충정부대로 불림)인 26사단과 수도기계화사단의 출동이 관건이라고 보고 이 전투 병력의 출동을 위해 초저녁부터 백방으로 노력하고 있었다. 그러나 이들 부대의 이동을 승인할 노재현 국방부장관의 행적이 잡히지 않아 병력 출동이 벽에 부딪혔다.

장태완 사령관은 이제 수경사에 잔류해 있는 자체 병력과 화력을 동원, 자신이 직접 이끌고 쳐들어가는 방법밖에 없다고 판단했다. 그는 수경사령부에 남아 있는 부하 장교 60여 명을 기밀실에 불러 모았다. 장태완 사령관은 기밀실에 집합한 수경사 장교들에게 비장한 어조로 말했다.

내 생명과 같이 사랑하는 동지 여러분! 여러분이야말로 표리가 없는 진정한 군인들이오. 여러분이 우리 사령부를 대표하는 충성심에 불타는 간부들임은 이제 바로 여기 서 있는 모습으로 서로에게 증명되고 있소. 조금 전까지 우리 사령부의 450명 전 장교들은 서로가 형제처럼 정을 나누며 생사를 초월하여 국가원수의 경호경비와 수도방위 그리고 충정작전(치안질서 회복을 위한 시위 진압) 및 방패작전(국가반란 및 쿠데타 진압) 등의 임무를 완수하기 위해 함께 고락을 같이해 온 전우들이 아니었습니까. 그런데 지금 여기 모인 동지 외에 많은 장교들이 경복궁 30경비단에서 국가반란을 모의하는 그 무리들과 함께 작당하여 우리들에게 총부리를 겨누고 있으니 이 얼마나 통탄할 일이오? 모든 것이 사령관의 지휘 능력과 덕성 부족의 소치이며, 취임 24일밖에 안 되어 미처 부대 내 암적 요소들을 제거해내지 못한 나의 책임임을 이해해주기 바라며 다음과 같이 가슴 아픈 최후의 명령을 하달하니 천지신명께 맹세코 각자가 맡은 바 소임을 완수해주기 바랍니다.

장태완 사령관이 이 자리에서 내린 명령은 7가지였다.

첫째, 제30경비단장(장세동 대령), 33경비단장(김진영 대령), 헌병단장(조홍 대령) 등을 발견 즉시 체포 또는 사살하라.

둘째, 현재 30경비단에는 전두환 보안사령관을 비롯하여 차규헌·유학성·황영시 중장 등과 노태우·박준병 소장, 백운택 준장 등이 역모를 꾀하고 있다. 이들도 발견 즉시 체포 또는 사살하라.

셋째, 기타 여기 없는 동료 장교들을 최선을 다하여 설득하여 본대로 복귀시켜라. 끝까지 역모에 가담한다면 그들도 가차없이 사살하라.

넷째, 각 외곽 검문소의 출입을 철저하게 검문검색하고 수상한 자는 별도 조사 후 조치하라.

다섯째, 방송국 및 각 검문소 병력을 분대 규모에서 소대 병력으로 증강하라.

장태완 수경사령관은 13일 새벽 전차와 토우 미사일 등 수경사 보유 화력을 총동원해 경복궁 30경비단과 보안사를 공격할 준비를 진행시켰다.
사진은 12·12 한 달 전인 1979년 11월 수경사령관에 새로 임명된 장태완 소장이 경복궁 30경비단을 현황 파악차 방문해 장세동 단장으로부터 보고를 받고 있는 모습이다. 중간에 앉은 배석자는 당시 수경사 작전참모인 박동원 대령이다.

여섯째, 현재 반란군에 가담하고 있는 청와대 뒷산 팔각정 주변에 배치된 병력을 33단 부단장이 설득하여 은밀히 사령부로 철수시켜라.

일곱째, 사령부에 잔류한 전차 4대, 토우(대전차 미사일), 3·5인치 로켓포 등 가용한 전 화포는 지금 즉시 탄약 상자를 개봉하여 완전히 차량에 탑재하라.

병력 동원 반대에 부닥친 장태완

이날 밤 수경사령부에는 전차 1개, 소대 4대가 배치되어 있었다. 장태완 사령관은 사령부의 경계를 강화하기 위해 33경비단에 배속되어 있는 수경사 전차대대 소속 1개 중대 전차 10대를 필동 사령부로 이동시키라고 지시했었다.

그러나 이 전차중대는 지시에 따라 필동으로 이동하다 광화문 근처에서 33경비단장 김진영 대령의 저지를 받고 다시 33경비단으로 되돌아가버렸다.

장태완 사령관은 사령부가 보유한 4대의 전차를 앞세워 수경사령부가 보유한 모든 화기를 동원해 합수부 측에 쳐들어갈 생각이었다. 병력은 행정병, 취사병까지 합해 100명가량 됐다. 다시 장태완의 증언이다.

나는 최후 전투태세 명령을 내리고 2층 나의 집무실로 내려갔다. 윤성민 참모차장과 병력 동원에 관한 마지막 담판을 벌이기 위해서였다. 이곳에는 윤 참모차장 등 육본 지휘부가 모여 있었다. "참모차장님, 지금 시간이 12시를 넘었습니다. 육본 지휘부가 이곳에 와서 지금까지 상황을 유리하게 진행시킨 것이 하나라도 있습니까? 전화만 잡고 국방부며 3군사령관, 심지어 반란군 두목들과 통화한 결과 얻은 것이 뭐가 있습니까? 이젠 시간적 여유가 없어요. 저놈들이 동원한 병력이 서울 시내로 진입할 시간도 멀지 않았어요. 나 장태완이는 이대로 물러설 수 없어요. 죽는 한이 있더라도 결전을 벌일 겁니다."

나는 이렇게 쏘아붙이고 곁에 있던 김기택 참모장에게 다음과 같이 지시했다.

"지금 바로 전차를 선두로 조금 전 지시한 대로 전 병력을 전투조로 편성하라. 목표는 경복궁과 보안사령부, 공격개시선은 아스토리아호텔★ 앞이다. 출발은 내가 선도한다. 중앙청 부근의 적절한 진지를 잡아 전차포, 토우, 106밀리무반동총, 3.5인치 로켓포로 2개 목표를 동시에 수백 발 집중사격을 한 후 일제히 돌격하여 역모자를 사살, 또는 포획하고 반란을 진압한다. 즉시 이 명령을 시달하고 출발을 대기하라."

내 말이 끝나자 윤성민 참모차장이 황급히 나를 말리면서 1, 3군사령관들에게 병력 동원이 가능한지 전화를 해보겠다고 했다. 곧장 이건영 3군사령관과 김학원 1군사령관에게 차례로 전화를 해보더니 장관의 지시가 없는 데다 북한의 동향을 감안해 병력을 동원할 수 없다고 한다는 것이었다. 그는 마지막으로 여기 모인 참모들의 의견을 모아보자고 했다.

★ 지금 남산 한옥마을이 옛 수경사령부 자리다. 아스토리아호텔은 한옥마을 입구 퇴계로에서 서울역 방향으로 200미터가량 떨어진 곳에 있다.

보안사의 극비 자료에는 이때 장태완 수경사령관이 먼저 이건영 3군사령관과 통화를 한 뒤 윤성민 참모차장에게 수화기를 넘겨 준 것으로 되어 있다. 다음은 보안사가 감청했던 당시 통화 내용 이다.

(장태완 수경사령관) "장태완입니다."
(이건영 3군사령관) "오! 나요, 잘 있소?"
"그런데 말입니다. 상황이 좀 달라지는 것 같습니다. 1공수 병 력 1,000명 정도가 한강 각 다리를 막아놨더니 구파발 쪽으로 해가지고 육군본부하고 국방부에 들어갔습니다. 그런데 저쪽 에서 전화로 장관님한테 협박을 해가지고 장관님이 지금 총리 공관에 가신 모양인데요."
"그래요?"
"여기 참모차장이랑 일반 참모부장이랑 합참본부장이 다 모 여 있습니다. 저희들 생각은 전쟁하기 위해서도 수도기계화사 단하고 26사단 정도는 갖다놓는 게 어떠냐는 의견이 오고 가고 하는데, 군사령관님 의도는 어떻습니까?"
"장관님이 아까 나한테 뭐라고 말씀이 계셨는고 하면 절대 병 력을 동원시키지 말라고 엄명을 내렸어요."
"장관님은 저쪽으로 거의 납치되다시피 했습니다. 국방부 청 사에서 총소리가 났어요."
"그런데 어떻게 됐든 간에 장관님 명령이 병력 출동하지 말라 고 했는데, 병력이 출동하면 문제가 있어 안 되지."
"그래서… 우선."

"그러다 쌍방에 불상사가 나면 어쩌겠어. 그래서 부대 출동은 아까 참모차장도 나한테 그렇게 전화가 왔고, 장관님도 그러고, 합참의장도 절대 부대 동원하지 말라고 두세 번 전화가 왔단 말이야. 그래서 전 부대에서 부대 출동을 안 시키려고 그러는데 지금 현재로서는 9사단 30연대*가 이동을 하는 것 같아요"

"어디로, 서울로요?"

"그렇지, 삼송리 쪽으로….."

"그러면, 군사령관님은 어떻게 하실랍니까?"

"내가 출동을 막으려고 했는데 본인들이 출발하고 나니 어떻게 됐는지 모르겠어."

"한 2개 사단 정도 여기 갖다놓는 게 어떻습니까?"

"사단 가져오는 건 안 돼. 전방이 더 문제가 있고. 여하간 부대 병력 움직이지 말라는 건 장관님 엄명이다."

"그저… 군사령관님께서 잘 한번 판단해주십시오."

(장태완 수경사령관, 윤성민 참모차장과 전화 바꿈)

(이건영 3군사령관) "나예요.

(윤성민 참모차장) "아까 장태완 장군이 얘기한 대로 상황은 그렇게 돌아가고 있는데, 이걸 어떻게 하면 좋겠습니까?"

"우리야 지휘계통에 있는 사람인데… 지휘관께서 절대 병력을

★ 실제로는 9사단 30연대의 1개 대대가 9사단 29연대에 배속돼 출동했다. 29연대 1개 대대가 한강 하류 경계에 투입돼 있어 인접 부대인 30연대에서 1개 대대를 빌려온 것이다. 이건영 3군사령관은 30연대장 김봉규 대령으로부터 부대가 출동한다는 보고를 받고 이렇게 얘기한 것으로 보인다.

　　　　　제3부 12월 13일 새벽의 대이동

동원하지 말라고 장관님이 그러고 가셨는데. 전방도 중요한데 그걸 빼가지고 만일에 이랬다가 쌍방이 충돌이라도 생겨가지고 이러면 말이야, 굉장히 문제가 있단 말이에요."

"북괴가 쳐들어오면 딱한 일이죠."

"북괴도 문제가 있고, 우린 내적으로도 쌍방 간 총격전이 벌어지고 그러면 굉장히 문제가 생기는데 육군본부에서 저쪽에 무슨 뜻인지, 어떻게 하려는 건지 알아서 이쪽에 내려줘야 될 것 아니냐 이거지."

"모르죠. 우리야 지금은…. 하나의 쿠데타지요."

"하여튼 병력 동원은 우리가 굉장히 신중을 기해야 되겠어요. 서로들 충돌이 생기면 문제가 있거든. 좀 판단해보세요."

"예, 알았습니다."

이 통화가 끝난 뒤 곧 윤성민 참모차장 주재로 심야의 육본 참모회의가 열렸다. 당시 수경사령관실에는 10여 명의 육본 일반 및 특별참모들이 B2벙커에서 옮겨와 있었다.

윤성민 참모차장: 방금 1, 3군사령관들과 통화를 했습니다. 3군의 26사단 및 수도기계화사단, 그리고 1군의 11사단 등 전방사단 병력들은 장관 지시 없이는 움직일 수 없다고 합니다. 우리가 병력 동원 문제를 어떻게 해야 할 것인지 각 참모들의 의견을 모아보기로 하겠소. 먼저 천주원 장군부터 말해보시오.

천주원 소장(인사참모부장): 오늘밤 상황 전개를 보니 저쪽에서 5·16 쿠데타보다 훨씬 장기간 그리고 치밀하게 준비해온 것 같습니다. 우리는 전혀 무방비 상태에서 기습을 당한 것이고 저항해봐야 아무 소용도 없을 것 같습니다.

장태완 소장(수경사령관): 아니 천주원 장군, 말 바로 하시오. 그래 병력을 동원하지 말란 말이오?

윤성민 참모차장: 장태완 장군, 윽박지르지 말고 자유롭게 의견을 들어봅시다. 황의철 장군 의견은 어떻소?

황의철 소장(정보참모부장): 현재 우리에게는 별다른 수단이 없습니다. 지금 같은 상황에서는 병력 동원하기가 어렵다고 봅니다.

하소곤 소장(작전참모부장): 병력을 동원할 수만 있으면 동원해야 합니다. 그러나 지금 하급부대에 명령이 먹혀들지 않고 있습니다. 여기서 명령해도 저쪽의 방해로 병력들이 움직이지 않을 것입니다.

장태완 소장: 아니 명령도 내리지 않고 안 된다고 합니까? 먼저 명령부터 내려야 하지 않습니까?

안종훈 소장(군수참모부장): 이번 쿠데타가 아무리 세밀하게 오래전부터 계획되어 진압이 어렵다손 치더라도 국민의 군대요. 군인의 사명에 따라야 하는 우리 고급 장성들이 우리만 살겠다고 쿠데타군에 손을 들자는 거요? 우리 군인은 군인으로서의 사명을 생사를 초월하여 지키고 우리들의 명예를 끝까지 저버려서는 안 된다고 생각하오. 나는 장태완 장군의 의견에 이유가 있을 수 없는 찬성이오.

신정수 소장(민사군정감): 쿠데타를 막아야 한다는 데는 이의가 없습니다. 그러나 박정희 대통령이 죽고 어수선한 상황에서 아군끼리 상호 충돌해서는 안 됩니다.

김진기 준장(육본 헌병감): 이제 와서 이런 논의해봐야 늦었습니다. 이제 우리가 할 일은 책임지고 물러나는 것밖에 없습니다!

장태완 수경사령관과 안종훈 군수참모부장 외에는 대부분 병력 동원에 반대하는 의견들이었다. 안종훈 장군은 12·12 후 육군대학 총장을 거쳐 부산 군수기지사령관으로 밀려났다. 그는 1980년 5월 17일 국방부에서 열린 전군지휘관회의에서도 군의 정치개입 반대 발언을 했다가 전역 조치됐다.

밖에서는 시동을 걸고 출동대기 중인 전차 엔진 소리가 요란하게 들려오고 있었다.

23 미8군의 반응

미국도 전혀 몰랐던 12·12

용산 미8군사령부가 한남동 육군참모총장 공관에서 발생한 총격전에 대한 보고를 처음 접수한 것은 12일 저녁 7시 30분, 육군참모총장 공관에서 최초의 총성이 울린 지 약 10분 후였다. 미8군사령부에도 즉시 비상이 걸렸다. 수분 후 용산 8군 영내에 있는 연합사 지하벙커엔 존 위컴 사령관이 달려왔고, 곧이어 윌리엄 글라이스틴 대사가 도착했다. 8군사령부의 주요 참모와 로버트 브루스터 미 CIA 한국지부장, 미8군사령관 고문 스티븐 브래드너 등도 지하벙커로 모여들었다. 한미연합사 부사령관 유병현 대장, 연합사 작전참모부장 이민영(종합 5기) 소장 등 연합사의 한국 측 장성들도 비상연락을 받고 모습을 드러냈다.

글라이스틴 당시 주한미국대사는 1987년 서울에서 가진 한 기자회견에서 이때 상황에 대해 다음과 같이 말했다.

우리는 그 사건(12·12 사건)에 관해 사전에 전혀 알지 못했다. 그날 저녁 마침 나는 용산기지로 위컴 사령관을 방문 중이었는데 그곳에서 12·12 사건을 처음 알게 됐다. 우리는 매우 놀랐다. 나의 첫 노력은 무슨 일이 벌어지고 있는지를 파악하는 것이었다. 진상을 알아내기까지에는 서너 시간이나 걸렸다. 그러나 결과는 내가 처음 짐작한 대로(쿠데타)였다. 그날 밤 나의 가장 큰 관심사는 한국 군부 내의 유혈충돌을 막는 것이었다.

미국은 10·26으로 발생한 한국의 권력 공백을 메울 세력의 부상에 비상한 관심을 갖고 주시하고 있었다. 특히 한국 군부의 동향에 대해 촉각을 곤두세웠다. 미8군사령관의 특별보좌관 제임스 하우스만, 미8군사령관 고문 브래드너 등 주한미군사령부 내 정보통들의 움직임이 바빠진 것은 당연한 일이었다. 이들의 주된 관심사는 한국의 군부가 다시 정치에 개입할 것인가에 관한 문제였다. 그들은 이와 관련한 정보를 수집·분석하는 데 열중했다.

CIA 한국지부도 바빠졌다. 로버트 브루스터 CIA 한국지부장은 전두환 합수부장을 빈번히 접촉하고 있었다. 브루스터는 12·12 바로 전날 밤에도 전두환의 집을 방문, 장시간 대화를 나눈 것으로 알려지고 있다.

전두환을 예의 주시했던 미국의 정보통
한국 내 미국의 정보통들은 당시 한국의 군이 정치에 재개입할 경우 그 중심이 될 인물로 노재현 국방부장관과 정승화 육군참모총장, 전두환 합수부장 등 3명을 꼽고 있었다고 한다. 이 가운데서도 특히 4년제 정규 육사 출신의 리더인 전두환에 대한 관심이 컸다.

미국 측의 이러한 정보는 실제로 상당한 근거가 있는 것이었다. 이러한 움직임은 한국군 내 정보관계자들에게도 일부 포착되었으나 노재현 장관과 정승화 총장은 이를 무시해버렸다. 주한미군사령부의 한국 정보통들은 한국군 내에 정규 육사 출신들의 불온한 움직임이 있다는 것을 파악하고 있었지만 12·12 사건과 관련해 직접적인 사전 정보를 입수하지는 못했던 것으로 보인다. 미국 측은 1989년 우리 국회의 광주특위에 보낸 성명서에서 "미국은 전두환 소장이 이끄는 일단의 한국 육군 장교들이 무력으로 한국군 지도층을 제거해버린 12·12 사건에 대해 사전에 알지 못했었다"고 주장했다.

"한국군 내 중대 사태 발생" 워싱턴에 긴급 타전

용산 지하벙커에 모인 미8군사령부 수뇌들은 상황 초기에 매우 당황하고 있었다. 사령부 내 한국 정보통들이 사태의 진상을 파악하기 위해 분주하게 움직였으나 정확한 정보에 접근할 수가 없었기 때문이었다. 평소 업무상 협조를 해왔던 한국군 보안사 측과의 연락이 잘 이루어지지 않았다.

브루스터 미 CIA 한국지부장은 전두환 보안사령관과 통화를 시도했으나 연결되지 않았다. 그는 업무상 한국의 정보부장 및 보안사령관과 정기적으로 접촉을 해왔으며 10·26 이후 정보부의 기능이 사실상 마비되자 보안사령관과 더욱 빈번한 접촉을 갖고 있었다. 그러나 이날 밤 전두환의 행적은 즉각 파악되지 않았다. 그는 이 시간에 삼청동 공관으로 최규하 대통령을 찾아가 정승화 총장 연행 재가를 요청하고 있었다.

미국 측은 한국의 국방부와 육본 수뇌들과도 연락을 시도했지만 별 도움이 되지 않았다. 한국의 국방부와 육본 측도 아직 정확한 상황 파악을 못하고 우왕좌왕하고 있었기 때문이다.

미8군사령부는 북한의 움직임에도 촉각을 곤두세웠다. 즉각 대 북한 감시체제를 강화했으나 별다른 이상은 발견되지 않았다. 미국 측은 한남동 총장 공관의 총격전이 한국군 내의 쿠데타 기도와 관계가 깊다는 심증을 굳혀가고 있었다. 밤 9시 40분쯤 노재현 국방부장관과 김종환 대장이 미8군 벙커에 들어섰다. 이때 미국 측은 이미 정승화 총장의 강제 연행과 한남동 총장 공관 총격전의 성격에 대해서 어느 정도 윤곽을 파악하고 있었다.

노재현 장관 일행이 8군 벙커로 온 것은 연합사 부사령관 유병현 대장의 권유에 의해서였다. 당시 상황을 잘 알고 있는 예비역 장성 R의 회고는 이렇다.

시간은 정확하지 않으나 밤 8시 30분 전후였을 것이다. 미8군 지하벙커에 있는 유병현 대장에게 노재현 국방부장관의 전화가 걸려왔다. 노재현 장관은 그때 시내에 있었으며 매우 불안해하는 것 같았다. 유병현 장군은 "이곳은 안전합니다. 이쪽으로 오십시오"라고 말했다. 그때는 아주 긴박한 상황이었는데 국방부장관이 지휘 위치에 있지 않음으로써 지휘계통에 큰 혼란이 빚어지고 있었다. 유병현 장군은 국방부장관이 정상적인 지휘명령을 내릴 수 있는 곳에 위치할 수 있도록 하기 위해서 비교적 안전하고 상황 파악도 웬만큼 이루어진 8군 지하벙커로 노재현 장관을 오도록 했던 것이다.

노재현 장관은 당시 육군참모총장 공관에서 총소리가 나자 한남동 공관 외곽 담을 넘어 단국대 체육관에 피신해 있다가 합참 작전국장 이경율 소장의 차로 시내로 나와 유병현 대장에게 전화를 걸었던 것으로 알려지고 있다. 노재현 장관은 먼저 국방부 지하벙커로 들어갔다. 그는 거기서 먼저 와 있던 김용휴 국방부차관으로부터 간단한 상황 설명을 들었다. 문홍구 전 합참본부장의 증언이다.

> 장관이 국방부 지하벙커에 들어온 것은 밤 9시 10분쯤으로 기억된다. 김종환 합참의장과 함께였다. 장관과 합참의장은 어떻게 연락이 돼 시내에서 만났던 것으로 알고 있다. 김용휴 차관이 노재현 장관에게 그동안 파악한 상황에 대해서 간단히 설명했다.
>
> 　당시 벙커 분위기는 1공수여단이 쳐들어온다는 소문이 퍼져 어수선했다. 장관은 몹시 불안한 기색이었다. 장관은 참모들에게 "곧 쳐들어오는 것 아니야? 경계 철저히 해야지"라면서 "수경사령부에 가서 조치하는 게 나아. 그곳에는 실병력이 있으니까"라고 말했다. 장관은 조금 후 "이곳은 경계가 아주 허술해서 안 되겠어. 나는 8군으로 갈 테니 자네들은 수경사로 가서 해봐"라고 한 뒤 곧 합참의장과 함께 8군 벙커로 옮겨갔다. 그 뒤 육본 지휘부도 서둘러 수경사로 자리를 옮겼다.

노재현은 그러나 1993년 8월 국회 국방위원회의 국정조사 증언에서 육본 지휘부가 수경사로 옮겨간 것은 자신의 지시 때문이 아니고 당시 윤성민 참모차장 등 육본 참모들의 판단에 의한 것이라고 말했다.

　노재현 장관이 8군 지하벙커에 도착한 후 미국 측은 사태의 윤곽을 확실하게 파악했다. 전두환 보안사령관이 사건의 중심인물임을 알아냈고 경복궁 30경비단에 몇몇 장성들이 모여 있다는 것과 최규하 대통령이 정승화 총장 연행을 허락하지 않고 있다는 사실도 전해졌다. 저녁 7시 30분경 "한국군 내 중대 사태 발생"이라는 첫 보고가 워싱턴에 긴급 타전된 뒤 8군 벙커와 워싱턴 사이의 교신 전파가 빈번하게 태평양을 넘나들고 있었다. 이때 글라이스틴 대사와 위컴 사령관이 한국의 군부 사태에 대해 워싱턴에 어떠한 대책을 건의했고 이에 대해 미국 정부는 어떠한 조치를 시달했을까.

미국은 12·12를 방조, 묵인한 것일까

미국이 12·12 사태를 사실상 방조, 묵인했다는 의혹이 제기되어온 것과 관련, 이 부분은 매우 중요한 대목이다. 미국 유타주의 브리검영대학교 극동문화연구소의 마크 피터슨 교수는 1989년 글라이스틴 전 주한미대사와 위컴 전 주한미군 8군사령관과의 인터뷰를 토대로 작성한 〈광주사건과 미국〉이라는 논문에서 이 부분에 대해 다음과 같이 기술하고 있다.

　　이날 밤 한국군부가 취할 수 있는 한 가지 조치는 다른 군부대를 출동시켜 서울에서 쿠데타군을 진압하는 것이었다. 실제로 군 수뇌부는 당초 이 방안을 강구하고 있었다. 그러나 위컴 사령관은 한국군 수뇌부에 날이 밝을 때까지 기다리도록 촉구했다. (중략).

　5·16 당시 매그루더 유엔군사령관은 사생결단으로 나선 쿠데타 지도자들에게 원대 복귀를 명령하는 단선적이고 무용한 조치를 취했었다. 글라이스틴 대사는 이와 같은 조치로 미국이 (실권을 장악할 쿠데타 세력에) 비호의적으로 비치는 것을 피하고자 했다. 글라이스틴 대사는 "워싱턴으로부터 날아온 메시지는 쿠데타군에 원대 복귀 명령을 내리라는 것이었다"고 술회했다. 그러나 이 같은 원대 복귀 명령은 설령 시달됐더라도 5·16 때와 마찬가지로 무시됐을 것이다. 12·12 이후 글라이스틴 대사는 미국 정부로 하여금 힘의 균형이 어느 쪽으로 기우는지를 지켜보는 입장을 취하도록 했다.

8군 벙커에 온 노재현 국방부장관과 김종환 대장은 유병현 연합사 부사령관과 병력 동원 문제를 협의했다. 이 협의 내용은 정확히 알려지지는 않았으나 노재현 장관은 여기서 일단 쿠데타군을 진압하기 위한 병력 출동을 결심했던 것으로 추정해볼 수 있는 증언이 있다. 동원 대상 부대는 3군사령부 예하의 2개 충정사단 (쿠데타 진압 사단)이었다.

　23시 15분경 참모차장(윤성민 중장)이 수경사에서 사령관(이건영 중장)에게 수도기계화사단 및 26사단의 출동 준비를 해달라는 전화를 해왔다. 사령관은 즉시 이 두 개 사단에 출동 준비를 하되 반드시 별도 명령에 의하여 행동하라고 지시했다. 곧이어 23시 35분쯤 연합사 부사령관 유병현 대장이 사령관에게 "장

관을 대리하여 지시한다"며 수도기계화사단 및 26사단 출동
준비를 하라고 했다.

당시 3군사령부 참모장이었던 신재성* 예비역 소장의 증언이다.
이로 미루어 볼 때 노재현 장관은 합수부 측을 무력 진압해야 한
다는 육본 지휘부의 강경 입장을 수용하여 병력 동원 쪽으로 기
울었던 것 같다.

그러나 노재현 장관의 입장은 곧 바뀌었다. 전두환 보안사령관
과 장시간 통화를 한 뒤였지만 장관이 입장을 바꾼 데는 미국 측
의 입김도 상당히 작용했던 것 같다. 위컴 사령관은 연합사의 방
위능력 약화와 한국군 부대끼리의 대규모 충돌 발생, 이를 틈탄
북한의 남침 우려 등을 이유로 해서 노재현 장관에게 국방부에
충성하는 부대를 여명까지는 이동을 중지시키도록 종용(대한민
국 국회 광주특위에 보내는 미국 정부의 성명서 6항)했던 것이다.

물론 위컴 사령관은 한국군 부대 간의 충돌이 초래될 수 있는
위험에 대해서 전두환 보안사령관에게도 경고하는 전갈을 보냈
다(대한민국 국회 광주특위에 보내는 미국 정부의 성명서 6항). 이러한
미국 측의 조치가 결과적으로 합수부 측이 대세를 장악하는 데
중요한 요인으로 작용한 것은 분명하다. 미국 측은 한국의 정식
지휘계통이 정승화 총장을 불법으로 납치해간 합수부 측을 치기
위해 전투 병력을 동원하려는 시도에 대해 이를 막는 데는 일조

★ 신재성은 종합 2기로, 12·12 후 신군부에 비판적인 입장을 취한 것이 알려져 소
장으로 예편됐다.

주한미8군사령부는 12·12 당시 한국군 부대끼리의 충돌을 우려해 한국군 지휘부가 전두환 측을 진압하기 위해 야전군을 동원하려는 것을 막았다. 이는 결과적으로 전두환 세력이 육본 지휘부와의 대결에서 승리해 군권을 장악하는 데 유리하게 작용했다. 사진은 1980년 2월 열린 한미협회 리셉션에서 존 위컴 주한미군사령관이 신현확 총리와 건배를 들고 있는 모습이다.

를 했지만 합수부 측이 연합사 작전통제하에 있던 9사단과 30사단 및 제2기갑여단을 무단으로 동원하는 것에는 전혀 영향을 미치지 못했기 때문이다.

그동안 미국이 12·12 거사를 좌절시키기 위해 보다 강력한 조치를 취하지 않은 것에 대해 많은 의혹이 제기돼 온 것이 사실이다. 그러나 주한미군 측이 한국군부 내에서 발생한 변란 진압에 직접 개입할 근거는 없다. 한미 양국 간 공동협정에 의해 설치된 한미연합사의 유일한 임무는 외부로부터의 공격에 대한 방어이다. 주한미군사령관을 겸하고 있는 한미연합사령관은 한국군의 주요 전투부대에 대한 작전통제권을 갖고 있지만 이 병력들을 동원해 한국 군부 내 쿠데타를 진압하라고 지시할 권한은 없다.

이와 관련, 유병현 전 연합사 부사령관은 "만약 주한미군사령관이 쿠데타 진압 지시를 할 경우 이는 주권국가의 체통에 관한 중대 문제가 되며 그런 일이 있었다면 나라도 나서서 막았을 것"이라고 말했다.

북한을 대상으로 한 미국의 추가 경계 강화 지시

다시 미8군 지하벙커. 유병현 연합사 부사령관은 위컴 사령관과 북한이 이번 사태를 틈타 대남 군사행동을 못하도록 하는 조치를 협의했다. 곧 미 국무부는 북한이 대남 군사행동을 기도할 경우 절대로 용납하지 않겠다는 경고성명을 발표했다. 또 미 국방부는 태평양 지역 미군에 한국 사태를 주시하고 외출·외박 금지 및 경계태세를 강화하라고 긴급 지시를 내렸다.

미국은 10·26 이후 한반도 주변의 경계를 강화하는 조치를 취했지만 12·12 사건이 발생 하자 추가적인 경계 강화 지시를 내렸던 것이다. 중국과 러시아를 통한 간접적인 대북 경고 조치도 취해졌다.

13일 새벽 1시쯤 8군 지하벙커에서 노재현 장관은 김용휴 차관의 전화를 받았다. 사태 수습을 위해 장관이 국방부로 들어와야한다는 내용이었다. 노 장관은 합수부 측 장성들로부터도 국방부로 나오라는 요구를 받고 있었다. 이건영 3군사령관도 전화를 했었다. 병력 출동 문제를 확인하기 위한 것이었다.

국방부로 가기로 결정한 노재현 장관은 "국방부에 가서 보자"면서 전화를 끊었다. 위컴 사령관과 글라이스틴 대사는 "위험하다"며 노 장관이 국방부로 가는 것을 만류했다. 그러나 노 장관은 일단 국방부로 돌아가 전두환을 불러 수습책을 강구해볼 생각이었다. 미국 측은 아직 합수부 측이 9사단 등 연합사 작전통제 아래에 있는 부대에 출동명령을 내린 사실을 모르고 있었다.

24 수경사 헌병단, 육본 지휘부를 체포하다

장태완, 출동 준비를 마쳤으나

중앙정보부장서리 이희성 중장이 장태완 수경사령관에게 전화를 해온 것은 육본 지휘부가 병력 동원 문제를 놓고 마지막 입씨름을 벌인 심야 회의가 끝나가고 있을 때였다. 서울 중구 필동 수경사령부 입구에서는 장태완 수경사령관의 지시에 따라 출동 준비를 마친 전차 4대의 엔진 소리가 요란스럽게 울려 퍼지고 있었다. 당시 남산 1호터널 북측 입구 가까운 곳에 위치한 남산 중앙정보부 청사까지 그 전차 엔진소리가 들렸다. 일촉즉발의 긴장이 수경사령부에 감돌았다. 13일 새벽 1시쯤이었다. 다음은 장태완의 증언이다.

> 이희성 장군에게서 전화가 왔다고 해서 받아보니 "여보 장 장군, 지금 이 소리가 무슨 소리요? 전차 소리가 아니요? 당신 저쪽(합수부)을 공격하려는 것 아니요?"라고 다그쳤다.
> "아니 부장님, 제가 초저녁부터 저놈들이 장난질한다는 것을 알려드렸지 않습니까? 참모총장님은 행방불명이어서 저놈들을 진압하기 위한 부대 출동을 도와달라고 수차례 부탁을 드렸는데 이제 와서 무슨 말씀입니까? 저놈들은 지금 수개 사단

을 능가하는 각급 부대를 동원해서 서울 시내로 진입하고 있는 데 가만히 앉아서 죽으란 말씀입니까? 도대체 부장님은 누구 편입니까?"

나는 수화기를 꽝 내려놓고 자리를 박차고 일어나 육본 참모들을 향해 쏘아붙였다. "그러면 좋을 대로들 하십시오. 나는 지금 전차를 몰고 가서 싹 불바다를 만들어 버리고 나도 죽어버리겠소!"

이제 최후의 돌진밖에 방법이 없다고 생각했다. 옥쇄라도 하겠다는 것이 당시 나의 심정이었다.

장태완 사령관은 2층 사령관실에서 뛰어내려와 전투용 지프에 올라탔다. 수경사 정문 입구에서 아스토리아호텔 쪽으로 도로를 따라 병력을 실은 트럭과 토우 중대, 전차 4대가 차례로 늘어서 대기하고 있었다. 트럭에 탑승해 있는 병력은 취사병과 행정병까지 끌어모아 100명쯤 됐다.

장태완 사령관은 전차 4대를 앞세우고 경복궁 쪽으로 밀고 들어가 보안사 건물과 30경비단에 전차포, 토우 미사일, 3.5인치 로켓포를 집중적으로 퍼부은 뒤 병력을 투입해 쿠데타 세력을 진압할 계획이었다. 그는 가능한 한 많은 포탄을 싣도록 지시를 해두었다. 장태완 사령관은 북악산에 포진하고 있는 경계용 헬기를 동원, 보안사와 30경비단에 수류탄을 투하하는 방법도 검토했으나 헬기 부대장이 어두워서 건물 접근이 어렵다고 해 취소했다. 합수부 측은 나중에 육본 측이 전투기까지 동원해 자신들을 공격하려고 했었다고 주장했는데, 이는 헬기 공격 방안이 과장된 것으로 보인다.

토우 중대의 동원에 대해서는 일부 참모들이 반대했다. 토우 미사일은 발사된 뒤 탄두 꽁무니에 연결된 가는 유선으로 유도, 목표물을 맞히도록 되어 있는데 시가지에서는 장애물이 많아 유선이 끊어지기 쉽고 이 경우 엉뚱한 곳에 미사일이 떨어질 수 있기 때문이었다.

장태완 사령관은 그러나 토우 중대의 동원을 강행했다. 최후 옥쇄를 각오한 마당에 가능한 한 모든 화력을 동원해야 한다는 것이 그의 생각이었다.

"너희들 자신 있나?, 통신은 잘 유지되나?"

장태완 사령관은 대열 후미에 위치한 병력들로부터 전투 임무 숙지 상태와 장비를 점검하면서 대열 앞으로 나가기 시작했다. 장태와 사령관이 전차 대열에 거의 다 갔을 때였다.

전차 무전기에서 장태완 사령관을 보는 즉시 사살하라는 무전이 흘러나왔다. 장태완 사령관 비서실장 김수탁(갑종 199기) 중령이 사색이 되어 뛰어왔다. 다시 장태완의 증언이다.

나보다 앞서 대열을 확인하고 있던 비서실장 김수탁 중령이 헐레벌떡 뛰어와서 내 귀에다 대고 다급하게 말했다. "사령관님, 지금 제가 저 앞 전차 소대 쪽에 갔더니 전차대대본부로부터 사령관님을 사살하라는 무전이 계속 들어오고 있습니다. 빨리 이 자리를 피신하여 사령부로 돌아가셔야겠습니다. 우리의 최후 공격 주력이 바로 저 전차 4대인데 저놈들이 저러니 나머지 행정 병력으로 어떻게 하시겠습니까? 모든 것이 끝난 것 같습니다"라는 것이었다.

　김수탁 중령 말을 듣고 귀를 기울여보니 과연 전차에서 나를 사살하라는 무전이 흘러나오고 있었다. 전차 무전기 소리는 심한 전차 엔진 소음 속에서 들릴 수 있도록 스피커 장치가 되어 있어 20~30m 떨어진 곳까지도 들린다. 나는 다 틀렸다고 생각했다. 수경사는 더 이상 내 부대가 아니었다. 취임한 지 24일 만에 나의 부대라고 믿었던 것이 착각이었다. 나는 모든 것을 포기하고 사령관실로 올라왔다.

합수부 측으로 기운 승리의 여신

합수부 측에 대한 조직적인 저항을 시도한 것은 이것이 끝이었다. 더 이상 합수부 측에 대항할 세력은 없었다. 합수부 측이 계엄사령관이자 육군참모총장인 정승화 장군을 정상적인 절차를 밟지 않고 전격 연행함으로써 비롯된 합수부와 육본 측과의 일촉즉발의 대치 상태는 합수부 측의 일방적 승리로 굳어졌다.

　정식 지휘계통인 육본 측은 이날 밤 총장을 불법 연행해 간 합수부 측에 대해 이렇다 할 대응조치 한 번 못해보고 군권을 고스란히 넘겨주었다. 1, 3, 5공수여단과 9사단 및 30사단의 각 1개 연대, 제2기갑여단 등 엄청난 병력이 정식 지휘계통에 의하지 않고 서울로 진입할 때 서울 외곽의 주요 검문소에서 약간의 우여곡절은 있었으나 총 한 방의 저항도 없이 통과했다.

　서울을 방위하고 쿠데타 진압 임무를 띠고 있는 수경사령부 예하 병력 가운데 이날 밤 유일하게 합수부 측 병력에 저항한 것은 국방부 옥상 대공포부대의 위협사격뿐이었다. 장태완 수경사령관은 각 검문소에 합수부 측이 동원하는 병력이 들어오면 발포해서라도 서울 진입을 막으라고 지시했지만 이 명령은 중간에서 철저히 차단되어버렸던 것이다.

사령부로 되돌아온 장태완 사령관에게 전화가 걸려왔다. 노재현 국방부장관이었다. 노재현 장관은 이때 1공수여단의 총격을 피해 국방부 지하벙커에 은신 중이었다.

"야 장태완, 너는 왜 자꾸 싸우려고만 하나?"

"장관님, 제가 무슨 병력이 있어야 싸우지요. 지금이라도 야전군을 동원할 수 있도록 해주십시오."

"야, 싸우면 안 돼. 말로 해, 말로!"

"저쪽에서 병력을 동원해서 쳐들어오는데 말로 됩니까?"

"그래도 말로 설득해야 돼. 절대로 피를 흘려서는 안 돼!"

"피 흘리나 마나 다 끝났습니다. 저쪽으로 다 넘어가고 여기는 전투 병력이 없습니다. 지시를 내려주십시오. 하라는 대로 하겠습니다."

"병력을 철수시키고 상황을 끝내!"

"알겠습니다. 장관님 명령이라면 그대로 하겠습니다. 장관님, 제가 복명복창하겠습니다. 상황 끝!"

장태완 사령관은 김기택 참모장에게 수경사 참모들을 집합시키도록 했다. 곧 김기택 참모장을 비롯해 작전참모 박동원 대령, 인사참모 이진백 대령, 정보참모 박웅 대령, 방공포단장 황동환 대령 등이 사령관실 옆 접견실에 모였다. 장태완의 회고를 보자.

이것으로 모든 것이 끝났다고 생각했다. 나는 참모들에게 "장관 지시로 상황을 종료한다. 새벽 3시를 기해 일체의 전투행위와 사격을 중지하라"고 지시했다. 특히 무장했던 병력을 철수시킬 때 오발사고가 나지 않도록 하라고 당부했다. 19개 한강 교량의 바리케이드는 통금해제 시간인 4시부터 철거하고 통행을 정상화하도록 했다.

그날 밤 한강 교량의 차단은 작전상 불가피한 일이었지만 시민들이 겪은 불편에 대해서는 내 평생을 두고 사죄할 것이다. 나는 참모들에게 "저쪽과 대치 과정에서 일어난 모든 책임은 내가 진다. 나의 성격을 잘 알 테지만 면전에서 내 명령에 불복했으면 총살을 당했을 것이다. 그러니 사령관이 시키는 대로만 했다고 하면 아무 일이 없을 것이다"라고 말하고 육본 지휘부가 머물고 있던 내 집무실로 건너갔다.

나는 윤성민 참모차장에게 "장관님 지시대로 13일 새벽 3시부로 일체의 전투행위와 사격을 중지시키고 모든 부대를 원상으로 복귀 조치했습니다"라고 보고했다. 윤성민 참모차장은 내 보고를 받고 유학성 장군에게 전화를 걸어 상황 종료 내용을 전했다.

합수부, 수경사령부를 점령하다

이 시각 수경사령부 1층 정보실장실. 헌병단 부단장 신윤희 중령이 헌병중대장들을 은밀히 불러 모으고 있었다. 그는 이미 자정이 넘기 전에 전두환 합수부장으로부터 장태완 수경사령관을 체포하고 육본 지휘부를 무장해제하라는 지시를 받아놓고 있었다. 그는 한남동 육군참모총장 공관에서 총격전이 발생한 직후 장태완 사령관의 지시로 공관으로 긴급 출동하는 등 상황 초기에는 정식 지휘계통의 명령에 충실히 따랐으나 시간이 지나면서 합수부의 논리를 수용하고 합수부 측 지시에 따라 직속 지휘관 체포에 나섰다.

그는 기회를 엿보고 있었다. 장태완 사령관이 보안사와 30경비단에 쳐들어간다고 병력을 동원하고 있을 때는 서슬이 워낙 퍼래 작전을 펼 수가 없었다. 그는 장태완 사령관이 모든 것을 포기하고 사령관실로 올라간 지금이 좋은 기회라고 판단했다.

곧 57중대장 한 모 대위, 53중대장 윤 모 대위, 10중대장 임 모 대위, 기동대장 이 모 대위 등 4명의 헌병중대장과 정보실장 최 모 준위가 그 앞에 모였다.

"지금부터 사령부를 평정한다. 이는 전두환 보안사령관님의 지시다."

"예!"

헌병중대장들이 모두 동의했다.

"지금 3시 정각이다. 20분까지 준비를 완료하라."

신윤희 중령은 이어서 M16소총으로 무장한 헌병 40명을 차출해 사령부 건물 본관 안팎에 배치토록 각 중대장에게 세부적인 지시를 내렸다.

다시 사령관 접견실. 장태완 사령관은 합수부 측으로부터 전화를 받았다. MBC 방송국에 나가 있는 수경사 경계 병력을 합수부 측 병력으로 교체하겠다는 통보였다. 장태완 사령관은 이밖에 서울 시내의 주요 보안목표에 배치된 경계 병력을 합수부 측이 동원한 병력으로 교체하겠다는 데 순순히 응했다. 지난밤에 육본 지휘부를 따라왔다가 감금된 육본 보안부대장 변규수 준장 등 보안사 요원들도 모두 석방 지시가 내려졌다.

새벽 3시 40분쯤 신윤희 중령이 헌병중대장·헌병사병 등 10여 명과 함께 2층 사령관실 복도에 나타났다. 사령관실 앞에는 육본 참모들의 수행부관 10명이 서성거리고 있었다. 신윤희 중령은 이들에게 권총을 겨누고 "모두 조용히 밖으로 나가 있어!"라고 나직한 목소리로 위협했다. 헌병들은 수행부관들의 권총들을 모두 빼앗은 뒤 밖으로 내보냈다.

이때 사령관실 안에서는 육본의 주요 참모들이 모든 것을 포기한 채 망연하게 앉아 있었다. 독실한 기독교 신자인 천주원 인사참모부장은 눈을 감고 기도를 하고 있었다. 천주원 장군은 그때 "하나님, 모두가 이성을 되찾아 우리 군끼리 유혈충돌하는 큰 불행한 사태 없이 이성적으로 사태를 수습하도록 도와주소서"라고 간절히 기도했었다고 나중에 회고했다.

신윤희 중령의 눈짓과 함께 체포조 10명이 동시에 사령관실 문을 박차고 뛰어들었다.

"손들엇!"

헌병들은 일제히 장군들을 향해 M16소총 총구를 겨누었다. 이때 사령관 집무실 옆 접견실 쪽에서 육본 작전참모부장 하소곤 소장이 문을 열고 들어왔다. 하소곤 소장은 흠칫 놀라더니 순간적으로 허리에 찬 권총 쪽으로 손을 댔다. 순간 "꽝"하고 총성이 울렸다. 실내에서 나는 M16소총 소리는 엄청난 굉음이었다. 하소곤 소장이 가슴팍을 움켜쥐고 비틀거렸다.

"저놈들이 나를 쏜다!"

하소곤 소장은 무척 고통스러운 표정을 지으면서 나뒹굴었다. 선지피가 쏟아져 나왔다. 순식간에 바닥이 피바다가 됐다. 총알은 왼쪽 가슴을 뚫고 들어가 허파와 비장을 치고 등 뒤로 관통했다. 다음은 하소곤의 후일 회고다.

> 새벽 4시가 되었을 즈음이었다. 이미 국방부와 육본이 점령돼버리고 상황이 다 끝난 상태였다. 나는 무슨 일로 옆방으로 건너갔었다. 그곳에서는 장태완 장군이 참모들과 무엇인가를 협의하고 있었다. 나는 용무를 마치고 다시 육본 지휘부가 있는 사령관실로 오기 위해 문을 열었다. 순간 장군들에게 총을 겨누고 있는 헌병들의 모습이 눈에 확 들어왔다. 내가 무슨 동작을 했는지 잘 기억이 나지 않는다. 무의식적으로 허리에 찬 권총으로 손이 갔는지 모르겠다. "탕" 하고 총소리가 나자마자 쓰러졌다.
>
> 나중에 깨어나 보니 13일 저녁 10시쯤이었다. 총알이 심장을 1cm 차이로 스치고 비장과 갈비 3대를 부순 뒤 관통해 대수술을 했다고 의사가 말해주었다.

하소곤 소장이 쓰러지자 사령관실 바닥에 앉아 있던 정승화 총장 수석부관 황원탁 대령이 권총을 뽑아 헌병들에게 겨누었다. 긴장의 순간이었다.

곁에 있던 합참본부장 문홍구 중장이 황 대령의 팔을 잡아 내렸다. 문홍구 중장은 황 대령의 권총을 빼앗아 한쪽으로 치운 뒤 "야, 우리는 비무장이야. 총구를 치우지 못해"라고 소리쳤다.

장태완 사령관이 총소리를 듣고 사령관실로 뛰어왔다.

"야 이놈들아, 나를 연행하든지 쏘든지 하지, 장군들에게 이게 무슨 짓이야!"

"사령관님, 죄송합니다."

신윤희 중령이 머리를 숙였다.

"누구 명령이냐? 부단장은 누구 명령을 받게 되어 있지?"

"보안사령관님 명령입니다. 용서하십시오. 이제부터 제가 사령관님을 모시겠습니다."

"좋다, 전두환이에게 가자!"

장태완 사령관은 그 길로 서빙고 보안사 분실로 연행됐다. 육본 참모들은 아침까지 수경사령관실에 연금되어 있다가 문홍구 중장과 윤성민 중장만 서빙고로 연행되고 나머지는 각각 육본으로 되돌아갔다.

이보다 두 시간 정도 앞선 13일 새벽 1시쯤 3군사령부. 이건영 3군사령관은 9사단과 30사단 제2기갑여단 등에 직접 전화를 걸어 무슨 일이 있더라도 병력을 움직이지 말라고 다짐을 주고 있었다. 바로 이때 육본 B2벙커에 있던 이규식 정보참모부 정보처장이 그에게 전화를 걸어왔다.

"정문 경비 잘하십시오."

"뭐, 일이 있어?"

"밖에서 뭐 들어갈 것입니다."

"그래, 뭐 때매?"

"그런 일이 있습니다."

"알겠어요."

제3부 12월 13일 새벽의 대이동

"사령관님, 잘 지키셔야 됩니다."

합수부 측은 육군본부와 국방부를 점령하고 특전사령부·수경사령부를 급습, 육본 측 장성들을 체포한 데 이어 3군사령부에도 마찬가지로 작전 지시를 내려 이건영 사령관을 체포할 계획이었다. 육본 B2벙커 상황실을 지키고 있던 이규식 장군이 이 정보를 입수해 이건영 사령관에게 귀띔을 했던 것이다.

보안사령부는 3군사령부 보안부대장 김무연 대령과 3군사령부 헌병대장 조명기 대령에게 이건영 사령관을 체포하라고 은밀히 지시했다. 그러나 김무연 대령과 조명기 대령은 보안사령부의 지시에 따르지 않았다. 김무연 당시 대령의 증언이다.

> 13일 새벽 사령부에서 이건영 장군을 연행하라는 지시가 내려왔다. 그때 이건영 사령관은 예하 부대의 병력통제를 하느라 여념이 없었다. 그를 체포할 경우 3군의 지휘체제가 일시에 마비되고 사기도 극도로 저하되리라는 것은 불 보듯 뻔했다. 그래서 나는 "밤중에 강제로 연행하는 것보다는 날이 샌 뒤 합법적인 절차를 밟아서 연행하는 것이 좋겠다"고 사령부에 건의했다. 내가 사령부의 지시를 거절하자 사령부 쪽에서는 헌병대장에게 다시 지시를 했는데, 그도 나와 같은 생각이었던 것으로 알고 있다.

이건영 사령관은 이날 새벽 6시쯤 노재현 장관으로부터 "좀 보자"는 전화를 받고 오전 8시쯤 상경, 국방부에 들렀다가 미리 대기 중이던 보안사 요원들에 의해 서빙고로 연행됐다.

수경사 헌병단은 13일 새벽 전두환 합수부장의 지시에 따라 육본 지휘부가
모여 있던 수경사령관실을 급습해 직속 상관인 장태완 사령관을 체포했다.

이건영 사령관은 12·12 사건 과정에서 합수부 측에 특별히 적대적인 행동을 하지 않았다. 신군부 장성들은 그러나 자신들에게 호의적이지 않은 이건영 사령관이 수도권 일대의 실병력을 장악하고 있는 한 안심할 수가 없었다. 그래서 그를 제거해버렸던 것이다.

25 최규하 대통령,
총장 연행 열 시간 만에 사후 재가

드디어 나타난 노재현 국방부장관

12월 13일 새벽 3시 50분, 서울 용산의 국방부 청사 2층 장관실,
신현확 국무총리와 김용휴 국방부차관 그리고 합참의장 김종환
대장, 중앙정보부장서리 이희성 중장 등이 노재현 장관이 나타나
기를 초조하게 기다리고 있었다. 새벽 1시 30분쯤 1공수여단이
국방부에 진입하면서 쏜 총소리를 듣고 수행부관 1명만을 데리
고 황급히 피신한 노재현 장관은 아직 종적이 묘연했다. 국방부
를 점령한 1공수여단 병력이 청사 안팎을 샅샅이 뒤졌으나 노재
현 장관의 행적을 찾지 못했다. 김용휴 차관과 1공수여단장 박희
도 준장도 직접 장관을 찾아 나서 청사 안을 한 바퀴 돌았다. 미8
군사령부 벙커로 다시 갔나 싶어 연락을 취했으나 오지 않았다는
것이었다.

"뭐, 이런 경우가 다 있어! 이 비겁한….."

김용휴 차관의 입에서 원색적인 불만이 터져 나왔다. 군대가
두 쪽이 나고 아군끼리의 대규모 충돌이 벌어져서 나라의 존망이
어떻게 될지 모를 초 위급 상황에서 사태 수습에 가장 큰 책임을
지고 있는 국방부장관이 적절한 조치를 못 취하고 계속 피해 다

니고 있자 감정이 상했던 것이다.

"더 이상 기다릴 필요가 있겠습니까? 아까 장관도 피신하기 전에 상황을 이해하고 삼청동 공관에 가겠다고 했습니다. 저와 합참의장이 총리님을 모시고 가서 대통령 각하께 설명을 드리고 재가를 받도록 하지요."

김용휴 차관이 신현확 총리를 바라보며 재촉했다. 신현확 총리는 잠시 생각하는 듯하다가 손목시계를 들여다봤다.

"지금이 3시 54분이오. 앞으로 6분만 더 기다려봅시다."

신현확 총리의 의견에 모두 동의하고 새벽 4시까지 기다리기로 했다.

같은 시각 국방부 청사 뒤 지하벙커 입구 계단, 한 번 더 청사 안팎을 수색하라는 박희도 여단장의 지시에 따라 1공수여단 병력들이 벙커 수색에 들어갔다. 공수부대 요원 2명이 벙커 지하계단 바닥까지 내려갔을 때였다. 벙커 안쪽에서 누군가 걸어 나왔다.

"손들엇!"

공수부대 요원들은 M16소총을 겨누면서 사격자세를 취했다.

"장관님이시다. 쏘지 마라!"

한 사람이 다급하게 외쳤다. 노재현 장관의 수행부관인 배상기★ 소령이었다.

"손들고 이쪽으로 나오십시오."

★ 배상기는 해사 24기로, 해병대 1사단장 등을 역임하고 해병대 예비역 소장으로 전역했다.

공수부대 요원 1명이 총 끝으로 방향을 지시했다.

"자네가 날 체포할 텐가?"

노재현 장관의 표정은 창백했다.

"죄송합니다, 장관님. 모시고 가겠습니다."

노재현 장관은 당시 지하벙커 내 어느 곳에 은신해 있었던 것 같다. 그는 수행부관만을 대동하고 비상통로를 통해 이곳으로 내려와 있다가 총소리가 잠잠해지자 밖으로 나오다 공수부대 수색조에 발견됐던 것으로 보인다.

노재현 장관은 공수부대 대대장 및 하사관 몇 명에 둘러싸인 채 장관실에 들어섰다. 정확히 새벽 3시 58분쯤이었다.

몇 사람이 안도의 숨을 내쉬었다. 신현확 총리가 "대통령 각하께서 노재현 장관을 밤새 찾고 계신다"면서 빨리 가자고 말했다. 미리 대기 중인 차의 뒷자리에 신현확 총리와 노재현 장관이 탔다. 이희성 중앙정보부장서리는 앞좌석에 탔다. 차는 즉시 출발했다. 그 뒤를 김용휴 차관이 따라나섰다.

검은 세단 몇 대가 국방부 청사를 빠져나와 삼청동을 향해 질주하기 시작했다.

신현확 총리와 노재현 장관이 탄 차가 경복궁 옆을 지날 때였다. 무장을 한 병력이 차를 세우고 노재현 장관을 강제로 내리게 해 보안사령부로 안내했다. 노재현 전 장관은 1993년 9월 12·12 국정조사에 증인으로 출석, 이때의 상황에 대해 비교적 자세히 증언했다.

임복진 의원: 12월 13일 새벽에 왜 보안사에 갔었나?

노재현 증인: 대통령에게 보고하러 올라가는 도중 보안사 옆을 통과할 때 완전무장한 대위 1명과 사병 3명이 우리가 탄 차를 가로막고 보안사에 들렀으면 좋겠다고 했다. 이희성 장군과 신현확 총리는 내가 보안사에 가는 것에 반대했다. 그러나 내가 그들의 요구에 응하지 않으면 강제로라도 끌어낼 기세였다. 그렇게 되면 무슨 망신이냐 싶어 내가 차에서 내려 보안사령부로 들어갔다. 현관 앞에는 전두환 보안사령관이 대기하고 있다가 나를 사령관실로 안내했다.

강창성 의원: 그 자리에는 누구누구가 있었는가?

노재현 증인: 전두환 장군 외에 유학성·차규헌·황영시 장군과 윤성민 참모차장이 있었다. 다른 사람은 소파에 앉아 있었으나 윤성민 장군은 그들 뒤에 선 채로 있었다.

강창성 의원: 당시 증인은 그 자리에서 누구와 무슨 대화를 했는가?

노재현 증인: 그곳에 오래 있지는 않았다. 내가 사령관 자리에 앉으니 전두환 장군이 결재할 내용을 내놓고 결재를 해달라고 했다. 사실은 나는 결재를 안 하려고 했다. 결재하고 싶은 생각이 없었다. 그러나 가만히 생각해보니 결재를 해야 할 것 같았다. 사건이 더 이상 확대되지 않게 하고 빨리 수습하기 위해서는 결재를 일단 해주는 것이 좋겠다는 생각이 들었다. 만일 내가 결재를 하지 않았으면 계속 나를 잡아놓았을 것이고, 또 하나의 사건이 발생했을 것이다. 나는 결재 자체는 큰 문제가 아니라고 생각했다. 이미 그들이 저지른 일은 결재했다고 해서 합리화되지 않을 것이라고 생각했다.

노재현 장관은 이날 밤 군 최고책임자로서의 역할을 다하지 못한 데다 체포된 것이나 다름없는 처지였기 때문에 권한과 물리적 힘을 모두 상실하고 있었다. 다만 군 통수권자인 대통령의 재가를 얻어내기 위한 형식적인 절차를 밟는 데 국방부장관의 이름이 필요했기에 그만큼의 가치만을 인정받고 있었을 뿐이었다.

노재현 장관과 전두환 합수부장이 30여 분 간의 긴밀한 대화를 끝내고 최규하 대통령에게 가기 위해 보안사령부 현관으로 내려왔다. 현관 앞에는 2대의 검은 세단이 대기 중이었다. 한 대는 국방부장관 차였고, 다른 한 대는 전두환 보안사령관의 전용차로 차종은 도요타 크라운이었다. 당시 보안사령관에게는 2대의 전용차가 지급되어 있었는데 나머지 한 대는 일제 슈퍼살롱이었다. 이 슈퍼살롱은 이날 밤 정승화 총장을 연행하는 데 동원돼 수도권 일원에 긴급 수배령이 내려져 있었다. 정승화 총장 연행에 동원됐던 또 한 대의 슈퍼살롱은 원래 차지철 경호실장이 타던 차로 10·26 후 보안사가 압수해 사용하고 있었다.

두 사람은 차를 함께 타고 삼청동 공관으로 가기로 했다. 장관 차와 보안사령관 차 중 어느 차를 타고 갈 것인지 잠시 혼선이 있었다. 당시 전두환 사령관의 수행부관이었던 손삼수 당시 중위는 이렇게 회고했다.

> 장관과 전두환 보안사령관이 말씀을 마치고 삼청동 공관으로 가기 위해 현관으로 나왔을 때 장관 차와 사령관 차가 한꺼번에 대기하고 있었다. 두 분이 함께 가신다는 것을 모르고 차를 그렇게 대기시킨 것이었다. 결국 사령관 차로 두 분이 가시기

로 했다. 그런데 그 차의 앞좌석에 누가 타고 수행할 것인지 문제가 되었다. 상황이 상황인지라 사령관의 경호를 양보할 수는 없었다. 나는 당연히 내가 타야 한다고 생각했다. 그러나 해병대 장교인 장관 수행부관 배상기 소령도 완강했다. 자신이 꼭 장관을 수행해야 한다는 것이었다. 옥신각신하고 있으니까 전두환 사령관이 나에게 "뒤차로 오라"고 해 장관 차를 혼자 타고 바로 뒤따라갔다. 장관과 전두환 사령관이 탄 차는 삼청동 공관으로 바로 들어갔으나 내가 탄 차는 공관을 경비하고 있던 55경비대대 경호요원들이 통과시켜주지 않았다. 전두환 사령관을 수행하고 왔다고 해도 차는 통과시킬 수 없다는 것이었다. 그래서 나는 입구에서 내려 걸어서 공관 안으로 들어갔다.

두 수행부관이 그와 같은 상황에서 경호 문제를 놓고 신경전을 벌인 것은 당연한 일이었다. 언제 어디서 무슨 일이 벌어질지 모르는 상태에서 수행부관은 잠시도 경호 위치를 벗어날 수 없었다. 전두환 사령관의 수행부관 손삼수 중위는 이날 전두환 사령관을 그림자처럼 따라다니며 경호하고 있었다. 그는 10·26 이후부터는 항상 사령관 차에 기관단총을 싣고 다니면서 경호를 해왔다고 한다.

마침내 이루어진 최규하 대통령의 재가

노재현 장관이 삼청동 공관에 도착한 것은 새벽 4시 50분쯤이었다. 노재현 장관이 최규하 대통령에게 보고하는 자리에는 신현확 총리와 최광수 비서실장이 배석했다. 전두환 합수부장은 접견실

박정희 대통령이 1984년 12월 26일까지인 임기를 채우지 못하고 1979년
10월 26일 사망하자 나머지 잔여 임기를 채울 후임자를 1979년 12월
6일 통일주체국민회의의 간접선거를 통해 뽑았다. 이 선거에 유일하게
입후보한 당시 최규하 대통령권한대행이 압도적인 지지율로 당선되었다.
최규하 대통령은 선출과 동시에 제10대 대통령 임기를 시작했으나 6일 후
일어난 전두환의 12·12 군사반란으로 인해 임기 내내 허수아비 대통령으로
지냈으며, 약 8개월 후인 1980년 8월 16일 사임 성명을 발표하고
하야함으로써 임기가 가장 짧은 대통령이 되었다. 사진은 12·12 군사반란이
일어난 지 9일이 지난 1979년 12월 21일 장충체육관에서 거행된 제10대
대통령 취임식 장면으로, 최규하 대통령이 부인 홍기 여사와 함께 국기에 대한
경례를 하고 있다.

밖에서 대기하고 있었다.

노재현 장관이 정승화 총장 연행 건에 대해서 전두환 합수부장으로부터 들은 사실을 토대로 대통령에게 보고하는 시간은 오래 걸리지 않았다.

"늦었소! 보고는 대충 들었는데, 어떻게 하면 좋겠소?"

"결재하시는 것이 좋겠습니다."

"그럼 그렇게 합시다."

최규하 대통령은 힘없이 한마디 하고 입을 다물었다. 전두환 합수부장이 정승화 총장을 연행 조사하겠다고 보고해왔을 때 절차상의 문제를 들어 10여 시간 버텨왔던 최규하 대통령은 국방부장관이 나타나 정승화 총장의 연행 조사가 필요하다고 하자 더 이상 결재를 미룰 수가 없었다. 합수부 측의 승리가 공식적으로 인정되는 순간이었다. 계엄사령관 겸 육군참모총장의 강제 연행, 계엄하에서 지휘관들의 근무지 이탈, 정식 지휘계통에 의하지 않은 병력 동원, 직속상관에 대한 총격 및 체포 등 군의 지휘계통을 송두리째 뒤엎어놓은 일련의 사건들이 이 순간부터 합법의 모양새를 갖추게 됐다. 그래서 5, 6공 시절에는 이날 밤 합수부 측에 의해 행해진 일련의 사건들이 사법적 판단의 대상이 될 수 없었다.

권력 싸움의 세계에서 '이기면 충신, 지면 역적'이라는 말은 시대를 막론하고 통한다. 권력의 칼자루를 쥔 쪽은 자신들의 모든 행위를 정당화하는 힘을 갖게 되지만 패배한 쪽은 승자를 정당화하기 위한 희생 제물로 이용되는 운명에 처할 수밖에 없다.

"후임 육군참모총장 겸 계엄사령관은 이희성 장군이 좋을 것 같습니다."

"알겠소."

이희성 중앙정보부장서리가 계엄사령관 겸 육군참모총장에 임명되는 과정에 대해서 자세히 알려진 것은 없다. 1988년 국회 광주청문회에서 광주특위 위원들은 이희성을 증인으로 출석시켜 이 부분에 대해 중점적으로 캐물었지만 시원스런 답변을 얻어내지 못했다. 다음은 당시 청문회 속기록이다.

> 증인은 12·12 사태 다음 날인 12월 13일 육군참모총장 겸 계엄사령관이 되었지요?
> "그렇습니다."
> 전두환 보안사령관의 추천에 의해서지요?
> "그렇지는 않았다고 생각합니다."
> 증인은 전두환 보안사령관이 정승화 총장 연행에 대해서 당시 최규하 대통령에게 재가를 받을 때 협력을 해줌으로써 그 대가로 총장직에 오른 것이 아닌가요?
> "아닙니다."
> 그러면 언제 계엄사령관 겸 참모총장에 임명된 사실을 통고 받으셨습니까?
> "삼청동 공관에서 노재현 장관이 대통령의 재가를 받고 나오다가 '이 장군이 수고를 해줘야겠어'라고 말해 처음으로 알았습니다."

여러 가지 정황으로 볼 때 이희성 육군참모총장 임명 문제는 노재현 장관이 삼청동 공관에 가기 전 보안사령부에 들렀을 때 전두환 합수부장과 이미 협의가 됐던 것 같다. 그러나 이것이 전적으로 전두환의 뜻이었다고 보기는 어렵다.

전두환은 이희성 장군을 껄끄럽게 여기고 있었다는 흔적이 있다. 그는 12·12 거사에 대해서 사전에 이희성 중장에게 전혀 귀띔을 하지 않았다. 전두환 그룹이 12·12 거사를 논의하면서 차기 참모총장으로 내정했던 사람은 1군단장 황영시 중장이었고, 이희성 장군은 군 개혁 차원에서 예편 대상에 포함시켰던 것으로 알려지고 있다. 그런데 사태가 예기치 않게 확대되면서 전두환 장군 측은 원래의 계획을 수정하지 않을 수 없게 된 것이다.

대통령의 재가를 받은 노재현 장관은 새벽 5시쯤 삼청동 공관을 나와 다시 보안사령부에 들렀다. 그는 여기서 차를 한 잔 마시고 국방부로 들어갔다. 이희성 장군도 보안사령부에 들렀다가 육군본부로 부임해 갔다. 그는 여명이 트기 전 육본의 참모총장실에 도착, 뜬눈으로 밤을 지샌 부속실 요원에게 "물 한 잔 달라"고 해 들이킨 뒤 "지금부터 내가 총장이야"라고 말해 부속실 요원들을 놀라게 했다고 한다.

전두환 합수부장은 13일 새벽 상황이 일단락된 뒤 국방부로 갔다. 1공수여단 병력을 격려하기 위한 방문이었지만 그의 행차에는 엄청난 위세가 느껴지고 있었다. 그의 위상은 하룻밤 새 판이하게 달라져 있었다.

12월 13일 오전 6시. 보안사령부에 가 있던 김용휴 국방부차관으로부터 국방부장관의 특별담화문 방송 원고가 국방부장관 보좌관 조약래 준장에게 통보됐다. 노재현 장관 명의로 된 이 담화문은 국방부 대변인에 의해 오전 7시에 공식 발표됐다. '박정희

대통령 시해사건과 관련, 정승화 계엄사령관을 연행 조사하고 있으며 연행 과정에서 일부 충돌이 있었으나 군은 새로운 지휘체제를 확립, 추호의 동요도 없이 임무수행에 만전을 기하고 있다'는 내용이었다.

13일 아침은 비교적 평온하게 밝아오고 있었다. 그러나 그 평온은 일시적인 착시와 같은 것이었다. 그 표면적인 평온 아래로 엄청난 역사적 파동이 일고 있었다.

제4부
신군부의
칼날 아래

26   12·12 당시 정승화 총장의 혐의는
타당한가

12·12 사건을 어떻게 볼 것인가

12·12 사건은 광주 5·18 비극의 씨앗을 배태하고 있었다. 대통령의 재가 없이 계엄사령관 겸 육군참모총장을 전격 연행하고, 5·16 군사쿠데타를 능가하는 병력을 무단으로 동원, 군권을 장악함으로써 신군부는 돌아올 수 없는 다리를 건넜다.

그들이 12·12를 결행할 당시 이미 정권 장악까지를 목표로 했는지는 확실치 않다. 그러나 비정상적인 방법으로 국가의 물리력을 완전 장악한 신군부 세력이 스스로 그 힘을 제도권에 넘겨주고 뒤로 물러설 의지가 없는 한 정권 찬탈은 시간문제에 불과했다. 더욱이 10·26으로 초래된 권력의 진공 상태에서 체제가 계엄령에 의해 불안하게 유지되고 있을 때 정치성이 강한 군인 집단이 군권을 장악했다는 사실 자체가 이미 군사정권의 재창출을 의미하고 있었다고 볼 수 있다.

신군부는 12·12 이후 약 5개월간의 암중 모색기를 거쳐 1980년 5월 17일 정권 장악을 구체화하기 위한 사전조치로 계엄령을 전국으로 확대 실시했으며, 김대중 등 정치권 인사와 민주화운동 세력에 대한 대대적인 검거에 나섰다. 그리고 민주화를 갈망하는 국민의 저항은 물리력을 동원해 무자비하게 잠재우려 했다. 5·18 광주민주화운동은 이처럼 정권 장악에 나선 신군부의 물리력과 광주 시민의 저항이 맞부딪쳐 일어난 사건이었다.

10·26 → 12·12 → 5·17 → 5·18로 이어지며 격변한 한국 현대 사의 본질을 이해하기 위해서는 무엇보다도 12·12의 진상 규명 및 올바른 성격 규정이 선행되어야 한다. 문민정부 출범 직후 김영삼 대통령은 12·12를 '하극상에 의한 군사쿠데타적 사건'이라고 규정했다.

당시 전두환 보안사령관 등 일부 장성들이 상관인 정승화 계엄사령관 겸 육군참모총장을 제거하려 했다고 해서 하극상이고, 이것이 확대돼 대규모 병력 동원에 의한 국방부 및 육본 점령, 정식 지휘계통에 따른 장성들을 대거 체포함으로써 쿠데타에 준하는 사건이 되었다는 의미에서 쿠데타적 사건이라고 표현한 것으로 보인다.

12·12 사태의 직접 피해자들은 '일부 잘못된 부하들이 저지른 역사적 패륜'(정승화 전 육군참모총장), '극소수 정치군인들에 의한 군사반란'(장태완 전 수경사령관) 등으로 규정했다.

그러나 12·12 사태 당시 핵심적 역할을 했던 전두환·노태우 등은 전혀 다른 주장을 했다. 노태우는 1987년 11월 제13대 대통령 선거 직전 중견언론인 모임인 관훈클럽의 대통령후보 초청 토론회에서 12·12에 대해 "구국의 일념에 의한 것이었으며 집권 의도가 없었기 때문에 쿠데타가 아니다"라고 주장했다. 전두환도 1989년 12월 국회 광주 및 5공 특위 청문회 증인으로 출석해 "12·12 사태는 10·26 박정희 대통령 시해사건의 수사 도중에 발생한 우발적인 사건이었을 뿐, 그 이상도 그 이하도 아니다"라며 12·12를 쿠데타로 보는 시각을 강하게 부정했다.

필자는 지금까지 12·12의 실체를 밝히기 위해 1979년 12월 12일 초저녁 전두환 보안사령관을 중심으로 한 정치장교 그룹이 정승화 계엄사령관을 전격 연행하는 것에서부터 다음 날 새벽 이들이 군권을 완전 장악하고 최규하 대통령의 사후재가를 받아내는 과정까지를 상술했다. 이제 근원적으로 12·12의 진상을 밝히기 위해 1979년 12월 12일 이전으로 되돌아가 이 정치장교 그룹이 12·12를 일으키게 된 진정한 동기가 무엇이었는지를 살펴볼 필요가 있다.

물론 여기에는 10·26 이후의 권력구조, 군 내부의 역학관계 및 하나회라는 사조직으로 뭉친 정치장교들의 의식구조 등이 종합적으로 검토되어야 한다.

전두환이 제기한 정승화 총장의 혐의는 사실인가

12·12 신군부 세력이 내세워온 12·12의 직접적인 동기는 김재규 중앙정보부장의 박정희 대통령 시해사건과 관련한 정승화 육군참모총장의 혐의였다. 당시 일반 사회는 물론 군 내부에도 정승화 총장이 시해사건 현장 가까이에 있었던 사실 하나만으로 그가 시해사건에 깊숙이 개입되었을 것이라는 의혹이 광범위하게 퍼져 있었다. 그러나 확실한 것은 10·26은 김재규의 단독 범행이었고 정승화 총장의 직간접적 범행 간여가 없었다는 사실이다. 물론 이는 많은 세월이 흐른 뒤의 판단이고, 당시 중요했던 것은 정승화 총장 혐의에 대한 합동수사본부의 심증이었다. 전두환은

340

1989년 12월 국회 증언에서 당시 정승화 총장의 혐의 부분에 대해서 다음과 같이 증언했다.

> … 어째서 하필이면 육군참모총장이 할 일 없이 김재규가 대통령을 시해하는 현장 근처에 두 시간가량이나 머물러 있었느냐는 것이고, 근접한 위치에서 수십 발의 총성이 들렸는데도 대통령이 근처에 있는 줄 알면서 당장 진상을 알아보려고 안 한 것은 30여 년 군에 복무하여 군의 최고 직위까지 오른 사람의 습성으로 보아 도저히 납득할 수가 없었다. (중략) 육본에 도착해서도 별다른 조치 없이 김재규가 하자는 대로 군 이동을 한 것 등으로 하여 그를 의심하지 않을 수 없다는 것이 수사관들의 의견이었고 당시 나 자신의 의견이기도 했다. …

그러나 전두환이 정승화 총장의 혐의에 대해 확신에 찬 심증을 갖고 있었다는 주장에도 불구하고 10·26 시해사건 수사 관계자들은 수사 초기에 이미 시해사건을 김재규의 단독 우발 범행으로 결론짓고 이 같은 사실을 전두환 합수부장에게 보고했다고 증언한 점을 주목해야 한다. 시해사건 수사 초기 당시 보안사 내 최고의 수사 베테랑들로 구성된 수사팀이 김재규의 단독 우발 범행으로 결론지었던 만큼 수사 책임자인 전두환 합수부장은 정승화 총장이 결백하다는 것을 누구보다도 잘 알고 있었을 것이다.

전두환 합수부장은 10·26 사건 11일 후인 11월 6일 사건 전모 발표 후 기자들과의 일문일답에서 정승화 총장의 관련 혐의 여부를 묻는 질문에 이렇게 답변했다.

김재규가 사건 당일 오후 4시 5분께 정승화 총장을 별채로 유인한 후 사건 후에 설득하려다 실패하면 협박하려고 했다. (중략) 정승화 총장은 이날 밤 저녁 약속을 단순한 약속으로 알았으며 더구나 김재규가 범행 전 정승화 총장을 찾아가 '내가 대통령을 이 자리로 모시고 오겠다'고까지 해 전혀 의심을 안 했다. 지금 생각하면 정승화 총장이 그날 김재규가 말한 대로 정보부로 갔다면 나라가 혼란에 빠지는 결과가 왔을 것이다. 정승화 총장이 차 안에서 육본으로 가자고 했을 때 박흥주(김재규 중앙정보부장 수행비서관)가 이에 동의한 것은 사전에 총장과 김재규 사이에 모종의 합의가 이루어진 것으로 오해했기 때문이다. 정승화 총장은 벙커에 도착한 후 신속히 조치, 더 이상 문제가 없도록 질서정연하게 일을 처리했다.

전두환 합수부장이 당초 정승화 총장의 결백을 잘 알고 있었다는 것은 당시 합동수사본부 수사관계자들의 증언에서 잘 드러난다. 다음은 10·26 후 합동수사본부 수사국장을 맡아 직접 김재규 수사를 지휘했던 백동림*(예비역 대령)의 증언이다.

★ 백동림(1936~)은 육사 15기로, 10·26 사건 당시 합수부 수사국장으로서 김재규 등의 수사를 지휘했다. 보안사의 수사 베테랑으로, 무장공비 김신조 사건, 윤필용 사건 등 굵직한 역사적 사건의 수사를 담당했으며, 이 사건들의 수사 일화를 담은 《멍청한 군상들》(답게, 1995)을 출간했다. 그의 부친과 동생, 자녀를 포함해 3대에 걸친 가족 10명이 52년 9개월을 군 복무를 한 데다 국가유공자도 2명 포함되어 있어 2009년 병무청이 선정한 '올해 최고의 병역이행 명문 집안'으로 뽑혀 대통령상을 수상했다.

수사관들은 처음 김재규의 범행에는 군을 비롯해 국내외의 엄청난 배후 세력이 있을 것으로 보고 이를 캐는 데 수사력을 집중했다. 육군참모총장이 시해 현장 부근에 있었다는 사실 하나만으로도 군 내부의 지원 세력이 있다는 심증을 굳히기에 충분했으며 밖에서는 미 CIA 지원설이 파다했다. 그러나 막상 김재규를 조사해보니 그게 아니었다. 그의 단독 우발 범행이라는 사실이 확연해졌다. 나는 11월 초 전두환 본부장에게 수사 보고를 올렸다. 합수부 차원에서는 거의 최종 보고나 다름없는 보고였다.

나는 차트를 만들어 보고를 한 다음 소견서를 통해 시해사건은 김재규의 단독 범행이라고 결론 내리고 정승화 총장이나 군부 내 다른 조직과의 관련 사실이 없다고 설명했다. 전두환 본부장은 나의 보고를 처음부터 끝까지 잘 들어주었고 보고 내용에 대해서도 특별히 의문을 표시하지 않았다. 그런데 내가 보고를 마치고 나가려 하자 전두환 본부장은 "백동림 대령, 옛날 상관이라고 봐준 것 없지?"라고 물었다. 내가 김재규와 정승화 총장 밑에서 근무한 적이 있었던 것을 지적해 하는 말이었다. 나는 문 쪽으로 몇 발짝 떼놓으면서 "내가 그런 말씀을 두 번째 듣습니다. 나는 공과 사를 분명히 구분하고 상관이라고 봐주지 않습니다"라고 한마디 하고 나와버렸다. 그는 내 등 뒤에다 대고 "어이 백동림 대령, 서운하게 생각하지 마!"라고 말했다. 나는 윤필용 장군을 수사할 때도 당시 강창성 보안사령관으로부터 같은 말을 들었다.

김재규 수사의 실질적 지휘자인 백동림 수사1국장이 시해사건을 김재규의 단독 우발 범행으로 결론지은 근거는 무엇이었을까? 백동림의 계속되는 증언을 보자.

김재규는 평소 바지의 라이터 주머니를 개조한 곳에 서독제 7 연발 소형 권총을 실탄 장전해서 넣고 다녔다. 그는 대통령이 있는 자리에도 항상 실탄을 장전한 권총을 이 바지 주머니에 넣고 가곤 했다. 그런데 사건 당일 김재규는 처음부터 권총을 소지하지 않았다. 미리 박정희 대통령을 살해하려고 결심했다면 처음부터 권총을 소지하지 않았을 리가 없다. 이것이 첫 번째 의문이었다. 검찰 공소장에 의하면 김재규가 남산 분실에서 차지철 경호실장으로부터 만찬 연락을 받고 곧바로 궁정동 안가로 가 별관 2층 집무실에서 권총을 점검한 것으로 되어 있는데 이것은 잘못된 것이다.

김재규는 만찬 도중 박정희 대통령과 차지철 실장으로부터 욕을 먹게 되자 50여 미터 떨어진 집무실로 가서 식사 중인 정승화 총장과 김정섭 중정(중앙정보부) 2차장보에게 "기다려달라"고 한 뒤 옆방 침실에 들어가 권총을 갖고 나왔다. 김재규는 당시 실탄이 제대로 장전되어 있는지를 확인하기 위해 노리쇠를 후퇴 전진시켜 보았는데 이때 소리가 옆방으로 새 나가지 않도록 침대 이불 속에 권총을 넣고 점검했다. 이것은 현장 검증 때도 확인한 사실이다. 그가 오래전부터, 아니면 그날 오후부터라도 시해할 마음을 먹었더라면 권총을 수십 미터 떨어진 자기 방에 두었겠는가.

다음은 김재규가 범행 후 정승화 총장과 함께 차를 타고 가면서 육본으로 갈 것인지 남산 (중앙)정보부로 갈 것인지 갈팡질팡했다는 점이다. 만약 김재규가 정승화 총장을 남산으로 끌고 가 거기서 일을 꾸몄더라면 상황은 크게 달라졌을 것이다.

세 번째로 김재규가 정승화 총장과 저녁 약속을 한 시점이 문제였다.

우리는 처음에는 당연히 김재규가 정승화 총장을 시해사건에 이용하기 위해 차지철 실장으로부터 만찬 연락을 받고 정승화 총장과의 저녁 약속을 한 것으로 생각했다. 그러나 실제 조사해보니 그게 아니었다. 수사관들 사이에 이 문제를 놓고 논란이 좀 있었으나 결국 우리는 김재규가 차지철 실장의 전화를 받기 전에 정승화 총장과 약속을 한 것으로 결론지었다. 김재규는 정승화 총장과의 약속이 되어 있는 상태에서 대통령 만찬 통보를 받자 부랴부랴 김정섭 중정 2차장보를 불러 대신 접대하면서 기다리라고 했던 것이다. 이런 사실들로 미루어 우리는 시해사건이 김재규의 단독 우발 범행이라고 단정지었던 것이다.

10·26 사건 발생 11일 만인 1979년 11월 6일 합동수사본부가 발표한 시해사건 전모에는 사건 당일 오후 4시에 차지철 경호실장이 김재규에게 중앙정보부 안가 만찬을 통보했고, 김재규가 정승화 총장과 김정섭 중앙정보부 2차장보에게 중정 별채 식사를 연락한 것은 그로부터 5분 후로 되어 있다. 백동림은 당시 이 발표를 보고 이상하게 생각돼 수사관들에게 어떻게 된 일이냐고 물었더니 "뭐가 잘못된 것 같다. 기록에는 정승화 총장과 김재규의 식

사 약속이 먼저인 것으로 되어 있다"고 말했었다고 회고했다. 10
월 28일의 1차 수사발표에서는 차지철 실장이 김재규에게 만찬
계획을 통보한 시간이 오후 4시 30분으로 발표됐었다. 여기에 김
재규가 정승화 총장에게 연락한 시간은 언급되어 있지 않다.

정승화 및 시해 현장에 함께 있었던 김계원 전 대통령 비서실
장도 이와 관련, 흥미 있는 증언을 하고 있다.

정승화의 증언: 나는 김재규가 나와 먼저 식사 약속을 한 뒤 차
지철로부터 대통령과의 만찬 통보를 받은 것으로 여기고 있다.
궁정동에서 만난 김정섭 2차장보는 시내에서 금방 연락을 받
고 들어온다면서 황급한 모습을 보였다. 그는 응접실에 자리한
뒤에 "오늘 부장님께서 총장님을 초대해놓고서 대통령께서 갑
자기 저녁 만찬에 부르시기에 안 갈 수도 없어 가셨습니다. 가
시면서 총장님을 저더러 잘 모시라는 연락을 하시기에 이렇게
시내에서 쫓아왔습니다. 부장님께서는 만찬을 빨리 끝내고 돌
아오실 것입니다"라면서 거듭 미안하다고 했다.

김계원의 증언: 나는 김재규가 만찬 자리에서 시해를 결심했다
고 생각한다. 오후 5시 좀 지나서 내가 궁정동에 도착, 미리 와
있던 김재규와 이야기를 나누었는데 그는 평상시와 다름이 없
었다. 그는 "오랜만에 정승화 총장을 저녁에 초대했는데 왜 하
필이면 이날에 갑자기 각하가 부르시는지 모르겠다"고 했다.
미리 거사를 결심했다면 왜 권총을 멀리 떨어진 자기 사무실에
두었다가 만찬 도중에 가져왔겠는가. 만찬장 2층에도 방이 있

12·12 신군부 세력은 최규하 대통령의 재가 없이 정승화 계엄사령관 겸
육군참모총장을 전격 연행하고, 병력을 무단으로 동원해 군권을 장악했다.
정 총장 연행의 직접적인 이유는 박정희 대통령 시해사건에 정 총장이 깊숙이
개입되어 있을 것이라는 의혹 때문이었는데, 정황상 전두환 합수부장도
연관되어 있지 않다는 걸 알면서도 의혹을 제기한 것으로 보인다.
사진은 12월 13일자 한국일보 호외를 읽고 있는 시민들 모습으로, 호외에는
"정승화 육참총장 연행조사", "박 대통령 시해사건 관련으로"라고 쓰여 있다.

는데….

이 같은 증언들대로 김재규가 차지철 경호실장으로부터 만찬 통보를 받기 전에 정승화 총장과의 저녁 약속을 한 것이 사실이라면 정승화 총장의 시해사건 관련 혐의는 원천적으로 성립이 안된다. 또 이러한 사실을 보고를 통해 잘 알고 있었을 전두환 합동수사본부장이 10·26 수사의 연장선상에서 정승화 총장을 연행조사하려 했다는 것도 말이 안 되는 것이다. 그렇다면 전두환은 정승화 총장의 결백을 알고도 정승화 총장에게 쏠리고 있는 의혹을 확대해 12·12에 최대로 활용했다고 볼 수밖에 없게 된다.

김재규는 법정에서 이 부분에 대한 검찰관의 신문에 "오후 4시에 대통령 만찬 연락을 받고 오후 4시 15분에서 30분 사이에 정승화 총장과 김정섭 2차장보에게 전화를 걸었다"고 응답했다. 12·12 사건 후 정승화 총장에 대한 검찰의 공소장에서 정승화 총장과 김재규의 통화 시간이 오후 4시 50분으로 훨씬 뒤로 늦춰져 있다는 것도 좀 이상하다.

27 전두환, 12·12 이전부터 군부 개편을 구상하다

김윤호 소장, 군 개혁안을 전두환에게 전달하다

잘 알려져 있지 않지만 12·12 사건 직후 사태 수습과 군 개편 과정에 중요한 역할을 한 사람 가운데 김윤호 소장이 있다. 그는 12·12 거사에 직접 참여하지는 않았으나 12·12 다음 날인 13일 12·12 핵심 주도 세력들이 비공식적으로 구성한 6인위원회(차규헌·유학성·황영시 중장, 김윤호·전두환·노태우 소장) 멤버에 끼어 대미관계와 군 개편 문제에 깊숙이 관여했다.

그는 그 후 1군단장과 1군사령관을 거쳐 합참의장까지 지내게 된다. 여기서 그를 등장시키는 것은 12·12 진상과 성격 규정을 놓고 '10·26 사건 수사 과정에서 발생한 우발적 사건'이라는 주장과 '조직적인 군사반란 또는 쿠데타'라는 시각이 엇갈리고 있는 상황에서 12·12 전후 그의 체험이 12·12를 이해하는 데 중요한 단서를 제공하기 때문이다.

12·12 사건 보름 전쯤인 1979년 11월 말 광주의 육군보병학교장 김윤호 소장은 열흘간의 휴가를 내서 서울에 올라왔다. 휴식 겸 10·26 이후 세상 돌아가는 이야기를 듣고 싶어서였다.

그는 육사 동기인 1군단장 황영시 중장을 찾아갔다. 두 사람은 의형제를 맺을 만큼 각별한 사이였다. 위관* 시절 황영시 대위가 김윤호 대위 집에 놀러 갔는데 당시 한약방을 하던 김윤호 대위의 부친이 황영시 대위의 관상을 보더니 "뼈대가 있다"며 의형제를 맺고 잘 지내라고 했다고 한다. 나이는 황영시 대위가 네 살이나 위여서 그때부터 김윤호 대위는 그를 형님으로 깍듯이 대하게 됐다.

"형님, 군 인사가 이래서야 되겠습니까? 경상도 사람들끼리 다 해먹는다는 비난이 높습니다."

바른 소리를 잘해 한직으로만 돌던 김윤호 소장은 오랜만에 황영시 중장과 술잔을 앞에 놓고 앉자 군 인사 불만부터 터뜨렸다. 황영시 중장이 경북 영주 출신임을 의식해서 일부러 하는 소리였다. 김윤호 소장은 경기 양평이 고향이었다.

"야 이놈아, 그런 소리 말고 우리 이번 기회에 군을 개혁해보자."

황영시 중장은 갑자기 군 개혁 문제를 들고나왔다. 김윤호의 증언을 보자.

모처럼 둘만의 술자리에서 군 인사가 경상도 출신들에게 편중되고 있다고 불평했더니 황영시 장군이 군 개혁 문제를 거론했다. 나도 개혁이라면 구미가 당기는 것이었다. "군 개혁이요? 좋습니다." 나는 즉석에서 동의를 표시했다. 황영시 장군은 "군 개혁의 방향과 줄거리를 좀 잡아보라"고 했다. 그래서 나

★ 위관은 준위, 소위, 중위, 대위까지의 초급 장교를 일컫는다.

는 시간을 달라고 했다. 그 후 나는 이틀 동안 군 개혁안을 연구
했다.

우선 몇 가지 원칙을 세웠다. 먼저 노화한 군 지휘부를 물갈
이해야 할 필요가 있었다. 당시만 해도 군 상층부에 구 일본군
출신이 많이 남아 있었다. 이들을 우선 퇴진시켜야 했다. 다음
은 육사 8기생 문제였다. 육사 8기는 5·16 이래 군의 요직을 독
점해왔기 때문에 이제 꼭 필요한 인물만을 제외하곤 물러나게
해야 한다는 생각이었다. 또 진급운동·부정축재 등 군 내부 부
조리에 관계된 장성, 6·25 때 보병대대 이하에서 근무하지 않
고 사단사령부 이상이나 후방 근무만을 한 자, 정치적 배경으
로 승진해온 자 등을 전역 대상자로 설정했다. 그리고 이렇게
해서 비는 자리는 정규 육사 출신들을 잘 훈련시켜 배치한다는
것이 나의 안이었다.

김윤호 소장이 이러한 원칙하에 만든 군 인사 개편 초안에는 육
군참모총장 황영시, 참모차장 전두환, 보안사령관 노태우, 특전
사령관 정호용 등으로 되어 있었다. 또 현역 대장은 모두 퇴진시
키되 정승화 참모총장은 국방부장관이나 합참의장으로 가게 하
고 유학성·차규헌·윤흥정·윤성민 중장 등을 군사령관에 임명한
다는 내용이었다. 김윤호 소장은 이틀 후 이 초안을 들고 황영시
중장을 다시 찾아갔다. 다음도 김윤호의 증언이다.

황영시 장군은 내가 마련한 군 개편 원칙과 인사 초안에 대해
서 별다른 이견이 없었다. 황영시 장군은 이 문제를 전두환 보

제4부 신군부의 칼날 아래

안사령관과 의논해보는 것이 좋겠다며 그 자리에서 전두환 장군에게 전화를 걸었다. 황영시 장군은 전화에 대고 "김윤호 장군이 내 방에 와 있는데 한번 만나보시오"라고 말했다.

두 사람은 이미 군 개혁 문제에 관해 의견 교환이 있었던 모양이었다. 이렇게 해서 내가 보안사령부로 가 전두환 소장과 만난 것은 12월 초였다. 전두환 소장과는 웬만큼 알고 지내는 사이였다. 그는 먼저 광주의 분위기를 물었다. 그는 10·26 직전에 있었던 부마사태를 의식해선지 광주 쪽 분위기에도 신경을 쓰고 있는 것 같았다. 나는 평온하다고 대답했다.

그는 이어 최규하 대통령에 대해서 아느냐고 물었다. 나는 최규하 씨가 외무부장관이던 시절 박정희 대통령 밑에서 청와대 섭외담당 비서관을 지낸 적이 있었다. 그래서 그에 대해서는 어느 정도 알고 있었다. "그분은 인간적으로 원만하고 매사에 신중을 기하고 조심성이 있다. 그러나 대통령으로서는 너무 신중을 기하다 실기할 분"이라는 나의 의견에 전두환 소장은 동감을 표시했다. 그는 "문제가 좀 있지요. 시해사건 때도 제일 먼저 알고도 움켜쥔 채 우물우물했었습니다"라고 말했다.

이 시기에 전두환은 이미 차기 대통령 문제 등 정치권 문제에 대해 비상한 관심을 쏟고 있었음을 엿보게 하는 증언이다. 김윤호 소장은 이어 자신이 마련해온 군 인사안을 내놓고 "군은 이 정도로 개혁해야 한다. 물론 최규하 대통령이 순조롭게 받아들여 줄지가 문제지만"이라고 말했다. 전두환은 김윤호 소장이 내놓은 인사안을 쭉 읽어본 뒤 난색을 표시했다.

"아휴 김 선배, 안 먹혀들어가요."

"왜 안 됩니까?"

"이 안은 노재현 장관이 자리를 내놓아야 가능한데 노재현 장관이 물러날 기미가 없어요."

"최규하 대통령에게 말씀드려 국무총리로 가게 하면 되지 않습니까?"

"이미 사람을 시켜 노재현 장관의 의중을 떠봤는데 총리도 싫고 장관 자리에 그대로 눌러 있겠다고 했답니다."

"그 양반 무슨 욕심이 있군요."

"맞습니다."

전두환 합수부장은 이 대화에서 정승화 총장 문제에 대해선 언급하지 않았다. 김윤호 소장은 전두환이 정승화 총장에 대해서 특별한 이의를 달지 않아 정승화 총장을 국방부장관이나 합참의장으로 가게 하는 방안을 받아들이는 것으로 생각했다고 밝혔다. 이것으로 미루어 볼 때 전두환 그룹은 1979년 12월 초까지도 정승화 총장을 시해사건 관련 혐의로 연행 조사하겠다는 의도를 갖고 있지 않았던 것이 분명하다. 다만 자신들이 군의 주도권을 장악하기 위해서 군 지휘부 개편을 추진했고, 이 구도 속에서 정승화 총장의 지위 변경을 생각했던 것으로 보인다.

12·12 후 장태완 수경사령관이 서빙고에 연행돼 조사를 받은 뒤 전두환을 만났을 때 들었다는 이야기도 이와 맥을 같이한다. 장태완은 당시 전두환이 "정승화 총장이 우리의 뜻대로 순순히 따랐으면 국방부장관으로 모시려고 했고 장태완 장군도 군단장으로 나가게 할 생각이었다"고 말했다고 나중에 증언한 바 있다.

물론 당시 전두환 그룹이 총리·국방부장관 등 일부 국무위원 임명 문제까지 복안을 갖고 있다고 해서 이를 그들이 이미 집권 구상을 하고 있었던 증거로 보고 12·12는 사전에 치밀하게 계획된 쿠데타라고 주장한다면 비약일 것이다. 당시와 같은 과도기 상황에서 국방부장관 임명은 군이 좌우할 수밖에 없으며 실권이 없는 총리 자리라도 군부 개편에 활용될 수 있었을 것이기 때문이다.

그러나 앞의 증언들은 전두환 그룹이 12·12 이전에 군의 주도권을 장악하기 위한 군 지휘부 개편을 다각도로 구상하고 있었다는 것을 잘 보여주고 있다. 따라서 12·12는 전두환 그룹이 이러한 구상을 구체화하는 과정이었으며 단순히 10·26 시해사건을 수사하는 과정에서 일어난 우발적 사건이 아니라는 것이 분명해진다. 앞 장에서 밝혔듯이 전두환 합수부장은 정승화 총장이 10·26 사건과 직접 관련된 혐의가 없다는 것을 누구보다도 가장 잘 알 위치에 있었다.

그가 일반 사회와 군부 내에서 일고 있는 정승화 총장에 대한 의혹을 더욱 조장하고 이를 활용해 자신의 군 주도권 장악에 걸림돌이 되고 있는 정승화 총장을 제거하려고 12·12를 일으켰다는 설명이 설득력을 갖는 것은 이러한 맥락에서다.

김윤호 소장은 "군 개혁에 도움이 된다면 내가 계속해서 조언을 하겠다"는 뜻을 밝히고 보안사령관실을 나왔다. 그는 다시 황영시 중장에게 들러 전두환 장군과의 대화 내용을 전했다. 그런 뒤 그는 광주 보병학교로 귀대했다. 김윤호 소장은 그로부터 일주일쯤 뒤인 12월 12일 밤 10시경 경복궁에 있는 황영시 중장으로부터 "급히 상경하라"는 다급한 전화 연락을 받는다.

하나회 회원들의 수상한 동향

10·26 후 육사 11기와 12기를 비롯한 정규 육사 출신 장교들이 잦은 회합을 갖고 뭔가를 꾸미고 있었다는 증언은 적지 않다. 물론 하나회 회원들이 중심이 된 모임들에 관한 것이다. 그중 하나가 미국 측이 1989년 우리 국회의 광주 특위에 보내온 '1980년 5월 대한민국 광주에서 일어난 제반 사건에 대한 미국 정부의 성명서'다. 미국 측은 이 성명서에서 "1979년 11월 말쯤 위컴 장군은 한국 육군사관학교 제11기 및 12기 출신 장교들 간에 약간의 불만이 있음을 듣고 유병현 연합사 부사령관과 노재현 국방부장관에게 이 같은 사실을 알려주었으나 그들은 이것이 루머라고 간주했다"고 밝혔다. 10·26 후 미국 측은 한국의 권력 공백을 메울 세력에 비상한 관심을 갖고 한국 내 자국의 정보망을 풀가동, 군부를 주시해왔으며 특히 정규 육사 출신들의 동향을 면밀히 관찰했다. 미국 측이 육사 11기와 12기 출신 장교들 간에 일고 있는 심상치 않은 움직임을 파악한 것은 이러한 면밀한 관찰과 정보 수집의 결과였다.

그러나 정작 노재현 장관이나 정승화 참모총장 등은 이러한 첩보를 별로 중시하지 않았다. 인사 적체에 대한 정규 육사 출신들 사이의 불만은 어제오늘의 이야기가 아니었고 과도기에 그런 불만이 더 고조되는 것은 있을 수 있는 일로 여겼던 것이다. 더구나 이러한 첩보를 추적해 확인해야 할 보안사의 주요 간부가 주동이 되고 있었다는 것이 문제였다.

노재현 장관에겐 이 문제에 대해서 관심을 기울일 계기가 몇 번 있었는데 유념하지 않은 것은 이상한 일이 아닐 수 없다. 당시 합참본부장이었던 문홍구 예비역 중장은 이렇게 증언했다.

그해 11월 20일쯤이었을 것이다. 위컴 장군이 나에게 메모 쪽지를 보내왔다. 11기 중심으로 정규 육사 출신들 사이에 정치적 모임이 진행되고 있다는 소문이 시내에 유포되고 있으니 빨리 조치하라는 내용이었다. 나는 큰일이다 싶어 장관실로 내려가 노재현 장관에게 이 같은 사실을 보고했다. 노 장관은 "나도 그런 보고를 받고 아까 전두환이를 불러 물어봤다. 그런 일이 없다고 하더라. 바보 같은 소리 하지 마라" 하고 면박을 주었다. 나는 할 수 없이 내 사무실로 올라왔는데 마침 합참 정보국장인 김용금 소장(1979년 11월 말에 777부대장으로 보임되면서 중장으로 승진)이 와 있었다. 김 소장에게 그 이야기를 했더니 "아, 맞습니다. 내가 그런 소문 듣고 조사해보니 시내에서 그런 모임들이 있었습니다"라고 했다. 나는 김용금 소장과 함께 다시 장관실로 내려갔다. 내가 그 이야기를 꺼내자 노 장관은 들고 있던 돋보기를 책상 위로 던지며 "아니, 내가 아니라는데 자꾸 왜 그래!"라고 화를 벌컥 냈다.

나중에 국방부 총무과장을 만났는데 "아니 장관을 얼마나 화나게 했으면 책상이 움푹 패일 정도로 물건을 집어 던졌습니까?"라고 물으면서 "그 책상 원래대로 만드느라 애 먹었습니다"고 했다. 그로부터 열흘인가 보름 후엔가 12·12가 터졌다. 장관이 전두환 장군에게 감쪽같이 속았던 것이다.

전두환 합수부장을 중심으로 한 하나회 소속 장교들과 그 후원 세력은 10·26
후 권력 공백기에 은밀히 잦은 회합을 갖고 군 주도권을 장악하기 위한 군
인사 개편을 모색하고 있었다. 계엄사령관인 정승화 육군참모총장과의
갈등이 깊어진 것도 이런 움직임과 무관치 않았다. 사진은 1980년 4월의
전군계엄지휘관회의 광경으로, 왼쪽부터 차규헌 육사 교장, 유학성
3군사령관, 진종채 2군사령관, 이희성 계엄사령관, 윤흥정 전교사 사령관,
윤성민 1군사령관이다.

박정희 대통령 시해사건이 났던 10월 26일 밤 전두환 보안사령관은 경황이 없는 중에도 자신의 비서실장인 허화평 대령을 통해 보안사 정치담당 장교인 한용원 중령에게 "5·16에 대해서 연구해 보고하라"라고 지시했다.

합동수사본부 수사국장을 맡아 박정희 대통령 시해사건 수사를 전담했던 백동림은 "당시에 육사 후배인 보안사 인사처장 허삼수 대령과 수사과장 이학봉 중령이 나를 건너뛰어 사령관실을 자주 들락거려 알아보니 5·16과 삼국지를 연구하고 다닌다는 것이었다. 나는 그들을 서빙고로 불러 호되게 기합을 준 적이 있다"고 회고했다.

장태완은 "내가 12·12 한 달 전쯤에 수경사령관으로 부임해 보니 계엄하인데도 30단장 장세동 대령과 33단장 김진영 대령이 술집에 자주 들락거려 영내 대기하라고 특별 지시를 내린 적이 있었다"고 기억했다. 10·26 직후부터 전두환 보안사령관을 필두로 한 하나회 장교들은 분주하게 움직이고 있었던 것이다.

11월 하순 어느 날 전두환 합수부장은 정승화 계엄사령관을 찾아와서 "이번 계엄 기간에 그동안 부정축재한 자들의 재산을 전부 몰수해 국가에 귀속시키는 조치를 취하시지요" 하고 건의했다. 이는 5·16을 나름대로 연구한 전두환 그룹의 의견이었던 것 같다. 그러나 정승화 계엄사령관은 "정당한 법 절차를 밟아야 한다"라며 이 건의를 받아들이지 않았다. 권력의 공백기에 정치와 사회에 대한 영향력과 관심을 확대하려는 전두환 그룹과 군의 정치적 중립 및 법적 절차를 강조하는 정승화 계엄사령관의 의견 대립은 곳곳에서 표면화되어가고 있었다.

28   12·12 당일을 다시금 가다

전두환, 거사 당일 정승화 총장 호출에 당황

12월 12일 오후 3시 30분쯤 전두환 합수부장은 계엄사령관인 정승화 총장이 갑자기 찾는다는 연락을 받았다. 전두환 사령관은 깜짝 놀랐다. 전두환은 이때 정승화 총장 연행 수 시간을 앞두고 마지막으로 계획을 점검하고 있었다.

"정보가 새 나간 것은 아닐까?"

불안감이 엄습했다. 그렇다고 계엄사령관이 부른다는데 안 가볼 수도 없었다. 보안사령부를 나서면서 비서실장 허화평 대령에게 다급한 목소리로 지시했다.

"총장이 급히 불러서 나간다. 무슨 일인지 모르겠는데 이학봉에게 총장실로 가능한 한 빨리 오라고 해라."

합수부 수사국장 이학봉 중령은 이 시각 서빙고 분실에 가 있었다. 그는 총장 연행에 동원될 보안사 서빙고 분실팀을 모아놓고 세부사항을 지시하고 있던 중이었다.

전두환은 육본으로 달리는 차 안에서 수행부관 손삼수 중위에게 "오늘은 나에게서 떨어져 있지 말고 총장실 앞에서 대기하라"고 지시했다. 평소 전두환 합수부장이 총장을 면담할 때 손삼수 중위는 부속실에서 기다리곤 했다. 그러나 오늘은 부속실이 아니라 총장 집무실에서 부속실을 거치지 않고 바로 복도로 나가는 문 앞에서 기다리라는 뜻이었다. 육본에 도착하자 손삼수 중위는 운전병에게 차를 빼지 말고 그대로 현관에서 대기하고 있으라고 한 뒤 기관단총을 상의 품에 넣고 전두환 합수부장을 따라 총장실로 올라갔다. 그는 10·26 사건 이후부터 전두환 합수부장의 경호를 위해 기관단총을 차 안에 늘 싣고 다녔다.

부속실에는 이학봉 중령이 먼저 와 기다리고 있었다. 전두환은 이학봉 중령에게 눈길을 한 번 주고 총장 집무실로 들어갔다. 손삼수 중위는 부속실로 들어가지 않고 총장 집무실 문 앞에서 대기했다. 다음은 당시 총장 공보담당관이었던 윤창로*(예비역 준장)의 회고다.

부속실에 들어선 전두환 장군은 부속실 요원들에게 악수를 일일이 청했다. 그는 평소에도 악수를 잘했다. 부속실의 여군 하사도 빼지 않았다. 악수를 하면서 그의 얼굴을 바라봤더니 여느 때와는 달리 얼굴이 백지장처럼 창백했다. 나는 순간 이 양반이 요즘 시해사건 수사로 무리를 해서 그런가 하고 생각했다. 그런데 이날따라 전두환 장군은 경호원들을 7, 8명이나 데려왔다. 경호원들은 부속실 요원들에게 오늘 저녁 총장님에게 무슨 행사가 있느냐고 여러 번 물어보기도 했다. 뭔가 예감이

★ 윤창로(1940~2018)는 갑종 170기로, 정승화 육군참모총장 공보담당관, 육군본부 보도실장을 거쳐 국방부 대변인으로 근무 중 준장으로 진급했다. 현역 시절 국방부 대변인을 두 번이나 역임했으며, 준장 예편 후 국군홍보관리소장으로 근무하다 다시 대변인에 임명된 특이한 이력을 갖고 있다.

좋지 않았다.

이학봉 중령은 만일의 사태에 대비, 서빙고 요원 몇 명을 더 데리고 왔던 것 같다.

"어서 오시오. 요즘에는 왜 자주 안 들러요?"

정승화 총장은 굳은 자세로 경례를 붙이는 전두환 합수부장에게 자리를 권하면서 말문을 열었다. 평온하고 느긋한 모습이었다.

"예, 수사 마무리 때문에 바빠서 그랬습니다. 중요한 일만 보고를 올릴 생각이었습니다."

전두환은 정승화 총장의 표정에서 별일이 없다는 것을 읽고 안도했다.

이날 정승화 총장이 전두환 합수부장을 부른 것은 김재규 재판 1심 판결을 앞두고 당부할 일이 있어서였다.

"김재규가 최후 진술에서 국민들에게 용공 세력에 대해 경계를 당부하는 말을 할 수 있도록 그의 가족이나 변호사와 접촉해볼 수 있겠소?"

정승화 총장은 이날 오후 노재현 국방부장관을 만난 자리에서 김재규가 최후 진술에서 그러한 말을 해주면 국민의 대공 경각심을 환기하는 데 도움이 될 것이라는 이야기를 나눴었다. 정승화 총장은 노재현 장관과의 대화 내용을 전두환에게 전하면서 그같은 부탁을 했던 것이다. 전두환은 노력해보겠다는 말을 남기고 총장실을 나갔다. 정승화 총장은 몇 시간 뒤에 자신에게 닥칠 운명을 전혀 눈치 채지 못하고 있었다.

제4부 신군부의 칼날 아래

"무슨 일입니까? 갑자기 총장실에 가신다는 말을 듣고 깜짝 놀랐습니다."

"말 마라. 나도 정말 혼이 났다."

보안사로 돌아오는 차 안에서 전두환 합수부장과 이학봉 중령은 가슴을 쓸어내렸다.

총장 연행 작전에 대한 전두환의 자신감은 어디에서 비롯되었나

보안사령관실로 되돌아온 전두환은 허화평 대령, 이학봉 중령과 머리를 맞대고 총장 연행 작전을 다시 한번 점검했다.

대통령 보고 시간은 저녁 6시 30분. 보고 자료는 허화평 대령이 이미 작성, 준비해놓고 있었다. "김재규 재판 과정에서 정승화 총장의 시해사건 관련 혐의가 새로 드러나 연행 조사가 불가피하다"라는 것이 보고의 요지. 거사 참여 장성들이 경복궁 30경비단에 집결하는 시간은 저녁 6시 30분. 같은 시각 총장 연행 작전에 직접적인 장애 요인이 될 수 있는 수경사령관, 특전사령관, 육본 헌병감은 연희동 요정에 초대가 되어 있었다. 이 주연에는 전두환 합수부장 대신 우국일 보안사 참모장이 참석할 예정이었다.

총장 연행조의 편성도 이미 끝나 있었다. 허삼수 인사처장과 우경윤 육본 범죄수사단장이 연행 책임자였고 그들을 지원할 수사요원들을 서빙고 분실 등에서 차출했다. 총장 연행 시 공관 경비병들과의 충돌상황에 대비, 합수부에 배속된 33헌병대 가운데 60여 명을 후보계획조로 편성, 수사관들을 뒤따라가게 했다. 동원할 차량은 일제 슈퍼살롱 2대와 마이크로버스 2대 및 헌병백차 1대. 슈퍼살롱 중 한대는 전두환 보안사령관의 전용차 2대

전두환 합수부장 세력이 정승화 총장을 제거를 모색하기 시작한 것은 12월
초였다. 정 총장과의 잦은 마찰로 더 이상 함께 갈 수 없다는 판단을 내렸던
것이다. 사진은 1980년 8월 대권 장악 입지를 굳힌 전두환 장군(맨 오른쪽)이
대장 진급 후 가진 전역식에서 주영복 국방부장관(가운데)과 함께 사열을 하고
있는 모습이다.

중 하나였고, 또 1대는 차지철 전 경호실장이 타고 다니던 것을 10·26 후 보안사가 압수해 사용해오던 차량이었다.

이학봉 중령은 9일 이미 서빙고 수사팀에 무기를 준비하라고 지시해놓았다. 당시 서빙고 분실에는 권총이 너댓 자루밖에 없었다고 한다. 정식 절차를 밟아 무기를 준비하는 것은 보안 유지가 어려웠다. 그래서 서빙고 수사팀은 10·26 후 불법무기 신고 기간에 보안사 본부에 신고된 각종 권총들 중에서 사용이 가능한 20여 정을 빌려왔다. 서빙고 분실에 경계 강화를 위해 필요하다는 구실을 댔다.

총알은 미군부대에서 구입했다. 정승화 총장 연행 당시 수사관들은 바로 이 총기로 총장 경호장교와 부관을 쏘았던 것이다.

점검 결과 모든 계획이 순조롭게 진행되고 있음을 확인했다. 전두환 합수부장은 6시 30분에 삼청동 공관으로 보고를 하러 가면서 동시에 총장 연행조를 한남동 총장 공관에 보내 대통령 재가를 받는 시간에 총장을 연행한다는 계획이었다. 전두환은 보고하고 대통령의 허락을 받는 데 길어도 30분이면 족하다고 보았다. 보고 시간을 저녁 때로 잡은 것은 총장을 퇴근 후 공관에서 연행하는 것이 가장 손쉽다는 판단에 따른 것이었다.

12월 5일쯤 정승화 총장 연행 결정을 내린 전두환 장군 측은 이때부터 총장 연행 일시와 장소, 방법 등에 대한 본격적인 검토에 들어갔다. 이 단계에서는 전두환 사령관—허화평 비서실장—이학봉 중령까지만 참여했던 것 같다.

연행 장소는 육본 총장 집무실, 출퇴근하는 도로상, 공관 등 3곳이 검토됐다. 이 가운데 총장 집무실이나 도로상에서 연행하다

소동이 벌어지면 육본 측의 즉각적인 반격이 뒤따를 수 있다는 판단이 나왔다. 육본과 인접해 있는 미8군 사령부도 신경이 쓰였다. 그래서 퇴근 후 공관에서 연행하기로 결정됐다. 전두환 측은 이어 삼청동 공관 비서실팀과 교섭해 대통령 보고 시간을 6시 30분으로 정했으며 경복궁 모임이나 연희동 주연 시간도 여기에 맞추었다.

전두환 합수부장은 최규하 대통령이 총장을 연행하겠다는 보고에 난색을 표시하면 경복궁에 수도권의 주요 장성들이 모여 있음을 알리고 총장 연행 조사는 전군의 뜻이라고 밀어붙일 생각이었다. 이렇게 해서 대통령의 승낙을 받아내 정승화 총장 연행을 합법화시킨 다음 연희동 요정으로 달려가 정병주 특전사령관, 장태완 수경사령관, 김진기 육본 헌병감 등을 설득하겠다는 것이 전두환의 복안이었던 것 같다.

그가 자신을 비롯해 하나회 장교들에게 호의적이지 않은 장태완 사령관 등을 요정으로 초대해놓은 것은 총장 연행 작전 시 수경사와 특전사 및 육본 헌병부대에 일시적인 지휘 공백을 만들어 즉각적인 대처를 막는다는 목적만은 아니었던 것 같다. 그는 대통령 재가와 동시 총장을 연행해 이를 기정사실화한 뒤 연희동 요정으로 찾아가 장태완 사령관 등을 설득하려 했던 것이 아닌가 여겨진다. 전두환 측이 이들을 연희동 요정에 초청해놓은 뒤 외부와의 통신 차단, 만일의 사태에 대비한 병력 배치 등을 하지 않았다는 사실은 이를 뒷받침한다. 전두환은 이어 경복궁 30경비단으로 가 여기에 모인 장성들과 정승화 총장 연행 이후의 군부 재편에 대해 협의하려고 했던 것 같다. 이렇게 볼 때 전두환 측이 당초 계획한 12·12 거사를 고전적인 쿠데타로 규정하는 데는 어려움이 있다. 더욱이 전두환 측은 특별한 병력 동원 계획을 세워놓지 않았다.

전두환 세력이 처음부터 대규모 병력을 동원할 생각이었다면 경복궁에 모인 장성들은 대부분 자신의 부대에서 병력을 장악하고 있어야 했다. 그들은 뒤늦게 사태가 예기치 않은 방향으로 전개되자 서둘러 부대로 돌아갔던 것이다. 이날 밤 합수부 측이 동원한 병력의 주력인 1공수여단도 박희도 여단장이 자정쯤 간신히 부대로 돌아가 출동이 가능했다.

물론 그렇다고 해서 이를 단순한 하극상으로 규정하는 것도 맞지 않다. 계엄 상황에서 무장 병력을 동원, 계엄사령관을 불법으로 강제 연행한 것 자체가 군형법상 군사반란죄 구성요건이 되기에 충분한 것이다. 전두환을 비롯한 하나회 정치장교 그룹은 정승화 계엄사령관을 연행한 뒤 군부 재편을 주도함으로써 군권을 장악할 계획이었다. 권력의 진공 상태에서 사회가 계엄에 의해 불안하게 유지되고 있을 때 정치 성향이 강한 장교집단이 군권을 장악한다는 것은 필연적으로 군의 정치 개입을 의미했다. 따라서 정승화 총장의 연행 조사는 처음부터 시해사건의 수사 차원을 넘어선 정치적 의미를 갖고 있었던 것이다.

전두환 세력은 당초 정승화 계엄사령관을 연행 조사하는 데 대규모 병력을 동원할 필요성을 느끼지 않았다. 그들은 하나회에 친화적인 선배 장성들을 포섭하고 하나회 조직과 정규 육사 선후배 관계를 활용하면 별 어려움 없이 정승화 총장 연행 작전을 성공시킬 수 있다고 판단했던 것 같다.

합수부 측은 수경사의 실질적인 전투 병력인 2개 경비단과 헌병단, 청와대 경호실 병력 등 청와대 근접 병력을 장악하고 있었다. 또 수도권의 4개 공수여단 가운데 3개 여단장과 계엄사의 기동예비대로 서울 근교에 배치된 20사단의 박준병 사단장, 서부전선의 강력한 전투사단인 9사단의 노태우 소장이 거사에 참여했다. 거기다가 수도권 방위를 책임지고 있는 수도군단과 1군단의 군단장이 합수부 측에 가세했다.

이런 조건에서 전두환 측은 최규하 대통령의 재가만 받는다면 정승화 총장을 연행 조사해도 육본 측이 실병력을 동원해 저항하기는 어렵다고 판단했던 것이다. 수도권의 주요 부대의 연대장, 대대장 등 실병력 지휘관을 하나회나 정규 육사 출신들이 거의 차지하고 있다는 사실도 전두환 측에 자신감을 갖게 한 요인이었다.

국가의 이익으로 포장된 12·12

그러나 전두환 측이 실패할 경우 자신들에게 돌아올 대가에 대한 부담을 느끼지 않고 거사를 추진한 것은 결코 아니었다. 전두환은 12·12 전날 밤 연희동 집에서 가족들을 모아놓고 "남자로 태어나 자신이 정의라고 믿는 것을 위해 목숨을 바쳐야 한다"라며 "만일 이 아버지에게 불행한 일이 일어나 너희들에게 세상의 온갖 모욕과 멸시가 주어진다 하더라도 결코 좌절하거나 용기를 잃지 말고 꿋꿋이 살아가야 한다"고 비장한 결의를 밝혔다고 한다. 경복궁 모임 멤버인 백운택 71방위사단장과 김진영 33경비단장은 12일 출근하면서 깨끗한 내의로 갈아입고 나왔다고 한다. 이는 군인들이 사지(死地)의 전장으로 나갈 때 하는 일종의 의식으

제4부 신군부의 칼날 아래

로, 죽은 뒤 추한 모습을 보이지 않기 위해서다.

저녁 6시 30분 최규하 대통령은 전두환 합동수사본부장으로부터 정승화 총장 연행이 불가피하다는 보고를 받았다. 그러나 그는 "국방부장관을 통해 보고받을 사안이니 장관을 찾아오라"면서 재가를 미루었다.

정승화 총장 연행을 거부한다는 의사 표시나 다름없었다. 그사이 행동을 개시한 총장 연행조는 한남동 총장 공관에서 총장을 연행하던 중 여의치 않자 총격전을 벌였다. 상황은 급변했다. 곧이어 8시 20분쯤 전군에 '진돗개 하나' 비상령이 내려졌다. 연희동 요정에서 급보를 받고 귀대한 장태완 수경사령관은 경복궁에 모인 장성들을 반란군으로 규정, 진압 준비를 서둘렀다. 육본 B2벙커에 비상소집돼 나온 육본 지휘부도 윤성민 참모차장 지휘 아래 반란군을 진압하기 위한 병력 출동 준비를 예하 부대에 하달했다.

전두환 합수부장은 경복궁 30경비단으로 나와 상황을 설명하고 그곳에 모여 있던 장성들과 함께 최규하 대통령에게 다시 가서 재가를 거듭 요청했으나 대통령은 뜻을 굽히지 않았다. 밤 10시에서 11시 사이의 상황이었다. 전두환 합수부장은 육본 측에 대항하면서 정승화 총장 연행 조사 재가를 관철시키기 위해 병력 동원을 결정했다. 이때부터는 사실상 본격적인 쿠데타 상황이었다.

전두환·노태우를 비롯해 12·12 주도 세력은 12·12를 쿠데타라고 보는 시각을 인정하지 않았다. 그 당시의 상황을 고려하지 않고 일방적으로 단정하는 것은 잘못이라는 것이다. 12·12 주도 세력의 한 핵심 인사는 "국민들 앞에 그때 상황을 낱낱이 공개하면 자신들이 일방적으로 몰리지 않을 것"이라고 당당하게 주장했다.

그들은 당시를 중대한 국가위기로 파악하고 있었다. 여기서 문제는 그 같은 상황 인식이 얼마나 객관적 타당성을 가졌느냐는 것이다. 박정희 대통령의 비호 아래 성장해왔던 정치장교 그룹은 10·26 후 추진되고 있는 사회 변화에 불안을 느끼고 있었다. 더욱이 정승화 계엄사령관이 정치 중립을 표방하며 군 내의 정치장교 그룹을 정리할 기미를 보이자 그들의 입지가 더욱 취약해지고 있었다. 그들의 상황 인식은 이러한 자신들의 어려운 입지를 그대로 반영한 주관적 판단이었을 것이다. 그들은 이 같은 주관적 판단 아래 국가의 이익으로 포장된 자신들의 이익을 위해서 12·12를 일으킨 것이다.

제4부 신군부의 칼날 아래

29 납치된 정승화 총장은 어떻게 되었나

밤새 이루어진 정 총장 고문 조사

정승화 육군참모총장을 태우고 한남동 공관을 빠져나온 슈퍼살롱은 곧장 용산 쪽으로 달렸다. 차는 오래지 않아 서빙고동의 한 2층 건물 앞에 급정거했다. 건물 입구에는 무장초병이 경계를 서고 있었다. 바로 보안사 서빙고 분실이었다.

수사관 2명이 차에서 내린 정승화 총장을 양쪽에서 팔을 끼고 2층의 한 방으로 끌고 갔다. 이 방은 서빙고 분실의 여러 조사실 가운데서도 특별한 방으로 VIP조사실로 불렸다. 과거 윤필용 사건 수사 때 당시 윤필용 수경사령관이 이 방에서 조사를 받았고, 수일 전까지는 김재규가 조사를 받았던 곳이었다.

방 안에는 사복을 한 수사관 몇 명이 기다리고 있었다.

"총장님이 여기에 오신 것은 김재규 사건으로 조사를 받기 위한 것입니다."

한 수사관이 비교적 공손하게 말을 한 뒤 책상 앞 나무 의자에 정승화 총장을 앉혔다. 30~40대의 나이로 보이는 수사관 2명이 책상을 사이에 두고 정승화 총장과 마주 앉아 신문을 시작했다. 10·26 사건이 나던 날의 행적을 자세히 캐물었다.

정승화 총장은 아직 자신이 부하들에 의해 불법으로 강제 연행

돼 왔다는 생각을 못하고 있었다. 그는 전두환 합수부장이 김재규의 허위 주장을 믿고 은밀히 최규하 대통령의 재가를 받아 자신을 연행해온 것으로 믿고 있었던 것이다. 정승화 총장은 10월 26일 밤에 있었던 일들을 소상히 설명해나갔다. 수사관들의 질문은 비교적 정중했다. 그들은 경어를 썼다. 이런 분위기의 조사는 수 시간 동안 계속되었다.

그러나 이런 정도로 끝날 일이 아니었다. 12월 13일 새벽 3~4시께 사복을 한 40대 전후의 사나이 2명이 조사실로 들어왔다. 이들은 한동안 정승화 총장이 조사받는 모습을 지켜보았다. 그러다 한 사람이 갑자기 정승화 총장을 향해 소리쳤다.

"이거 조사받는 태도가 왜 이래? 누가 이따위 복장으로 조사받으라고 했어? 이거 여기가 어딘 줄 모르는 모양이구만!"

두 사람은 정승화 총장에게 달려들어 상의 옷깃을 잡아당겨 일으켜 세웠다.

"이 옷 벗고 이걸로 갈아입어!"

사나이들은 헌 전투복을 정승화 총장 앞에다 집어 던졌다.

"이게 무슨 짓들인가?"

"이거 여기가 어딘 줄 알고 그래? 지금도 참모총장인 줄 알고 있는 모양이지? 죄인이 조사받는데 시키는 대로 할 것이지 무슨 잔소리야!"

"화끈한 맛을 좀 봐야 알겠어?"

두 사람은 눈을 부릅뜨고 자신들을 꾸짖는 정승화 총장을 밀고 당기면서 번갈아 고함을 쳤다. 이들은 정 총장이 12일 저녁 처가에 들르기 위해 입었던 외출복을 강제로 벗기고 헌 전투복으로

제4부 신군부의 칼날 아래

갈아입혔다. 웃옷은 맞는 편이었으나 바지는 허리가 작아 단추를 끼울 수 없었고 길이도 길었다. 허리띠도 없었다. 사나이들은 정 총장의 소지품과 옷을 모두 가지고 나가버렸다.

이런 상태에서 조사관들은 다시 신문을 계속했다. 정 총장은 이날 나무 의자에 앉은 채 꼬박 밤을 샜다. 13일 오전 9시쯤 건장한 사내 2명이 조사실로 들어왔다. 이들은 양쪽에서 정 총장의 팔을 꺾어 등 뒤로 붙여 꼼짝 못하게 한 뒤 끌고 나갔다.

서빙고 분실 본관 건물 옆에는 창고 같은 건물이 하나 있었다. 정 총장은 이 건물 2층의 한 방으로 끌려갔다. 방 가운데는 이상하게 생긴 철제 의자가 놓여 있었고 밧줄과 곡괭이 자루 등이 한 편에 널려 있었다. 방 안에는 험상궂게 생긴 사내 5, 6명이 대기하고 있었다. 정 총장은 이들이 자신을 고문하려는 것임을 직감했다.

"너희들이 날 고문할 모양인데 내가 육군 대장으로서 너희들에게 고문당할 수는 없다. 고문을 당하더라도 먼저 예편원을 쓰고 당하겠다."

"지금도 참모총장인 줄 아나? 그런 것 안 써도 이미 예편됐으니 걱정 마라."

한 사람이 거친 말투로 빈정거렸다. 사내들은 정 총장을 철제 의자에 강제로 앉히고 양팔과 두 다리를 의자에 비끄러맸다. 이들은 오금 사이로 몽둥이를 끼워 넣고 곡괭이 자루로 허벅지를 때리거나 무릎 위로 올라가 밟기도 했다. 그들은 정 총장 얼굴에 물수건을 덮어씌우고 주전자로 물을 들이붓는 물고문도 했다. 이 고문은 숨을 들이쉴 때마다 물방울이 코를 통해 폐 속까지 들어가 폐가 찢어지는 듯한 엄청난 고통을 줬다. 이 고문은 당할 때 까무러치지 않는 사람이 없을 정도로 잔인한 고문이었다. 정승화는 1987년 펴낸 《12·12 사건 정승화는 말한다》라는 책에서 당시 고문 순간에 대해서 다음과 같이 증언했다.

> 두 명이 나를 의자에 비끄러매어 머리를 뒤로 잡아 젖히고 여러 명이 소리를 꽥꽥 지르고 위협을 하며 분위기부터 살벌하게 만들더니 곡괭이 자루인 듯한 몽둥이로 내 허벅지를 치고, 정강이를 치고, 목 뒤를 치기도 하고, 마치 미쳐 날뛰는 것처럼, 서로가 격려라도 하는 것처럼, 신명이 난 듯 교대로 치며 무조건 나더러 "바른대로 말해, 이 자식. 김재규와 공모했지. 다 알고 있는데 이 자식 거짓말 해봐야 소용없어"라며 마구 날뛰었다. 그래도 이 고문은 견딜 수 있었다. 머리를 제끼고 얼굴에 물수건을 씌운 다음 주전자 물을 계속 얼굴 위에 들이붓는 것은 참으로 견디기 어려웠다. 숨을 코로 쉴 수 없어 입으로 쉬니 물이 목구멍을 막아 물을 먹는 순간 그때마다 숨을 쉬게 되어 폐가 찢어지는 듯했다. 한참 당하니 정신이 빠져나가는 것 같았다. 나는 고문을 당하면서 내가 6·25 때 죽어야 했을 것을 살아서 부하들한테 고문으로 억울한 누명을 쓰고 죽게 되는구나 하는 생각이 머리를 스치자 혀를 깨물고 죽고 싶었다.

정승화 총장을 고문하는 데는 5, 6명의 사내가 참여했으나 고문을 주도한 사람은 40대의 중년 사내였다. 정승화 총장은 사내들이 그를 '백 소령'이라고 불렀는데 정식 계급에 붙인 호칭이 아니

제4부 신군부의 칼날 아래

고 신분을 가리기 위한 별명 같았다고 회고했다. 그는 170cm 정도 키에 몸집이 좋았고 얼굴은 둥글넓적했으며 눈은 크지 않았다. 이 백 소령이라는 자는 고문만 전담했고 신문은 하지 않았다. 그는 서빙고 분실의 고문기술자인 듯했다.

사람의 몸은 의외로 취약한 데가 많다. 자칫 잘못 손댔다가는 큰 부상을 입히거나 목숨을 잃게 하기 쉽다고 한다. 그래서 고문에는 숙련된 기술이 필요하다. 생명에 지장을 주지 않고 겉으로 상처를 많이 나지 않게 하면서 고통을 극대화하는 기술이다. 악명 높았던 치안본부 대공 분실의 이근안 경감이 바로 대표적인 고문기술자였다. 1980년대 전후 재야 운동권 인사들이 치안본부 대공 분실보다는 보안사 서빙고 분실의 고문을 더 두려워했던 것을 보면 백 소령이라는 이 서빙고 분실의 고문기술자가 이근안 경감의 고문기술보다 한 수 위였던 것 같다.

수사관들이 정승화 총장에게 모진 고문을 가하면서 중점적으로 캐물은 것은 김재규와의 공모 관계였다. 합수부 측은 10·26 시해사건 수사 초기에 이미 김재규의 단독 우발 범행 결론을 내려놓고도 정승화 총장에게 김재규와 공모한 사실을 시인하라고 강요했다. 수사관들은 정승화 총장을 다시 원래의 수사실로 옮겨다놓은 뒤에도 이러한 강요를 계속했다. 정승화의 계속되는 증언을 보자.

그들은 얼마 동안 물고문을 하더니 중지했다. 나는 그래도 의식이 남아 있어서 고문을 그만두는 것을 어렴풋이 느낄 수 있었다. 그들은 고문의자에 묶여 있는 나를 풀더니 발가벗기고 알몸에 낡은 전투복을 입힌 뒤 끌어다 처음 신문 받던 조사실의 침대에 눕혀놓았다. 나는 얼마 동안 다시 정신을 잃었다. 아마 밤이 돌아와 깊은 암흑 속 같은데 누군가 잠이 든 나를 깨워 신문의자에 앉히려고 했다. 나는 아득한 현기증을 느꼈다. 한참 동안 어지러워 몸의 균형을 유지할 수가 없었다. 나의 이런 상태를 살핀 그들은 나를 다시 침대에 가져다두었다. 자는 둥 마는 둥 밤을 새우고 간신히 일어나 앉으니 어지럽고 몸 균형 잡기가 어려운 것은 여전했다. 몸 곳곳에 시퍼렇게 멍이 들어 있었다. 조사관들이 또다시 김재규와의 공모 관계를 실토하라며 닦달하기 시작했다.

조사관들은 처음에는 막연히 김재규와의 공모 관계를 실토하라고 추궁하다가 나중에는 증거가 있다고 주장했다. 김재규가 정승화 총장에게 거사 협조를 위해 거금을 주었으며 거사에 관해 사전에 정 총장과 협의한 사실을 털어놨다는 것이었다. 김재규가 정 총장에게 거금을 주었다는 것은 1979년 추석 때 추석 선물로 돌린 돈을 두고 하는 말이었다.

박정희 대통령 시절 김재규 정보부장과 차지철 경호실장은 수도와 수도권의 주요지휘관들에게 추석, 설 등 명절 때 많은 돈을 뿌렸다. 일종의 명절 떡값인 이 촌지는 대통령에 대한 충성심을 고취한다는 명목이었지만 자신들의 세력과 영향력을 확장하려는 속셈도 있었다. 지휘관들은 이 돈을 받아 부대 회식비로도 쓰고 부하들의 격려금으로 활용하기도 했다.

전두환은 1979년 11월 초 김재규를 조사하는 과정에서 밝혀진

제4부 신군부의 칼날 아래

사실이라며 이 해 추석에 김재규가 돈을 준 지휘관 명단과 금액을 적어 계엄사령관인 정승화 총장에게 보고서를 올린 적이 있었다. 이 보고서에는 해·공군참모총장에게는 각 100만 원, 정병주특전사령관에게는 500만 원을 주었다고 적혀 있었으며 이건영 3군사령관, 차규헌 수도군단장, 전성각 수경사령관, 신현수 군단장 등도 몇백만 원씩을 받은 것으로 되어 있었다. 전두환은 정승화 총장에게 이 보고를 하면서 "김재규가 거사를 위한 목적을 가지고 계획적으로 돈을 뿌린 것 같지는 않습니다"라고 말했다. 이때 정승화 총장이 "나에게도 300만 원을 보내왔던데 전 장군에게는 안 보내왔었소?" 하고 묻자 전두환은 "예, 저에게는 500만 원을 보내와서 부하들에게 나누어주고 저도 좀 썼습니다"라고 솔직하게 대답했다고 한다.

"살아서 진실을 밝히겠다"
조사관들은 또 합수부가 김재규의 시해사건 수사 과정에서 정승화 총장을 상대로 받은 진술조서를 정 총장이 계엄사령관 직위를 이용, 수차례 수정을 가하고 조사를 방해한 사실을 시인하라고 닦달했다. 정 총장은 그 조서 작성 자체가 계엄사령관인 자신이 자진 협력해서 이루어진 것인데 그 같은 일은 있을 수 없다고 반박했다. 나중에 신군부 측은 정 총장의 연행 조사 이유를 설명하면서 이 부분과 관련해 "정승화 총장이 직위를 이용, 수사 기록을 수차례나 자신에게 유리하게 고쳐 수사 기록이 마치 걸레처럼 훼손돼 어디 내놓기가 창피할 정도였다"고 말하기도 했다.

그러나 정승화가 밝히는 실상은 전혀 다르다. 자신이 조사받기를 자청, 총장 집무실에서 합수부의 이학봉 중령과 정경식★ 검사 (합수부 파견)에게 진술을 했으며 이들이 진술 요점만 적어간 뒤 다음 날 정리해온 서류를 보니 자신이 말한 내용과 달라 몇 번 고치도록 했을 뿐이라는 것이다. 사실 이런 성격의 진술조서는 조사관이 진술을 받아 적은 뒤 그 내용을 진술인에게 읽어주거나 직접 읽게 해 진술한 것과 일치하는지를 반드시 확인토록 한 후에야 서명을 받도록 돼 있다.

따라서 합수부 측이 이 진술조서 문제를 갖고 정승화 총장을 비난한 것은 근거가 없는 일이었다. 더구나 정승화 총장은 내용이나 문장을 고친 것은 없고 빠진 단어와 토씨 몇 개를 고쳤을 뿐이라고 말했다. 당시 합수부 수사국장이었던 백동림도 "그때 정승화 총장이 조서를 수정했다고 해 이학봉 중령에게 내용이 달라진 게 있느냐고 물었더니 없다고 대답하던 기억이 있다"며 "그것은 수사 관례상 별문제가 되지 않는 일이었다"고 말했다.

김재규와의 공모 관계를 추궁하는 조사는 3, 4일간 계속됐다. 조사관들은 조사 내용을 수시로 상부에 올려 검토를 받고 수사 방향에 대해 새로운 지시를 받고 내려와 이를 근거로 조사를 되풀이했다. 그러나 더 이상 새로운 혐의가 밝혀지지 않자 조사관들이 추궁하는 초점이 달라졌다. 상부에서 새로운 수사 지침이 하달된 것이다.

★ 정경식(1937~)은 경북고와 고려대 법학과를 졸업하고 제1회 사법시험에 합격해 박정희 정권과 5공화국 시절 공안검사로 악명이 높았다. 1992년 대선 기간에는 지역감정 조장과 검찰 등 국가기관의 선거 개입 논란을 부른 '초원 복국집 사건'에 연루돼 구설수에 올랐다. 김영삼 문민정부 시절 헌법재판관을 지냈다.

제4부 신군부의 칼날 아래

그들은 이제 정승화 총장이 사건 현장에서 김재규가 범인인 줄을 눈치 채고도 김재규의 막강한 세력을 의식, 그를 체포하지 않고 거사에 동조한 것을 시인하라고 했다. 즉 내란방조혐의를 인정하는 것이었다. 정 총장은 결국 이 혐의로 국방부 계엄보통군법회의에 회부돼 10년형을 선고받고 관할관 확인 과정에서 7년형으로 확정받게 된다. 정 총장은 조사관들이 일방적으로 작성한 내란방조혐의 조서에 "살아서 진실을 밝히겠다"는 생각으로 서명을 했다고 밝혔다. 그들이 그 엄청난 사건을 일으키면서 자신을 잡아온 이상 끝까지 혐의 사실을 부인하면 살려 보내지 않을 것이라는 생각도 들었다. 또 조사관들도 "저희들로서는 이것밖에 해결 방법이 없으니 인정하고 빨리 나가시는 것이 좋을 것 같다"고 설득했다고 한다.

서빙고 분실에 조사받은 또 다른 사람들

정승화 총장이 조사를 받고 있던 옆방에는 3군사령관 이건영 중장과 합참본부장 문홍구 중장, 특전사령관 정병주 소장, 수경사령관 장태완 소장 등도 조사를 받고 있었다. 이들은 김재규와의 친분 관계와 12일 밤 병력을 출동시켜 합수부 측을 진압하려고 한 경위에 대해 집중적인 추궁을 받았다. 이건영은 육군대학교 교관 시절 당시 부총장인 김재규를 알게 됐고 김재규 중앙정보부장 밑에서 중앙정보부 1차장 겸 2차장을 지냈다는 점에 초점이 맞춰졌다.

정병주는 김재규의 안동농림학교 후배라는 것과 김재규 사단장 밑에서 참모장 및 연대장을 했다는 사실이, 문홍구는 김재규

악명 높은 보안사 서빙고 분실 고문기술자는 정승화 전 총장에게 김재규와
10·26 공모를 실토하라며 물고문 등 악랄한 고문을 가했다. 정승화 피고인이
1980년 3월 2회 공판 후 105 수형번호가 쓰인 흰 한복저고리에 고무신을
신은 차림으로 헌병들에게 이끌려 국방부 계엄보통군법회의 법정에서 걸어
나오고 있다.

보안사령관 시절 보안사 참모장을 했다는 사실이 강조됐다. 합수부 측은 이들을 내란혐의로 묶으려고 수차례 법률적 검토를 했으나 도저히 내란죄 성립이 안 된다는 것을 알고, 스스로 철회했던 것으로 알려지고 있다. 이들은 신군부 측이 주장한 대로 정승화 총장의 추종 세력이 아니라 정상적인 지휘명령계통에 충실한 지휘관들이었을 뿐이다. 신군부 측은 자신들에게 우호적이지 않은 이들을 군부 내 김재규 계열을 정리한다는 이유로 제거한 것이다. 이 장군들은 기소도 되지 않은 채 1980년 2월 풀려나 자택에서 김재규 사형 집행(1980년 5월 24일)이 끝난 뒤인 6월 6일까지 연금 상태로 지냈다.

30 신군부, 특별위원회를 구성하다

군권 수술에 나선 6인의 장성

12·12는 별들의 세계에 큰 파란을 몰고 왔다. 군의 중심적 위치를 차지하고 있던 별들이 하룻밤 사이에 빛을 잃고 역사의 뒤안길로 사라졌는가 하면 새로운 별들이 강력한 빛을 발하며 중심권으로 떠올라왔다.

이 같은 성좌의 대변동을 주도한 주체는 6명의 장성들로 구성된 특별위원회였다. 구성원은 12·12 경복궁 멤버인 차규헌·유학성·황영시 중장, 전두환·노태우 소장 등 5명과 13일 아침 합류한 김윤호 소장이었다. 이 위원회는 물론 정식 명칭이 없는 임의 기구였으나 12·12 핵심 주도 세력들로 구성된 일종의 군사평의회와 같은 성격을 띠고 있었다. 이 위원회는 13일 아침부터 가동돼 12·12 직후의 군 인사 개편, 주한미대사관 및 주한미군 측에 대한 설득 작업, 12·12로 혼란에 빠진 군 지휘체제 복원 등 중요한 작업을 이끌었다.

광주 육군보병학교장이던 김윤호 소장이 이 위원회에 참여하게 된 것은 황영시 장군의 추천에 의해서였다. 두 사람은 육사 10기 동기생이지만 의형제를 맺어 나이가 네 살 아래인 김윤호 소장이 황영시 중장을 형님으로 깍듯이 모시는 사이였다. 두 사람

과 전두환 소장은 이미 12월 초 군의 대대적인 인사 개편에 관해
의견을 나눈 적이 있는데 이것은 12·12의 중요한 배경이 되었다.
또 김윤호 소장은 영어에 능하고 주미공사를 역임해서 군 내부에
서 한때 친미파로 몰릴 만큼 미국 내 지인이 많았다. 그래서 신군
부 측은 미국을 설득하고 이해시키는 데 김윤호 소장의 역할이
필요했다.

　김윤호 소장이 보안사령부에 있던 황영시 중장으로부터 급히
서울로 올라오라는 전화를 받은 것은 12일 밤 11시가 조금 넘어
서였다. 황영시 장군은 "서울에 급한 상황이 벌어졌다"고 할 뿐
자세한 내용을 말하지 않았다. 그러나 김윤호 소장은 사태를 어
느 정도 직감했다. 그는 12시 30분쯤 지프로 광주를 출발, 새벽 6
시쯤 육군본부에 도착했다. 동기생인 채항석 교육참모부장 방에
들러 상황 돌아가는 것을 물었으나 "보안사에서 일을 저지른 것
같은데 자세한 내용은 모르겠다"고 했다. 육본 참모들은 아직 사
태가 어떻게 전개되는지를 파악하지 못한 채 망연자실해 있는 상
태였다. 김윤호 소장은 이어 총장실에 들렀다. 그곳에는 이희성
참모총장이 새로 부임, 회의를 주재하고 있었다.

　총장실의 분위기를 대강 살핀 김윤호 소장은 보안사령부로 향
했다. 보안사령부는 간밤의 숨 막히는 긴장감에서 벗어나 있었으
나 뒷수습을 하느라 어수선하고 소란스러운 분위기였다. 보안사
령관실에는 유학성·차규헌·황영시·전두환·노태우 장군 등이 모
여 있었다. 여기에 김윤호 소장이 가세했고 곧 정호용 소장도 들
어왔다. 대구 50사단장인 그도 간밤에 대구를 출발해 막 도착했
던 것이다.* 그러나 정호용 소장은 바로 특전사령관으로 임명돼

부임해 갔으며 군 인사 개편을 주도한 6인특별위원회에는 참여하지 않았던 것으로 알려져 있다.

군 내부 수습에 나선 신군부

13일 새벽 최규하 대통령으로부터 정승화 계엄사령관의 연행 조사에 대한 추인을 받아냄으로써 승리를 확인한 신군부는 우선 군 내부 수습에 나섰다. 보안사령부에 모인 장성들은 각자 역할을 분담해 사단장급 이상의 각 지휘관들에게 전화를 걸어 "더 이상 문제가 없다. 동요하지 말고 정상 근무하라"고 일일이 알렸다.

12·12 지휘부는 이어 윤자중 공군참모총장과 김종곤 해군참모총장, 김정호 해병대사령관 등을 보안사령부로 불러 상황을 설명하고 각 군의 수습 및 조기 안정에 대한 협조를 구했다.

인사 문제는 13일 오후부터 본격적으로 논의됐다. 육군참모총

★ 정호용 장군은 훗날 천금성 작가와의 인터뷰에서 12·12 다음 날인 13일 아침 보안사령부에 올라온 경위를 비교적 소상하게 밝혔다. 이 인터뷰에 따르면 그는 12일 밤 전군에 진돗개 비상령이 발령되었는데도 그 사유를 알지 못했다고 한다. 북괴군과 관련되었을 것이라고 막연히 생각했다. 보안사령관실로 전화했으나 전두환 사령관과 통화하지 못했다. 그런데 밤 11시쯤 백운택 준장이 전화해 자세한 설명 없이 서울로 빨리 올라오라고 했다고 한다. 정 장군은 다음 날 아침 일찍 서울로 출발할 생각을 하고 잠을 잤는데 새벽 2시경 진종채 2군사령관이 서울 상황을 대강 얘기하며 "보안사령부에서 자네를 빨리 올려보내라고 재촉한다"고 말해 정신이 번쩍 들어 서울로 출발을 서둘렀고, 아침 9시쯤 보안사령부에 도착했다고 밝혔다(천금성, '육사 11기의 6인 실력자', 《신동아》 1998년 1월호). 이에 따르면 정호용은 일반적으로 알려진 것과 달리 12·12에 직접 개입되지 않았으며, 특전사령관으로 부임하게 된 것은 '다음 특전사령관은 정호용 소장'이라는 공감대가 군 내부에 형성된 것과 무관하지 않았다. 정호용은 신군부가 직접 정권 장악에 나서는 것에 비판적이었고 광주민주화운동 강경 진압과 거리가 있었다는 주장도 만만치 않다.

장과 특전사령관, 수경사령관 임명은 그전에 결정이 난 상태였고, 이 지휘관들은 정식 임명장을 받기 전에 육성명령을 받고 이미 부임한 상태였다.

이희성 장군이 육군참모총장으로 기용된 과정에 대해서는 자세히 알려진 것이 없다. 10·26 직후 육군참모차장에서 중앙정보부장서리로 옮겨간 이희성 중장은 사전에 12·12 그룹과 아무런 교감이 없었다. 이희성 중장은 12일 저녁 상황 초기에는 12·12 그룹에 대해서 위협을 느끼고 가족들을 피신시키기도 했다. 그는 이날 저녁 시내에서 동기생들과 식사 모임을 갖고 있다가 급보를 받고 남산의 중앙정보부 사무실로 돌아와 사태를 파악한 뒤에는 아군끼리 유혈충돌이 있어서는 안 된다며 양측에 병력 출동 자제를 요구하는 입장을 취했다. 이희성 중장의 이러한 자세는 결과적으로 전두환 측에 유리하게 작용해 대세를 장악하는 것을 도운 셈이 됐다. 전두환 측이 12·12 거사 전에 정승화 총장 후임으로 이희성 장군을 생각하고 있었다는 흔적은 없다. 이희성 장군은 성격이 깐깐한 데다 평소 하나회 장교들에게 호의적이지 않아 전두환 장군 등과 사이가 그리 좋은 편이 아니었다. 그런데도 그가 12·12 후 총장으로 기용될 수 있었던 것은 12일 밤 취한 중립적인 태도 때문이었다는 설이 일반적이다.

13일 새벽 공수부대 병력들에게 체포되다시피 해서 삼청동 공관에 들어온 노재현 장관이 최규하 대통령에게 정승화 계엄사령관 연행 조사에 대한 추인을 받고 있을 때 이희성 중장은 문 밖에서 대기하고 있었다. 노재현 장관은 최규하 대통령과의 면담을 마치고 나온 뒤 이희성 중장에게 "당신이 육군참모총장 겸 계엄사령관에 임명됐소"라고 통보했다.

육군참모총장은 보통 국방부장관의 제청으로 국무회의 의결을 거쳐 대통령이 임명하도록 되어 있다. 노재현 장관은 삼청동 공관으로 오기 전에 보안사령부에 들러 전두환 소장 등 12·12 지휘부 장성들과 만났으며 여기서 차기 총장 문제가 논의됐을 가능성이 크다. 노재현 장관은 이때 논의된 대로 최규하 대통령에게 이희성 장군을 추천해, 재가를 받은 것으로 보인다. 그러나 일부에서는 이희성 총장 임명은 12·12 그룹의 의견이라기보다는 최규하 대통령의 뜻이 크게 작용했을 것이란 견해도 있다.

군 장성들과 별 안면이 없는 최규하 대통령은 자신에게 보고하기 위해 삼청동 공관에 자주 들른 이희성 중앙정보부장서리에 호감을 갖고 있었고, 이것이 신임 총장 임명에 결정적인 요인이 되었다는 것이다.

12·12 직전 육군지휘부는 정승화(육사 5기) 총장, 김종환(육사 4기) 합참의장, 유병현 연합사(육사 7기 특) 부사령관. 김학원(육사 5기) 1군사령관, 이건영(육사 7기) 3군사령관, 진종채(육사 8기) 2군사령관 등으로 구성돼 있었다. 12·12 주도 세력은 원래 이들 선배 장성들을 모두 예편시키고 육사 7, 8, 9, 10기 출신 장성들도 필요 인원만 빼고 모두 전역시켜 군부를 대대적으로 개편한다는 구상을 갖고 있었다. 그러나 이러한 구상은 12일 밤 예기치 않았던 저항과 혼란을 거치면서 상당히 수정되었다고 신군부의 핵심이었던 한 인사는 밝혔다.

주영복 국방부장관의 기용도 예상 못한 인사였다. 원래 최규하 대통령이 13일자로 단행할 개각 명단에는 노재현 장관이 유임하는 것으로 되어 있었다. 전두환 장군 측은 노재현 장관을 물러나게 함으로써 자신들이 구상하고 있는 군 개편 인사에서 숨통을 틔우고 싶었지만 노재현 장관을 퇴진시킬 명분을 찾지 못해 개각에 자신들의 뜻을 반영하지 못했던 것이다.

그러나 12일 밤 상황 발생 후 노재현 장관의 일련의 처신은 그를 더 이상 장관직에 머물러 있을 수 없게 했다. 그의 처신은 육본과 합수부 양측으로부터 심한 비난을 샀다.

주영복 장관의 임명은 전두환이 적극 추진한 것으로 알려져 있다. 두 사람은 이미 오래전부터 개인적으로 잘 아는 사이였으며 부인끼리도 자주 접촉을 가졌고 특히 1979년 공군참모총장을 끝으로 예편했던 주영복은 10·26 후 보안사령부에 여러 번 들렀다고 한다.

전두환이 그를 국방부장관으로 민 것은 이러한 친분 외에도 군부를 재편해 나가는 과정에서 육군 출신 선배를 장관으로 모실 경우 껄끄러운 일이 많을 것이라는 판단도 작용했을 것이다. 주영복 장관은 12·12 후 전두환 그룹이 정치 전면에 나서는 것에 대해 아무런 제동을 걸지 못했으며, 오히려 그들의 행동을 충실히 뒷받침하는 역할을 담당하게 된다.

6인위원회는 13일부터 15일까지 보안사령관실 옆 회의실에서 거의 숙식을 함께하면서 군 상층부 개편 문제를 집중적으로 논의했다. 6인위원회가 인사안을 만들면 선임자인 유학성 중장이 이 안을 이희성 육군참모총장에게 갖고 가 협의하는 절차를 밟았다.

13일 새벽 합수부 측에 체포된 장태완 수경사령관과 정병주 특전사령관 후임에는 노태우 9사단장과 정호용 50사단장이 각각 임명됐다. 이들의 임명 결정은 13일 새벽 전두환 등 몇 사람에 의해 이루어졌는데 아무도 이의를 제기하지 않은 것으로 알려져 있다.

이건영 장군의 체포로 공석이 된 3군사령관에는 유학성 중장이 내정되었다. 13일자로 보직이 해임된 김학원 1군사령관 후임은 윤성민 참모차장과 문홍구 합참본부장을 놓고 의견이 갈렸다.

두 사람은 12일 밤 육본의 정통 지휘계통에 서서 합수부 측을 진압하려 했지만 나중에 아군끼리의 유혈충돌을 우려해 병력 출동을 자제했었다. 합수부 측은 자신들의 승리가 확정된 마당에 뒷수습을 위해서는 상대편도 포용해야 한다는 판단에서 이들 중 한 사람을 군사령관에 기용키로 했던 것이다.

윤성민 참모차장은 13일 새벽 수경사령관실에서 다른 육본참모들과 함께 있다가 수경사 헌병들에게 체포돼 보안사 서빙고 분실로 연행되었다. 민주당의 12·12 진상조사위는 당시 윤성민 참모차장이 12일 밤중에 보안사령부에 가서 전두환 장군 등을 만나고 온 뒤 태도가 달라졌다는 주장을 제기했으나 이것은 사실과 좀 다르다. 윤성민의 회고를 보자.

13일 새벽 4시 30분에서 5시 사이로 기억된다. 장태완 장군과 문홍구 장군이 먼저 연행돼가고 나도 뒤따라 서빙고로 갔다. 어떤 방으로 안내돼 책상 앞에 앉아 조사를 받으려고 하는데 조사관에게 무전이 왔다. 나를 보안사령부로 보내라고 한다는 것이었다. 나는 바로 거기서 보안사령부로 갔다. 사령관실로 들어가니 주동 세력들이 죽 모여 있었고 노재현 장관과 최광수 대통령 비서실장도 와 있었다. 정호용 장군은 막 합류하는 참

제4부 신군부의 칼날 아래

이었다. 나는 그 자리에서 "이렇게 된 마당에 여하한 이유라도 군복을 입고 있을 수 없다"고 사의를 표명했다. 전두환 장군 등은 "군을 수습하는 것이 무엇보다 중요하다"면서 사후 수습에 협조해달라고 했다.

6인위원회 중 유학성·노태우 장군 등은 1군사령관에 문홍구 장군을 밀었으나 황영시·김윤호 장군은 윤성민 장군을 지지했다. 김윤호 장군은 "호남 쪽도 한 사람 넣어야 하지 않느냐"라는 논리를 폈다. 결국 전두환 장군이 전남 무안 출신인 윤성민 장군 쪽을 택해 1군사령관은 윤성민 장군으로 낙착됐다. 윤성민 장군은 1981년에 합참의장직에 올랐으며 1982년 예편한 뒤 1986년까지 국방부장관을 지냈다. 그의 이 같은 승승장구를 12·12 사건 때 타협적 자세와 연관시켜 보는 시각도 있다.

6인위원회에서는 원래 진종채 2군사령관도 예편시키고 이 자리에 차규헌 장군이나 윤흥정 전투교육사령부(전교사)★ 사령관을 임명하자는 의견도 나왔다. 그러나 이희성 참모총장과 협의하는 과정에서 진종채 사령관을 유임시키는 쪽으로 굳어졌다. 그 바람에 차규헌 장군은 적절한 보직을 차지하지 못하고 비교적 한직인 육사 교장으로 밀리게 되었다고 한다.

6인위원회는 대체로 전두환·황영시·김윤호 장군 그룹과 노태우·유학성 장군 그룹으로 갈려 의견 차를 보였으며 성격이 온순

★ 전투교육사령부(전교사)는 육군의 전투력 발전을 추진하는 육군본부 직할의 군단급 사령부로, 사령관은 중장 계급이다. 5·18 광주민주화운동 당시 광주 전남북 지역 계엄사령부로서 진압작전을 지휘해 이름이 널리 알려졌다.

12·12 이틀 후인 1979년 12월 14일 서울 보안사령부 구내에서 기념 촬영한
12·12의 주역들. 이가운데에는 상황이 완전히 끝난 13일 아침에 뒤늦게
합류한 장성들도 있으며, 거사 과정에서 소외되었던 보안사 간부도 일부
포함되어 있다. 몇 사람은 사진 찍을 당시에는 자리에 없어 끼지 못하다가
나중에 사진을 합성해 넣었는데 그 흔적이 역력하다. 앞줄 왼쪽부터 이상규,
최세창, 박희도, 노태우, 전두환, 차규헌, 유학성, 황영시, 김윤호, 정호용,
김기택. 가운데 줄 왼쪽부터 박준병, 이필섭, 권정달, 고명승, 정도영, 장기오,
우국일, 최예섭, 조홍, 송응섭, 장세동, 김택수. 뒷줄 왼쪽부터 남웅종,
김호영, 신윤희, 최석립, 심재국, 허삼수, 김진영, 허화평, 이상연, 이차군,
백운택.

한 차규헌 장군은 중도적인 입장이었다고 한다. 다음은 김윤호의 증언이다.

군 개혁에 대해 황영시 중장, 전두환 소장 그리고 나 셋은 사전에 의견을 교환한 적이 있어 어느 정도 공감대를 형성하고 있었다. 그러나 유학성 장군과 노태우 장군은 사전 교감이 없어서인지 인선 문제를 놓고 우리와 상당한 의견 차이를 보였다. 거기다가 유학성 장군이 이희성 총장에게 우리 측 안을 들고 가 협의하는 과정에서 이희성 총장의 의견도 만만치 않아 원래 우리가 의도했던 것과는 많이 다른 결과가 나오게 됐다. 하도 의견이 분분해 한 번은 황영시 장군이 12월 초에 작성한 초안을 내놓으면서 원래의 군 개혁 취지를 설명했다. 그런데 그 초안에는 유학성 장군의 성씨가 류(柳)로 잘못 적혀 있었다. 유(兪) 장군이 이를 보고 "어떤 자식이 이름도 잘못 쓰느냐"며 화를 냈다. 내가 "제가 썼는데 경황 중에 잘못한 것이니 봐주시오"라고 했더니 "김윤호 너, 여차직하면 나도 잡아넣을 놈이구나" 하면서 못마땅해했다.

군단장급 인선에서도 의견 충돌이 있었다. 김윤호 장군은 종합행정학교 교장인 소준열 소장과 육본감찰감 권익검(육사 10기) 소장을 발탁하자는 의견을 제시했다.

그들은 황영시·김윤호 장군과 육사 동기생이었다. 이 의견에 대해서는 노태우 장군이 "아니 김 선배, 그 사람들이 12일 밤 무슨 일을 했는지나 알고 그러십니까?"라며 극력 반대했다. 보안사

참모들도 두 사람의 발탁에 대해서는 반대했다. 권익검 소장은 12일 밤 남한산성 종합행정학교에 주둔해 있는 20사단 병력의 출동을 저지하라는 육본의 지시를 받고 행정학교 교장인 소준열 소장과 함께 플래시를 비춰가며 20사단이 보유하고 있는 차량 연료 탱크의 휘발유를 빼냈었다고 한다. 소준열 장군은 이 전과(?) 때문에 한동안 고전을 면치 못하다가 5·18 광주민주화운동 당시 황영시 참모차장의 적극적인 추천으로 윤흥정 장군 후임으로 전교사 사령관에 임명된 뒤부터 승승장구해 대장까지 진급하게 된다.

결국 이들 대신에 이희성 총장과 유학성·노태우 장군이 미는 박노영(예현* 2기) 합참 정보국장이 수도군단장으로 발탁되었다. 황영시 1군단장은 육군참모차장으로 옮겨갔다. 그는 계엄사령부와 육본에서 이희성 총장을 견제하면서 신군부 측의 의사를 충실히 반영하는 교두보 역할을 담당했다. 후임 1군단장에는 김윤호 장군이 임명됐다. '지는 별'과 '뜨는 별'이 뚜렷이 교차해가고 있었다.

★ 1948년 정부 수립 후 육군 정규군 창설 이후에도 예비 병력 확보 차원에서 예비군을 지원받아 운용했는데 이를 호국군이라고 했다. 1949년 8월 호국군을 해체하고 정규 국군에 통합하면서 호국군 출신을 예현 1기, 2기 등으로 불렀다.

31   신군부 칼날 아래 스러지는 별들

별들의 대학살

12·12로 군권을 장악한 신군부는 군의 핵심요직을 자신들의 세력으로 채운 데 이어 12·12에 반대했거나 김재규·정승화 계열로 분류된 장성들을 솎아내는 대대적인 작업에 착수했다. 군부 내에 자신들의 주도권을 확립하는 데 장애가 되는 요인을 제거하기 위한 수술이었다. 여기에는 노화된 군의 세대교체가 필요하다는 명분도 추가됐다. 수많은 장성이 신군부가 일방적으로 작성한 잣대에 의해 군복을 벗었다. 창군 이래 유례가 없는 '별들의 대학살'이 벌어진 것이다.

이 '별들의 대학살'을 주도한 곳은 12·12 핵심 멤버로 구성된 6인위원회와 보안사였다. 육본 인사참모부나 인사운영감실은 이 작업에서 거의 배제돼 있었다. 6인위원회가 대체적인 기준을 정해주면 보안사는 장성들에 대한 존안 자료(은밀히 수집한 신상 자료)와 12·12 당시 감청 자료 등을 토대로 명단을 작성한 것으로 알려져 있다.

6인위원회가 내세운 기준은 첫째 김재규·차지철·정승화 계열의 정리, 둘째 진급 과정에서 과도한 운동을 한 자 등 문제가 있는 장성들의 정리, 셋째 육사 10기 이전 고참 장성들은 필요 최소

인원만 남기고 모두 예편시킨다는 것 등이었다.

이들 장성들의 예편 조치는 1979년 12월 31일과 1980년 1월 31일, 9월 30일 등 몇 차례로 나뉘어 단계적으로 이뤄졌다. 1979년 12월 12일부터 1980년 12월 31일까지 1년여에 걸쳐 군복을 벗은 육군 장성은 모두 96명이다. 이 가운데에는 전두환·유학성·권정달·허삼수·허화평·이학봉과 같이 새로 출범한 5공에 참여하기 위해 자원 전역한 경우와 정년 예편 등이 포함되어 있으나 신군부가 휘두른 칼에 의해서 타의로 군문을 떠난 장성들이 대부분이었다.

신군부가 작성한 예편 대상자 명단은 이희성 육군참모총장과 협의하는 과정에서 상당히 수정되기도 했다. 신군부가 주요 표적으로 삼은 것은 육사 7, 8, 9, 10기 및 종합학교 등 일반 출신 고참 소장급이었다. 정규 육사 출신들은 육사 8기가 5·16 이래 군의 요직을 독점해 온 것에 대해 반감을 품고 있었다. 12·12 직후 군 재편 과정에서 예편한 8기 출신 장성은 소장급만 정상만·황의철·김한용·신정수·안철원 장군 등 모두 10명이나 됐다. 육사 8기인 이희성 총장은 자신의 동기생 몇 명을 전역 대상에서 제외시켰다고 한다.

김재규 계열로 주목을 받은 장성은 안철원 소장과 이필조(종합 12기) 소장이었다. 안철원 소장은 김재규 3군단장 밑에서 참모장을 했고, 이필조 소장은 그 후임 참모장으로 김재규 3군단장과 근무했기 때문이었다. 김재규와 함께 근무했다는 이유만으로 그의 계열로 분류하기에는 무리가 있었으나 신군부는 자신들의 잣대를 마음대로 들이대고 있었다.

제4부 신군부의 칼날 아래

6인위원회 안에서도 몇몇 장성의 전역 여부를 놓고 논란을 벌였다. 10·26 당시 청와대 경호실 작전차장보로 있다가 5군단 부군단장으로 선출된 김복동 소장을 예편시켜야 한다는 의견이 나왔다. 경호실 차장이었던 이재전 장군이 직무유기로 구속됐다가 예편 대상이 된 것과 비교해 형평이 맞지 않다는 의견이었다. 6인위원회 멤버였던 김윤호 예비역 대장은 당시를 이렇게 회고했다.

군 개혁을 하려면 철저히 해야 한다는 생각이 들어서 10·26 당시 책임을 물어 김복동 장군도 옷을 벗기자고 제안했다. 그러나 그와 처남 매부지간인 노태우 소장이 "김 선배, 그것은 너무 가혹하지 않습니까. 한 번 봐주시지요"라며 재고를 요청했다. 유학성 장군도 "김복동이는 내가 참모장으로 내정해놓고 있는데 살려두자"고 했다 유학성 장군은 그때 이미 3군사령관으로 내정되어 있는 상태였다. 분위기가 그래서 나도 물러날 수밖에 없었다.

권 모 소장과 최 모 소장도 논란 끝에 가까스로 살아남았다. 경북 출신인 권 모 소장은 유학성·노태우 장군이 반대해서 예편을 면했고 최 모 소장은 동기인 이희성 총장이 힘을 썼다고 한다. 12·12 후 군 재편 과정에서 유학성·노태우 장군은 대구 경북 출신 장성들의 보호와 지원에 힘을 많이 썼으며 이것이 5공 이후 군 인맥을 TK(대구·경북)가 장악하는 데 중요한 요인이 되었다는 지적이 있다. 이와 관련, 신군부의 핵심이었던 한 인사는 전두환 전 대통령이 퇴임 후 다음과 같은 푸념을 하더라고 전했다.

"나는 TK를 특별히 봐준 것이 없다. 특정 지역 출신만을 우대할 생각은 없었다. 솔직히 말해 하나회는 내가 밀어줬다. 나는 노태우와 정호용이가 말하는 것은 다 들어줬는데 결과적으로 그것이 TK를 밀어준 셈이 돼버렸다. 나는 그들에게 속은 것이다."

1979년 12월 31일자로 전역한 장성들은 주로 10·26 사건 사후 처리와 관련된 조치로, 대상자의 대부분이 12·12 이전에 전역이 결정되어 있었다. 신군부가 12·12 직후 전역 대상으로 분류한 장성들은 대부분 1980년 1월 31일부로 옷을 벗었다. 다음 글은 이때 예편됐던 김명수(육사 10기) 예비역 소장의 회고다.

당시 대구의 5관구사령관으로 있던 나는 1979년 12월 말 육군 지휘관회의 참석차 서울에 올라왔다. 육본에서 회의를 마친 뒤 다른 지휘관들과 함께 대통령을 면담하기 위해 청와대로 가는 버스 안에서 정호용 장군으로부터 내가 예편될 것이라는 말을 처음으로 들었다. 최근 특별인사위원회가 열렸는데 거기서 그렇게 결정됐다는 것이었다. 12·12 당시 그는 나의 예하인 대구 50사단장이었는데, 12·12 사태 때 나에게 보고를 하지 않고 서울에 올라간 것에 대해 다음 날 죄송하다는 전화를 걸어왔다. 전역 대상자들은 신년 초 육본으로 명령이 나 1월 15일 이취임식을 했다. 육본으로 올라와 인사참모부장실에 들렀더니 전역지원서를 쓰라고 했다. 전역해야 할 이유에 대해선 일절 언급이 없었다. 이희성 총장실에 들렀던 장군들은 후진을 위해서 용퇴하는 것이라는 말을 들었다고 했다. 그러나 아무도 이의를 제기하지 못했다. 12·12 후의 살벌한 분위기 속에서 이의

제4부 신군부의 칼날 아래

제기가 통하리라고 생각지 않았다. 후배들이 치고 올라와 더
이상 군에 남아 있기 어렵게 돼버린 형편이기도 했다.

1월 31일 육군회관에서 이들 장성들의 합동 전역식이 열렸다. 전
역 장성들에겐 1계급씩 올려 보국훈장이 수여됐다. 원래 장군들
은 자신이 근무한 부대 중 가장 사연이 많았던 부대에서 전역식
을 갖는 게 관례였지만 이들에겐 그런 관례가 허용되지 않았다.
전역식을 마친 장성들은 이희성 총장의 안내로 주영복 국방부장
관실에 가서 신고를 했다. 주영복 장관은 별말이 없이 악수만으
로 끝냈다. 이날 전역한 장성은 6·25 전쟁에서 치열한 전투경험
을 거쳐 살아남은 사람들이 대부분이었다. 그들로서는 너무나 허
망한 군 생활의 종지부였다. 육군본부는 당시 정년을 채우지 못
하고 전역한 장성들에게 남은 정년 1년에 500만 원 정도씩 계산
해서 위로금을 지급했다고 한다.
　6·25 전투경험 세대가 6·25를 경험하지 못한 후배들에 의해서
무더기로 군을 떠나게 된 것은 당시로서는 커다란 전투력 손실이
었다. 6·25에 참전한 세대는 원래 생도 1기였던 육사 10기까지와
종합학교 출신들이었으며 신군부의 핵심을 이룬 정규 육사 11기
부터는 직접 6·25 전쟁에 참전하지 않은 세대였다. 신군부에 의
해서 전역한 한 예비역 장성은 "6·25 당시 초급 장교로서 소모품
취급을 받으면서 치열한 전투에서 살아남은 우리가 하루아침에
엉뚱한 생각을 갖고 있는 후배들에 의해서 밀려나게 돼 허망하기
짝이 없었다"라고 당시를 회고했다.

완벽하게 군을 장악한 신군부의 별 잔치

신군부는 전역 조치와는 좀 다르지만 조건부 진급 방식을 통해 장성들을 정리하는 방법도 썼다. 즉 계급정년과는 별도로 2년 정도 근무한 뒤 전역한다는 조건으로 진급을 시키는 방식이다. 12·12 당시 인사참모부장이었던 천주원 소장, 군수참모부장 안종훈(공병 3기) 소장, 동원참모부장 정형택(육사 8기) 소장 등이 바로 이런 경우였다. 이들은 중장으로 진급한 뒤 한직으로 밀려나 있다가 1981년에 전역했다.★

신군부는 1980년 1월 장성들의 대대적인 물갈이 이후에도 군부 내 장성들의 동정을 면밀히 감시해, 공사석에서 12·12에 비판적인 견해를 밝힌 장성들을 찾아내 예편을 시키거나 보직을 변경하는 등 제재를 가했다.

1군 지역에서 일선 사단장을 하고 있던 김종찬(종합 10기) 소장은 1980년 7월 사단장에서 보직 해임된 뒤 9월 30일자로 예편됐다. 그는 정승화 장군이 1군 참모장과 육사 교장 시절 그 밑에서 참모를 했었다. 그러나 정승화 장군의 전임자에 의해서 그 보직을 맡았기 때문에 정승화 장군의 덕을 본 게 아니었다.

정승화 장군이 총장으로 부임한 후인 1979년 7월 육사 근무 4년 만에 사단장으로 나간 그는 사단장 임기를 겨우 반 정도 넘긴 상태에서 보직 해임됐다. 사석에서 12·12 사태에 대해 비난 발언

★ 육군대학 총장으로 보임된 안종훈 중장은 교육생들에게 12·12에 대한 비판적인 발언을 한 것이 문제가 되어 1980년 3월 군수사령관으로 밀려났다. 그는 또 5·17 전국계엄확대 조치를 위한 전군지휘관회의에서 반대 의견을 밝혔다가 1980년 8월 보직 해임된 뒤 1981년 초 군복을 벗었다.

을 했던 것이 보안사에 체크됐던 것이다. 정승화 장군이나 12·12 사태 때 신군부에 저항했던 장성들의 부관·비서실장 등도 수난을 겪었다. 12·12 당시 정승화 총장의 수석부관이었던 황원탁 대령은 신군부에 의해 전역 위기에 몰렸으나 주한미군 측의 지원으로 예편을 면했다고 한다. 그는 연대장·사단장 등 실병력 지휘관은 거치지 못하고 소장까지 진급, 한국군 장성으로서는 처음으로 군사정전위 우리 측 대표를 역임했다. 정승화 1군사령관의 비서실장을 했던 김광석 대령은 육사 17기 선두 주자로 장차 참모총장감이라는 평판을 얻을 정도였지만 12·12 사태 후 밀리고 밀려 동기생 중 막차로 별을 달았다. 나중에 그는 소장으로 예편한 뒤 병무청장으로 근무할 때, 김영삼 전 대통령의 경호실장 기용설이 나오기도 했었다.

하소곤 작전참모부장 보좌관 김광해(간부후보) 중령, 장태완 수경사령관 비서실장 김수탁(갑종 199기) 중령, 문홍구 합참본부장 부관 구정회(간부후보) 소령 등도 12·12 사건 후 보직조차 제대로 부여받지 못한 채 어렵게 군 생활을 하다 전역했다. 김광해 중령은 12·12 후 9개월 간 무보직 상태로 있었다. 밑에 두고 쓰겠다는 지휘관들이 없었기 때문이었다. 작전참모부장 보좌관 시절에 아주 잘 알고 지내던 수많은 장군들도 12·12 후에는 전혀 모른 체했다. 그는 1980년 9월에야 다른 사람들이 가기를 꺼리는 동해안경비사령부 참모로 가서 근무하다 1982년 7월 전역했다. 그를 끌어줬던 동해안경비사령관 김상언(종합 7기) 소장은 당시 김광해 중령을 참모로 받아들인 것 때문에 보안부대의 추궁을 받았다고 한다. 교통관광저널사 대표를 역임했던 그는 나중에 12·12 주동자들을 검찰에 고발해 관심을 모았다.

　김수탁 중령 역시 12·12 후 보직을 못 받고 4개월이나 집에서 놀다가 당시 육본 인사운영감실 보병과장이던 편장원* 대령의 도움으로 학군단 교관을 거쳐 1980년 말 전방부대 대대장으로 나갔다. 육군대학 정규 과정을 마쳤던 그는 대대장 시절 근무 성적이 좋았고 사단 참모까지 지냈으나 결국 대령 진급을 못하고 1988년 중령 계급정년으로 전역했다. 그는 나중에 장태완이 회장으로 있는 한국증권전산의 안전관리실장으로 근무했다.

　구정회 소령은 문홍구 합참본부장이 서빙고 보안사 분실에서 조사를 받는 동안 충격으로 쓰러진 문홍구 장군의 부인을 위로하러 다니다 보안사로부터 "자꾸 문홍구 장군 집에 드나들면 조치를 취하겠다"는 경고를 받기도 했다. 그 역시 보직이 잘 풀리지 않아 1982년 전역했으며 나중에 에너지관리공단 서울시 지부장을 역임했다.

　신군부는 1980년 11월에는 국가보위입법회의를 통해 군인사법을 개정, 각각 8년과 7년으로 되어 있던 준장과 소장의 정년을 5년씩으로 단축했으며 이 개정인사법을 소급 적용해 또 한 번 군 장성의 물갈이를 단행했다. 종합학교 출신을 비롯한 일반 출신 장성들이 대거 이 법의 적용을 받아 군복을 벗었다. 이로써 신군부는 완벽하게 군을 장악하게 되었다.

★ 편장원(1939~2023)은 육사 18기로 동기이면서 하나회 회원이었던 구창회, 김재창, 조남풍 등에 가려 빛을 보지 못하다가 1993년 김영삼 문민정부 출범 직후 대대적으로 하나회 숙청이 이뤄진 뒤 대장으로 진급, 합참 1차장을 역임했다.

1979. 12. 12.~1980. 12. 31. 육군 전역 장성

대장 (4명)	김종환(육사 4기)·정승화(육사 5기)·유학성(정훈 1기)·전두환(육사 11기)
중장 (10명)	조문환(육사 7기)·이재전(육사 8기)·이건영(육사 7기)·문홍구(육사 9기)·이범준(육사 8기)·김영선(육사 7기)·김학원(육사 5기)·윤흥정(육사 8기)·김용금(육사 7기)·박찬긍(육사 7기)
소장 (38명)	정수암(현임)·김계일(포간 3)·이영구(현임)·김학호(종합 11기)·정병주(육사 9기)·장태완(종합 11기)·김길성(육사 7기)·장봉천(육사 8기)·손장래(육사 9기)·채항석(육사 10기)·곽응철(육사 9기)·정상만(육사 8기)·박승옥(육사 9기)·황의철(육사 8기)·김한용(육사 8기)·김명수(육사 10기)·김수중(육사 9기)·김종구(4기 공덕)·백윤기(육사 7기)·신정수(육사 8기)·안철원(육사 8기)·박재종(육사 8기)·이필조(종합 11기)·하소곤(갑종 1기)·유병하(육사 7기)·이종민(종합 23기)·이호봉(육사 10기)·조주태(육사 8기)·정명환(육사 8기)·안병욱(공병 3)·신동선(육사 8기)·김종찬(종합 10기)·정웅(호사)·김식(육사 11기)·김병윤(육사 9기)·이정랑(통신 5기)·임동원(육사 13기)·심기철(육사 13기)
준장 (44명)	공윤각(육사 7기)·김갑수(통역 9기)·김서운(정훈 3기)·변규수(종합 8기)·이성우(종합 20기)·이윤희(육사 11기)·김영호(육사 12기)·김재덕(포간 39)·이대용(육사 7기)·김명제(종합 25기)·손병철(육사 9기)·유동인(육사 8기)·오창보(갑종 1기)·배성순(육사 10기)·윤영호(공병 3기)·이순길(육사 8기)·김현곤(육사 10기)·박찬수(육사 10기)·이병현(공병 3기)·손효진(육사 10기)·연명수(육사 10기)·김병삼(종합 1기)·정우봉(종합 2기)·장영돈(종합 2기)·김진기(갑종 6기)·안병무(경리 2)·김성진(육사 11기)·양회두(종합 14기)·송익훈(종합 20기)·강호원(종합 9기)·문재곤(종합 1기)·유창우(육사 8기)·권정달(육사 15기)·김상웅(현임)·허화평(육사 17기)·허삼수(육사 17기)·김좌수(육사 12기)·황광한(육사 17기)·탁나현(육사 17기)·최상진(육사 17기)·장영복(육사 11기)·이시용(육사 18기)·이학봉(육사 18기) 박익주(종합 12기)

신군부는 12·12 거사에 반대했거나 김재규 정승화 계열로 분류된 장성들을
대거 솎아냈다. 전두환 대통령(앞줄 중앙)이 1980년 12월 군 지휘부를
이끌고 전방부대를 방문해 기념사진을 찍고 있다. 그 왼쪽으로 주영복
국방부장관 황영시 3군사령관, 그 오른쪽으로 김윤호 1군단장, 이희성
육군참모총장이다.

12·12 사태 직후부터 1980년 12월 말까지 예편한 장성 96명 중에는 신군부의 군 재편 작업 과정에서 타의에 의해서 군복을 벗은 경우가 많지만 정년 전역, 신정부 참여를 위한 자진 전역 등 다양한 전역 형태가 포함되어 있다. 1979년 12월 31일자로 예편한 이재전 중장, 김계일(김계원 전 대통령 비서실장의 친동생), 김학호 소장(10·26 당시 중앙정보부 감찰실장), 김갑수 준장(김재규 중앙정보부장 비서실장)은 10·26 사건 뒤처리와 관련한 전역 케이스다. 12·12 사태 당시 헌병감이었던 김진기 준장은 자진해서 군복을 벗었고 12·12 사태와 관련해 구속된 장성들은 보안사 서빙고 분실에서 전역서를 쓰고 예편됐다. 이들의 전역과는 달리 신군부 측 인사들은 12·12 거사 승리 후 '별 잔치'를 벌여 별을 1, 2개씩 더 달고 새로 출범하는 정권에 주역으로 참여하기 위해 군문을 떠났다.

32 신군부, 미국에 '12·12 승인받기' 다각 작전

주한미대사관을 방문한 김윤호 소장

12·12 사태 다음 날인 12월 13일 아침 미국은 주한미대사관과 주한미군의 가족들에 한국에서의 철수 준비령을 내렸다. 한미수교 이래 일찍이 없던 일이었다. 미국은 한미연합사령관의 작전통제 아래 있는 한국군 일부 부대가 연합사령관과의 사전 협의 없이 정치적 목적을 위해 밤중에 서울로 이동한 것에 경악했다.

주한미대사관 측은 한국 내 자국의 모든 시설의 문을 닫아걸고 경비를 강화시켰다. 한국 측에 초강경 대응을 하고 나선 것이다.

신군부는 미국의 이러한 반응에 당황했다. 그들은 미국에 자신들 입장과 지난밤의 상황을 설명하고 이해를 구하려고 했다. 그러나 미국과의 모든 통로가 폐쇄돼 접촉이 쉽지 않았다. 신군부는 밤사이 무력을 동원해 정승화 계엄사령관을 체포하고 군권을 장악했지만 미국이 어떤 입장을 취하느냐에 따라 아직 변수가 남아 있었다. 한미 간 외교안보 및 정치적인 특수 관계상 미국 측이 끝까지 신군부를 인정하지 않을 경우 상황이 역전될 가능성도 전혀 배제하기는 어려운 실정이었다. 신군부로서는 미국을 무마하고 자신들의 실권 장악을 기정사실화하는 일이 무엇보다도 급했다.

제4부 신군부의 칼날 아래

전두환 측은 광주 육군보병학교장 김윤호 소장을 주한미대사관에 특사로 보내기로 했다. 김 소장은 1960년대 중앙정보부장 비서실장을 지낸 뒤 3년간 주미공사로 근무해 영어에 능하고 주한미대사관에 아는 사람이 많았다. 12·12 경복궁 멤버들은 12일 밤 광주에 있는 그를 급히 불러올렸다.

13일 새벽 신군부 핵심 멤버로 합류한 김 소장은 오전 8시쯤 미대사관으로 전화를 걸었다. 대사관 당직실 요원이 전화를 받았다.

"나 한국 육군의 김윤호 장군이오. 여기는 보안사령관실인데 8시 30분쯤 그쪽으로 가서 글라이스틴 대사에게 지난밤 상황과 우리 입장을 설명하겠소."

"글라이스틴 대사는 지금 회의를 주재하고 있습니다. 밤 새워 회의가 계속되는 중입니다. 오려면 10시쯤 오십시오."

"좋소. 그렇게 하겠소."

"그런데 누가 옵니까?"

"나 혼자 가겠소."

세종로 미대사관은 철문이 굳게 닫혀 있었고 출입문에 자물쇠까지 채워져 있었다. 미 해병들의 경비도 강화돼 살벌한 분위기가 돌았다. 10시 정각에 미대사관에 도착한 김윤호 소장은 미 해병 병사의 안내를 받아 대사 집무실 바로 옆 회의실로 들어갔다. 그곳에는 글라이스틴 대사, 몬조 부대사, 클라크 정치참사관, 브루스터 CIA 서울지부장 등 주한미대사관의 주요 간부들이 모두 모여 있었다.

그들은 모두 격앙된 표정을 짓고 있었다. 클라크 참사관이 김 소장에게 "무슨 일로 왔느냐?" 하고 물었다. 김 소장은 "지난밤에 있었던 일을 설명하고 한미관계가 빠른 시일 내에 정상화되도록 미국의 협조를 구하기 위해서 찾아왔다"고 말했다. 곧 미대사관 간부들과 김 소장 사이에 청문회식 질의응답이 벌어졌다. 다음은 김윤호 등의 증언을 통해 복원한 당시 대화 내용이다.

지금 보안사령부에 누구누구 있는가?

"전두환·노태우·황영시·유학성·차규헌 장군과 몇몇 장군들이 더 있다."

당신의 현재 지위는 무엇인가?

"나는 우리 쪽의 입장을 설명하러 온 것이다."

그러면 그쪽의 대변인이라고 봐도 되느냐?

"그렇다."

어젯밤 무슨 일이 있었는지 말해보라.

"박정희 대통령 시해사건과 관련한 혐의로 정승화 계엄사령관을 합동수사본부가 연행하는 과정에서 우발적인 사태가 벌어졌다. 이것은 절대로 혁명이 아니다. 군은 정치 개입을 하지 않을 것이다. 분명히 약속할 수 있다. 다만 우리는 이번 기회에 군을 개혁할 것이며 가능한 한 빨리 사태를 수습할 계획이다."

어제 저녁 당신네끼리 총격전을 벌이고 사상자가 발생한 과정에 대해서 구체적으로 알고 있는가?

"어제 밤늦게 광주를 출발해 오늘 새벽에 서울에 도착해서 자세한 내용은 모른다."

전방부대인 9사단 일부와 전차부대가 출동한 사실을 알고 있는가?

"아침에 들었다."

FEBA(Forward Edge Battle Area. 전방지역) 부대 동원을 어떻게 생각하는가?

"잘못된 것이다."

정승화 장군은 누구의 명령으로 연행했는가?

"대통령 결재를 받았다"(김윤호 소장은 사후에 결재를 받았다는 사실을 모르고 있었다).

최규하 대통령은 어떻게 되는가?

"아무런 변동이 없을 것이다."

국회는?

"국회뿐 아니라 우리는 행정·사법기관 등 군을 제외한 일체를 그대로 둘 것이다."

헌법은 어떻게 되나?

"유신헌법은 바꾸어야 한다는 것이 우리 국민들의 뜻이다. 그러나 그것은 최규하 대통령이 알아서 할 일이다."

이렇게 저질러놓고 군을 어떻게 수습한다는 것인가?

"군을 개혁할 것이다. 어젯밤 군 지휘부가 비상 상황에 적절히 대처하지 못하고 우왕좌왕하다가 합수부 측에 패배한 것에서도 군 개혁의 필요성이 입증되지 않았는가. 우리는 군 개혁을 통해 조기에 지휘체제를 재확립할 것이다. 흐트러진 한미 간 지휘체제 확립에도 노력하겠다."

이 문답은 한 시간가량 걸렸다. 문답이 끝난 뒤에 글라이스틴 대사는 김 소장에게 전방부대 동원 문제에 대해서 강력한 유감을 표시하고 이를 전두환 장군 등에게 전달해달라고 요구했다. 김윤호의 증언을 보자.

글라이스틴 대사는 "도대체 당신네 한국군 장성들은 한국의 방
위에 책임감을 갖고 있느냐?"고 힐난했다. 그는 위컴 사령관이
자신의 작전통제하에 있는 부대들이 제멋대로 통제를 벗어나
면 장차 어떻게 전쟁을 수행할 수 있느냐며 펄펄 뛰고 있다고
말했다. 그는 전방 전투부대는 이유 불문하고 조속히 원상회복
시킬 것을 전달하라고 강력한 어조로 말했다. 글라이스틴 대사
의 말이 끝난 뒤에 정치참사관은 미국의 한미 기본방침을 나에
게 설명했다. 첫째 유신 반대 및 정치발전 지지, 둘째 군의 정치
개입 반대, 셋째 조속한 한미안보체제 확립 등이었다. 그는 나
에게 군이 정치에 개입하지 않겠다고 한 약속을 꼭 지키라고 한
뒤 돌아가 있으면 미국의 입장을 통보하겠다고 말했다.

신군부는 미대사관에 근무하는 한국인 직원을 통해서도 미국 측
에 자신들의 입장과 12일 밤 상황을 설명하려고 애를 썼다. 한국
일보 기자 출신으로 당시 미대사관의 공보고문으로 근무하고 있
었던 박승탁의 회고에 의하면 다음과 같다.

13일 새벽 6시쯤 미대사관 행정과에서 비상연락이 왔다. 대사
관과 미국인학교 등을 모두 폐쇄했으니 오늘은 출근하지 않아
도 된다는 것이었다. 30분쯤 후 이번에는 노만 반즈 대사관 대
변인이 전화를 걸어와 "당신만은 나와달라"고 했다. 8시 30분
쯤 출근해서 신문과 라디오를 통해 사태를 파악하려고 애를 쓰

고 있는데 나를 찾는 전화가 걸려왔다. 평소에 알고 지내는 민간인 친구였다. 어떻게 돌아가고 있느냐고 물었더니 그는 만나서 이야기하자면서 보안사령부로 오라고 했다. 바로 차를 타고 보안사령부로 갔다. 나는 허화평 대령 사무실로 안내됐다. 그는 반갑게 아는 체했다. 내가 한국일보에 근무할 때 국방부를 출입한 탓인지 그는 나를 잘 알고 있었다. 그는 나를 옆방으로 안내하더니 검은 색연필로 휘갈겨 쓴 차트를 넘겨가면서 상황 설명을 했다. 공수부대 진입 현황과 저항이 있었던 장소 그리고 국방부와 육본의 상황 등을 자세히 설명했다. 그는 또 이번 사태가 군에서 진행되고 있던 여러 가지 음모를 분쇄하고 군을 바로잡기 위한 것이며 군의 인사 개혁을 단행할 계획이라고 밝혔다. 필기해도 괜찮으냐고 했더니 필기구를 가져다주었다. 나는 브리핑 내용을 메모한 다음 이대로 미국 사람들에게 알려도 되느냐고 물었다. 그는 좋다고 말했다. 나중에 들어보니 그 사람들이 12·12 사태를 벌여놓고 13일 아침 미국 쪽에 설명할 기회가 없어 나를 활용했다는 것이었다. 어쨌든 나는 그 브리핑 내용을 미대사관에 보고했는데 미국 사람들은 "오늘 밥값했다"며 좋아했다.

미국의 현실적인 선택

미국은 예기치 않았던 12·12 사태에 크게 당황했다. 사태에 적절히 대처하기 위해서는 우선 정확한 진상 파악이 필요했다. 미국은 한국에서 군이 정치에 개입하는 것을 원치 않았다. 그러나 쿠데타 세력이 완전히 실권을 장악했을 경우 그들을 계속 배척하는

미국은 12·12 후 신군부의 정치 개입을 억제하기 위해 야당의 활동을
지원하기도 했다. 위컴 주한미군사령관(왼쪽 끝)과 글라이스틴 대사(왼쪽에서
두 번째)가 1980년 2월 김영삼 신민당 총재 초청으로 리셉션에 참석해
건배하고 있다. 사진의 오른쪽 끝은 김영삼 총재의 부인 손명순 여사다.

것은 미국의 국익에 도움이 되지 않는다는 것을 5·16 때의 경험을 통해서 알고 있었다.

글라이스틴 대사가 13일 아침 삼청동 공관으로 최규하 대통령을 방문한 것은 최규하 정부가 이 사태를 어떻게 보고 있는지를 알아보기 위해서였다. 그는 최규하 대통령에게 한국에서 문민통제 원칙의 확립과 정치발전 계획의 지속적인 실천이 필요하다는 것이 미국의 견해라는 점을 강조했다.

글라이스틴 대사는 최규하 대통령이 이미 독립적으로 행동하는 데 제한을 받고 있다고 느꼈다. 그는 이날 면담 후 최규하 대통령 정부가 군부를 장악할 수 있을 것 같지 않은 것으로 판단된다고 워싱턴에 보고했다.

워싱턴에서도 이날 리처드 홀부르크 동아태담당 차관보가 김용식 주미대사를 국무부로 불러 한국 사태에 대한 설명을 듣고 우려를 표시했다. 미국 국무부는 이어 한국 사태에 관해 강력한 우려와 경고를 담은 성명을 발표했다.

주한미대사관은 12월 14일 신군부 측에 글라이스틴 대사가 전두환 장군과 김윤호 장군을 대사관저에서 만나겠다고 통보했다. 그러나 보안사 참모들은 김윤호 장군까지 갈 필요가 없다고 전두환 사령관에게 조언해 전두환 사령관은 통역 1명만 데리고 14일 오후 서울 정동 미대사관저로 글라이스틴 대사를 방문했다. 전두환 사령관이 먼저 12·12 사건에 관해 설명했다.

"이번 사건은 박정희 대통령 시해사건 수사 과정에서 발생한 우연한 사태였다. 정승화 계엄사령관 연행은 수사를 위한 합법적인 조치다. 나는 개인적인 야심이 없다. 우리는 최규하 대통령의 정치발전 일정을 지지하고 있으며 군은 결코 정치에 개입하지 않을 것이다. 우리는 군 지휘구조 개편을 단행했다. 이 결과로 군 내부의 단결이 강화될 것이다."

글라이스틴 대사는 전두환 사령관에게 "한국군의 내부 분열은 북한으로부터 침공을 초래한다"면서 "미국은 이를 대단히 우려하고 있다"고 강한 톤의 경고를 전달했다. 그는 또 "헌정 질서를 유지하고 정치 민주화를 향해 진전을 이루는 것이 중요하다"고 강조했다. 이 부분에서 전두환 사령관은 "한국은 한국 자체의 문화가 있고 서양은 서양의 문화가 있다"면서 "우리 문제는 우리가 알아서 한다"고 목소리를 높였다고 한다.

그의 이런 발언은 미국이 지나치게 한국의 정치에 언급하면 내정간섭으로 몰고 가겠다는 뉘앙스를 풍기고 있었다. 그러나 이날 회동을 계기로 신군부 측은 미국과 대화 통로를 확보했으며 이를 통해 자신들의 존재를 미국 측에 알리고 인정받아가기 시작했다.

미국은 12·12 사태 직후 이에 대응하기 위한 방법으로 여러 가지 선택을 놓고 검토했던 것으로 알려지고 있다. 역쿠데타를 지원해 전두환 장군 그룹을 축출하는 방안, 주한미군 철수나 군사원조의 감축 또는 중단, 경제적 제재 등의 여러 방안이 있었다.

그러나 당시 상황에서 미국이 선택할 수 있는 방법은 한정되어 있었다. 당시는 냉전이 최고조에 달했던 시기였다. 미국은 동북아시아 전력에서 중요한 부분을 차지하고 있는 주한미군의 지위에 영향을 미칠 수 있는 조치를 취하기는 어려웠다. 한국에 대한 군사원조 삭감이나 중단 문제 역시 같은 이유로 선택에서 배제됐다. 미국의 섣부른 지원 철회는 북한의 모험을 조장할 위험성도 있었다. 경제 제재 역시 당시 침체에 빠져 있던 한국 경제를 더욱 악화시켜 사회 불안정을 가져오고 이것은 권위주의체제의 출현을 조장하는 역효과를 가져올 수 있었다. 역쿠데타를 지원하는 것도 군부 내에 전두환 장군 지지 그룹이 의외로 광범위해 일찍부터 선택 대상에서 제외됐다.

결국 미국은 현실적인 대안을 택했다. 즉 실권을 장악한 신군부에 대해서 직접적인 제재는 하지 않되 기회가 있을 때마다 최규하 대통령의 문민정부에 대한 지지를 표명하고 군의 정치 개입에 반대한다는 것을 강조한다는 전략이었다. 그러나 주한미군사령관 존 위컴 대장은 전두환 장군 그룹에 대한 감정을 좀처럼 누그러뜨리려 하지 않았다. 전두환 장군 그룹과 위컴 장군 간 심각한 신경전이 한동안 계속되었다. 전두환은 신경과민이 될 정도로 이 싸움에서 상당히 고전했던 것으로 알려지고 있다.

33   위컴 주한미군사령관과 전두환의 갈등

위컴 사령관의 사표 제출 소동

12·12 사태 당시 주한미군사령관이었던 존 A. 위컴 대장은 원리 원칙에 투철한 전형적인 직업군인이었다. 웨스트포인트 미국 육사 출신인 그는 월남전에도 참전했고 미국의 최정예부대로 꼽히는 제101공수사단 사단장과 합참본부장 등을 거쳐 1979년 7월 한국에 부임했다. 그는 1982년 한국 근무를 마치고 미 육군참모차장을 거쳐 육군참모총장에 올랐다.

위컴 사령관은 12월 12일 밤 전두환 장군 그룹이 자신의 작전 통제하에 있는 전방부대를 무단으로 서울로 끌어들인 것에 격분했다. 문민통치 원칙에 익숙한 그에게 한국군 일부 장성들이 불법으로 무력을 동원해 권력을 장악한 것은 경악스러운 일이었다.

위컴 사령관은 13일 새벽에야 9사단 1개 연대와 제2기갑여단 그리고 30사단 1개 연대가 서울에 이동해 있음을 알았다.

그는 즉시 한국군 당국에 격렬한 항의를 했다. 자신의 작전통제하에 있는 한국군 부대가 사전에 아무런 협의 없이 제멋대로 출동하는 상황 아래서는 한국의 방위를 책임질 수 없다는 강력한 내용이었다. 그의 항의는 직접적인 표현은 아니었지만 전두환 장군과 노태우 장군의 군법회의 회부 등 전방 병력의 무단 동원에 책임이 있는 장성들에 대한 엄중한 처벌 요구를 포함하고 있었다.

한미연합사에 관한 한미 양국 협정은 대부분의 한국군 부대에 대한 작전통제권을 연합사령관이 행사하도록 규정해놓고 있다. 이 협정은 한국군이 일시적으로 특정부대에 대한 작전통제권을 행사할 필요가 있을 경우 이를 연합사령관에게 통고하는 절차를 밟도록 하고 있다. 연합사령관은 한국군 당국으로부터 작전통제권 이양 요구가 있으면 작전통제권을 한국군에 넘겨주어야 한다.

그러나 이 경우 당연히 한국 측은 작전통제권 이양 필요성에 대한 정당한 사유를 제시해야 한다. 정당한 사유가 없는 작전통제권 이양 요구는 한미안보협력체제에 심각한 문제를 야기하게 되며 따라서 미국 측이 납득하고 동의하지 않는 한 한국군은 연합사로부터 작전통제권을 이양받기는 사실상 어렵다고 할 수 있다. 그러나 국가의 안보나 한미안보협력보다는 사익을 추구하는 장교 집단이 존재할 경우 이런 절차와 견제 장치는 무용지물일 수밖에 없다. 12·12 사태가 바로 그런 사례였다.

한국군이 작전통제권 이양을 요구할 수 있는 부대가 따로 정해져 있는 것은 아니다. 그러나 국내 정치적인 상황과 관련된 군 병력 동원일 경우 통상 충정부대로 지정되어 있는 부대를 연합사로부터 작전통제권을 이양받아 운용하는 것이 관례로 되어 있다. 10·26 사건 직후 미국은 한국 측이 요구한 20사단의 작전통제권을 즉각 이양했다. 12·12 당시 연합사 작전통제하에 있는 부대 가운데 충정부대는 20사단 외에 30사단과 26사단 및 수도기계화사단이었다.

12·12 때 신군부 측이 서울로 불러들인 9사단과 제2기갑여단

은 서부전선 방어의 핵심 부대로 한미연합사령관의 작전명령에 의하지 않고서는 절대로 움직일 수 없는 병력이었다.

이들 부대가 무단으로 움직인다는 것 자체가 대북한 전력에서 심각한 차질을 의미했다. 한미연합사령관 위컴 대장이 이들 부대 동원에 격분한 것은 당연했다.

한미연합사의 임무는 외부 공격으로부터 한국을 방위하는 것이다. 연합사의 사령관은 주한미군사령관이 맡고 부사령관은 한국군 장성이 된다. 위컴 사령관은 12·12 직후 사표를 제출했다. "연합사령관의 작전통제권이 임의로 거부되는 상황에서는 임무를 수행할 수 없다"는 것이 사유였다. 그는 "원칙을 지키지 않는 그런 부대는 지휘 못 한다"면서 "한국 땅에서 우리가 6·25 때 5만 명이나 전사자를 냈지만 모두 버리고 나가겠다"며 펄펄 뛰었다고 한다.

위컴 사령관의 사표 제출 소동은 글라이스틴 주한미대사와 미군 당국의 만류로 진정되었다. 그러나 전두환 그룹에 대한 위컴 사령관의 감정은 좀처럼 가라앉지 않았다. 위컴 사령관은 그들을 '전선 방어는 미군한테 맡겨놓고 정치에 기웃거리는 한심한 군인들'이라고 보았다. 그들은 미국이 북한의 위협을 막고 있다는 것을 믿고 마음대로 병력을 동원해 12·12를 일으켰다는 것이다. 미국은 10·26 사건 직후 태평양 함대를 한반도 해역으로 이동시키고 조기경보기를 급파, 정찰 비행을 강화했다. 또 미 국무부의 성명을 통해 북한의 모험적인 군사행동에 경고를 했으며 중국과 소련을 통해서 북한에 미국의 경고를 전달하기도 했다.

12월 12일 밤에도 위컴 사령관은 한국군 내부의 혼란을 틈탄

제4부 신군부의 칼날 아래

북한의 군사행동 가능성을 봉쇄하기 위해 워싱턴과 긴밀한 연락을 통해 가능한 조치를 취했었다. 그런 와중에 서부전선의 핵심부대가 아무런 사전 통고 없이 출동했으니 그가 느낀 배신감은 클 수밖에 없었다. 신군부가 12·12 때 전방부대를 끌어들이지만 않았더라면 미국을 무마하고 관계를 재정립하는 데 그렇게 고전하지 않았을 것이다. 12·12 당시 사실은 9사단 1개 연대와 제2기갑여단의 출동은 불필요한 과잉조치였다. 12월 13일 새벽 이미 1공수여단 병력에 의해 국방부와 육본이 신군부 수중으로 떨어지고 육본의 지휘체제가 붕괴돼 대세가 완전히 판가름 난 상태였기 때문이다.

12·12 지휘부는 야전에서 작전경험을 쌓지 않고 특전사나 수경사 등 수도권의 정치성 부대에서 주로 근무한 장성들이 주류여서 병력 동원 및 운용에서 정확한 작전판단을 못했던 것으로 보인다. 경복궁에 모인 12·12 지휘부는 수도권 주요 부대에 집중 배치된 하나회 및 정규 육사 출신 장교 그리고 보안사 조직을 통해 육본 측의 진압 능력을 완전히 무력화시킨 후에도 전방부대의 출동을 무리하게 강행시켰던 것이다. 그것은 국가의 안보를 위해 생명을 바쳐야 할 군인들이 자신들의 생명을 확실히 보장받기 위해서 국가의 안보를 희생시킨 행위였다.

위컴과 전두환의 신경전

전두환은 12·12 직후 상황을 설명하고 미국을 무마하기 위해서 위컴 사령관을 만나려고 노력했다. 그러나 위컴 사령관은 전두환의 면담 요청을 들어주지 않았다. 이는 전두환 그룹에 대한 위컴 장군의 강력한 항의 표시였다. 글라이스틴 대사도 위컴 사령관에게 전두환을 만나주지 말라고 조언했다.

위컴 장군은 전두환을 의식적으로 무시하고 나왔다. 그를 실세로 인정하지 않고 보안사령관 및 합수부장인 육군 소장으로만 대하려고 했다. 그는 국방부장관, 합참의장, 육군참모총장, 연합사 부사령관 등 공식적인 지휘계통만 존중하고 있음을 행동을 통해 전두환 장군에게 보여주었다. 그는 만나는 한국 측 인사들에게 "연합사 작전통제하의 한국군 부대를 사전 통고 없이 이동시킨 행위는 한국 방위에 용납할 수 없는 위험한 행위"라면서 전두환 그룹을 겨냥했다.

위컴 사령관은 1979년 12월 29일 중동부전선의 한 한국군 부대를 방문했다. 그는 이곳에서 "한국 정부와 국민은 안보를 위해서 어떠한 불안 요소도 있어서는 안 된다는 점을 잊지 말아야 한다"며 "군은 정치에서 멀리 떨어져 국토방위에 전념해야 한다"고 강조했다. 위컴 사령관의 이 발언은 신문과 방송에 크게 보도됐다. 물론 이것도 전두환 측의 권력 장악 움직임을 겨냥한 발언이었다. 위컴 사령관은 또 12·12 직후 판문점 중립국감독위원회를 통해 "한국의 정치·군사 사태에 오판하지 말라"는 서한을 북한 당국에 보낸 사실을 언론에 흘림으로써 국가안보를 생각지 않고 전방부대를 동원했던 12·12 세력들의 입장을 난처하게 만들기도 했다. 두 사람 간에 신경전이 가열될 수밖에 없었다.

1980년 1월에는 이런 일도 있었다. 일요일이었던 어느 날 전두환이 많은 경호원의 호위 속에 군 간부들과 용산 미8군 골프장에서 골프를 치고 있었다. 경호원들은 모두 권총으로 무장하고 있었다. 위컴 사령관도 이날 골프를 치러 나왔다가 이 광경을 목격했다. 그는 불같이 화를 내고 당장 경호원들을 밖으로 쫓아내게 했다. 자신도 무장경호를 받지 않는 8군 영내에서 전두환이 다수의 무장경호병을 데리고 필드에 나온 것은 상식 밖의 무례라고 여긴 것이다. 그는 이 일을 다른 한국군 장성들에게도 항의했다.

12·12 직후 합참의장으로 자리를 옮긴 유병현 대장 후임으로 한미연합사 부사령관이 됐던 백석주 예비역 대장은 "어느 날 위컴 사령관이 나를 부르더니 전두환 장군이 권총을 찬 경호원들을 데리고 8군 골프장에 들어온 것에 대해 거세게 항의했다"고 회고했다. 위컴 사령관은 "그가 대통령이나 되면 모르겠지만 나도 당신도 권총을 차지 않는 8군 영내에서 무장경호원을 대동할 수 있느냐"면서 굉장히 불쾌한 반응을 나타냈다는 것이다.

이 사건은 전두환 측 실수로 비롯된 것이었지만 전두환 장군으로서는 심한 수모가 아닐 수 없었다. 전두환은 이 같은 위컴 사령관의 집요한 공격 때문에 신경과민이 생겨 상당한 고생을 했다고 한다. 전두환 측은 미국이 끝까지 자신들을 인정하지 않고 축출 기도를 할지 모른다는 불안감을 떨칠 수가 없었다.

미국의 현대사 연구가인 마크 피터슨은 1987년 글라이스틴 전 주한대사 및 위컴 전 주한미군사령관의 직접 면담을 통해 작성한 논문 〈미국과 광주사건〉에서 미국은 12·12 직후 전두환 장군 그룹에 대한 역쿠데타를 한때 검토했다고 밝혔다. 당시 백악관 안보담당 보좌관이었던 브레진스키는 자신의 회고록에서 "그때 미국 정부가 이란 인질 구출작전 실패 등으로 국내외에서 곤경에 처해 있지 않았으면 한국의 버릇없는 군부에 대해 보다 강력한 조치를 취했을 것"이라고 술회했다. 이런 사실들을 감안해볼 때 신군부가 자신들에 대한 미국의 태도에 신경과민이 되었던 것은 무리가 아니었다. 12·12 직후 보안사에 잡혀가 조사를 받고 나왔던 한 예비역 장성의 증언은 당시 미국과의 관계에서 전두환이 겪었던 마음고생을 잘 말해준다.

> 내가 보안사에 붙잡혀 들어가자 집사람이 생각다 못해 전두환 장군의 부인 이순자 씨를 찾아갔다고 한다. 집사람은 이순자 씨와 아우 형님하면서 잘 지내온 사이였다. 집사람이 "어떻게 남편을 살릴 수 없느냐"고 사정을 하자 이순자 씨는 "우리 형편도 마찬가지다. 미국이 인정을 안 해줘 남편이 일이 실패했다고 졸도했다"고 말했다고 한다. 당시 전두환 장군은 위컴 사령관이 12·12 거사를 인정하지 않는다는 것을 어떤 인사를 통해 분명히 전해오자 크게 상심했다는 말을 나도 나중에 들은 적이 있다.

12·12 후 전두환과 위컴의 첫 대좌는 1980년 2월 14일 미8군 영내의 연합사령관 집무실에서 이루어졌다. 악화일로를 치닫는 두 사람 간의 관계를 방치할 경우 한미안보체제에 중대 문제가 발생할 수밖에 없다고 느낀 주위 사람들이 주선해서 가까스로 이루어진 만남이었다.

그러나 결과는 신통치가 않았다. 위컴 사령관은 이날 집무실 책상 위에 성경책을 놔두고 군화를 신은 발을 책상 위에 걸쳐놓은 채 비스듬히 앉은 자세로 전두환 장군을 맞았다고 한다. 위컴 사령관은 12·12 당시의 유혈사태와 9사단의 병력 이동 문제를 따진 뒤 문민정부, 민주화 그리고 한미연합사 작전통제권 절차를 지키는 것이 중요하다는 점을 강조했다.

전두환은 12·12 사태는 시해사건 수사 과정에서 발생한 우발적 사건이었다고 해명하고 자신들은 결코 정치에 관여하지 않을 것이라고 약속했다고 한다. 위컴 대장은 이날 만남에 대해 마크 피터슨에게 다음과 같이 회고했다.

> 전두환 장군은 "우리는 부정부패를 일소한 뒤 병영으로 돌아갈 것이며 우리를 밀어주면 언젠가는 우리를 자랑스럽게 여길 날이 올 것"이라고 말했다. 나는 옛날 자료를 찾아보았다. 5·16 쿠데타 뒤에 매그루더 주한미군사령관이 태평양사령부에 보고한 김종필 씨가 말한 것과 전두환 장군이 내게 한 말은 정확히 일치했다. 그래서 나는 전두환 장군의 말을 의심하게 되었다. (미국과 광주사건)

위컴 사령관은 전두환의 부정부패 척결 주장에 대해 당시 1군단장이었던 김윤호 중장에게 이렇게 말했다고 한다.

"군부가 부정부패를 일소한다는 것은 단기적으로는 가능하다. 그러나 군이 정치를 하게 되면 반드시 신부패(Neo-Corruption)가 생기게 된다."

군사정권 아래에서 부정부패의 악순환을 날카롭게 지적한 말이 아닐 수 없다. 1980년 부정부패 및 사회악 일소를 내세우며 출범했던 5공과 그 뒤를 이은 6공의 부정부패는 그 지적의 타당성

전두환은 12·12 사건 후 위컴 주한미군 사령관의 강한 반발에 부딪혔다.
그러나 그가 국보위상임위원장을 맡는 등 권력 중심에 자리 잡자 위컴
사령관도 점차 누그러졌다. 사진은 1980년 6월 주한미군 외인아파트
입주식에서 전두환 상임위원장과 위컴 사령관, 주영복 국방부장관이
환담하는 모습. 전두환은 그 8일 후 체육관 선거를 통해 제11대 대통령에
당선됐다.

을 웅변적으로 증명했다.

1980년 2월 27일은 남한산성 육군교도소에 수감 중인 정승화 전 총장의 54회 생일이었다. 위컴 사령관은 이날 정 전 총장 집으로 생일선물과 축하 카드를 보냈다. 카드에는 "나라를 위해 최대의 헌신과 봉사를 하셨고 앞으로도 하시게 될 장군의 생일을 맞아 진심으로 축하를 보냅니다"고 적혀 있었다. 정 전 총장의 부인은 이날 남편을 면회하는 자리에 이 카드를 가지고 갔다. 이 사실은 곧 보안사에 체크됐다.

위컴 사령관과의 신경전에서 수세에 몰리고 있던 전두환은 이를 절호의 반격 기회로 삼았다. 전두환 보안사령관은 글라이스틴 대사와 미군사령관 고문 하우스만을 만나 강력히 항의했다. 주영복 국방부장관은 위컴 사령관에게 항의와 유감을 표시했다. 경위야 어찌됐건 실정법 위반으로 구속 수감되어 있는 피의자에게 생일 축하 카드를 보낸 것은 주권에 관한 중대한 문제가 될 수 있었다. 이 일로 위컴 사령관의 입장이 상당히 곤란해졌다. 보안사 측은 이 정도로 그치지 않고 글라이스틴 대사와 위컴 사령관을 대상으로 주권 침해 행위에 항의하는 한국 국민들의 편지 공세를 펼쳐 그들을 괴롭혔다.

전두환과 위컴 두 사람의 관계는 전두환이 중앙정보부장과 국보위상임위원장을 겸임하면서부터 달라지기 시작했다. 군의 정치 개입을 원치 않았던 위컴 사령관으로서도 전두환 장군이 한국의 실권을 장악해가자 그의 위치를 인정하지 않을 수가 없었던 것이다.

34   초고속으로 진행된 정승화 총장 재판

서울의 봄

정승화 피고인의 내란방조 사건에 대한 국방부 계엄보통군법회의 첫 공판은 1980년 3월 5일 국방부 군법회의 법정에서 열렸다. 12·12 사건 84일 만이었다.

계절은 혹독한 겨울이 물러가고 바야흐로 춘삼월 호시절이 시작되고 있었다. 꽃샘추위가 오락가락 심술을 부리고 있었지만 오는 봄을 겨울로 되돌릴 수는 없었다. 사회의 분위기도 일견 봄을 맞이하고 있는 듯 했다. 유신의 종말을 알린 궁정동 총소리가 울린 지 4개월. 최규하 과도정부는 나름대로 정치발전의 일정을 구체화해 나가고 있었다.

2월 29일 김대중을 포함한 긴급조치 위반자 등에 대한 대대적인 복권조치가 취해지면서 3김(김대중·김영삼·김종필)을 중심으로 한 정치활동이 본격화하기 시작했고 민주화를 향한 학원가와 노동계·종교계 등의 움직임도 활기를 띠어가고 있었다. 이른바 '서울의 봄'이었다.

그러나 겉으로 드러난 봄기운 이면에 강력한 냉기류가 감지되고 있었다. 봄을 일시적으로 시샘하는 꽃샘추위에 머물 정도가 아니었다. 그것은 긴 겨울 끝에 찾아든 희미한 봄볕을 일거에 차

제4부 신군부의 칼날 아래

단하고 '기상관측 사상 유례없는 혹한'으로 역사의 계절을 되돌
릴 조짐을 보이고 있었다. 민주공화당의 김종필 총재가 '춘래불
사춘(春來不似春)'이라며 시절의 수상함을 경계하던 것도 이즈음
이었다.

한냉기류의 근원은 신군부였다. 12·12 후 두 달 가까이 모색기
를 거친 신군부는 서서히 본색을 드러내고 있었다. 정승화 피고
인의 내란방조 사건에 대한 재판은 이런 시점에서 시작됐다.

8일 만에 끝난 내란방조 사건 재판

정승화 피고인은 공판 개정 10분 전인 오전 9시 50분에 호송 헌
병에 이끌려 법정에 들어섰다. 머리를 짧게 깎고 단정한 한복 차
림이었으나 야윈 모습이 역력했다. 그의 저고리 왼쪽 가슴에는
붉은 글씨로 쓴 수형번호 105가 붙어 있었다.

방청석은 이미 정승화 피고인의 가족을 포함한 방청객과 국내
외 취재기자들로 꽉 메워져 있었다. 곧 군검찰관이 들어왔고 10
시 정각에 재판부가 입정했다. 재판장은 정원민 해군 중장, 심판
관은 최갑석 육군 소장, 김재봉 해군 소장, 김인기 공군 소장 등 3
명이었고 법무사는 심한준 중령이었다.

재판부의 인정신문에 이어 관여 검찰관인 원강희★ 중령(변호
사, 수원지방변호사회 소속)이 공소장을 낭독했다. '피고인은 김재
규가 박정희 대통령을 시해한 범인임을 알고도 그가 앞으로 나라

★ 원강희(1942~)는 제1회 군법무관 임용시험에 합격해 육군법무관으로 임용되었
으며, 국방부 법무관리관을 마치고 전역 후 수원에서 변호사로 활동했다. 경기중
앙변호사회 9대 회장을 역임했다.

의 실권자가 될 것으로 판단해 그에게 동조하는 것이 현명한 처신이라고 믿고 김재규의 내란 행위를 도왔다'는 요지였다.

재판부는 공소장 낭독이 끝나자 곧바로 사실 심리에 들어갔다. 이때 정승화 피고인의 국선변호인인 여동영* 변호사가 돌연 공판기일 변경 신청을 냈다. "김재규의 범행이 내란 행위인지의 여부가 논란이 되어 있는 상황에서 내란방조 혐의로 기소된 정승화 피고인의 공판은 김재규에 대한 대법원의 확정판결이 나온 후 심리해야 한다"는 이유였다. 김재규의 범행이 내란이 아니라 단순 살인이라면 정승화 피고인의 내란방조 혐의는 원천적으로 성립될 수 없는 것이었다. 여동영 변호사의 공판기일 변경 신청은 일리가 있었다.

그러나 재판부는 신청을 그 자리에서 기각했다. "공소장을 이미 낭독하는 등 공판이 개시됐으며 김재규에 대한 2심이 끝난 상태인 만큼 변호인의 신청은 의의가 없다"는 검찰 측의 주장을 받아들인 것이다. 공판은 형식상 절차대로 진행되고 있었으나 그 내용은 이미 법정 밖에서 결정되어 있었다. 그런 만큼 공판이 예기치 않게 일탈되는 것은 허용될 수 없었다. 신군부에게 정승화 피고인의 유죄판결을 끌어내는 것은 그들의 존재 근거에 관한 문제였다. 정상적인 재판 절차에 맡길 그들이 아니었다. 우선 기소부터가 문제였다.

1980년 1월 18일 합수부에서 사건을 송치받은 군검찰은 2월 6

★ 여동영(1943~)은 제1회 군법무관 임용시험에 합격해 육군법무관으로 복무하다 1980년 전역 후 변호사로 활동했다. 대구지방변호사협회장과 대한변호사회 부회장을 역임했다.

일 정승화 전 총장을 국방부 계엄보통군법회의에 내란방조 혐의
로 정식 기소했다. 그러나 기소 과정에 우여곡절이 있었다. 당시
중령으로 담당 검찰관이었던 원강희의 후일 증언은 다음과 같다.

> 사건을 접수하고 나서 내란방조죄가 성립되는지를 중점적으
> 로 조사했다. 합수부에서 넘어온 조사 자료는 무리한 부분이
> 많았고 내란방조 혐의를 뒷받침할 결정적인 물증도 없었다. 처
> 음부터 시작한다는 기분으로 조사했다. 먼저 김재규를 만났
> 다. 그는 "너희들과는 대화할 수 없다"며 진술을 거부했다. 다
> 만 자신이 체포될 때까지 정승화 총장에게 범행 사실을 알리지
> 않았다는 점을 분명히 했을 뿐이다.
> 노재현 전 국방부장관은 조사를 회피했다. 전방으로 전성각
> 3군단장을 찾아가 진술을 받아오기도 했다. 이렇게 20일가량
> 노력을 했지만 이렇다 할 증거를 보강하지 못했다. 우리는 일
> 단 내란방조죄로 기소하기가 어렵다고 결론을 내리고 이를 위
> 에 보고했다.

원강희 중령 등 정승화 사건 담당 군검찰 팀은 조사 과정에서 합
수부 측과 협의 통로를 유지했다. 이 협의에 참가한 합수부 측 인
사는 합수부 수사국장 이학봉 대령(1980년 1월 1일부로 대령으로 진
급과 동시에 보안사 대공처장 겸 합수부 수사국장이 됨)과 합수부 파
견 중이던 이종남·정경식 검사, 그리고 중앙정보부의 현홍주 등
이었다.

원강희 중령은 그러나 조사 방향과 관련해 이들 합수부 측 인

사들로부터 직접적으로 지시를 받은 일은 없다고 밝혔다. 사건 조사 방향은 그의 직속상관인 국방부 법무관리담당관 김영범 대령을 통해서 내려왔다. 원강희 중령으로부터 기소가 어렵다는 보고를 받은 김영범 대령은 얼마 후 "워낙 큰 사건이니 일단 기소를 해서 법정의 심판을 받아보라"고 지시했다. 이학봉 대령이 남한산성 육군교도소로 정승화 전 총장을 찾아온 것은 그가 기소된 지 며칠 지나서였다.

이학봉 대령은 정승화 전 총장을 교도소장실로 불러냈다. 정승화의 회고를 보자.

사복 차림으로 찾아온 이학봉 대령은 처음에는 공손한 태도로 나를 맞더니 "정말로 죄가 없다고 생각하십니까?"라고 단도직입적으로 물었다.

내가 "그렇다" 하자 그는 "증거를 다 가지고 있는데 정말 이렇게 나오면 우리도 가능한 모든 방법을 동원하여 끝까지 해보겠다"고 했다. 내가 죄를 솔직히 시인하면 지금까지 자신들이 지나쳤던 점을 사과하고 상부에 잘 건의해서 곧바로 나가도록 할 작정으로 면회를 청했는데 이런 식으로 반성이 없으면 생각을 다시 해야겠다고도 했다. 일종의 거래를 위해서 나를 찾아왔던 것이다. 이학봉 대령은 첫 공판이 있기 직전인 3월 초 또다시 나를 찾아왔다. 내란방조죄는 유죄인 경우 최하 형량이 7년이며 그 이하는 현행법으로는 길이 없어 부득이 7년이 선고되겠지만 걱정하지 말라는 것이었다. 곧바로 형집행정지를 할 것이고 이어서 사면복권도 할 것이니 안심하라는 것이었다. 그는 또 공개 재판정에선 묻는 말에만 대답해줄 것을 요구하고 자기의 말을 꼭 믿어달라는 부탁을 되풀이했다.

이학봉 대령은 정승화에게 자신의 말이 전두환 장군의 뜻임을 강조했다. 정승화 전 총장이 "대통령도 아닌 일개 보안사령관의 말을 어떻게 믿느냐?"고 했더니 이학봉 대령은 최규하 대통령보다도 전두환 사령관이 더 확실한 보장을 할 수 있다고 했다. 이 대령은 전두환이 최규하 대통령 권한을 넘어서는 역할을 하게 되리라는 중요한 암시를 한 셈이다.

정승화는 2월 6일 기소가 된 뒤 군법회의로부터 변호사를 선임할 수 있다는 통보를 받았다. 그의 가족에게도 같은 통보가 갔다. 그러나 정승화는 사선변호인 선임을 거부했다. 결과가 뻔히 예정되어 있는 재판에 사선변호인을 세워 정당한 재판절차를 받게 했다는 명분을 그들에게 줄 필요가 없다는 판단에서였다.

부인 신유경 씨는 사선변호인 선임을 권유했지만 그는 부인을 말렸다. 신 씨는 합수부 측의 감시를 피해 변호사를 알아보기도 했다. 정승화가 연행돼간 뒤 강남구 학동 그의 집에는 보안사 요원들이 상주하면서 신유경 씨를 비롯한 가족의 일거수일투족을 감시했다. 심지어 신 씨가 친정어머니 병문안을 갈 때도 병석까지 따라 들어와 일일이 대화 내용을 메모할 정도였다. 이런 사정은 12·12 때 함께 연행된 다른 장성들 가족의 경우도 마찬가지였다. 처음에는 적극적으로 변론을 맡겠다던 이 모 변호사가 중간에 슬그머니 물러서버려 사선변호인 선임도 쉽지 않았다.

계엄보통군법회의는 정승화가 사선변호인 선임을 끝내 거부하자 국선변호인을 지정했다. 변호인은 1980년 1월 전역해 서울에서 개업한 여동영 변호사였다. 그는 군 복무 시 정승화와 함께 근무한 일이 없는 등 서로 사적 인연이 없고 전역한 지 얼마 되지 않았다는 점이 고려된 것 같았다. 정승화는 여 변호사를 처음 대하고 상당히 신뢰할 만한 사람으로 느꼈다고 한다.

여 변호사는 교도소 내 보안부대 사무실에서만 정승화를 접견할 수 있었다. 이 사무실에는 녹음 시설이 되어 있었다. 교도소장 조철제 대령으로부터 이 사실을 귀띔 받은 여 변호사와 정승화는 필담을 통하거나 의자로 삐걱 소리를 내면서 변론 내용을 협의했다. 여 변호사는 "당시 합수부 측으로부터 직접적인 협조 요청이나 제재를 받지 않았지만 보안사 요원이 나를 미행하고 사무실 전화를 도청하는 등 간접적으로 압력을 가해왔다"고 말했다.

첫 공판에서 검찰 측 신문은 정승화 피고인이 김재규의 범행 사실을 알고도 그의 범행을 도왔다는 부분에 집중됐다. 그러나 피고인에게는 묻는 부분에만 답하라는 엄격한 제한이 가해졌다. 김재규로부터 돈을 받았느냐는 질문에 정승화 피고인이 그 돈의 성격을 설명하려 하자 검찰관은 이를 제지했다. 정승화 피고인이 1979년 추석 때 받은 돈은 명절 촌지 성격이었으며 그 외에 수도권의 주요지휘관 및 전두환 보안사령관도 김재규로부터 그런 촌지를 받았었다.

이틀 후인 3월 7일에 열린 2차 공판은 증인신문이었다. 궁정동 중앙정보부 사무실 식당 관리인 윤병서와 김정섭 중앙정보부 제2차장보, 김진기 전 헌병감이 증인으로 출석했고, 노재현 전 국방부장관은 자택에서 증언을 했다. 이 가운데 김정섭의 증언이 주목을 받았다. 그는 10·26 당일 밤 정승화 총장이 육본 벙커에서 김재규에게 군 수뇌 소집과 계엄군 출동 사실을 보고했으며 동원된 부대의 배치 지점을 물어 메모했다고 증언했다. 이는 정승화 총장이 이미 김재규가 대통령 시해범임을 알고 있었다는 것을 전제로 할 때 그의 내란 행위를 도운 결정적인 증거가 될 수 있는 것이다. 재판부는 정승화 피고인에게 유죄판결을 내릴 때 이 증언을 결정적인 근거로 했다.

그러나 정승화 피고인은 이와 관련, 전혀 그런 사실이 없다고 주장했다. 물론 대질신문은 이루어지지 않았다. 김정섭이 증인석에 앉은 후 비지땀을 흘리며 말을 더듬자 검찰 측의 요청으로 정승화 피고인을 퇴정시킨 채 증언이 이루어졌기 때문이다.

정승화 전 총장은 출옥한 뒤 한때 재심 청구를 준비하는 과정에서 김정섭의 집으로 두 번이나 찾아갔으나 그가 피하는 바람에 만나지 못했다. 1991년 11월에는 세 번째로 그가 입원해 있는 중앙병원(지금의 서울아산병원)으로 찾아갔지만 김정섭은 이날 유명을 달리했다. 김정섭은 죽기 직전 그의 친척 중 한 사람에게 "내가 정승화 총장께 못할 짓을 했다"고 말하면서 눈물을 흘렸다는 말이 전해지고 있다.

결심공판은 1980년 3월 11일, 선고는 3월 13일에 이루어졌다. 첫 공판에서 선고까지 8일밖에 걸리지 않은 초고속 공판이었다. 검찰관은 정승화 피고인에게 징역 15년을 구형했다. 구형량 결정 과정에서도 내부적으로 논란이 있었다. 합수부 측은 가능한 최고 형량 구형을 요구했다. 그러나 군검찰 측의 반대로 15년으로 낙착됐다고 한다. 검찰의 논고는 확실한 물증이 없이 정황증거만을

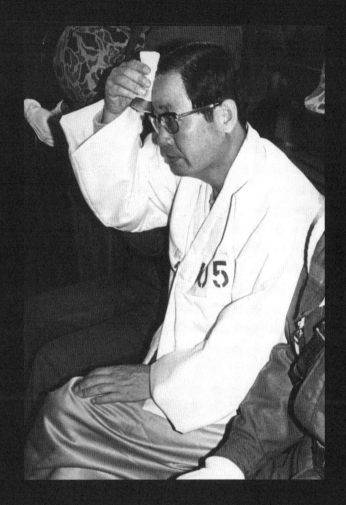

1980년 3월 11일 국방부 계엄보통군법회의 결심공판에서 정승화 피고인이
손수건으로 이마의 땀을 닦고 있다. 군검찰은 내란방조죄를 적용해 징역
15년형을 구형했다. 정 피고인은 이틀 후 열린 선고공판에서 10년형을
선고받은 뒤 재판관할관 확인 과정에서 7년형으로 확정됐다.

근거로 하고 있었다. 그러한 정황증거는 관점에 따라서 해석이 전혀 달라질 수 있는 것이었다. 군검찰 스스로도 이 점을 잘 의식해서인지 논고에서 정승화 피고인의 기회주의적인 처신을 강조하는 데 상당 부분을 할애했다. 그러나 정승화 총장을 잘 아는 군 관계 인사들은 지금까지도 10·26 궁정동 상황에서 정승화 총장이 순간적으로 기회주의적 태도를 취할 만큼 영악한 인물이 못된다고 입을 모은다.

여동영 변호사는 변론에서 정승화 피고인의 무죄를 주장했다. 첫째, 그는 김재규가 범인인지 알지 못하고 있었기 때문에 내란방조죄가 성립될 수 없으며 둘째, 범인을 알려고 노력했다면 충분히 알 수 있는 상황에서 이를 게을리 해서 김재규의 내란 행위를 방조했다면 이는 과실에 의한 내란방조가 되는데 우리 형법은 이를 처벌치 않는 입장을 취하고 있어 이 경우 역시 무죄라는 근거에서였다. 그러나 재판부는 정승화 피고인의 내란방조죄를 인정, 징역 10년을 선고했다. 재판 관할관인 국방부장관은 형량 확인 과정에서 징역 7년으로 감형했다. 이학봉 대령이 재판 전에 약속했던 대로 형량이 정해진 것이다.

여동영 변호사는 즉각 항소를 권유했다. 가족들도 항소를 원했다. 합수부 측은 항소 포기를 종용해왔다. 정승화 피고인은 항소 포기를 택했다. 신군부가 실권을 장악하고 있는 한 소용없는 노릇이라는 이유에서였다. 여 변호사는 군사재판이 아닌 대법원까지 가면 분명히 무죄판결이 날 수 있었을 것이라며 지금도 아쉬워하고 있다. 군검찰관이었던 원강희 변호사도 나중에 "요즘에 와서 생각해도 그 사건을 내란방조죄로 몰고 가는 것은 무리라는 우리의 최초 판단이 옳았다고 여겨진다"면서 "대법원까지 갔으면 대단히 어려웠을 것"이라고 말했다. 정승화는 6월 12일 형집행정지로 풀려났으며 다음 해 3월 사면복권됐다. 군적 박탈과 함께 이등병으로 강등됐던 정승화는 1988년 11월 대장 계급을 회복했다.

35 전두환, 국가의 핵심 권력을 장악하다

전두환 보안사령관, 중앙정보부장을 겸직하다

1980년 4월 14일 최규하 대통령은 공석 중인 중앙정보부장서리에 전두환 보안사령관을 겸임 발령했다. 이 자리는 10·26 직후 당시 육군참모차장이던 이희성 중장이 임명됐다가 그가 12·12 다음 날 대장으로 승진해 육군참모총장으로 옮겨간 이래 4개월 동안 공석으로 남아 있었다.

1980년 봄의 안개정국에서 전두환 보안사령관의 중앙정보부 장서리 겸임 발령은 커다란 사건이었다. 당시 철저한 보도 통제를 당하고 있던 국내 언론은 이 사건의 의미를 부각시키지 못했지만 미국과 일본의 신문들은 해설 기사를 곁들여 크게 보도했다. 이들 외국 언론들은 "전두환 장군이 군의 실권을 장악한 데 이어 공개적으로 한국 정치의 표면에 등장한 것"이라고 분석하고 전두환 장군이 앞으로 어떤 진로를 선택할 것인지에 대해 비상한 관심을 보였다.

전두환 보안사령관의 중앙정보부장 겸직은 12·12 사건으로 군권을 틀어쥔 신군부가 집권 의지를 가시화한 것이다. 전두환은 이로써 명실상부하게 민과 군을 통틀어 국가의 핵심 권력을 장악하게 되었다. 그는 국정 전반에 관한 정보를 총괄하고 영향력을 행사할 수 있게 되었으며 사실상 국가 통치 수업을 쌓게 되었던 것이다. 무엇보다도 전두환은 중앙정보부장 겸직을 통해 중앙정보부의 풍부한 예산을 손에 넣음으로써 집권 준비에 필수적 요소인 자금 확보에 결정적인 덕을 보았던 것이다.

집권 준비에 필요한 자금 문제와 관련, 1980년 당시 특전사의 보안반장으로 정호용 특전사령관의 정보보좌역을 겸했던 김충립은 흥미 있는 증언을 남기고 있다.

> 1980년 4월 중순쯤 정호용 사령관은 전두환 장군이 정치권을 움직이려면 자금이 있어야 할 텐데 전두환 장군은 물론 보안사에도 돈이 없는 모양이니 자금을 좀 마련해볼 수 없겠느냐고 나에게 말했다. 전두환 장군 주변에 능력 있는 사람들이 많은데 왜 내게 이런 부탁을 할까 의아스럽기도 했지만 주위의 사업하는 친구들에게 부탁해 상당액의 자금 지원을 약속받아 놓았다. 그런데 그로부터 며칠 후 정호용 사령관은 자금이 필요 없게 됐다고 말했다. 전두환 장군이 정보부장을 겸하기로 했기 때문에 자금 운용에 걱정이 없게 됐다는 것이었다.

집권 의지를 키워간 전두환

12·12로 군권을 장악한 신군부가 집권을 꿈꾸기 시작한 시점을 정확히 단정 짓기는 어렵다. 일부에서는 전두환을 정점으로 하는 하나회 정치장교 그룹이 10·26 사건 직후부터 정권 장악 계획을 세우고 추진해왔으며 12·12 사건이나 5·17 전국계엄확대는 그러한 과정에서 일어난 사건으로 이해한다.

그러나 일반적으로는 신군부가 12·12 사건 직후부터 집권을 계획하게 되었다는 설이 우세하다. 불법적인 무력 동원으로 군의 정통 지휘체계를 무너뜨리고 군권을 장악함으로써 돌아올 수 없는 다리를 건넌 신군부는 정권의 획득이라는 외길 외에 다른 선택이 없었다는 것이다. 신군부 핵심 중의 한 사람이었던 박준병 전 국회의원은 생전에 "12·12 사건 얼마 후까지도 전두환 장군의 목표는 육군참모총장이었다"면서 "적어도 1980년 초까지는 전두환 장군은 정권을 직접 담당하겠다는 생각은 안 하고 있었다"고 말했다.

하지만 신군부는 1980년 2~3월까지 자신들의 의도를 밖으로 드러내지 않았으나 내부적으로는 권력을 향한 다양한 방안을 검토하고 있었다. 그들은 이미 3김 등 기성 정치인들에게 정권을 맡길 수 없다는 결론을 내려놓고 있었다. 집권을 위한 신군부의 명분은 여기서 비롯된다. 그들은 비정상적인 방법으로 국가의 물리력을 장악함으로써 나라를 이끌어갈 합법적 리더십이 생성될 수 있는 가능성을 봉쇄해놓고 사회의 혼란을 수습해나갈 지도자가 없다는 논리를 전개했다. 신군부는 암암리에 '3김 불가론'을 유포시키면서 기회를 노리고 있었다.

1980년 2월 초 당시 최영희★ 유정회 의장은 전두환 보안사령관을 만났다. 최영희 의장은 전두환 중위와 이순자의 결혼 주례를

★ 최영희(1921~2006)는 군사영어학교 출신으로 육군참모총장을 역임했으며, 5·16 이후 중장으로 예편한 후 주터키대사 등 4개국 대사를 겸직했다. 제7대 총선에서 공화당 소속으로 전국구 의원에 당선되어 제8대 국회의원(공화당), 제9·10대 의원(유정회 소속)을 역임했다.

1980년 4월 신군부는 신현확 총리의 반대에도 전두환 보안사령관의 중앙정보부장 겸직을 밀어붙였다. 새로 취임한 전두환 중앙정보부장서리가 집무실에서 간부들에게 임명장을 수여하고 인사를 받고 있다. 사진 왼쪽부터 서정화 김영선 차장, 김성진 기조실장, 김만기 감찰실장, 이종찬 총무국장, 허문도 비서실장이다.

선 인연이 있어 전두환 사령관을 잘 알고 있었다. 육군참모총장까지 지내고 예편한 최영희 의장은 2군사령관 시절 자신의 밑에서 관리참모부장으로 있던 이규동의 요청으로 그의 딸 이순자의 주례를 서게 됐다고 한다.

최 의장이 전두환 장군을 만난 것은 시국 수습책 논의와 함께 차기 대권 후보로 김종필 당시 공화당 총재를 추대하자고 설득하기 위해서였다. 이 만남은 태평로 뒷골목 성공회 근처의 보안사 안가에서 이루어졌다. 생전에 최 의장은 이 만남에서 다음과 같은 대화가 오고갔다고 회고했다.

"시국을 이대로 방치하면 큰일이오. 하루빨리 수습책을 찾아야 하는데 내가 보기에 유일한 대안은 JP(김종필)밖에 없는 것 같소. 우리 당과 행정부 그리고 군이 밀면 JP의 당선은 문제가 없을 것이오. 전두환 사령관이 나서서 JP를 밀어주시오."

"그 사람 평이 좋지 않습니다. 부패 비리로 비난하는 사람들이 많습니다. JP뿐만 아니라 3김 모두가 안 된다는 여론입니다."

전두환은 여론을 내세워 말했지만 JP를 비롯한 3김은 안 된다는 자신의 생각을 분명히 했다.

"그러면 군이 3김이 아닌 다른 인물을 옹립하든지 군이 직접 나서든지 둘 중에 하나가 아니오?"

"그래서 고민입니다. 여러 가지 방안을 생각 중입니다."

"군이 직접 나설 생각이오?"

"…."

전두환은 마지막 질문에 대답을 하지 않고 침묵했다. 이 질문은 "당신이 직접 나갈 생각이냐?"는 뜻과 같았다. 최영희 의장은

438

그때 이미 전두환의 마음을 읽을 수 있었다고 말했다.

12·12 사건 후 전두환 보안사령관이 군의 실권자로 부상하자 보안사령부에는 많은 인사들이 들락거렸다. 그들은 온갖 정보를 전두환 사령관에게 전달하면서 그에게 듣기 좋은 말만 했다. 이 인사들 가운데는 국가의 위기를 극복하기 위해서는 전두환 장군이 직접 나서야 한다고 부추기는 사람들도 많았다. 또 행정부의 장차관들도 보안사령부를 뻔질나게 들락거렸다. 그들은 힘의 중심에 지극히 민감했다. 전두환은 이러한 과정을 거치면서 집권의 의지를 키워갔던 것이다.

1980년 3월 초 강창성이 전두환 보안사령관을 만났을 때 그의 집권 의욕은 더욱 뚜렷한 형태로 발전되어 있었다. 강창성은 보안사령관 재직 시절 당시 수도경비사령관이었던 윤필용 사건을 수사하면서 전두환 사령관이 주도하던 군부 내 사조직 하나회를 뿌리 뽑으려 했었다. 그러나 그는 오히려 하나회를 후원하던 영남 출신 군 실세들의 반격을 받아 보안사령관직에서 밀려났다.

전두환 보안사령관이 그에게 "한번 만나뵙고 싶다"는 연락을 해온 것은 그가 항만청장으로 있다가 10·26 직후 해임되어 집에서 쉬고 있을 때였다. 강창성이 전두환 사령관으로부터 시국 수습책을 조언해달라는 부탁을 받고 "이번만은 국민이 자유롭게 뽑은 문민 정치인에게 정부를 이양하는 것이 가장 현명하다"고 의견을 개진했을 때 전두환은 이렇게 말했다고 한다.

3김 저것들이 설치고 있는데 저 사람들 가지고는 어디 되겠습니까? 선배님, 많은 사람들이 저에게 군이 당분간 정권을 맡아

제4부 신군부의 칼날 아래

주어야겠다고 졸라댑니다. 심지어 지도급에 있는 몇몇 야당 정
치인까지 저를 찾아와 제가 직접 대권을 맡아야 한다고 주장하
고 있습니다. 박종규 (전 청와대 경호실) 실장도 저를 찾아와 '만
약에 전두환 장군이 아닌 사람이 정권을 잡겠다고 나서기만 하
면 당장 쥐도 새도 모르게 없애버리겠다'고 흥분하면서 저를
적극 지지하겠다는 것입니다.(강창성,《일본·한국 군벌정치》).

전두환 사령관은 자신에게 정권을 맡아달라고 권유한 사람은 당
시 군부 실력자로 알려졌던 대통령 특별보좌관 S장군, 5·18 광주
민주화운동 강경 진압과 유관한 것으로 전해지고 있는 군사령관
G장군, 총무처 장관을 역임한 K장군, 그리고 주영복 장관 등 군
고위 장성들이라고 밝혔다고 한다.
　전두환 보안사령관이 자신의 중앙정보부장 겸직을 추진하기
시작한 것은 대체로 3월 초순께였던 것 같다. 이미 이때는 보안
사의 권정달 정보처장이 이끌고 있던 특별연구반에서 신군부의
집권 시나리오를 놓고 다각도로 검토를 마친 뒤였다. 그들은 집
권을 향한 사전 준비조치로 우선 전두환 사령관의 중앙정보부장
겸직이 필요하다고 결론을 내렸다. 전두환 사령관은 곧 최규하
대통령과 신현확 총리 측에 이 문제를 타진했다.
　그러나 반응이 좋지 않았다. 청와대와 총리실 쪽에서는 전두환
보안사령관의 중앙정보부장 겸직 시도가 무엇을 의미하는지 알
고 있었던 것이다. 신현확은 1988년 2월의 광주청문회에서 이 당
시 상황과 관련해 비교적 자세한 증언을 남겼다.

나는 중앙정보부장 임명 발표가 나기 한 달쯤 전인 3월 중순께 대통령에게 겸무 임명을 반대했다. 총리는 정보부장 임명에 관해서는 권한도 없고 관여할 바도 아니지만 정보부를 저렇게 흐트러진 상태로 두지 말고 빨리 책임자를 임명하되 군인으로 하지 말고 민간인 출신으로 해서 정보계통을 양립시키는 것이 좋겠다고 진언한 것이다. 그 뒤인 3월 말쯤 전두환 장군이 내 사무실로 와서 겸무를 해야 정보부를 안정시킬 수 있고 올바른 궤도에 올릴 수 있다고 말했다. 그래서 내 권한 밖이지만 의견을 말한다면 반대라고 얘기했다.

중앙정보부법 제7조는 "부장·차장 및 기획조정관은 일절 타직을 겸할 수 없다"고 규정하고 있다. 이는 보직을 갖고 있는 현역 군인이 중앙정보부장을 겸직할 수 없음을 의미한다. 그럼에도 전두환 보안사령관은 중앙정보부장에 '서리'라는 꼬리표를 붙여 겸직을 밀어붙였다. 이는 겸직을 금지한 법 취지에 어긋나는 명백한 편법이었다. 그야말로 '눈 가리고 아웅'이었다.

그러나 당시 아무도 이러한 신군부의 초법적인 행동을 저지할 수 없었다. 최규하 대통령이 나름대로 이를 저지해보려고 한 흔적은 있다. 최규하 대통령은 중앙정보부장직을 겸직하겠다는 전두환 보안사령관의 건의를 받고 신현확 총리가 "정보부장에 민간인을 임명해 정보계통을 양립시켜야 한다"는 의견을 진언했음을 상기시키면서 중앙정보부장 겸직이 곤란하다는 입장을 보였다. 전두환 사령관이 중앙정보부장 임명에 직접 관련이 없는 신현확 총리를 찾아와서 중앙정보부장 겸직 문제를 협의했던 것은

제4부 신군부의 칼날 아래

바로 이 때문이었다.★

최광수 당시 청와대 비서실장이 이 시기에 이희성 육군참모총장을 은밀히 만나 대책을 협의했다는 설도 이 문제와 관련 있는 것으로 보인다. 전두환 보안사령관은 중앙정보부장 임명이 대통령의 직접 판단 사항이라는 이유로 이희성 총장과 사전 협의를 거치지 않아 이희성 총장은 이 사안에 대해서 전혀 모르고 있었다. 이희성 총장은 최광수 실장에게 "전두환 장군의 중앙정보부장 겸직은 바람직스럽지 않다"는 의견을 제시한 것으로 전해지고 있다.

그러나 당시 계엄사령관이자 육군참모총장인 이희성 대장의 이 같은 뒷받침이 있었음에도 최 대통령은 결국 전두환 보안사령관의 요구를 물리치지 못했다. 그만큼 군 통수권자인 최 대통령과 계엄하 3군을 장악하고 있는 이희성 육군참모총장의 힘이 약했던 것이다.

이희성 총장은 2월 초 전두환 장군의 중장 진급 요구가 있었을 때도 반대했다. 소장에서 중장으로 진급하려면 최소한 6년이 지나야 하는 것이 당시의 관례였다. 그러나 전두환 장군은 당시 소장으로 진급한 지 3년밖에 지나지 않았으며 사단장을 마친 지도 1년이 안 된 상태였다. 총장 입장에서는 그를 중장으로 진급시킬

★ 신현확은 생전에 이 부분에 대해 보다 명확한 증언을 육성 녹음테이프로 남겼다. 그의 아들 신철식 씨가 그 육성녹음을 토대로 쓴 책엔 전두환 보안사령관이 중앙정보부장 겸직 문제로 찾아왔을 때 신현확 총리가 현대사회에서 정보가 한 사람에게 집중되는 것은 국가적인 차원에서 결정적인 마이너스라며 반대했다고 한다. 신 총리를 설득하지 못한 전두환은 굳은 얼굴로 돌아갔다. 신철식, 《신현확의 증언》(메디치미디어, 2017), 323~324쪽.

경우 군 인사 관리에 엄청난 문제가 발생하게 되어 있었다. 그러나 이희성 총장의 반대는 전두환 장군의 중장 진급을 1개월 늦췄을 뿐이었다. 전두환 장군은 3월 1일부로 중장으로 진급했다.

전두환은 중앙정보부장 겸직 요구를 관철하는 과정에서 청와대 측이 소극적 자세를 보이자 "최광수 비서실장을 잡아넣겠다"고 강경하게 나선 적도 있었다고 한다. 이유는 "최광수 비서실장이 최규하 대통령의 권한을 강화하기 위해서 군 쪽에 손을 대고 있는데 그대로 방치할 수 없다"는 것이었다. 최광수 실장이 은밀히 이희성 총장 등을 접촉하고 있는 것이 보안사의 정보망에 포착된 때문인 것으로 여겨지지만 그 자세한 내막은 관련자들이 함구로 일관하고 있어 알 길이 없다. 최규하는 1980년 전후 상황과 관련해서 전혀 언급을 회피한 채 '먼 훗날' 공개할 회고록을 집필했다는 설이 있었지만 2006년 10월 서거 후에도 감감무소식이다.

전두환 보안사령관의 중앙정보부장 임명은 신군부 내부에서도 논란이 있었다. 다음은 12·12 수습 과정에서 신군부 편에서 중요한 역할을 담당했던 김윤호 당시 1군단장의 회고다.

그해 4월 초쯤이었다. 팀스피리트 훈련을 마치고 귀대하니 황영시 참모차장이 서울로 좀 나오라고 했다. 황영시 장군은 나에게 전두환 사령관이 중앙정보부장이 되겠다는데 어떻게 생각하느냐고 물었다. 전두환 장군이 중앙정보부장이 된다는 것은 군의 진로와도 직결되는 문제였다. 황영시 장군은 이 문제와 관련해서 앞으로 군이 나아갈 방향을 연구해보라고 했다. 나는 이틀 후 내 나름대로 의견을 차트에 정리해서 가지고 갔다. 점심 식사 자리였는데 그곳에는 황영시 장군 외에 노태우·정호용 장군도 와 있었다. 나는 군이 정치에 개입하려면 첫째 북한의 긴박한 위협이 있어야 하고, 둘째 4·19 때처럼 경찰력으로 막기 어려운 시위 상태가 전제되어야 하나 지금은 그런 상황이 아니기 때문에 군의 정치 개입은 시기상조라는 의견을 개진했다. 이번에는 공산당만 빼고 누구든지 다 자유롭게 선거에 참여할 수 있도록 한 뒤에 혼란이 있으면 그때 가서 군이 나서야 한다고 말했다. 노태우 장군과 정호용 장군은 나의 말에 귀를 기울이지 않았다. 그로부터 얼마 안 있어 전두환 장군의 정보부장 겸직 임명 발표가 나왔다.

전두환 보안사령관의 중앙정보부장 겸직에 미국 측에서도 강력한 반발을 보였다. 12·12 후 수차례에 걸친 전두환 장군의 정치 불개입 약속에 반신반의해오던 미국은 전두환 장군의 중앙정보부장 겸직이 군의 정치 개입을 공식화하는 신호로 보고 가능한 채널을 모두 동원해 강력한 경고를 보내왔다. 신군부 측은 "이미 최규하 대통령이 결재한 사항을 가지고 왈가왈부하는 것은 내정간섭"이라고 오히려 역공을 하고 나왔다. 미국은 항의 표시로 1980년도 한미연례안보협의회를 취소했다.

그러나 미국의 대응조치도 거기까지였다. 대통령 선거 기간으로 돌입한 미국은 더 이상의 강력한 조치를 취하지 못했다. 주한 미국대사관 관계자들은 전두환 장군 그룹에게 심한 수모를 당했다고 느끼고 있었지만 전두환 장군의 정권 획득 현실을 인정해갈 수밖에 도리가 없었다.

36 신군부의 5·17 전국계엄확대와 '정권잡기 시동'

백지 위임장으로 마무리된 전군지휘관회의

1980년 5월 17일 오전 10시 국방부 제1회의실에서는 주영복 국방부장관 주재로 전군지휘관회의가 열렸다. 참석자는 육해공군의 주요지휘관 44명. 육군에서는 군단장과 관구사령관급 이상 지휘관이 참석했다. 해군은 참모총장 및 차장과 함대사령관이, 공군은 참모총장·차장 그리고 작전사령관 등이 나왔다. 사단장급에서 유일하게 20사단장 박준병 소장이 서울 지역에 진주한 계엄군 부대장 자격으로 참석했다.

보안사령관 겸 중앙정보부장서리인 전두환 중장은 참석하지 않았다. 그는 이 시간에 청와대로 최규하 대통령을 찾아가 만나고 있었다.

회의 안건은 10·26 직후 제주도를 제외한 전국에 내려져 있는 지역계엄을 제주도를 포함한 전국계엄으로 변경하는 결의안을 채택하는 것이었다. 먼저 합참 정보국장 최성택(육사 11기) 소장이 북한의 동향과 국내외 정세에 관해 브리핑을 했다. 이어 주영복 장관이 회의를 이끌어나갔다.

"국기조차 위협받는 현실에서 북괴의 도발에 대비해야 할 시점에서 어떤 단안을 내리지 않으면 안 될 시기입니다. … 어떤 조치를 취하지 않으면 안 되겠다는 뜻에서 여기에 그 안을 제시하여 국무회의에 올려 대통령 각하의 재가를 받아 시행코자 합니다."

그는 국가의 위기를 타개하기 위해서 전국계엄 실시 등 군에 의한 비상조치가 필요하다고 역설하고 발언자를 일일이 지명, 찬성 발언을 유도했다.

지명을 받은 지휘관들은 거의 대부분 군의 비상조치를 지지하거나 장관이 하는 대로 따르겠다는 발언으로 일관했다. 본질적으로 보수 성향을 띠는 군인 집단이 북한의 위협과 사회의 혼란이 강조되고 있는 가운데 군이 혼란 수습에 나서겠다는데 이의를 제기하기를 기대하기는 어려웠다. 더욱이 12·12 이후 군 내부의 얼어붙은 분위기는 군 지휘부와 다른 의견을 용납하지 않았다.

"정치 풍토를 이 기회에 쇄신해야겠습니다. 이때까지 사회 혼란을 조성하는 불순 세력들이 배후에 많았습니다. 정치 및 중요 단체의 문제 인물은 완전히 제거돼야 한다는 것이 이 시점에서 요망되는 것입니다."

주영복 장관은 회의 중간중간 자신의 소신을 곁들이면서 계속 찬성 분위기를 잡아나갔다. 이때 군수기지사령관 안종훈 중장이 손을 번쩍 들고 발언을 신청했다. 지명받지 않은 첫 발언이었다.

"군이 직접 개입한다는 것은 중요한 결과가 됩니다. 국민 3,700만이 모두 똑같이 생각할 수 없습니다. 학생이 몇 명이 되는가, 지금까지는 군과 경찰이 잘했다, 군이 개입하는 것은 마지막이다, 전체 여론이 그렇게 하기를 원할 때 국민 합의에 의해서 해야 합니다. 국민의 합의, 총화를 가지고 그렇게 되기를 바랍니다. 회의는 그 대책을 마련하는 방식에 있어서 미리 결정해놓고 하면 의미가 없습니다."

이날 회의에서 제기된 유일한 이의였다. 그러나 안종훈 중장의 의견은 즉각적인 반박을 받았다. 정호용 특전사령관이 안종훈 중장의 말이 채 끝나기도 전에 목소리를 높였다. "국민이 원한다는 것을 어떻게 알고 그렇게 표현합니까? 현재는 소수가 다수를 지배하는 시대입니다. 만약 이것을 더 놔두면 점점 위험해집니다. 국회가 개회되면 국가를 오도할 사례가 많아집니다. 소수 주장을 허용해서는 안 됩니다. 다수는 비상계엄을 지지하고 있습니다."

이희성 육군참모총장도 "이 회의는 이미 결정된 안을 놓고 의견을 듣는 회의"라며 안종훈 중장의 이의 제기를 일축했다. 이날 회의 분위기에 대해 당시 군단장으로 회의에 참석했던 K는 "그날 회의는 군을 떠날 각오를 하지 않고서는 반대 의견을 낼 수 없는 분위기였다"고 말했다. 그런 분위기에서 안종훈 중장이 이의를 제기하고 나선 것은 용기 있는 행동이었다. 그러나 안종훈 중장도 자신에게 쏟아지는 반박에 더 이상 어떻게 해볼 수가 없었다. 12·12 사건 당시 육본 군수참모부장이었던 안종훈 중장은 끝까지 합수부 측을 진압하기 위한 병력 동원을 주장했다가 육군대학 총장을 거쳐 군수기지사령관으로 밀려나 있는 상태였다. 그는 1980년 8월에 보직 해임된 뒤 다음 해 초 군복을 벗었다.

회의가 끝난 뒤 참석자 전원은 결의사항 문안이 없는 백지에 서명을 했다. 결의 내용을 임의로 조작할 수 있는 백지 위임장인 셈이었다. 전군지휘관회의 결과와 지휘관들의 서명이 첨부된 결의사항은 곧바로 최규하 대통령과 신현확 총리에게 전달됐다. 이 결의안은 이날 밤 긴급 소집됐던 국무회의에도 제출됐다. 그것은 최규하 정부가 신군부의 전국계엄확대 조치 건의를 거부할 수 없도록 하는 압력으로 작용했다. 12·12 당시 최규하 대통령이 정승화 계엄사령관 연행을 재가하지 않고 버티는 바람에 애를 먹었던 신군부는 이번에는 사전에 철저한 대비를 했던 것이다.

이 결의안 내용에는 전군지휘관회의에서 거론되지 않은 국가보위비상대책위원회(국보위) 설치 건의 등이 포함되었던 것으로 알려지고 있다. 신현확은 1988년 광주청문회에서 이와 관련해 다음과 같이 증언했다.

> (1980년 5월) 17일 오후 두 사람 (주영복 국방부장관, 이희성 계엄사령관)이 총리 공관으로 찾아와 계엄확대를 군지휘관회의에서 결정했다면서 받아들여달라고 했다. 이 자리에서 두 사람은 국보위라고는 안 했지만 특별기구를 만들어 대통령을 보좌해야 한다는 의견이 있었다고 말했다. 나는 대통령을 보좌하는 기구로는 내각도 있으니 그 같은 특별기구는 필요 없다고 했다.

5월 17일 군지휘관회의가 열리기 직전 국방부장관실에는 주영복 장관을 비롯, 유병현 합참의장과 각군 총장들이 모여 회의 주제 등을 논의했다. 주영복 장관은 이때 전군지휘관회의에서 토의될 안건으로 전국계엄확대 조치와 함께 비상기구 설치 및 국회 해산 등을 거론했다. 그는 이날 아침 보안사 정보처장인 권정달 대령으로부터 그와 같은 회의 주제를 통보받았던 것이다. 그러나 유병현 합참의장이 이의를 제기했다.

"계엄 강화나 확대 조치는 그런대로 이해가 가나 국가보위를 위한 기구 설치나 국회의 기능 정지 문제는 계엄하라도 군지휘관 회의에서 논의될 성질이 아니다"라는 주장이었다(광주청문회 증언). 이에 따라 이날의 전군지휘관회의에서는 비상기구 설치나 국회 해산 문제가 거론되지 않았던 것이다.

전두환 보안사령관 겸 중앙정보부장서리는 17일 오후 주영복 국방부장관과 이희성 계엄사령관이 신현확 총리를 면담하고 있을 즈음 청와대로 최규하 대통령을 방문하고 있었다. 전두환은 전군지휘관회의 결과를 보고하면서 비상계엄 전국확대와 함께 대통령의 긴급조치에 의한 국회 해산 및 국보위 설치 등 비상조치를 건의했다.

최규하 대통령은 비상계엄 전국확대에는 동의했다. 16일 중동 순방 일정을 도중에 중단하고 급거 귀국한 그는 신군부 측이 이미 치밀하게 짜놓은 시나리오 속으로 빨려 들어갈 수밖에 없는 처지에 놓여 있었다. 그러나 국회 해산, 비상기구 설치 등 헌정 질서를 중단하는 조치 건의를 그대로 수용할 수 없었다. 신군부가 5·17 전국계엄확대 조치와 함께 구상한 당초 계획은 헌정 질서를 완전히 무시한 혁명적 성격을 띠고 있었다. 신군부의 이러한 초법적 구상은 최규하 대통령과 신현확 총리의 제동을 받는 과정에서 외형상으로는 합법의 모양새를 갖추어 추진된 것이다.

계엄확대 선포의 의미

이날 밤 9시 42분, 착검한 무장군인들이 중앙청 국무회의실 복도 양쪽에 도열해 있는 가운데 제42회 임시국무회의가 열렸다. 회의

의제는 비상계엄 전국확대 선포의 건. 신현확 총리 주재로 열린 국무회의는 찬반 토론이나 제안 설명도 없이 비상계엄 전국확대 선포안을 가결했다. 개회에서 폐회까지 정확히 8분이 걸렸다. 국보위 설치 건은 최규하 대통령과 신현확 총리의 반대로 국무회의에 상정되지 않았다. 신군부의 계획에 조금 차질이 생긴 것이다. 그러나 비상기구 설치는 시간문제일 뿐이었다. 신군부의 목표는 정치 전면에 정식으로 나서는 것이었고 이를 위해서는 혁명평의회 성격의 비상기구 설치가 필수불가결한 요건이었다.

이날 국무회의가 열린 중앙청 주변은 무장군인들이 에워싸고 완벽하게 통제하고 있었다. 국무위원들은 무장군인들의 호위 아래 정문이 아닌 옆문을 통해 회의실로 '모셔'졌다. 중앙청에서 야근 중이던 공무원들은 무장군인들에게 별관으로 밀려났다. 외부와의 전화선도 단절됐다. 당시 중앙청에서 근무했던 정부 부처의 한 간부는 "다음 날 중앙청 주변을 둘러보니 전화 구리케이블이 예리한 기구로 싹둑 잘려 있었다"라고 회고했다.

밤 11시 40분 정부 대변인인 이규현 문공부장관은 서울시청 4층 계엄사 검열단 사무실에서 "정부는 비상계엄 선포 지역을 17일 24시를 기해 전국 일원으로 변경한다"고 발표했다.

비상계엄의 전국확대 조치는 형식상 10·26 후 계엄에서 제외되어 있던 제주도를 계엄 대상 지역으로 포함시키는 것에 불과했다. 그러나 실제로는 '지역 계엄하에서 대통령 → 국방부장관 → 계엄사령관'으로 되어 있던 통수계통이 대통령 → 계엄사령관으로 바뀌는 엄청난 의미를 지니고 있었다. 즉 민간정부의 내각 기능이 정지되고 군이 이를 대신할 수 있게 되는 것이었다.

5월 18일 새벽 계엄사는 포고령 10호를 발표했다. 정치활동 중지, 정치 목적의 옥내외 집회 및 시위 금지, 모든 대학의 휴교 조치를 담은 내용이었다.

계엄확대 선포에 대한 정부의 공식 발표가 있기 전 이미 계엄 당국은 필요한 조치를 모두 취해놓고 있었다. 국무회의 의결이나 대통령의 재가는 요식행위였을 뿐이었다. 증원된 계엄군은 벌써 주둔지를 떠나 점령 목표로 향하고 있었다.

보안사령부는 16일 전군 보안부대 수사과장 회의를 소집, 17일 24시를 기해 계엄이 전국으로 확대된다는 사실과 검거 대상자 명단을 통보했다. 검거 대상자들은 계엄확대 방송이 나가기 전에 검거를 완료하라는 지시도 하달됐다.

5월 17일 오후 6시쯤 합수부 수사요원들이 전국대학생대표자회의가 열리고 있던 이화여대를 급습했다. 김대중, 김종필 등 정치인과 재야인사들을 체포하기 위한 합수부 요원들도 벌써 행동 개시에 들어갔다.

병력 배치 계획은 오래전에 결정돼 있었다. 강원 지역에 주둔해 있던 특전사 11, 13여단이 5월 8일과 10일 서울 지역으로 이동, 거여동 특전사령부와 김포 1여단에 배치됐다. 14일 재경지역 특전여단에도 점령 목표지역 부근으로의 이동명령이 하달됐다. 전북 금마에 주둔하고 있는 7공수여단에는 이날 전투교육사령부(전교사)로부터 31대의 2.5톤 트럭이 배치됐다. 광주 등지로 출동 병력을 수송하기 위한 준비였다.

5월 15일 오전 육군본부는 경기 양평에 주둔하고 있던 20사단의 61, 62연대와 사단 직할대를 서울 지역으로 이동시켰다. 20사

제4부 신군부의 칼날 아래

단의 나머지 60연대는 5월 17일 새벽에 태릉 육사로 이동했다. 17일 오후 전군지휘관회의가 끝난 직후 포항의 해병사단 등을 포함, 계엄확대 실시와 함께 투입될 모든 병력들의 차량 지원 등 완벽한 출동 준비 태세가 끝났다.

신군부는 대통령의 결심이나 국무회의의 의결이 어떻게 나올 것인지는 안중에 없었다. 그들은 힘으로 다 밀어붙일 자신이 있었다. 다만 합법을 가장하기 위해 거추장스런 형식을 거칠 필요성을 느꼈을 뿐이었다. 신군부는 12·12 후 잠시 모색기를 거쳐 1980년 2~3월께부터 본격적으로 권력 장악의 시나리오를 짜기 시작했다. 1989년 12월 전두환의 국회 청문회 증언 직전에 이철 의원(당시 무소속)이 입수해 공개한 'K공작계획'이라는 극비 문서는 신군부가 적어도 1980년 3월 말 이전에 권력 장악 계획을 구체화시키고 있음을 잘 보여준다.

이 공작계획은 이미 국가의 물리력을 손에 넣은 신군부가 전두환 보안사령관의 집권을 위해 언론 장악에 나선 과정을 잘 드러내고 있다. 3단계로 구분돼 작성된 이 공작계획의 1단계는 1980년 3월 24일부터 시작되고 있다. 1980년에 언론 통폐합과 언론인 대량 해직 문제를 주물렀던 보안사의 이상재★ 준위가 이 공작을

★ 이상재(1934~2017)는 1959년 육군에 입대해 20년간 보안부대에서 근무했다. 12·12 이후 신군부가 권력을 장악하면서 합동수사본부의 언론대책반장으로 차출돼 언론인 해직과 언론통폐합에 깊숙이 관여했다. 전두환 청와대 사정비서관을 거쳐 민정당 사무차장에 임명되어 막강한 권한을 휘둘렀다. 제12대 총선에서 민정당 전국구 국회의원으로 당선되었고 제14대 총선 때 공주시·군에서 무소속으로 당선된 후 민자당에 입당했다.

전두환 신군부는 1980년 5월 17일 전국계엄확대 조치에 이어 광주시민의
저항을 유혈 진압한 뒤 국가보위비상대책위를 설치함으로써 사실상 정권
인수 작업에 돌입했다. 전두환 국보위상임위원장이 상임위 분과위원장들에게
임명장을 수여하고 선서를 받고 있다.

담당하는 보안사 정보처 산하 언론 대책반으로 배치된 것도 이 무렵이었다.

신군부가 전국계엄확대와 혁명평의회 성격의 국보위 설치를 계획한 것은 1980년 4월 초부터였다. 이 계획은 보안사에서 전두환 사령관, 허화평·허삼수·이학봉 대령 등이 주도했고 실무 작업은 정보처장 권정달 대령이 정보처 요원과 법조계 인사들의 협조를 받아 추진했던 것으로 알려지고 있다.

5·17 전국계엄확대를 계기로 신군부는 무자비한 철권을 휘둘렀다. 합수부는 그들의 집권에 장애가 되는 정치권, 재야, 노동계, 학계 인사와 학생들을 싹쓸이했다. 신군부는 민주화를 갈망하는 국민의 저항을 총칼로 억눌렀다. 광주의 비극은 여기서 시작됐다. 신군부 세력은 광주에서 피비린내 나는 살상이 계속되고 있을 때 국보위 설치를 위한 작업을 숨 가쁘게 진행시키고 있었다. 5월 21일 개각으로 박충훈 총리서리 내각이 출범했다. 25일에는 김재규의 교수형이 집행됐다.

광주에서 유혈 진압작전이 종료된 지 10여 시간 후인 5월 27일 오전 국무회의는 국가보위비상대책위원회 설치안을 가결했다. 그렇게 탄생한 국보위는 나흘 뒤인 31일 세상에 모습을 드러냈다. 국보위는 전국계엄 아래 대통령의 계엄 업무 지휘감독을 돕고 내각과 계엄 당국 간의 협조체제를 긴밀히 하기 위해 대통령 자문보좌기관으로 설치된다는 명분이 제시되었다. 대통령의 권능을 사실상 박탈하는 기구의 설치 이유로서는 말이 안 되는 설명이었지만 신군부는 국민을 상대로 버젓이 그러한 일들을 거리낌 없이 계속하고 있었다. 또 이 위원회가 위임하는 사항을 심의 조정하는 상임위원회가 설치되었으며 그 위원장에는 전두환 장군이 임명됐다. 전두환은 국보위를 통해 정권 인수 작업을 착착 진행해나갔다. 그의 청와대 입성 카운트다운이 시작된 것이다.

제4부 신군부의 칼날 아래

37 전두환의 청와대 입성 그 후

전두환, 청와대 입성에 성공하다

국보위가 개혁과 국가기강 확립이라는 명분하에 휘두르는 칼날은 매섭기만 했다. 김종필·이후락 등 권력형 부정축재 정치인들에게 재산 환수 및 공직 사퇴의 철퇴가 내려졌다. 사회정화 차원에서 사회악을 일소한다는 명목으로 불량배, 마약사범 등 1만 7천명이 검거돼 삼청교육대에 보내졌다. 공직사회와 교육계, 언론계에도 매서운 숙정 한파가 몰아쳤다. 이밖에 정기간행물 대폭정비, 과외 금지 조치, 민원행정 쇄신 등 각종 조치가 숨 가쁘게 이어졌다.

국보위가 신군부의 강력한 물리력을 배경으로 추진했던 이 같은 조치들은 새로운 정권 창출을 위한 기반 조성 작업이었다. 전두환 국보위상임위원장은 이 과정에서 사실상 국가의 최고 실권을 행사했다. 최규하 대통령은 국정 운영에서 철저히 소외되어갔다. 신군부의 실력자들은 최규하 대통령이 스스로 자신의 위치를 깨닫고 물러나지 않을 수 없도록 분위기를 몰고 갔다.

1980년 8월 16일 최규하 대통령이 사임 성명을 발표하고 대통령직에서 물러났다. 그로부터 5일 후인 21일 전군지휘관회의에서 전두환 장군을 만장일치로 대통령에 추대했으며, 그는 다음 날

전두환은 12·12 군사반란 후 264일 만에 청와대의 주인이 되었다. '세계에서 가장 오래 걸린 쿠데타'였다. 전두환 제11대 대통령이 1980년 9월 1일 취임식에서 부인 이순자 씨와 함께 화동들로부터 꽃다발을 받고 있다.

대장으로 전역했다.

통일주체국민회의는 27일 전두환 후보를 제11대 대통령으로 선출했다. 9월 1일 전두환 대통령은 정식 취임식을 갖고 청와대에 입성했다. 12·12 사건 후 264일 만의 일이었다. 일부에서는 그의 집권 과정을 세계에서 가장 오래 걸린 쿠데타라고 표현했다.

전두환의 청와대 입성과 함께 정권 창출 과정에서 중요한 역할을 담당했던 신군부의 핵심 인사들은 청와대를 비롯해 정권의 핵심 부서로 진출했다. 5, 6공 시절 하나회는 국가를 이끌어가는 인재를 공급하는 인재의 풀이었다. 한마디로 하나회의 한국 경영시대가 열린 것이다.

문민정부, 5공을 단죄하다

그로부터 13년 만인 1993년 2월 문민정부가 출범했다. 13년 전 신군부가 거부했던 3김 중 김영삼이 제14대 대통령으로 취임한 것이다. 그러면 그 13년은 우리 역사에서 무엇이었을까. 5공에 대한 일차적인 단죄는 6공에 의해 이루어졌다. 전두환 부부는 2년 동안 백담사에서 유폐 생활을 했다. 그의 친인척 10명을 포함, 5공 하의 주요 실세 47명이 구속되고 29명이 불구속 입건됐다. 혁명에 의하지 않고 전직 국가원수가 이런 대접을 받은 것은 세계 역사상 처음 있는 일이라고 한다.

문민정부가 출범한 후에는 6공에 대한 가혹한 심판이 진행됐다. 노태우 대통령이 재임 중 임명한 대장 6명이 비리에 연루돼 한꺼번에 구속된 사실 하나만으로 그들이 처한 상황이 극명하게 드러났다.

정승화 등 12·12 사건 당시 군의 정식 지휘계통에 있었던 지휘관 및 참모 22명은 1993년 9월 전두환·노태우 등 12·12 주도 세력 34명을 검찰에 정식 고발했다. 문민정부 출범과 함께 다시 한번 분명해진 것은 군에 의한 헌정의 중단과 군사정권의 출현이 우리 헌정사에 다시는 되풀이돼서는 안 되며 군의 정치 개입은 국가와 국민에게는 물론 당사자들에게도 불행이라는 사실이다.

12·12 사건의 교훈

그러나 우리나라에서 군부 쿠데타가 재발할 수 없다고 단언할 수 있을까? 이 물음에 답하기에 앞서 12·12 사건을 냉정히 돌아보고 그 교훈을 되새길 필요가 있다.

12·12 사건의 첫째 교훈은 군 내부의 사조직 문제다. 12·12는 하나회라는 강력한 사조직이 존재했었기 때문에 가능했다. 박정희 대통령의 비호 아래 성장했던 하나회 조직은 1973년 윤필용 사건 당시 그 존재와 조직 규모가 드러나 120여 명에 이르는 회원 중 31명이 전역 조치되고 나머지는 대부분 전방지역 근무로 밀려가는 등 보직이 변경됐다. 그러나 그 후에도 하나회는 권부의 계속된 후원과 회장인 전두환 장군의 활약으로 조직을 급속히 복원해 12·12 사건 무렵에는 하나회 회원 대부분이 보안사, 수경사, 특전사, 청와대 경호실 및 대전복(對顚覆, 쿠데타 방지) 임무를 수행하는 수도권의 충정부대 요직에 집중 배치되어 있었다.

12·12 사전 계획은 철저히 하나회 조직 테두리 내에서 이루어졌으며, 12·12 당일 밤 합수부 측의 병력 동원은 하나회 장교들이 주도했다. 하나회 조직은 정식 지휘체제를 무시하고 전두환 장군

제4부 신군부의 칼날 아래

의 지시에 따라 행동함으로써 육군본부 정통 지휘부의 진압작전을 불가능하게 만들었다. 30년 군사권위주의 통치시대를 마감하고 출범한 문민정부는 군 내부의 사조직 근절을 위해 강력한 조치를 취했다. 그러나 한때 공식적으로 해체됐던 하나회 조직이 되살아났던 만큼 보다 철저한 군 내부 사조직 근절책이 마련되어야 한다.

12·12의 또 하나의 교훈은 대전복부대가 전복 행위(쿠데타)에 나설 경우 이를 진압할 마땅한 대책이 없다는 것이다. 현재 우리 군의 대전복작전 계획은 외부 병력이 서울로 진입해 들어오는 경우를 상정해 작성되어 있다. 서울은 남으로는 강폭이 넓은 한강을 끼고 있고, 북쪽으로는 인왕산, 북한산, 도봉산, 수락산 등 험산으로 에워싸여 있어 방위상 천혜의 지형 조건을 갖추고 있다. 한강 교량과 북쪽의 몇 개 안 되는 진입 관문은 대전복작전을 위한 완벽한 시설을 갖추고 있으며 이곳들만 봉쇄하면 서울 외곽의 군부대가 시내로 들어오기란 거의 불가능하다. 여기에다 대전복 임무를 전담하는 수도방위사령부가 있으며 수도방위사령관은 유사시 서울 주변에 배치되어 있는 4개 공수특전여단과 4개 충정사단을 지원받아 쿠데타 진압작전을 수행할 수 있도록 되어 있다. 또 각급 부대 지휘관의 움직임을 파악하고 1개 분대 무장 병력의 서울 진입까지 체크하도록 되어 있는 국군방첩사령부(국군보안사령부의 후신) 감시체제도 철저하다. 이들 대전복부대는 30년간의 군사통치시대를 거치면서 대폭 강화돼왔다.

그런데 문제는 쿠데타를 방지하고 진압할 임무를 띤 이들 부대들이다. 군사문제 전문가들은 "대전복부대는 가장 강력한 전복

12·12 및 5·18 사건 1심 선고공판이 열린 1996년 8월 26일 오전 서울지법 417호 대법정에서 전두환, 노태우 두 피고인이 손을 맞잡고 굳은 표정으로 서 있다.

부대"라고 말한다. 12·12는 보안사, 수경사, 특전사 등의 대전복 부대가 전복 행위에 나선 전형적인 사례라고 할 수 있다.

보안사는 12·12 거사의 핵심 모체가 되었다. 당시 육본 측이 사전에 12·12 모의를 전혀 눈치 챌 수 없었던 것은 쿠데타 정보를 추적해야 하는 보안사가 이를 주도했기 때문이다. 당시 합수부 측은 보안사 조직을 통해 통신을 완벽하게 장악, 육본 측의 움직임을 손바닥처럼 들여다보면서 대응 조치를 취함으로써 12·12 군사반란을 성공시켰다. 보안사는 각급 부대의 보안사 요원들을 동원해 육본 측이 진압작전을 위해 동원하려는 부대의 지휘관들을 설득해 부대 출동을 사전에 봉쇄해버렸다.

12·12 사건 당시 수경사의 실질적인 전투 병력은 상황 초기부터 합수부 측에 가담함으로써 수경사령관 지휘하의 초기 진압작전을 불가능하게 만들었다. 수경사 예하 실질적인 전투 병력은 30 및 33경비단 그리고 헌병단이었다. 이들 부대의 지휘관들이 처음부터 합수부 측에 가담했고 30경비단은 12·12 거사 세력의 거점이 되었다.

30경비단이 12·12의 거점이 된 것은 중요한 의미를 지닌다. 특정 지역인 30경비단은 당시 여단급에 해당하는 병력을 보유하고 있었다. 또 1개 전차중대 외에 특수화기와 특수방호시설을 갖춘 견고한 요새였다. 따라서 이곳에 거점을 둔 거사 지휘부를 체포·진압한다는 것은 쉬운 일이 아니었다.

12·12를 둘러싼 여러 논란 중에 "육본 지휘부는 왜 상황 초기 경복궁에 모여 있는 12·12 반란 세력들이 병력을 불러들이기 전에 진압하지 못했느냐"는 주장이 있다. 장태완 당시 수경사령관

은 이에 대해 "30경비단은 특정 지역에 위치, 쉽게 접근·공격할 수 없는 데다 수경사령부 예하의 주요 전투 병력이 그쪽으로 가담해버려 즉각적인 진압작전은 불가능했다"고 말했다. 그는 수경사 참모장으로 근무할 때 청와대 주변 방어시설 강화 작업에 참여했고 수경사 예하 부대의 작전 운용에 관해 잘 알고 있었다.

더욱이 청와대 내에는 공수부대에서 파견된 특공부대를 포함(문민정부 출범 후 이 부대는 철수했다), 1개 연대 규모에 해당하는 병력이 배치되어 있었는데 이 부대를 움직이는 지휘관들이 합수부 측에 가담하고 있는 상황이었다. 이 경호실 병력은 당시 경호실장직무대리 정동호 준장과 경호실 작전담당 고명승 대령의 지휘 아래 최규하 대통령이 거주하고 있던 삼청동 총리 공관 봉쇄에 동원됐다. 이런 상황에서 진압작전을 위해 최소한 2개 사단의 동원이 필요하다는 것이 장태완 수경사령관의 판단이었다. 장태완 사령관은 그래서 육본 지휘부에 충정사단인 26사단과 수도기계화사단의 출동을 요청했다고 한다.

12·12 반란 세력은 30경비단과 청와대 경호실 병력 등을 확보하고 있었기 때문에 정승화 계엄사령관 연행 작전을 실시하는 데 외부 병력을 동원할 필요를 느끼지 않았다. 수도권 작전의 핵심 지휘관인 장태완 수경사령관과 정병주 특전사령관, 김진기 육본 헌병감을 요정으로 유인해 육본 측의 즉각적인 반격에 대한 대비까지 해두고 있었다. 또 유사시 어느 부대보다 빨리 동원할 수 있는 수도권 주변 4개 공수특전여단 중 3개 여단의 여단장을 거사에 끌어들임으로써 육본 측이 이들 병력을 즉각 동원할 수 있는 가능성을 미리 봉쇄해놓았다.

전두환 장군 그룹은 이처럼 치밀하게 수도권의 대전복부대를 활용해 12·12 거사를 추진했던 것이다. 육군의 정통지휘부가 대전복부대가 중심이 된 전복 행위를 진압하기 위해서는 외부에서 병력을 동원해오는 방법밖에 없다. 그러나 12·12 당일 밤 육군지휘부는 아군끼리의 대규모 유혈충돌 및 이를 틈탄 북한군의 공격 가능성 등을 우려해 병력 출동을 주저하다 거사 세력이 동원한 병력의 공격을 받고 군 지휘권을 내주고 말았다.

육본 측이 경복궁과 보안사에 집결해 있는 반란 세력을 제압하기 위해 대규모의 병력을 동원할 경우 아군끼리의 대규모 유혈충돌, 이로 인한 시민의 생명 및 재산 피해, 국가안보상의 문제가 발생함으로써 국가의 명운이 중대한 기로에 처하게 될 상황이었다. 국헌과 국기를 수호하기 위해서는 그러한 대가도 감수하겠다는 통수권자의 지휘 결단 없이 병력 동원은 불가능했다.

그러나 당시 최규하 대통령은 보궐선거로 선출된 지 얼마 되지 않아 군의 장악은 물론 국민적 지지도 결여되어 있었다. 따라서 그에게 그 같은 결단을 내릴 만한 리더십을 기대하기는 어려운 상황이었다.

대통령의 통수권을 보좌해야 할 당시 국방부장관이나 군 수뇌부의 책임도 크다. 그러나 10·26 직후 특수상황을 감안하면 이들의 책임만을 묻기도 어렵다. 육본의 지휘부가 상황 판단을 빨리 해 보안사의 방해 공작이 먹히기 전에 26사단이나 수도기계화사단 등 수도권의 병력 출동명령을 내렸더라면 상황이 달라졌을 수도 있다. 이 경우에도 병력 출동 자체는 가능했을지 모르나 이들 충정부대의 대대장·연대장급 실병력 지휘관 거의 대부분이 하나회 회원이거나 전두환 장군의 리더십을 따르는 정규 육사 출신이어서 실제 진압작전이 가능했을지에 대해서 의문을 표시하는 군사전문가들이 많다. 사단급 부대가 작전을 위해 출동할 때는 목표분석 등을 통한 작전계획 작성, 연합사와 병력 사용 협조 등으로 많은 시간이 소요되며 그동안에 합수부 측은 하나회 조직이나 정규 육사의 인연, 보안사 조직을 통해서 이들 부대의 정상적인 명령 수행을 저지했을 것이기 때문이다.

결국 12·12 교훈의 핵심은 군 내부의 사조직과 대전복부대의 배치 및 운용 등 구조적인 문제로 귀결된다고 할 수 있다.

예비역 장성 Y는 "현재 대전복작전 목적으로 수도권에 과도하게 배치되어 있는 수방사 및 특전여단 병력의 재배치가 필요하다"고 지적했다. 예비역 장성 C는 "수도권 대전복부대가 정치장교들의 기생처가 되지 못하도록 한 장교가 두 번 이상 이들 부대에 근무할 수 없게 보직 관리를 철저히 해야 한다"고 강조했다.

정승화 등은 12·12 사건의 정확한 진상 규명과 함께 가담자들에 대한 엄정한 사법적 처리를 함으로써 쿠데타 가담자는 반드시 처벌을 받게 된다는 교훈을 남기는 것이 쿠데타 재발 방지를 위해 무엇보다도 중요하다고 지적했다.

에필로그

영화 〈서울의 봄〉에는 없는 '서울의 봄'

영화 〈서울의 봄〉에는 정작 1980년 '서울의 봄' 상황에 대한 장면이 없다. 영화가 1979년 10·26 사건에서 시작해서 12·12 사건 당일 밤 상황을 그리고 있기 때문이다. 그렇다면 서울의 봄은 언제부터 시작됐을까.

18년에 걸친 박정희 억압 통치체제가 김재규의 총성으로 막을 내리자 국민들은 유신헌법 폐지와 함께 조속한 민주화의 희망을 품었다. 최규하 대통령권한대행은 10·26 사건 20여 일 후 시국에 관한 담화를 통해 "유신헌법에 따라 새 대통령을 선출하되 새 대통령이 가능한 한 빠른 기간 안에 민주헌법으로 개정한 뒤 이에 따라 다시 선거를 실시하도록 하겠다"고 밝혔다. 여야 정치권을 포함해 국민들은 이 담화를 환영하며 조속한 민주화를 기대했다.

12월 6일 기존 유신헌법에 따라 통일주체국민회의에서 제10대 대통령으로 선출된 최규하 대통령은 이틀 뒤 유신체제를 지탱해온 긴급조치 9호를 해제하고, 조각(組閣, 내각을 조직함)을 서두르는 등 과도정부의 정치 일정을 밟아나갔다.

하지만 12월 12일 전두환 신군부 세력이 군사반란을 일으켜 새로운 권력의 핵으로 부상함으로써 정식 취임을 하기도 전에 힘

466

이 빠져버렸다. 최규하 대통령은 12·12 사건 당일 저녁 전두환 합수부장의 정승화 계엄사령관 연행 재가를 10시간 가까이 미루며 버텼지만 신군부 세력의 압박을 이겨내지 못했다. 이로써 정국의 앞날에 짙은 암운이 드리워졌다.

최규하 대통령은 12월 21일 뒤늦은 대통령 취임사에서 "1980년 연말까지 개헌을 완료하겠다"라고 밝혔고 같은 날 긴급조치 관련자 561명을 특별사면하고, 수감 중이던 1,330명을 석방했다. 제적 학생들의 복학과 해직 교수의 복직 조치도 취했다. 해가 바뀌어 1980년 2월 29일 정치 규제에 묶여 있던 윤보선, 김대중 등 재야인사 687명에 대한 복권 조치가 이뤄졌다. 이어 신학기가 시작되고 대학가의 학원 민주화 요구를 비롯해 각계에서 민주화 요구가 분출되는 등 '서울의 봄'이라고 부르는 상황이 전개되기 시작했다.

김대중은 1972년 10월 유신체제가 들어선 이후 7년 만에 정치 활동의 자유를 얻었고 강연회 등을 통해 일반 국민과의 접촉을 넓혀나갔다. 언론들도 '재야 유력인사', '한 참석자' 등의 익명 표현 대신 '김대중'이라는 실명으로 그의 동정을 보도하기 시작했다. 공화당과 신민당은 국회 개헌특위를 구성해 대통령 직선제 개헌 방향에 원칙적 합의를 보고 공청회 등을 통해 국민 여론 수렴에 나섰다.

그러나 최규하 대통령은 정치권의 강력한 요구에도 구체적인 정치 일정과 개헌 방향을 제시하지 못했고, 이것이 정국 앞날의 불투명성을 높였다. 국회가 개헌안을 마련하면 국민투표에 부치겠다고 한 당초의 약속을 어기고 연두회견 때 정부 주도의 개헌을 시사하고 나섰다. 국회 개헌특위 활동이 한창 진행되고 있는 것과 엇박자를 낸 것이다. 여기에 공화당과 신민당이 합의한 대통령 직선제보다는 이원집정부제를 선호하는 입장을 보임으로써 제도 정치권과 재야 세력의 의심을 키웠다. 유신체제 연장을 기도하고 있다는 의심이었다. 이 수상한 움직임과 불투명한 정치일정이 민주화를 열망하는 국민들을 실망시켰고, 대학생들이 교문을 박차고 거리로 쏟아져 나와 계엄 철폐와 전두환 퇴진을 외치며 규탄 시위를 격화시키는 요인이 되었다.

서울대학교에서는 학생들이 신군부와 유신 잔당 수장으로 지목된 전두환과 신현확의 허수아비 화형식을 벌였다. 대학생들의 정치투쟁은 5월 15일 서울역 집회에서 절정을 이뤘고, 전국 주요 도시에서도 대규모 가두시위가 잇따랐다.

김영삼·김대중·김종필 씨 등 이른바 3김은 분출하는 민주화 요구와 가두시위가 군부 정치 개입의 빌미를 줄 것을 우려하면서도 자신들의 정치적 입지 강화를 위해 경쟁을 벌였다.

전두환 신군부는 수상한 서울의 봄의 장막 뒤에서 자신들이 직접 정권 장악에 나설 수 있는 조건과 상황을 만들어갔다. 한편으로는 북한의 남침 위협을 과장하면서 대학가와 노동 현장의 시위가 격화되기를 기다렸다. 일부 시위를 유도하고 조장하는 움직임도 감지됐다.

전두환 보안사령관은 김재규 수사를 매듭짓고 군으로 돌아가겠다는 대국민 약속을 간단하게 뒤집고 1980년 1월 초쯤에는 스스로 대통령이 되겠다는 결심을 굳히고 있었다.* 보안사와 하나

★ 12·12 당시 특전사령부 보안반장이었던 김충립은 1980년 1월 초 보안사 내부에

회 인맥을 통해 자신이 대통령이 되어야 할 이유와 명분을 확산
시켜 나갔다. '최규하 대통령이 제시한 정치발전 일정대로 개헌
이 이뤄져 선거가 치러지면 김대중이 대통령이 되고, 결국 적화
통일이 될 것이다. 그래서 절대로 김대중이 대통령이 되도록 해
서는 안 된다'는 요지였다.

18년 박정희 독재시대가 궁정동의 총소리로 막을 내리고 국민
들의 분출하는 민주화 열망이 싹틔운 서울의 봄은 신록이 푸르러
가던 5월 광주의 학살로 무참하게 짓밟히고 말았다.

전두환 신군부 세력은 그 학살의 원인 제공 책임을 김대중에게
뒤집어씌워 내란죄로 사형을 선고했다. 그 서슬 푸른 기세로 자
신들의 정치적 욕망과 피 묻은 손을 숨기고 5공 정권을 출범시켰
던 것이다.

신군부의 희생 제물, 김대중

전두환 신군부 정권 장악의 희생 제물이자 명분이 됐던 김대중의
정치 역정은 박정희-전두환으로 이어지는 군사독재체제와의 질
긴 악연으로 엮여 있다. 박정희는 1971년 제7대 대선에서 신민당
김대중 후보의 거센 도전을 받아 간신히 승리한 뒤 더 이상 직접
선거는 안 되겠다고 생각했다.★ 그래서 다음 해 10월 계엄령을 선

서 전 장교들을 상대로 전두환 사령관이 '군으로 복귀하는 것과 전역하고 대통령
이 되는 것'을 놓고 여론조사를 실시한 일이 있는데 자신만 빼고 모두가 다 전역하
고 대통령이 되는 것을 지지했다고 밝혔다(김충립,《짓밟힌 서울의 봄》참조).
★ 1971년 대선을 치르는 과정에서 야당인 신민당 김대중 후보의 기세에 대처하기
위해 박정희는 '남산골 샌님'으로 불린 김계원 중앙정보부장을 물러나게 하고 후

포한 가운데 국회를 해산하고 유신헌법을 제정했다. 통일주체국민회의 대의원들이 체육관에서 간선으로 대통령을 선출하는 방식으로 박정희의 종신 집권을 가능하게 만들었다.

경제가 성장하면 국민의 의식 수준과 정치 참여 욕구가 높아지게 마련이다. 빈부 격차가 늘어나면서 노동자들의 분배 욕구도 거세진다. 박정희 정권의 개발독재가 일정 부분 성공을 거두면서 그런 양상이 나타나기 시작했다. 제7대 대선에서 박정희 후보가 김대중 후보의 거센 도전을 받았던 것은 김대중 후보가 그런 민심과 국민 의식 성장을 대변하고 있었기 때문이다.

박정희는 이런 시대적 흐름을 정치로 수렴하는 대신 유신 독재 체제라는 억압적 기제로 대응했다. 그는 자신의 업적인 경제성장이 필연적으로 동반하는 국민의 의식 증대와 민주화 열망 및 노동자들의 분배 욕구 증대를 반영할 비전을 전혀 갖추지 못하고, 개발독재 틀 속에서 자신의 장기 집권을 합리화하는 데 그침으로써 비극적 결말을 자초했다.

김대중의 경로는 박정희 경로의 반대였다. 김대중은 해방 당시만 해도 전국 5대 도시에 들 정도로 번성하고 일본과 중국의 주요 항구로 연결되는 항구 목포에서 고등학교까지 졸업하고 해운

임에 정치공작과 막후 술수에 능한 이후락을 앉혔다. 그는 검찰과 경찰, 지방자치단체 육군보안사령부 등을 총동원한 관권 부정선거와 지역감정 조장으로 박정희 당선을 이끌어냈다. 90만 표 차였는데 부정선거가 아니었다면 김대중 후보의 승리였다는 평가가 많았다. 선거 후 김대중이 어떤 행사에서 이후락 중앙정보부장을 만났을 때 "나는 박정희에게 패한 것이 아니라 이후락 당신에게 졌다"고 말했다는 얘기는 잘 알려져 있다.

업을 시작했다. 일찍부터 시장경제 마인드가 있었고 세계 조류에 대한 감각을 키웠다. 김대중은 정치에 입문하면서부터 경제 및 노동 문제와 국제 문제에 대해 앞서가는 관점과 정책을 제시해나갔다. 원외 대변인 시절부터 그는 박정희 정부의 주요 정책의 문제점을 날카롭게 파고들어 박정희 대통령을 곤혹스럽게 했다.* 박정희 정권은 제7대 국회의원 선거 때는 김대중 후보를 목포에서 낙선시키기 위해 총력전을 펼쳤다. 박정희 대통령이 직접 목포에 내려와 국무회의를 주재하고 온갖 선심 공약을 내놓았다. 목포시와 경찰, 중앙정보부까지 나서서 관권 부정선거를 획책했으나 김대중의 당선을 막지 못했다.

1971년 대선에서 야당의 김대중 후보에게 가까스로 승리한 박정희는 직접선거에 의한 위험 부담 없이 정권을 이어가기 위해 국회를 해산하고 계엄령을 선포한 가운데 유신헌법을 제정했다. 1972년 10월 '유신' 선포 당시 신병 치료차 도쿄에 머물고 있던 김대중은 망명을 선택해 유신 반대 투쟁을 전개했다. 앞서 프롤

★ 제6대 국회의원 선거 때 전남 목포에서 민주당 후보로 출마해 당선된 김대중 의원은 박정희 정권이 첫 국정 과제로 내세운 한일국교 정상화에 다른 야당 의원들과는 다르게 찬성 입장을 취했다. 국제 정세가 크게 달라지고 있는데 국민의 반일 정서 때문에 일본과의 국교 정상화를 미루면 세계의 흐름을 놓치고 오히려 우리나라만 고립될 수 있다고 봤기 때문이다. 그는 동료 야당 의원들과 진보 진영으로부터 사꾸라(여당에 매수된 야당 의원)라는 비난까지 받으며 한일국교 정상화를 지지했으나 대일협상 과정에서 정부의 무능에 대해서는 매섭게 따졌다. 국회 본회의장이나 상임위에서도 일문일답으로 국무총리나 장관들을 쩔쩔매게 했다. 박정희 대통령은 "아니 그 많은 장관들이, 그 많은 인재들이 어찌 김대중 한 사람을 당해내지 못하는 거요. 한두 번도 아니고 도대체 어찌된 일이오"라고 질타했다고 한다. 《김대중 자서전 1》(삼인, 2011) 160~174쪽 참조.

로그에서 언급한 대로 유신에 공을 세운 실세들의 파워게임의 산물인 윤필용 사건으로 궁지에 몰린 이후락 중앙정보부장은 이를 만회하기 위해 1973년 8월 김대중 납치라는 무리수를 범했다가 그해 연말 물러났다.

김대중 납치 사건은 재일교포 사회에 반 박정희 정서를 불러일으켰고, 이 분위기에 몰입한 재일교포 청년 문세광은 1년 뒤인 1974년 8월 15일 광복 경축식장에 권총을 가지고 잠입해 박정희 대통령을 저격하려다 영부인 육영수 여사를 숨지게 했다. 박종규 경호실장이 경호 실패 책임을 지고 물러나고 후임에 차지철이 임명됐다. 반유신 투쟁에 앞장선 김대중에 대한 박정희의 증오, 권력 내부의 파워게임, 재일동포 사회의 반 박정희 정서 등이 서로 맞물리고 얽혀 격동의 시대를 만들어냈다.

박정희 집권 18년 동안 군부 내에서 김대중은 '위험인물'로 늘 경계의 대상이었다. 선거 때마다 등장했던 '빨갱이' 공세도 있었고, 정보기관들이 그를 사상 등 여러 가지 면에서 위험시하는 문건을 만들어 내부 '정신교육'을 시킨 탓이다.★ 전두환 신군부는

★ 장태완 수경사령관은 12·12 당일 전두환 보안사령관의 저녁 식사 초대에 응한 이유로 자신이 그해 장군 진급 대상으로 적극 추천한 수경사 작전참모 박동원 대령이 '김대중 선거 운동한 경력이 있다'는 이유로 장군 진급에 탈락해 울적해서였다고 토로한 바 있다. 육사 14기 선두 주자로 동기 중 1차로 대령 진급했던 박동원 대령에 대해 야전 군인으로서 능력을 평가해 적극 밀었던 것인데 탈락하자 기분이 좋지 않았다는 것이다. 장태완 사령관은 다른 날 같았으면 응하지 않았을 텐데 술이나 한잔 마시고 풀자는 생각으로 식사 초대를 받아들였다고 한다. 박동원 대령은 1971년 중령으로 육군대학 교관을 할 때 김대중 후보가 출마했던 제7대 대통령 선거 와중에 군이 선거에 개입해서는 안 된다는 말을 했던 것이 '김대중 지지'로 낙인찍혀 보안사 기록으로 관리되고 있었던 것이다.

'서울의 봄'에 분출된 국민적 민주화 요구를 김대중이 배후에서 조종하는 사회 혼란으로 규정했다.

전두환 신군부가 5·17 전국계엄확대로 본격적인 정권 탈취에 나섰을 때 김대중은 최우선적인 체포 대상이었다. 그에게 사회 혼란의 책임을 뒤집어 씌워 정권 탈취의 명분으로 삼기 위해서였다. 1979년 10월 부마사태는 이 지역 출신 김영삼 신민당 총재의 의원직 제명이 도화선이 되었다. 신군부는 김대중을 체포하면 그의 정치 기반인 호남에서 큰 반발이 일어날 것으로 내다보고 광주에 7공수여단 2개 대대, 전주에 1개 대대를 배치했다.*

그러나 공수부대의 잔혹한 진압은 광주 시민들을 분연히 일어나게 만들었고, 전두환 신군부는 저항하는 시민과 학생들을 총칼로 무자비하게 진압했다. 전두환 세력은 광주 시민의 저항까지도 이미 체포된 김대중의 조종으로 이뤄진 것으로 몰아갔고, 그에게 내란죄를 적용해 사형을 선고했다.

이게 끝이 아니었다. 국가보위입법회의에서 만든 제5공화국 헌법에 의해 대한민 제12대 대통령에 취임한 전두환은 사형선고를 받은 김대중의 감형 및 석방을 조건으로 레이건 미국 대통령 당선자 측과 비밀 협상을 벌여 전두환-레이건 정상회담을 이끌

★ 5·17 전국계엄확대 시 공수부대를 배치한 곳은 주로 서울이었고 지방의 경우 광주 2개 대대, 전주 1개 대대, 대전 1개 대대를 배치했다. 12·12 군사반란 당시 30경비단장으로 경복궁 모임에서 중요한 역할을 담당했던 장세동 대령은 12·12 한 달 후 특전사 작전참모로 자리를 옮겼는데, 5·17 전국계엄확대 일주일 전 특전사 작전장교 등을 이끌고 광주에 내려가 모종의 임무를 수행했다. 이는 신군부가 김대중 체포 등 정권 장악에 본격적으로 나서면서 광주 지역에 대해 특별한 대비를 했음을 뒷받침한다.

어냈다. 이 과정은 당시 합참의장으로 밀명을 띠고 미국을 방문했던 유병현 장군의 회고록에 자세히 소개돼 있다.★

12·12 사건 당시 한미연합사 부사령관이었던 유병현 합참의장은 유엔군사령관 겸 최초의 한미연합사 사령관을 지낸 존 베시 대장 등의 도움으로 레이건 당선자의 측근인 리처드 알렌을 만나 밀명을 수행했다고 한다. 전두환 대통령은 레이건 대통령이 취임 후 최초로 가진 외국 정상과의 회담 주인공이 됨으로써 쿠데타로 집권한 정권에 대한 미국 정부의 거부감을 털어낼 수 있었다. 김대중은 이렇게 전두환 신군부에 여러모로 활용되었다.

김대중은 냉전시대 4대 강대국 보장에 의한 한반도 평화론과 대중경제를 제시하며 시장경제와 민주주의 병행 발전을 외쳤다.★★ 전두환 신군부는 시대를 앞서가는 김대중에 대해 빨갱이 딱지를 붙이고 위험시했고 그가 집권하면 남한이 공산화된다고 선전했다.

그렇게 주장하는 그들의 인식은 박정희 군사쿠데타 당시의 인식 수준에 머물렀다. '박정희 키즈'라고 할 수 있는 전두환·노태우 등 정규 육사 출신 군인들은 음으로 양으로 박정희의 지원 아래에 하나회라는 군 내부 비밀결사를 조직하고 힘을 키워 박정희 체제를 뒷받침하면서 '박정희 이후'에 대비했다. 5·16은 물론 터키

★ 유병현,《유병현 회고록》(조갑제닷컴, 2013) 참조.
★★ 1981년 1월 '사형수'로 복역 중이던 김대중이 중앙정보부 조사관에게 정보화를 설파하는 동영상이 최근 언론에 공개되었다. 중앙정보부 CCTV에 찍힌 영상인데 김대중은 PC(퍼스널컴퓨터)나 인터넷의 개념이 생소했던 1980년대 초에 이미 정보화 시대를 내다보고 있었을 만큼 시대를 앞서갔던 것이다.

1980년 8월 육군계엄보통군법회의 법정에 내란 음모 사건으로 재판을
받기 위해 출석한 김대중 피고인. 그 옆의 피고인은 문익환 목사다. 결심에서
사형을 구형받은 후 김대중 피고인은 최후 진술을 통해 "나에게 해를 끼친
모든 사람을 용서한다"면서 "내가 죽더라도 우리 힘만으로 민주주의가
성취되고 정치보복은 두 번 다시 없기를 바란다"고 말했다.

와 이집트의 군사쿠데타에 대한 연구는 그런 준비의 하나였다.

전두환 합수부장이 정승화 계엄사령관에게 부정축재자 처리를 건의한 것은 5·16의 경험에 토대를 둔 것이었다. 그러나 전두환, 노태우는 집권한 뒤 수천억 원대의 비자금을 모은 것으로 드러났고 수백억대의 재산을 축재한 실세들도 적지 않다고 한다. 그들은 기본적으로 박정희의 개발독재의 수준을 벗어나지 못했다.

김대중은 박정희에서 전두환으로 이어지는 군사정권하에서 감시와 투옥, 연금, 망명, 납치, 살해 위협, 사형선고 등의 핍박을 받았다. 그러나 그는 대통령 당선 후 박정희대통령기념관 건립을 도왔고,* 전두환·노태우 등에게 화해의 손길을 내밀었다. 제15대 대통령 취임식장에 김영삼 전 대통령과 함께 전두환·노태우 두 전직 대통령을 초청했고, 대통령 재임 시 네 차례나 전두환·노태우 전 대통령 등을 청와대 오찬 또는 만찬에 초대했다.** 화해와 용서, 관용의 정치 모범을 보인 것이다.

12·12 반란 당사자들과 피해자들이 거의 다 세상을 떠난 가운

★ 서울 상암동 하늘공원에 있는 '박정희대통령기념관'이 설립되게 된 데에는 김대중의 도움이 컸다. 김대중은 대통령 당선 후 "박정희 전 대통령이 이제는 역사 속에서 존경받는 지도자가 되어야 한다. 역사와의 화해가 우리 사회에 필요하다"면서 박정희대통령기념관 건립추진위원회 명예회장을 맡았고, 국가보조금 208억 원을 책정했다. 김대중은 박정희에 대해 "대한민국의 경제 발전에 있어 '우리도 하면 된다'는 인식을 국민에게 심어준 공로가 크다"고 평가했다.《김대중 자서전 1》 382쪽,《중앙일보》〈김대중 육성회고록 3〉 참조.

★★ 전두환 전 대통령은 2009년 8월 김대중 전 대통령이 서거 전 세브란스병원에 입원해 있을 때 병문안 와서 영부인 이희호 여사에게 "김대중 대통령이 현직에 계실 때 전직 대통령들이 제일 행복했다"면서 위로했다.《중앙일보》 2009년 8월 19일자 참조.

데 사건 이후 마흔다섯 번의 봄을 맞았다. 노태우 전 대통령은 늦게나마 화해의 손길을 잡음으로써 2021년 10월 26일 사망 후 파주의 동화경모공원에 안장됐다. 그의 장례는 국가장으로 치러졌고 묘지는 국가보존묘역 2호(국가보존묘역 1호는 경남 김해 봉화 마을의 노무현 전 대통령 묘지)로 지정됐다. 그러나 전두환 전 대통령은 끝까지 참회와 반성 없이 버티다 노태우 전 대통령 사망 28일 후 세상을 떠났으나 화장 후 영면 안장처를 구하지 못하고 있다. 초라하고 비참하기 이를 데 없는 그의 인생 말로를 보며 그가 주도한 12·12 군사반란이 뒤틀리게 한 우리 현대사를 가슴 아프게 돌아본다.

12·12
정승화, 장태완 등 관련자 100인의
증언과 사진으로 재구성한 12·12 그날의 진실

초판 1쇄 2024년 5월 18일 발행

지은이 이계성
펴낸이 김현종
출판본부장 배소라 **책임편집** 최세정 **편집도움** 이솔림 안진영 **디자인** 조주희
마케팅 최재희 안형태 신재철 김예리 **경영지원** 박정아

펴낸곳 (주)메디치미디어
출판등록 2008년 8월 20일 제300-2008-76호
주소 서울특별시 중구 중림로7길 4, 3층
전화 02-735-3308 **팩스** 02-735-3309
이메일 medici@medicimedia.co.kr **홈페이지** medicimedia.co.kr
페이스북 medicimedia **인스타그램** medicimedia

© 이계성, 2024

ISBN 979-11-5706-353-6 (03910)